W0273511

PC pour LES NULS

7e EDITION

First Interactive

PC POUR LES NULS

7e EDITION

Dan Gookin

First Interactive

PC pour les Nuls 7e édition

Publié par
IDG Books Worldwide, Inc.
Une société de International Data Group
919E. Hillsdale Blvd., Suite 400
Forster City, CA 94404

Copyright © 1999 par IDG Books Worldwide, Inc.

Pour les Nuls est une marque déposée de International Data Group
For Dummies est une marque déposée de International Data Group
Collection dirigée par Jean-Pierre Cano
Traduction : Claude Dibenedetto

Tous droits réservés. Toute reproduction, même partielle, du contenu, de la couverture ou des icônes, par quelque procédé que ce soit (électronique, photocopie, bande magnétique ou autre) est interdite sans autorisation par écrit de IDG Books Worldwide, Inc.

Edition française publiée en accord avec IDG Books Worldwide, Inc.
© 2000 par Éditions First Interactive
33, avenue de la République
75011 Paris - France
Tél. 01 40 21 46 46
Fax 01 40 21 46 20
Minitel : 3615 AC3* F1RST
E-mail : firstinfo@efirst.com
Web : www.efirst.com
ISBN : 2-84427-233-9
Dépôt légal : 4ème trimestre 2000

Limites de responsabilité et de garantie. L'auteur et l'éditeur de cet ouvrage ont consacré tous leurs efforts à préparer ce livre. IDG Books Worldwide, International Data Group et l'auteur déclinent toute responsabilité concernant la fiabilité ou l'exhaustivité du contenu de cet ouvrage. Ils n'assument pas de responsabilités pour ses qualités d'adaptation à quelque objectif que ce soit, et ne pourront être en aucun cas tenus responsables pour quelque perte, profit ou autre dommage commercial que ce soit, notamment mais pas exclusivement particulier, accessoire, conséquent, ou autres.

Marques déposées. Toutes les informations connues ont été communiquées sur les marques déposées pour les produits, services et sociétés mentionnés dans cet ouvrage. IDG Books Worldwide, Inc. et les Éditions First Interactive déclinent toute responsabilité quant à l'exhaustivité et à l'interprétation des informations. Tous les autres noms de marque et de produits utilisés dans cet ouvrage sont des marques déposées ou des appellations commerciales de leur propriétaire respectif.

Sommaire

Troisième partie : Visite guidée de votre environnement matériel .. 113

Introduction

Bienvenue dans le monde du "PC démystifié" ou *PC pour les Nuls*, septième du nom. Ce livre répond à la question : "Comment un ordinateur peut-il faire passer un être intelligent et sensé tel que vous pour un nul ?"

Tout le monde s'accorde pour dire que les ordinateurs sont utiles, et si beaucoup s'y attachent immodérément, d'autres, comme vous et moi, se sentent complètement nuls devant cet objet froid et repoussant. Non que l'utilisation d'un ordinateur soit hors de portée de notre Q.I., mais tout simplement parce que personne n'a jamais pris ni le temps ni la peine de nous en expliquer le maniement dans un langage compréhensible.

Cet ouvrage décrit l'utilisation d'un ordinateur en termes simples et souvent irrévérencieux. L'électronique peut être vénérée par d'autres. Ce livre se concentre sur *vous* et *vos besoins*. Vous y découvrirez tout ce que vous aimeriez savoir sur votre ordinateur, mais sans le jargon indigeste qui accompagne souvent ce genre de littérature, et sans avoir besoin d'appartenir à la lignée des grands gourous docteurs ès informatique.

Quoi de neuf dans cette édition ?

Ce livre est bien plus qu'une mise à jour de la précédente édition. Nous l'avons voulu à la pointe de l'actualité. L'information obsolète a été pourchassée et bannie. Vous y trouverez l'essentiel de ce qu'un utilisateur de PC doit savoir aujourd'hui.

Voici quelques sujets nouveaux contenus dans cette édition :

- Le bon usage des onduleurs.
- Zip, Jaz, CD-R, CD-RW et DVD.
- Les récentes évolutions des ports USB.
- Utiliser deux écrans avec Windows 98.
- Les innovations technologiques (disponibles sur le marché).
- Les logiciels de dessin et de retouche d'images.

- Utiliser un scanner et un appareil photo numérique.
- Internet à haute dose : ventes aux enchères, Bourse, commerce, voyages, jeux, bavardage en ligne, courrier électronique, création de pages Web, et bien plus encore.

Bien entendu, vous trouverez aussi les informations essentielles, toujours décrites sur un ton détendu destiné à apaiser les affres du débutant.

Quelques mots à propos du livre

Ce livre est destiné à être utilisé comme un outil de référence : vous pouvez l'ouvrir à n'importe quelle page et commencer à lire. Il contient 34 chapitres. Ces chapitres sont tous autonomes, chacun s'attachant à un aspect particulier de votre ordinateur : mise en route, utilisation d'une imprimante, lancement de logiciels, etc. Chaque chapitre est divisé en entités indépendantes, centrées autour d'un thème principal. Voici quelques exemples de sections :

- Le matériel dont vous avez besoin
- Quels sont les boutons dont on peut se passer ?
- "J'ai perdu la barre des tâches !"
- Comment faire travailler l'ordinateur ?
- Comment sortir d'un programme ?
- Comment éteindre l'ordinateur ?

Vous n'avez pas besoin de mémoriser quoi que ce soit dans ce livre. Laissons donc cette tâche à la mémoire de l'ordinateur. Chaque chapitre contient des informations qui peuvent être lues et digérées rapidement, de sorte que vous puissiez reposer le livre et continuer à utiliser l'ordinateur. Lorsque survient un événement technique, vous en êtes prévenu à temps, afin de pouvoir l'éviter soigneusement.

Comment l'utiliser

Ce livre s'utilise comme une encyclopédie : commencez par le sujet qui vous intéresse le plus et reportez-vous à l'index ou au sommaire pour y trouver les numéros des pages qui sauront répondre à votre demande. Le sommaire contient les titres des chapitres et sous-chapitres avec leurs numéros de pages ; l'index contient toutes les occurrences des termes clés de l'ouvrage. Lisez les pages qui vous intéressent (inutile d'en lire plus qu'il n'en faut), puis fermez le livre et mettez-vous au travail. Bien entendu, si vous souhaitez un complément d'information, il vous est toujours loisible de continuer la lecture et de profiter des nombreuses références croisées mises à votre disposition.

Lorsqu'un message apparaît à l'écran, il est reproduit dans ce livre de la manière suivante :

```
Ceci est un message à l'écran
```

Si vous devez taper quelque chose, cela ressemblera à :

Tapez ceci

Vous pourrez taper le texte **Tapez ceci** comme indiqué, et appuyer sur la touche Entrée d'après les instructions qui vous seront données.

Les commandes Windows apparaissent de la façon suivante :

Choisissez Fichier/Quitter.

Vous devez sélectionner le menu Fichier, puis choisir la commande Quitter. Vous pouvez utiliser la souris pour cela ou appuyer sur la touche Alt et la lettre soulignée de la commande, F, puis Q dans cet exemple.

Les combinaisons de touches apparaissent de la façon suivante :

Ctrl+S

Vous devez presser la touche Ctrl, la maintenir enfoncée, puis taper S et enfin relâcher les deux touches en même temps.

Ce que vous pouvez éviter de lire

L'utilisation d'un ordinateur entraîne la consultation de nombreuses informations techniques. Pour mieux vous en prémunir, nous les avons isolées dans des rectangles clairement identifiés. Inutile de les lire si vous n'y tenez pas vraiment. Le plus souvent, il s'agit d'explications plus détaillées sur un sujet déjà traité dans le chapitre, qui ne sont pas *indispensables* à sa compréhension.

A qui s'adresse ce livre

Ce livre suppose que vous possédez un ordinateur et êtes une personne *normale*. En d'autres termes, vous n'êtes pas un accro de la micro et, franchement, vous n'avez nulle envie de subir le jargon technique qui jalonne souvent les ouvrages d'informatique.

Ce livre est consacré en priorité à Windows 98, mais les utilisateurs de Windows 95 n'y sont pas oubliés. Chaque fois qu'une information concerne plus particulièrement l'une des versions de Windows, celle-ci est spécifiée. Sinon, le terme Windows désigne à la fois Windows 95 et Windows 98.

Windows 3.11 et DOS ne figurent pas dans ce livre. Windows 3.11 a été traité dans la quatrième édition et DOS dans les deux premières.

Les icônes utilisées dans ce livre

Cette icône vous prévient que des informations techniques superflues vous attendent au tournant. Certaines sont très intéressantes mais, si vous n'êtes pas friand de jargon informatique, passez votre chemin, on ne vous en voudra pas.

Cette icône annonce des raccourcis et astuces utiles qui vous aideront à utiliser au mieux votre PC. Par exemple, lorsque vous renversez de l'acide sur votre ordinateur, pensez bien à porter des gants et des lunettes de protection.

Euh ! Que signifie cette icône déjà ?

Cette icône vous prévient d'un danger et vous indique généralement ce qu'il ne faut *pas* faire.

Cette édition contient une nouvelle icône. Parce que je reçois par e-mail de nombreuses questions de lecteurs qui ont besoin de précisions ou d'assistance. J'ai donc sélectionné quelques courriers ainsi que mes réponses pour cette nouvelle rubrique, "Dis-nous Dan".

Entrez en contact avec l'auteur

Vous pouvez écrire, en anglais, à l'auteur de ce livre par courrier électronique. Il répondra personnellement aux e-mails que vous lui ferez parvenir à l'adresse ci-dessous. Avant de lui poser une question piège, essayez d'abord le service d'assistance de votre vendeur de PC ou de logiciels.

```
dan@wambooli.com
```

A vous de jouer !

Avec ce livre en main, vous êtes prêt à conquérir le monde du PC. Vous pouvez commencer par consulter le sommaire ou l'index. Choisissez un sujet, allez à la page indiquée, et lancez-vous. N'hésitez pas à prendre des notes sur le livre, à remplir les blancs, à écorner les pages et à faire tout ce qui ferait blêmir de rage un bibliothécaire. Surtout, installez-vous bien confortablement et préparez-vous à passer un bon moment en découvrant que l'informatique n'est pas aussi soporifique et inaccessible que cela. Bonne lecture...

Première partie

Introduction au PC

"Mais regardez ! Je vous dis qu'elle a encore bougé !"

Dans cette partie...

A la fin des années 40 l'un des pionniers de l'informatique avait prédit que, dans le futur, l'humanité se servirait d'ordinateurs - cinq ou six machines, voire une dizaine.

Depuis lors, les choses ont bien changé.

De nos jours, l'humanité se sert de millions d'ordinateurs, et presque tout le monde peut avoir le sien. Un ordinateur ne ressemble plus à une raffinerie de pétrole et il est facile, et parfois amusant, de s'en servir.

Cette partie du livre vous donne quelques notions de base concernant les ordinateurs personnels. Que vous ayez l'intention d'en acheter un ou que vous commenciez à découvrir votre PC tout neuf, cette partie du livre est écrite à votre intention.

Chapitre 1
Notions de base

Dans ce chapitre :

Ceci est un ordinateur.

Logiciel et matériel.

Votre environnement matériel type.

Votre environnement logiciel type.

Quelques conseils.

Les risques de déflagration de votre ordinateur sont nuls. Pas d'étincelles, pas d'éclairs, pas d'explosions. Dans les vieux films de science-fiction, les ordinateurs finissaient toujours par exploser dans un tourbillon d'étincelles. Ceux d'aujourd'hui sont bien moins ludiques.

Une telle croyance nous vient des années 60, au temps où Irwin Allen produisait des téléfilms de science-fiction dans lesquels les ordinateurs projetaient toujours des flammes aux moments les plus dramatiques. Vous vous rappelez certainement cette intervention de M. Spock dans *Star Treck*, lorsqu'il désigne un ordinateur étranger et dit : "Détruisez ce composant et la planète entière sera aussitôt réduite en cendres." N'en doutez pas, c'est du cinéma ! Il n'y a rien de tel dans la réalité.

Vous voilà donc rassuré sur ce point : les ordinateurs n'explosent pas. Détendez-vous ; certes, vous n'êtes pas au cinéma, mais vous allez faire connaissance avec votre ordinateur et pénétrer dans un monde très particulier où règne une terminologie tout aussi particulière, un monde intéressant et convivial à condition d'avoir les bons outils en mains. Ce chapitre vous fournit une sorte d'alphabet qui vous permettra de décoder le reste du livre. En fait, la plupart des concepts de base qui y sont décrits sont détaillés plus amplement dans les chapitres suivants.

Qu'est-ce qu'un ordinateur ?

Un PC (*personal computer*) ou micro-ordinateur est un ordinateur personnel. Il porte le nom de son ancêtre, le PC IBM, conçu par la firme IBM (International Business Machines), créatrice jusqu'alors de calculateurs de taille bien plus imposante.

Aujourd'hui, tous les PC sont des clones de ce PC originel, quelle qu'en soit la marque. Le Macintosh est-il un PC ? Oui, parce que c'est un ordinateur personnel ; non, parce que le terme PC désigne historiquement l'ordinateur de type IBM.

- Techniquement, un PC est une grosse calculatrice dotée d'un affichage plus performant et de boutons supplémentaires.
- Le PC est un expert en chiffres et en lettres. Il est intelligent grâce aux logiciels. Nous en parlons dans ce chapitre.
- Nous ne traiterons pas dans ce livre des ordinateurs Macintosh, qui ne sont pas des PC au sens où nous l'entendons habituellement, c'est-à-dire ceux qui "tournent sous Windows."
- Les ordinateurs portables sont des versions nomades du PC de bureau. Ils vous permettent de jouer à vos jeux préférés dans le train ou l'avion. Nous aborderons quelques particularités propres aux portables.

- Les PC n'ont rien de diabolique et ne cachent aucune intelligence maléfique. En fait, vous vous apercevrez très vite qu'ils sont même plutôt bêtes.

A quoi sert un ordinateur ?

Il est impossible de définir précisément l'activité d'un ordinateur. A l'opposé de la plupart des outils qui ont un usage bien précis, un ordinateur peut traiter une variété infinie de domaines, en fonction de ce que chaque utilisateur lui demande. Un ordinateur se sert de mots et de chiffres, d'images et de sons, et il sait communiquer.

Dans un sens, un ordinateur n'est rien de plus qu'un autre gadget électronique, mais contrairement à votre grille-pain ou au carburateur de votre voiture, lesquels sont conçus pour ne faire qu'une seule chose, un ordinateur personnel peut être *programmé* pour réaliser plusieurs tâches intéressantes. Il ne tient qu'à vous de lui dire exactement ce que vous voulez qu'il fasse.

- L'ordinateur est le caméléon des appareils électroniques. Votre téléphone ne peut être utilisé que pour parler à une personne éloignée, votre magnétoscope ne vous permet que d'enregistrer ou de lire des vidéos. En revanche, les possibilités d'un ordinateur sont illimitées.
- Les ordinateurs réalisent le travail qui leur est demandé à l'aide de *logiciels*. C'est la partie logicielle d'un ordinateur qui le programme et lui indique ce qu'il doit faire.
- Non, vous n'aurez jamais besoin d'apprendre à programmer votre PC pour l'utiliser. Des spécialistes se chargent de la programmation, vous achetez ensuite leurs programmes (les logiciels) pour réaliser votre travail.
- Votre tâche, en tant que simple usager, consiste uniquement à indiquer au logiciel ce qu'il doit faire, lequel en informe ensuite l'ordinateur.
- Ce n'est que dans les films de science-fiction de série B que vous pourrez voir un ordinateur vous dicter ses instructions.
- L'aspect logiciel n'est qu'une moitié de l'ordinateur, l'autre moitié est constituée du *matériel*, lequel est traité dans la section suivante.

Un ordinateur a des limites

Un PC est un agréable compagnon de jeu et un précieux collaborateur. Cependant, si vous cherchez un conjoint, il ne fera probablement pas l'affaire.

Le PC vous fait peur ? Un PC travaille, calcule, gère des banques de données, il a une intelligence phénoménale, mais il est inoffensif.

Et surtout, rappelez-vous cette règle élémentaire : vous n'êtes pas nul, c'est l'ordinateur qui est bête, très bête, très très bête.

Logiciel et matériel

Chaque ordinateur est composé de deux parties, fondamentalement différentes et complémentaires, aussi inséparables que Roméo et Juliette ou Laurel et Hardy : *hardware* et *software*. Ou matériel et logiciel.

Le matériel est l'aspect physique d'un ordinateur - tout ce que vous pouvez toucher. Seul, le matériel n'est d'aucune utilité ; il a besoin d'un logiciel pour lui dire ce qu'il doit faire. D'une certaine façon, on peut comparer le matériel à une voiture sans conducteur ou à un orchestre symphonique sans musique.

Le logiciel constitue le cerveau de l'ordinateur. Il indique au matériel ce qu'il doit faire et comment il doit le faire. Sans logiciel pour diriger les tâches, le matériel ne serait rien de plus qu'une boîte métallique encombrante. Pour animer votre ordinateur, celui-ci doit donc contenir un logiciel. En fait, le logiciel est ce qui détermine la personnalité de votre ordinateur.

- Dans un ordinateur, le matériel est la partie visible, ce que vous pouvez toucher, sentir sous votre main, faire tomber par terre, charrier d'aéroport en aéroport, jeter par la fenêtre, etc.

- Le logiciel est le cerveau du système, les instructions qui dictent à l'ordinateur ce qu'il doit faire, comment le faire, quand détruire votre rapport mensuel que tout le monde attend, etc.

- Le logiciel est plus important que le matériel, car c'est lui qui dicte au matériel ce qu'il doit faire.

- Bien qu'un logiciel soit livré sur disque (CD-ROM ou disquette), ce disque ne constitue pas le logiciel. Celui-ci est simplement *enregistré* sur un support, tout comme les morceaux de musique sont enregistrés sur des cassettes ou des CD.

- Sans logiciel adéquat, votre ordinateur devient un presse-papiers bigrement lourd.

Votre environnement matériel type

Regardez bien la Figure 1.1 ; elle représente une configuration classique de micro-ordinateur ; un PC type. Familiarisez-vous avec les différentes parties qui le composent et les termes affreux qui les désignent. Ce sont là des connaissances de base qu'il vous faut, hélas ! assimiler. La suite du livre vous en dit plus.

Voici un descriptif de chacun de ses composants :

Moniteur : Bidule qui ressemble à un téléviseur et qui est souvent situé au-dessus de l'unité centrale. On y fait référence par un certain nombre de termes intéressants que seul un utilisateur patenté serait capable d'apprécier : *écran CRT* (*Cathode Ray Tube*, pour tube à rayons cathodiques), *VDT* (*Video Display Terminal*, pour terminal à écran de visualisation - ne pas confondre avec *VTT*, *vélo tout terrain*), et enfin *écran* (bien que ce terme concerne uniquement la face visible du moniteur). Les moniteurs seront étudiés au Chapitre 12.

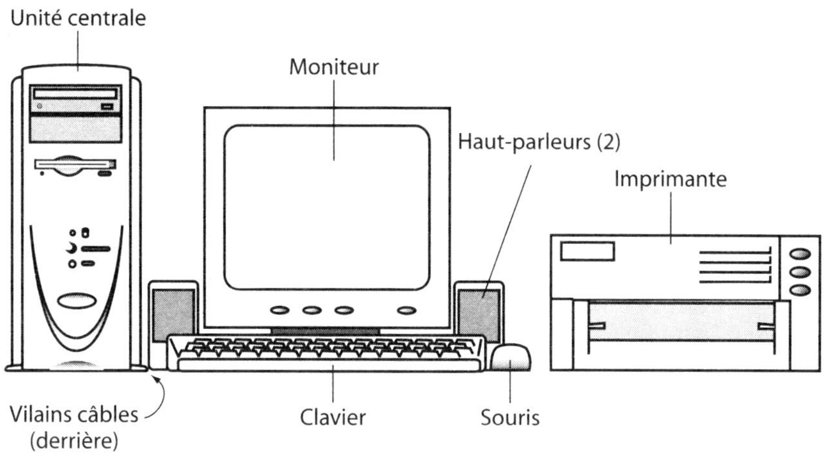

Figure 1.1 :
Un PC type.

Unité centrale : Espèce de boîte qui constitue l'élément principal de l'ordinateur l'unité centrale en abrite les composants internes, plus les emplacements où vous brancherez ses autres éléments.

Clavier : Composite de machine à écrire et de calculatrice que vous utilisez pour dire à l'ordinateur ce qu'il doit faire. Le Chapitre 14 en dit beaucoup plus long sur les claviers d'ordinateur.

Souris : Ah, la souris ! Un petit appareil d'une grande utilité, qui vous permet d'agir directement sur les objets représentés à l'écran. Reportez-vous au Chapitre 13 pour tout savoir sur cette petite bête.

Haut-parleurs : La plupart des PC se font entendre via une paire de haut-parleurs stéréo, soit externes comme dans la Figure 1.1, soit intégrés à la console ou au moniteur. Vous pouvez aussi y ajouter un caisson de basses. Vos voisins vous diront le contraire.

Imprimante : Objet généralement situé à côté de votre ordinateur qui imprime des informations sur papier. Faites une incursion dans le Chapitre 15 pour améliorer vos connaissances en matière d'imprimantes PC.

Nombreux fils électriques : Ce que l'on ne vous montre jamais - surtout pas dans les manuels informatiques et encore moins dans les publicités -, c'est cet entrelacement de fils électriques à l'arrière de tout ordinateur. Quelle pagaille ! Ces câbles sont nécessaires pour relier entre eux les différents éléments de votre PC - l'unité centrale aux éventuels périphériques et l'ensemble à la prise murale. Aucun démêlant après-shampooing ne serait capable de venir à bout de cet enchevêtrement.

- Tous ces éléments sont importants. Sachez les distinguer les uns des autres dans votre propre système. L'imprimante peut être dans une autre pièce si votre système est relié à un réseau.

- L'élément essentiel d'un ordinateur est le gros boîtier, l'unité centrale. Tous les dispositifs matériels reliés à l'unité centrale sont appelés *périphériques*. Voyez le Chapitre 18 pour en savoir plus.

Composants de l'unité centrale (face avant)

L'unité centrale est le cœur de l'ordinateur. C'est la partie matérielle avec laquelle vous travaillez la plupart du temps. Tous les éléments de votre ordinateur vivent soit à l'intérieur de cette unité centrale, soit à l'extérieur, reliés par des câbles. La Figure 1.2 illustre la face avant d'une unité centrale type.

Lecteur de CD-ROM ou de DVD-ROM : Il s'agit d'un lecteur de disques de capacité élevée. Ces disques sont identiques à vos CD audio, si ce n'est qu'ils contiennent des données informatiques. Les Chapitres 5 et 10 vous entretiendront plus longuement sur les unités de lecture (disquettes, CD-ROM, DVD-ROM et disques durs) et leur utilisation.

Extérieurement, les lecteurs DVD se distinguent uniquement par ces trois lettres inscrites en façade. Si elles n'y sont pas, c'est un simple lecteur de CD-ROM. Pas de problèmes pour le moment, les logiciels sur disques DVD sont encore peu nombreux.

Future extension : Emplacement vide caché par une petite porte sur la face avant du boîtier. De tels emplacements sont généralement destinés à accueillir des lecteurs Zip, des lecteurs de DVD-ROM, des graveurs et autres petites friandises adorées des PC.

Lecteur de disquettes : Petite ouverture horizontale qui avale des disquettes. Quelques logiciels sont livrés sur disquettes. Les disquettes sont principalement utilisées pour transporter des fichiers d'un PC à un autre.

Lecteur Zip : On trouve quelquefois des PC livrés avec un lecteur Zip qui est un super-lecteur de disquettes. Une disquette Zip peut contenir l'équivalent de 100 disquettes ordinaires.

Ventilateur : OK, cette petite chose souvent bruyante n'est pas très importante. Toutefois, veillez à ce que l'aération se fasse librement car la machine a constamment besoin de se rafraîchir.

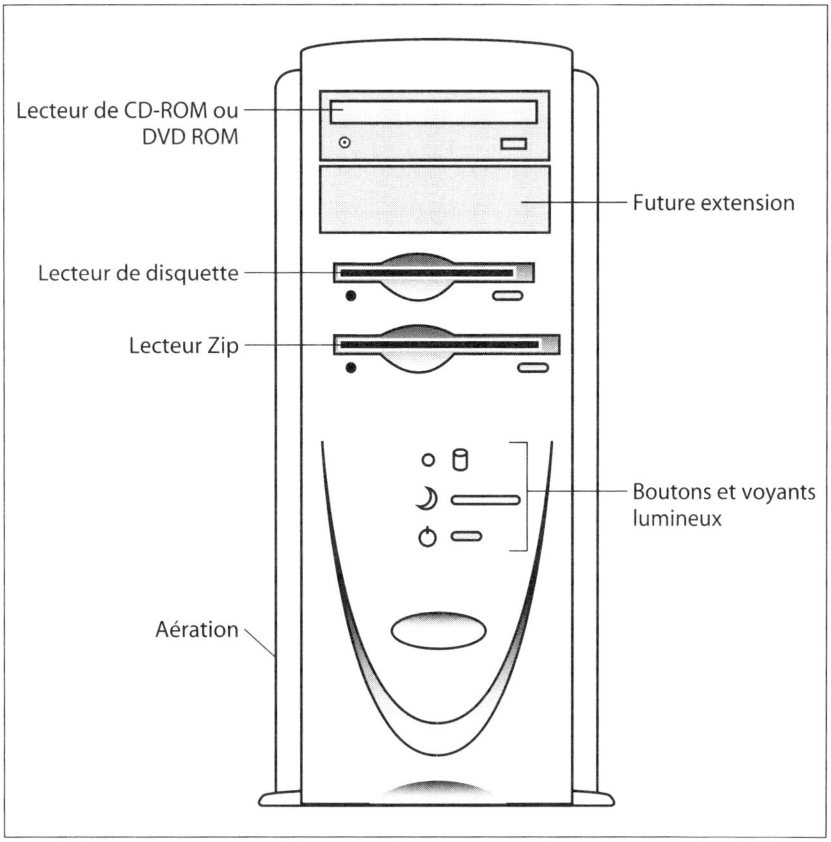

Figure 1.2 : Les éléments importants d'une unité central (face avant).

Boutons et voyants : Vous trouverez logiquement la plupart des boutons d'un ordinateur sur son clavier. Toutefois, certains des plus importants sont situés sur la face avant de l'unité centrale accompagnés, pour les plus sophistiqués des PC, de petites lumières intimidantes. Ces boutons et lumières comprennent généralement les effets suivants :

- **Bouton marche/arrêt** : Il s'agit du bouton d'alimentation générale du PC, interrupteur principal que vous utilisez pour allumer la bête. Il peut se trouver sur la face avant de l'ordinateur, mais certains modèles le placent encore à l'arrière, sur la droite. Ce bouton est généralement accompagné d'un petit voyant vous indiquant son état. Attention délicate mais inutile, les ordinateurs faisant suffisamment de ramdam pour pouvoir en déduire à l'oreille qu'ils sont allumés.

- **Bouton Reset** : Ce bouton vous permet de relancer l'ordinateur sans avoir à l'éteindre et à le rallumer. Le Chapitre 2 explique pourquoi toute personne sensée devrait agir ainsi.
- **Bouton Suspendre** : On le trouve sur quelques PC récents et sur la plupart des ordinateurs portables. Sert à suspendre toute activité sans avoir à éteindre le PC. Vous saurez tout sur cette astuce au Chapitre 2.
- **Voyant disque dur** : Ce voyant s'éclaire lorsque le disque dur est en marche. Dans la mesure où celui-ci loge à l'intérieur du boîtier, cette petite lumière est votre assurance qu'il est toujours en vie et content de faire son travail.

L'unité centrale abrite quelquefois des choses plus rares, comme un disque dur amovible, un dispositif de verrouillage ou encore un bouton turbo.

- L'unité centrale est munie de l'interrupteur marche/arrêt qui peut commander l'ensemble du système. De plus, chaque périphérique a son propre interrupteur. Nous verrons au Chapitre 2 comment s'en servir correctement.

- Le symbole marche/arrêt tel qu'indiqué plus haut désigne parfois le bouton Reset sur certaines machines. Vérifiez dans le mode d'emploi.
- Veillez à ce que l'aération soit toujours dégagée, faute de quoi votre ordinateur peut s'étouffer. (En réalité, le processeur se met à chauffer.)
- Si votre ordinateur comporte une serrure et une clé, ne croyez pas qu'il soit en sécurité. J'ai moi-même plusieurs PC de différentes marques dans mon bureau, et la même clé ouvre toutes les serrures.

- Le voyant de votre disque dur peut être rouge, vert ou jaune, et il clignote lorsque le disque tourne. Pas de panique. C'est seulement le signal que le disque dur fait son boulot. (J'ai personnellement un faible pour le voyant vert que je trouve d'un effet apaisant.)

Composants de l'unité centrale (face arrière)

Voulant faire des produits de plus en plus beaux, les concepteurs d'ordinateurs ont caché pas mal de connexions importantes et quelques bidules au dos du PC. Votre PC possède la plupart des choses montrées dans la Figure 1.3, mais elles peuvent être logées dans des endroits différents.

Prise d'alimentation : C'est de là que part le câble qui va à la prise de courant.

Connecteur de clavier : Le clavier se branche dans ce petit trou. Sur de très vieux PC, le trou est plus gros.

Connecteur de souris : Généralement de même forme et de même taille que celui du clavier, un dessin représentant une souris vous indique que c'est bien là qu'on doit la brancher.

Port USB : Le Chapitre 9 vous en dit bien plus sur ce que vous pouvez brancher là-dedans.

Port série ou port COM : La plupart des PC ont les deux, appelés COM1 et COM2. On y branche un modem externe et quelquefois la souris. Les PC récents ont des ports à 9 broches, les plus anciens plutôt des ports à 25 broches.

Port imprimante : L'imprimante se branche là !

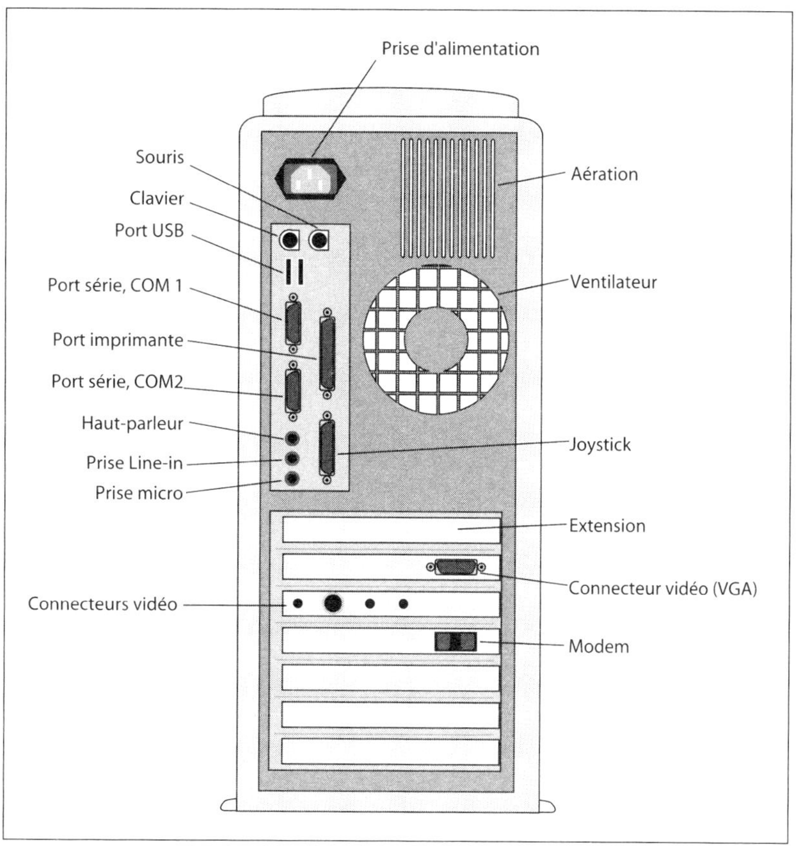

Figure 1.3 : Les éléments importants d'une unité centrale (face arrière).

Port joystick : Surtout utilisé pour des connexions à usage scientifique. Mais oui.

Connecteur de moniteur : Souvent cette prise ne porte aucune indication, elle est identique au port série, sauf qu'elle comporte 15 trous au lieu de 9.

Sortie haut-parleurs : Pour relier le PC à des enceintes ou à un ampli. Le port USB fait également l'affaire.

Prise Line-in : peut être connectée à la chaîne hi-fi ou au magnétoscope pour importer des sons dans votre PC.

Prise micro : Pour brancher... le micro du PC.

Modem : Un modem comporte deux prises. Une pour relier le modem à la prise de téléphone murale, l'autre pour brancher un téléphone et pouvoir... téléphoner. Plus de détails au Chapitre 16.

Derrière le PC se trouvent également les emplacements d'extension (*slot*). Pour y loger toutes les cartes qui lui feront plaisir plus tard.

Bonne nouvelle : tout ce fatras se branche une fois pour toutes. Après quoi vous n'aurez plus à y toucher.

Le lecteur A

Tous les ordinateurs possèdent un *lecteur A* (c'est aussi leur lecteur préféré). Si votre ordinateur est équipé d'un second lecteur de disquettes, il est appelé *lecteur B*. Le lecteur A est généralement situé *au-dessus* du lecteur B. (mais pas toujours).

TRUC

Pour savoir à quel lecteur de disquettes vous avez affaire, observez la face avant de votre PC au moment de l'allumage. Le petit voyant du premier lecteur de disquettes (lecteur A) va s'éclairer un court instant. Vous saurez alors qu'il s'agit du lecteur A.

- Il vaut mieux repérer une fois pour toutes le lecteur A, les instructions d'installation et les manuels d'utilisation y font sans cesse référence.

- Les lecteurs Zip ne sont pas désignés par une lettre en particulier. Une fois la lettre repérée, il n'est pas superflu de la noter sur une étiquette collée sur le lecteur.

- Le Chapitre 7 donne quelques explications supplémentaires sur le mode de désignation des lecteurs.

L'art de déchiffrer les hiéroglyphes

En plus des nombreux voyants et interrupteurs, l'unité centrale d'un ordinateur type comporte également des symboles dont on ne vous parle jamais puisqu'ils sont censés être universels (même un extraterrestre serait capable d'en déduire les fonctions sans consulter son dictionnaire intergalactique). Mais, dans l'éventualité où le sens d'un de ces symboles vous échapperait, et qu'aucun extraterrestre ne soit à portée de téléphone, la Figure 1.4 vous propose une traduction des plus courants.

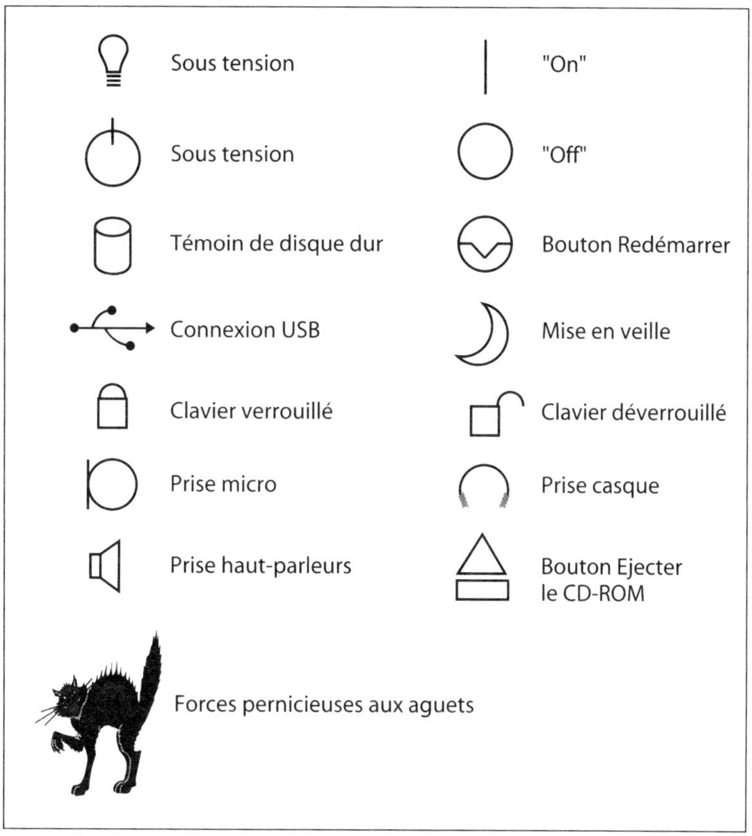

Figure 1.4 : Quelques hiéroglyphes informatiques.

- Oubliez les termes *marche/arrêt* ou *on/off*. Les ordinateurs *politiquement corrects* d'aujourd'hui utilisent un trait vertical pour indiquer la position Marche et un cercle pour la position Arrêt (comme vous pouvez le constater sur la Figure 1.4).

- Eclaircissement sur ce point : la plupart des PC possèdent maintenant les deux symboles sur le même bouton. Appuyez une fois pour allumer et une autre fois pour éteindre.

- Sur la plupart des unités centrales figure un petit voyant qui s'éclaire lorsque l'ordinateur est en marche. Cette petite lumière est généralement accompagnée d'un symbole spécial qui n'est malheureusement pas toujours le même (sur la Figure 1.4, trois symboles différents sont associés à cette même fonction). Quoi qu'il en soit, lorsqu'un ordinateur est en marche, il fait du bruit, et c'est là une indication qui ne devrait pas vous tromper.

Variations sur le thème PC

Tous les ordinateurs ne ressemblent pas à celui de la Figure 1.1, laquelle illustre le type d'ordinateur le plus répandu actuellement, appelé *mini-tour*, d'après la taille du boîtier. Vous pouvez l'installer sur votre bureau ou à côté.

Il existe d'autres modèles que le mini-tour. Le modèle le plus prisé fut longtemps celui dont le moniteur reposait sur le boîtier placé sur le bureau. On trouve aussi des *micro-tours*, des *moyen-tours* et des *maxi-tours*, répondant aux goûts et besoins de tous les utilisateurs.

Mini-tour : La configuration la plus répandue. Le PC repose sur ou sous le bureau, ou encore à côté (comme sur la Figure 1.1).

Portable ou portatif : Ordinateur idéalement léger, peu encombrant, et si possible aussi performant que son grand frère PC. Indispensable à l'utilisateur qui bouge. Les particularités propres aux portables seront décrites dans les chapitres suivants.

Tour : Il s'agit pour l'essentiel d'une unité centrale positionnée verticalement (d'où son nom) et généralement placée *sous* le bureau, laissant uniquement *sur* le bureau l'écran et le clavier. Ces PC proposent davantage d'espace intérieur permettant plus d'extensions.

Votre environnement logiciel type

Pour qu'un ordinateur puisse travailler, il lui faut un *logiciel*. Les logiciels sont connus sous d'autres noms comme *programmes*, *applications* ou *progiciels*.

Le système d'exploitation (le big boss)

Le *système d'exploitation* est l'élément logiciel le plus important. C'est le programme vedette de l'ordinateur, la star, le big boss, le grand manitou.

Le système d'exploitation régit tout sous le capot. Il contrôle chacun des petits composants du PC et garantit une bonne entente entre eux. C'est le cerveau dont le matériel est dépourvu et qui lui est indispensable pour savoir ce qu'il doit faire.

Le système d'exploitation gère également les différentes applications installées (voir la section suivante). Chaque application doit s'agenouiller devant lui et faire serment d'allégeance.

N'OUBLIEZ PAS

- L'élément logiciel le plus important d'un ordinateur est le système d'exploitation.
- Un ordinateur est généralement vendu avec un système d'exploitation déjà installé. Vous n'aurez jamais besoin d'en installer un vous-même. En revanche, dans la mesure où ces programmes sont améliorés de temps à autre, il est possible que vous soyez amené à installer des mises à jour. Reportez-vous au Chapitre 19 pour en savoir plus à ce sujet.
- Autrefois, dans les années 80, vous achetiez vos applications en fonction de la marque de votre matériel. Dans les magasins informatiques se trouvaient différents rayons pour IBM, Apple et Commodore. Aujourd'hui, vous achetez vos logiciels en fonction de votre système d'exploitation : Macintosh ou Windows.
- En ce qui concerne le PC, le système d'exploitation le plus populaire était le DOS. Aujourd'hui, il existe d'autres systèmes, mais le numéro un c'est Windows. Le compte en banque de Bill Gates en fait foi.
- Le Chapitre 3 vous dira plein de choses intéressantes sur Windows.

Autres types de programmes

Le système d'exploitation est à la base de tout. Soit. Mais seul, il ne peut absolument rien faire pour vous. Pour travailler, vous avez besoin de *programmes d'applications*, aussi appelés *applications*. Ce sont les divers logiciels spécifiques de votre PC qui vous permettent de réaliser votre travail.

Pour du texte, vous utiliserez un programme de traitement de texte ; pour effectuer des calculs, vous aurez besoin d'un tableur ; pour traiter des données, il vous faudra un programme de base de données, etc. Quelle que soit la tâche que vous voulez exécuter sur votre ordinateur, celle-ci est réalisée par une application spécifique.

Il peut également s'agir d'utilitaires, de jeux, de programmes éducatifs ou de logiciels de programmation. Il existe aussi des applications dédiées à l'Internet : navigateurs, gestionnaires de courrier électronique, éditeurs de pages Web, et d'autres encore.

Quelques paroles réconfortantes

La principale difficulté que j'ai remarquée chez les utilisateurs débutants, c'est la tendance à se culpabiliser dès que quelque chose va de travers.

Croyez-moi braves gens, ce n'est vraiment pas de votre faute !

Les ordinateurs se trompent. Les programmes ont des bogues. Quelquefois plus rien ne fonctionne, que vous soyez ou non aux commandes.

Surtout ne croyez pas que vous avez fait une boulette ou détérioré la machine. C'est vrai, ça peut arriver. Mais la plupart du temps il s'agit d'une défaillance de l'ordinateur.

- Quelquefois ça ne marche pas. C'est probablement la faute du matériel ou d'un programme.

- Voyez au Chapitre 30 comment un dépannage malencontreux peut mettre votre PC en danger.

Chapitre 2

Ce gros bouton rouge

Dans ce chapitre :

Allumer l'ordinateur.

Commencer à travailler.

Eteindre l'ordinateur.

Faut-il laisser l'ordinateur allumé en permanence ?

Relancer l'ordinateur.

Est-ce que la mise en route et l'arrêt d'un appareil doivent être compliqués ? Certes, non. Mais, lorsqu'il s'agit d'informatique, les choses les plus simples deviennent souvent extrêmement complexes. On imaginerait aisément plusieurs interrupteurs différents camouflés à l'arrière d'un ordinateur juste pour vous rendre la vie plus difficile. Eh bien non !

En vérité, il n'y a qu'un seul gros bouton rouge qui met en marche et éteint l'ordinateur. Bien sûr, cet interrupteur n'est pas toujours gros, ni rouge, mais laissons là ces petits détails. L'important est de savoir ce que vous devez faire entre ces deux opérations, période durant laquelle vous avez toutes les chances de vous arracher les cheveux par paquets ou de chanter des mantras pendant que vous saisirez fiévreusement votre amulette vaudou d'une main et appuierez sur l'interrupteur de l'autre.

Mais ne vous inquiétez pas, ce chapitre va vous aider à passer cette étape difficile que constitue l'allumage d'un ordinateur, et tout ce qui se passe juste après, sans négliger toutes ces petites formalités concernant la mise hors tension de la machine. Vous apprendrez également qu'il existe une catégorie d'utilisateurs qui laissent leur machine allumée tout le temps. Scandaleux !

Allumer l'ordinateur

Pour allumer un ordinateur, il suffit d'accéder à ce gros bouton rouge et de le faire basculer sur la position "On". Certains ordinateurs ont placé ce gros bouton rouge à l'avant, d'autres sur le côté ou à l'arrière, d'autres encore l'ont peint en gris ou en blanc pour mieux le camoufler. Parfois encore, il ne s'agit pas d'un bouton à bascule, mais d'un de ces boutons poussoirs encore plus discrets.

- L'interrupteur de votre PC est probablement désigné par un symbole international. Consultez le Chapitre 1 pour savoir à quoi il peut ressembler.
- Si rien ne s'affiche à l'écran, attendez encore un instant. S'il ne se passe toujours rien, allumez le moniteur.
- Si l'ordinateur ne démarre pas, vérifiez qu'il est bien branché. S'il ne marche toujours pas, reportez-vous au Chapitre 30.
- Assurez-vous qu'il n'y a pas de disquette dans le lecteur A lorsque vous allumez votre ordinateur. Si une disquette s'y trouve, l'ordinateur ne pourra démarrer à partir du disque dur, comme il est censé le faire. En éteignant votre PC, vérifiez toujours que vous ne laissez pas de disquette dans le lecteur.
- Voyez le Chapitre 5 pour en savoir plus sur le lecteur A.

Que faut-il allumer aussi ?

Tous les périphériques ont leur propre interrupteur qui les rend indépendants de la mise sous tension de l'unité centrale.

Il est généralement convenu d'allumer les différents éléments dans l'ordre suivant :

1. **Le moniteur**. Patientez quelques secondes que l'écran soit prêt.
2. **Les périphériques**. Allumez les périphériques que vous avez prévu d'utiliser, comme le scanner ou le graveur de CD, cela permet à l'ordinateur de les *reconnaître*.
3. **L'unité centrale.** Allumez-la en dernier

Mon manuel me demande de démarrer ou de "booter" mon ordinateur : que dois-je faire ?

Le démarrage (*booting* en anglais) de l'ordinateur s'effectue automatiquement à l'allumage. On dit alors "booter un ordinateur" pour l'allumer (bien que ce ne soit pas très joli). Vous trouverez également *rebooter* pour redémarrer ou relancer l'ordinateur en appuyant sur le bouton de remise à zéro : *Reset*.

Vous pouvez aussi sans dommage allumer tous les éléments en même temps. Néanmoins, il est admis que l'unité centrale est allumée en dernier lieu.

- Chaque appareil a son propre interrupteur.
- L'interrupteur de l'écran se trouve généralement en façade. Il est derrière sur les modèles anciens.
- Il est inutile d'allumer systématiquement le modem. Vous pouvez l'allumer et l'éteindre le temps de la connexion. Vous pouvez aussi, comme je le fais, le laisser allumé en permanence.
- Même chose avec l'imprimante et le scanner. Certains scanners doivent être allumés avant le démarrage du PC, pour être reconnus.

La meilleure façon d'allumer un PC

Votre ordinateur est constitué de plusieurs éléments nécessitant une alimentation électrique. Le meilleur moyen d'éviter toute tracasserie inutile consiste à acheter un *boîtier multiprise* (Figure 2.1), une boîte composée d'une rangée de prises complétée d'un interrupteur à son extrémité. Ce boîtier multiprise se connecte à la prise murale. En basculant un seul bouton du boîtier, vous allumez d'un seul coup tous les éléments reliés à l'ordinateur.

Quelques conseils branchés :

- Lors de l'installation de votre système, reliez chaque élément au boîtier multiprise : écran, modem, scanner, imprimante, etc.

- Ne branchez pas une imprimante laser au boîtier multiprise. Cela peut perturber le fonctionnement des autres appareils, c'est écrit dans le manuel d'utilisation de votre imprimante laser.

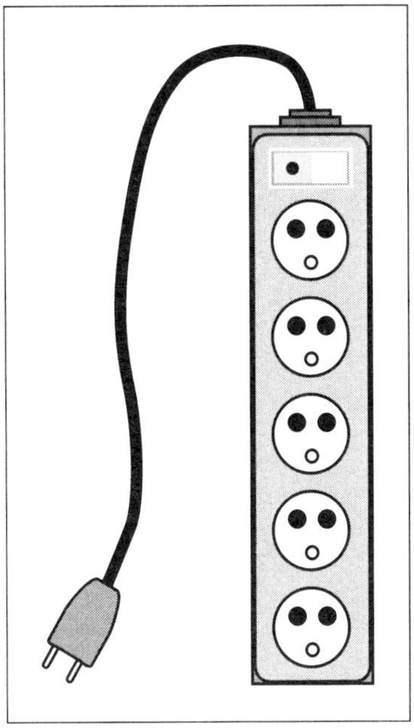

Figure 2.1 : Un boîtier multiprise.

- Utilisez de préférence un boîtier multiprise muni d'un régulateur de tension. Pour une différence de prix minime, votre matériel bénéficie d'une protection contre d'éventuels courts-circuits et surtensions.
- Pour une protection encore plus efficace, utilisez un *onduleur* (Figure 2.2), et lisez la section suivante.
- En branchant tous les éléments à un boîtier multiprise, vous répondez définitivement à la question : "Que doit-on allumer en premier."
- A vrai dire, l'ordre de mise sous tension n'a pas une importance primordiale. Cependant, en allumant l'unité centrale en dernier, vous êtes sur que chaque périphérique sera reconnu par l'ordinateur.

Surveillez votre alimentation

L'utilisation d'un onduleur constitue la meilleure protection de l'alimentation électrique de votre équipement. Un onduleur est une sorte de batterie qui assure l'autonomie du PC en cas de coupure de courant.

Parfois, l'onduleur comporte un nombre de prises suffisant au raccordement simultané de l'ordinateur et de périphériques externes tels que modem et graveur de CD.

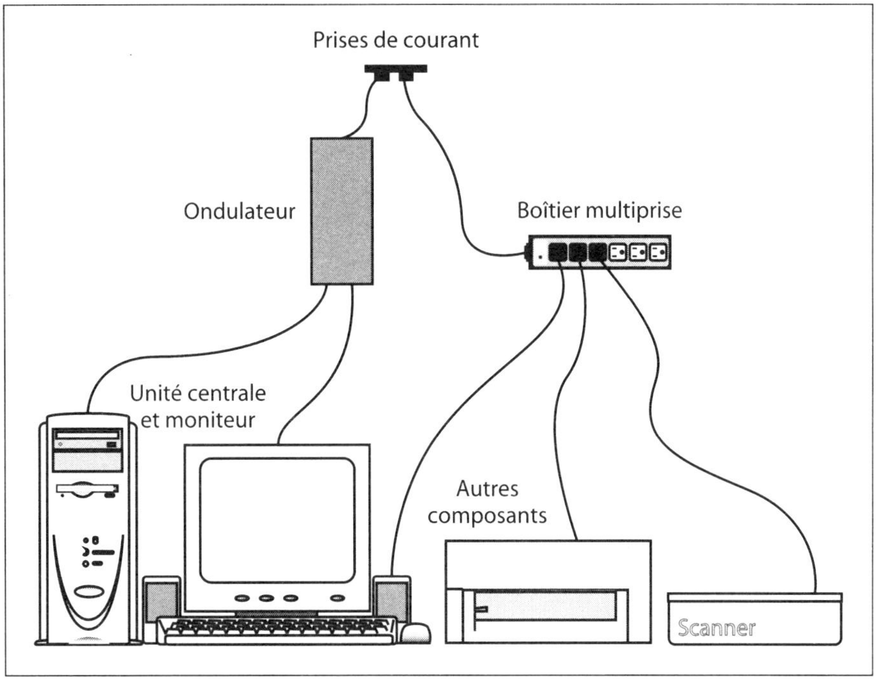

Figure 2.2 : Utiliser un onduleur.

DIS-NOUS DAN

Dois-je faire attention à la tension ?

Question : Je ne sais pas quoi penser des boîtiers multiprises contre les surtensions électriques. J'ai l'impression que les spécialistes prétendent qu'ils sont indispensables, même si dans mon quartier le courant est plutôt stable, et que la foudre ne s'abat pas systématiquement sur chaque maison. Mais je me demande si les magasins d'informatique qui les proposent ne poussent pas un peu à la consommation. Dois-je vraiment acheter un protecteur de tension pour mon ordinateur ?

Réponse : Oui. Et vous faites d'une pierre, deux coups : vous avez une prise multiple qui facilite vos branchements, et vous évitez que votre équipement puisse être endommagé par des variations de tension. Si ce n'est pas un achat primordial, c'est en tout cas un bon (et modeste) investissement.

Malgré leur réputation, les onduleurs ne sont pas faits pour vous permettre de travailler pendant une panne de secteur, mais pour vous permettre de sauvegarder votre travail, après quoi vous devez éteindre l'ordinateur. Contrairement à ce que prétendent certaines publicités, la plupart des onduleurs vous donnent seulement trois à cinq minutes d'autonomie.

- Les onduleurs sont prévus pour parer à de brèves coupures de courant. Par exemple, ces sautes de courant qui font vaciller la lumière électrique et qui peuvent provoquer l'arrêt de l'ordinateur.
- De surcroît, les onduleurs protègent efficacement contre les variations de tension, courts-circuits et effets de la foudre.
- Une imprimante n'a pas besoin d'être reliée à un onduleur. L'impression peut reprendre une fois le courant rétabli.

Et voici Windows !

Après le démarrage de votre ordinateur (matériel), le système d'exploitation (logiciel) prend la main. Rappelez-vous, le logiciel contrôle le matériel, et le cerveau est le système d'exploitation. C'est donc ce système d'exploitation (Windows) qui se met à fonctionner en premier.

Au moment où Windows se réveille, vous apercevez sur votre écran divers messages que vous et moi n'avons pas besoin de lire.

- Les lecteurs de ce livre utilisent des ordinateurs dont le système d'exploitation est Windows 95 ou le plus souvent Windows 98. Ce livre traite plus particulièrement de Windows 98. Les spécificités de l'une ou l'autre version seront signalées.
- Pendant le chargement de Windows, il se passe plein de choses sur votre écran. Ne vous en préoccupez pas.

Mon ordinateur n'a pas été éteint correctement

Quoi que vous fassiez, vous avez toujours deux façons de le faire, la bonne et la mauvaise. C'est la même chose pour éteindre l'ordinateur. Aujourd'hui, il ne suffit plus de pousser le gros bouton rouge, il faut procéder d'une manière particulière. Si vous ne l'avez pas fait, Windows vous le signale au démarrage suivant. Un message vous avertit que l'ordinateur n'a pas été éteint correctement, et que le programme Scandisk est lancé. Scandisk détecte et corrige les erreurs causées par l'arrêt inopiné de l'ordinateur.

- Lorsque Scandisk a trouvé une erreur, pour la corriger il suffit de presser la touche Entrée.

- Pour en savoir plus sur comment éteindre correctement votre machine, reportez-vous à la section "Eteindre l'ordinateur", plus loin dans ce chapitre.

Mon ordinateur me dit qu'il y a une "erreur disque" : que dois-je faire ?

Cela arrive assez souvent, même à Bill Gates !

```
Disque non-Système/erreur disque
Remplacez et pressez touche
```

Retirez la disquette du lecteur A et appuyez sur la touche Entrée. L'ordinateur ne devrait plus vous ennuyer.

Ce message s'affiche parce que vous avez laissé une disquette dans le lecteur A de l'ordinateur. Ce dernier a essayé de démarrer à l'aide du logiciel de cette disquette et - devinez quoi - aucun logiciel n'y figure ! Le système d'exploitation recherché par votre PC se trouve sur le disque dur, et celui-ci ne peut être chargé tant que vous n'avez pas retiré cette satanée disquette et appuyé sur la touche Entrée.

Ne jouez pas avec les mots de passe système

Certains PC récents permettent l'utilisation d'un mot de passe système. Je ne vous le recommande pas. Ça a l'air très chouette : lorsque vous allumez l'ordinateur, il vous demande votre mot de passe, ce qui empêche un accès non autorisé. Mais si vous oubliez ce mot de passe, vous ne pouvez plus vous servir de votre ordinateur. Vous devrez appeler le fabricant pour connaître les instructions secrètes vous permettant d'enlever le mot de passe. Cela peut être très ennuyeux.

Mon conseil : ne vous embêtez pas avec des mots de passe.

Débarrassez-vous du mot de passe de Windows

Si votre ordinateur n'est pas relié à un réseau, vous pouvez facilement vous débarrasser du mot de passe de Windows. Voici comment :

1. **Affichez le Panneau de configuration. Dans le menu Démarrer, sélectionnez Paramètres/Panneau de configuration.**

   Le Panneau de configuration s'affiche.

2. **Cliquez sur l'icône Mots de passe.**

   La boîte de dialogue Propriété des Mots de passe apparaît.

3. **Cliquez sur le bouton Changer le mot de passe Windows.**

   Une boîte de dialogue apparaît dans laquelle il faut entrer l'ancien mot de passe et deux fois le nouveau.

4. **Entrez le mot de passe en cours.**

5. **Laissez en blanc les deux cases prévues pour le nouveau mot de passe.**

6. **Cliquez sur OK.**

Qui êtes-vous, s'il vous plaît ?

Windows achève son processus de démarrage en demandant un mot de passe (Figure 2.3). Dans les cas suivants :

- Votre ordinateur est relié à un réseau.
- Plusieurs utilisateurs partagent le même ordinateur.
- Windows a envie de vous taquiner.

Mis à part les deux premiers cas, vous n'avez pas besoin de mot de passe. Reportez-vous à l'encadré ci-avant "Débarrassez-vous du mot de passe de Windows", pour l'éliminer.

- Windows connaissant déjà votre nom d'utilisateur, celui-ci sera probablement déjà affiché. Votre tâche consistera donc à entrer uniquement le bon mot de passe. Et encore...

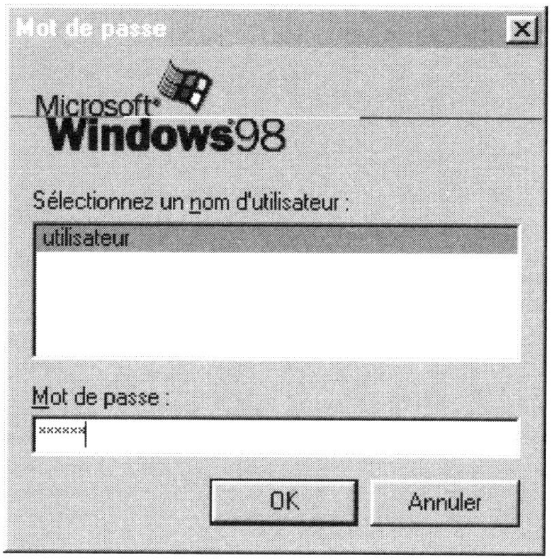

Figure 2.3 : Qui êtes-vous et que voulez-vous ?

- Pressez la touche de tabulation pour passer d'une zone à l'autre.
- Le mot de passe de Windows n'offre aucune sécurité. Si vous n'êtes pas relié à un réseau, le mot de passe n'est qu'un faux-semblant. N'importe qui peut accéder à l'ordinateur en appuyant sur la touche Echap.
- L'accès à un réseau est toujours protégé par un système de mot de passe autrement plus efficace.

- On utilise souvent le terme anglais *login* pour désigner l'accès à un réseau.

Windows a démarré

Enfin, après un moment au cours duquel vous avez pu vous préparer un café ou vous raser, Windows est prêt à l'usage. Ce qui apparaît à l'écran (Figure 2.4) s'appelle le *bureau*, c'est l'écran principal ou écran d'accueil. Il est maintenant temps de travailler.

- Pendant le processus de démarrage, quelques messages peuvent apparaître. Certains disparaissent, d'autres vous demandent de cliquer sur le bouton OK ou Annuler.
- Le Chapitre 4 donne plus de détails sur Windows et son utilisation.

Figure 2.4 : Le bureau de Windows.

Commencer à travailler

Après avoir allumé votre ordinateur et avant de l'éteindre, vous êtes censé faire quelque chose. Travailler par exemple.

- La quatrième partie du livre traite de l'utilisation des logiciels.
- Reportez-vous aussi à la cinquième partie dédiée à l'usage de l'Internet.

Eteindre l'ordinateur

Les ordinateurs sont d'un tempérament sensible. L'usage intempestif du bouton marche/arrêt leur semble une impardonnable indélicatesse. Certains pensent que c'est carrément brutal.

Alors, pour ne pas indisposer votre propre ordinateur, il faudra l'éteindre en suivant des étapes précises :

1. **Cliquez sur le menu Démarrer.**

Si la barre des tâches est visible, cliquez sur le bouton Démarrer situé en bas à gauche de cette barre (voyez la Figure 2.4).

La méthode la plus sûre et la plus efficace de faire apparaître le menu Démarrer consiste à appuyer sur la combinaison de touches Ctrl+Echap. Cette opération marche à tous les coups, que le bouton Démarrer soit visible ou non sur votre écran.

2. **Choisissez l'option Arrêter.**

Cliquez sur ce bouton avec la souris.

La boîte de dialogue Arrêt de Windows apparaît (Figure 2.5) ; elle comporte quatre options et trois boutons.

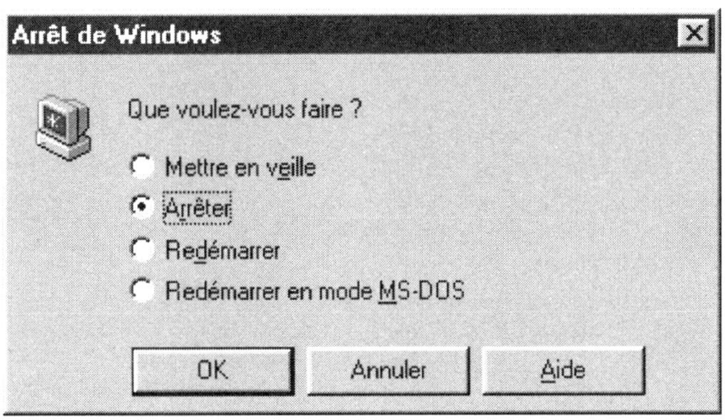

Figure 2.5 : Cette boîte de dialogue est la porte de sortie de Windows.

3. **Vérifiez que l'option Arrêter est sélectionnée.**

Ignorez les autres options. Celle qui vous intéresse, Arrêter, est probablement déjà sélectionnée.

4. **Cliquez sur OK.**

So long !

Si vous n'avez pas encore sauvegardé votre travail, le ou les programmes en cours vous demanderont de le faire. Utilisez les commandes appropriées pour enregistrer votre travail.

Si un programme DOS est en cours d'utilisation, le processus s'arrête. Vous devez fermer ce programme avant de quitter Windows.

Finalement, après quelques instants d'agitation, un message apparaît indiquant : "Vous pouvez maintenant éteindre votre ordinateur en toute sécurité." Pas d'explosion, pas d'étincelles, tout va bien.

5. **Maintenant vous pouvez appuyer sur le bouton marche/arrêt.**

   Clic. Et voilà !

Certains PC s'éteignent automatiquement. Si c'est le cas du vôtre, l'étape 5 est inutile. Mais vous devrez toujours éteindre le moniteur, l'imprimante, et les autres éléments autour du PC.

- Oui, vous commencez par cliquer sur le bouton Démarrer pour éteindre votre ordinateur. Est-ce bien logique ?

- L'option Interrompre de la Figure 2.5 n'est disponible que si votre ordinateur est capable de s'endormir. (Voir la section "Mettre votre système en veille" plus loin dans ce chapitre.)

- On peut aussi choisir "Fermer toutes les applications et ouvrir une session sous un nom différent". Cette option apparaît dans la boîte de dialogue Arrêt de Windows dans Window 95 ou dans le menu Démarrer dans Windows 98.

- N'éteignez pas votre ordinateur tant qu'un programme est en cours d'utilisation. Fermez toutes vos applications après avoir enregistré vos travaux, puis dites au revoir à Windows suivant l'usage. Ce n'est que lorsque l'écran vous dit que vous pouvez éteindre votre ordinateur *en toute sécurité* que vous pouvez enfin actionner l'interrupteur.

- Les habitués du DOS devront cesser de considérer que l'amical C:\> de l'écran signifie qu'ils peuvent éteindre l'ordinateur. Avec Windows 95, vous devez commencer par *fermer* DOS en tapant la commande EXIT :

```
C:\> EXIT
```

  L'invite du DOS disparaît et vous êtes de nouveau sous Windows, comme par magie.

- Il est recommandé d'attendre environ 20 à 30 secondes avant de rallumer l'ordinateur. Ce délai permet au disque dur de s'immobiliser totalement. (Il est tout à fait déconseillé de jouer avec l'interrupteur marche/arrêt !)

J'éteins, j'éteins pas

Question : Vous conseillez de laisser l'ordinateur allumé en permanence. N'ayant pas l'un de ces nouveaux PC capables d'être mis en veille, je me demande si je peux l'éteindre souvent sans problème.

Réponse : Si vous prévoyez de ne pas utiliser votre ordinateur pendant 48 heures, éteignez-le. Sinon, ce n'est pas nécessaire. Je laisse le mien allumé en permanence parce que je trouve que le démarrage prend trop de temps. Si vous rencontrez des problèmes pendant le processus d'arrêt, n'hésitez pas à éteindre. Ou bien à utiliser le bouton Reset ou la combinaison de touches Ctrl+Alt+Suppr pour redémarrer.

Faut-il laisser l'ordinateur éteint en permanence ?

Oui, je pense que c'est une excellente idée.

Faut-il laisser l'ordinateur allumé en permanence ?

Savoir si l'on doit ou non éteindre un ordinateur provoque des débats passionnés. D'aucuns, les plus au courant, vous diront qu'il est nécessaire de le laisser allumé en permanence, 24 heures sur 24, 7 jours sur 7, et 14 jours par semaine sur la planète Mars. En fait, vous ne devez l'éteindre que si vous vous absentez plus de 48 heures.

Les ordinateurs adorent rester allumés tout le temps. Vous laissez bien votre réfrigérateur allumé toute la nuit ou lorsque vous partez en voyage, alors pourquoi pas votre PC ? Cela n'augmentera pas vraiment votre note d'électricité.

- Certains programmes spéciaux, appelés *économiseurs d'écran*, effacent l'écran après un délai prédéterminé, en général quand vous n'avez pas touché le clavier pendant plusieurs minutes. Windows contient son propre économiseur d'écran. A partir du menu Démarrer, choisissez Paramètres/Panneau de configuration, puis double-cliquez sur l'icône Affichage pour ouvrir la boîte de dialogue correspondante. Cliquez sur l'onglet Ecran de veille et effectuez les opérations nécessaires, que je n'ai pas le temps de vous expliquer ici. Voyez aussi le Chapitre 12.

- Si vous choisissez de laisser votre ordinateur allumé en permanence, ne le recouvrez pas d'une housse. Elle agirait comme une véritable serre et pourrait élever la température de votre système de manière très critique.

Faut-il éteindre l'écran ?

Question : Vous conseillez d'éteindre l'ordinateur le moins souvent possible. Soit, mais j'ai une question bête : l'ordinateur reste allumé, mais doit-on éteindre le moniteur ? Jusqu'ici, j'avais l'habitude d'allumer et d'éteindre mon PC plusieurs fois par jour.

Réponse : Laissez plutôt votre PC allumé toute la journée et, éventuellement, éteignez votre écran si vous interrompez votre travail, ou bien utilisez un économiseur d'écran. (Voyez le Chapitre 12.)

Mettre votre Système en veille

C'est une alternative que je ne conseille plus, parce que j'ai reçu de nombreux témoignages en sa défaveur. Mais d'abord, de quoi s'agit-il ?

Au lieu de laisser votre ordinateur allumé en permanence, vous pouvez le plonger dans le coma. Rien de méchant : vous demandez seulement à votre PC de faire un petit somme. L'ordinateur éteint écran et disque dur, en gardant assez d'énergie pour se réveiller en se souvenant de sa dernière action.

Pour le réveiller, il suffit de presser une touche ou de bouger la souris. Le PC est de nouveau sur pied en quelques secondes.

La raison pour laquelle je ne conseille pas la mise en veille, c'est que de nombreux PC ne peuvent être réveillés. Il se bloquent, et il faut alors éteindre et rallumer, ce qui est toujours dommageable.

Pourquoi l'ordinateur est-il bloqué ? Je ne sais pas. Cela m'est arrivé plusieurs fois, et j'ai reçu beaucoup d'e-mails à ce sujet qui m'ont dissuadé d'utiliser l'option de mise en veille. Cependant, si vous voulez en savoir plus, lisez les sections suivantes.

Mettre l'écran en veille

Plutôt que de suspendre l'activité de tout le système, il vaut peut-être mieux utiliser le mode veille du moniteur. Dans ce mode, après une période d'inactivité, le PC cesse son contact avec l'écran, celui-ci n'affiche plus d'image et réduit sa consommation d'électricité.

Voici la marche à suivre pour configurer votre moniteur :

1. **Ouvrez le Panneau de configuration.**

   Depuis le menu Démarrer, sélectionnez Paramètres/Panneau de configuration.

   Le Panneau de configuration de Windows affiche de nombreuses icônes donnant accès à divers réglages.

2. **Cliquez sur l'icône Gestion de l'alimentation.**

   La fenêtre Propriétés de gestion de l'alimentation s'affiche (Figure 2.6).

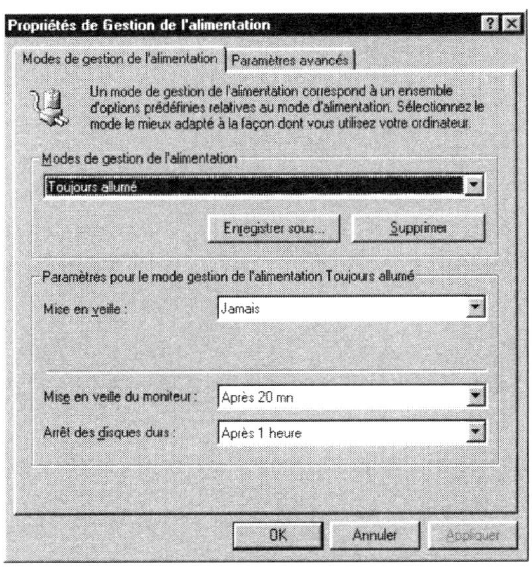

Figure 2.6 : La boîte de gestion de l'alimentation.

3. **Choisissez la durée d'inactivité.**

   Dans la zone Mise en veille du moniteur, faites défiler les temps d'inactivité qui vous sont proposés et sélectionnez celui de votre choix.

4. **Cliquez sur OK pour fermer la boîte de dialogue.**

5. **Fermez le Panneau de configuration.**

Maintenant votre écran s'endormira à la fin de la période d'inactivité que vous avez déterminée.

Ce réglage n'éteint pas réellement le moniteur, simplement l'affichage disparaît. Pour éteindre le moniteur, il faut toujours user du bouton marche/arrêt.

Mettre le PC en veille (je vous aurai prévenu)

Si vous voulez vraiment mettre votre ordinateur en veille plutôt que de l'éteindre, voici la marche à suivre. Pour ma part, je vous le déconseille.

1. **Ouvrez le menu Démarrer.**

   Cliquez sur le bouton Démarrer de la barre de menus ou appuyez sur la combinaison de touches Ctrl+Esc.

2a. **Choisissez l'élément Interrompre.**

   Ce bouton apparaît dans Windows 95.

   Cliquez dessus avec la souris ou appuyez sur la touche N.

   Dans Windows 98, cette option apparaît dans la fenêtre Arrêt de Windows sous l'option Mettre en veille.

2b. **Ou bien choisissez Arrêter dans le menu, puis Mettre en veille dans la fenêtre Arrêt de Windows. Cliquez sur OK.**

   Si vous ne voyez aucune commande de ce type, c'est que votre PC ne peut pas être mis en veille (seuls les nouveaux modèles le peuvent) ou qu'il n'a pas été configuré pour utiliser cette commande.

3. **Observez votre PC dans le coma.**

   Poof ! (Le bruit peut varier d'un PC à l'autre.) Votre PC semble être éteint, mais il ne l'est pas. Il dort.

- La plupart des nouveaux PC et tous les portables ont le *mode mise en veille*. L'activer met votre PC en mode ralenti : le moniteur s'éteint et tout ce qu'il y a à l'intérieur se met à ronronner tout doucement. L'ordinateur est toujours allumé, mais il a l'air éteint. Pour les portables, la mise en veille permet de prolonger leur autonomie.

- Vous n'avez pas besoin de sauvegarder votre travail avant d'utiliser la commande mise en veille, bien que ce soit toujours une bonne idée de sauvegarder votre travail avant de quitter votre PC.
- Pour réanimer l'ordinateur, il vous suffit d'appuyer sur une touche ou de bouger la souris. Tout revient à la normale.
- Sur un ordinateur de bureau, vous activez le mode veille en passant par le menu Démarrer de Windows. Si vous ne voyez pas cette commande, c'est que votre ordinateur est incapable de se mettre en veille.
- Sur un portable, vous activez le mode veille en rabattant l'écran, en activant une commande clavier ou en passant par le bouton Arrêter du menu Démarrer.
- Certains ordinateurs de bureau ont un bouton dédié au mode veille sur l'unité centrale. Son icône est généralement un croissant de lune. Ce bouton active et réactive le PC instantanément.

Relancer l'ordinateur

Un jour ou l'autre, vous verrez l'écran de votre ordinateur "se figer" sans que l'affichage en soit altéré ; simplement, les ordres que vous frappez au clavier ne passent plus. Vous vous obstinez et l'unité centrale ne répond à votre impatience que par quelques "bips" agaçants.

Ces incidents surviennent généralement lorsque vous avez commis une erreur grave, mais ce n'est pas toujours le cas. Vous êtes parfois totalement innocent. Quelle qu'en soit la cause, en appuyant sur le bouton Reset vous ordonnez à votre ordinateur d'abandonner toute affaire en cours et de redémarrer.

Vous pouvez également redémarrer (réinitialiser) l'ordinateur en pressant la combinaison magique Ctrl+Alt+Suppr. Vous devez utiliser cette combinaison de touches deux fois de suite sous Windows, car celui-ci ne l'apprécie pas trop pour les raisons que je vais vous exposer dans la prochaine section.

Ne vous servez pas de l'une ou l'autre des deux techniques précédentes. Essayez d'abord celles suggérées ci-dessous :

- La combinaison de touches Ctrl+Alt+Suppr est connue sous le nom de "combinaison du salut" ou "Contrôle-Alt-Suppr" ou encore "pincement de nerf vulcain", car vos doigts ont alors la position de ceux de M. Spock lorsqu'il neutralise les méchants.

- N'utilisez pas le bouton Reset ou les touches Ctrl+Alt+Suppr pour quitter un programme et en lancer un autre. Un programme se quitte avec civilité ; n'éteignez pas votre PC tant que Windows ne vous a pas informé que vous pouvez procéder en toute sécurité.

- N'oubliez pas de retirer toute disquette pouvant se trouver dans le lecteur A avant de relancer votre ordinateur. Si vous y laissez une disquette, l'ordinateur tentera de redémarrer à partir des données de cette disquette.

Relancer Windows correctement

Dans certains cas, il vous est possible de relancer le système en passant par la fenêtre Arrêt de Windows et l'option Redémarrage (voir Figure 2.5).

Si vous ne pouvez plus accéder à la fenêtre Arrêt de Windows, il ne vous reste plus qu'à appuyer sur le bouton Reset. Cela revient à éteindre et à rallumer l'ordinateur, mais ça va plus vite.

- Ne relancez l'ordinateur que lorsque vous ne pouvez vraiment pas faire autrement.

- Dans Windows 95, l'option de redémarrage est désignée par Redémarrer l'ordinateur ? au lieu de Redémarrer.

- Si votre ordinateur ne dispose pas du bouton Reset, éteignez, attendez et rallumez.

- Chaque fois que vous relancez l'ordinateur, Windows vous signale que le PC n'a pas été éteint normalement. Reportez-vous au paragraphe "Mon ordinateur n'a pas été éteint correctement" ci-avant dans ce chapitre.

La commande Ctrl+Alt+Suppr dans Windows

Avis aux nostalgiques du DOS : Windows ne vous permet pas de relancer l'ordinateur par la combinaison Ctrl+Alt+Suppr. Parce que relancer quand un programme est en pleine action n'est pas une bonne idée, et que Windows est toujours en pleine action. Cette combinaison de touches est devenue sous Windows un moyen de fermer les programmes qui ne répondent plus.

En appuyant simultanément sur les touches Ctrl+Alt+Suppr vous verrez s'afficher la boîte de dialogue Fermer le programme (Figure 2.7).

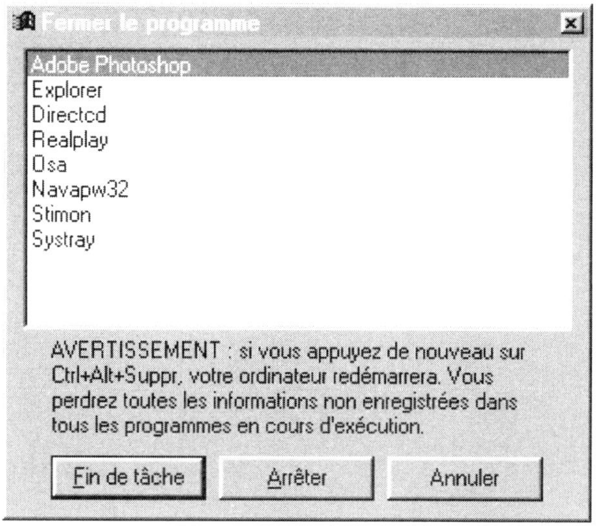

Figure 2.7 : La fenêtre Fermer le programme.

- N'utilisez la combinaison du salut que si vous voulez fermer un programme qui ne répond plus. Et, dans ce cas, commencez par consulter le Chapitre 30 pour quelques explications plus précises.

- Dans les versions précédentes de Windows (avant Windows 95), la commande Ctrl+Alt+Suppr servait aussi à fermer un programme, mais seulement le programme en cours d'utilisation. Ce procédé étant peu commode, il vaut mieux ne pas s'en servir s'il vous arrive d'utiliser une ancienne version de Windows.

Deuxième partie

Utiliser un PC

"Dépêche-toi. On a bientôt plus de batterie !"

Dans cette partie...

D'une certaine façon, l'ordinateur peut se comporter comme ces enfants qui vous narguent gentiment un disant "moi j'sais quelque chose que tu sais pas, nananère...". C'est amusant, mais cela peut devenir agaçant, et puis vous aimeriez bien savoir aussi, mais comment faire ?

Pour ce qui concerne les enfants, je ne sais pas vraiment comment il faut s'y prendre. Pour ce qui concerne l'ordinateur, il suffit de savoir se servir du logiciel, et en premier lieu du système d'exploitation. Même si ce n'est pas vraiment compliqué, c'est tout de même moins évident que de changer de chaîne sur votre téléviseur. Les chapitres de cette partie du livre sont là pour vous aider à vous familiariser avec l'ordinateur. Vous verrez, ce n'est pas sorcier.

Chapitre 3

Apprendre à utiliser Windows

Dans ce chapitre :

Qu'est-ce qu'un système d'exploitation ?

Windows, le véritable cerveau de votre PC.

Fenêtres sur écran.

Comprendre les boîtes de dialogue

A l'aide !

Quelques conseils d'ami.

Autrefois, le système d'exploitation des PC était le DOS. Mais ce programme n'avait rien d'excitant et tout le monde s'en plaignait. Microsoft inventa alors Windows, une interface graphique offrant un environnement plus chaleureux, et tout le monde s'en plaint. Mais votre PC a besoin d'un système d'exploitation, et aujourd'hui neuf PC sur dix "tournent sous Windows".

Le système d'exploitation d'un PC est le logiciel qui fait tourner la machine, celui qui commande tout le matériel, et tous les autres logiciels. Sans lui, votre PC n'est rien.

- Votre premier devoir sous Windows consiste à lui dire de lancer vos programmes. Opération traitée dans le prochain chapitre.

- Windows gère tous les fichiers et documents que vous créez. C'est là un autre aspect du système d'exploitation : organiser toutes les informations de votre PC et les stocker sur le disque dur. Ce sujet est traité au Chapitre 6.

Windows, le véritable cerveau de votre PC

Le programme principal de votre PC est Windows. En théorie (ce qui signifie que cela n'arrive jamais dans la réalité), un système d'exploitation devrait être discret et efficace, et véhiculer vos instructions tel un serviteur dévoué et reconnaissant.

En fait, Windows est un vilain gosse. Il se comporte comme un adolescent arrogant très mignon et amusant qui ne veut pas vous dire où il a caché vos clefs de voiture ou votre portefeuille à moins que vous n'acceptiez de jouer à la belote avec lui. En d'autres termes, avec Windows à la tête de votre PC, vous êtes obligé d'accepter *ses* règles du jeu.

Pour ne pas perdre la partie et, pourquoi pas ? pour la gagner, il faut contrôler trois secteurs du système d'exploitation : le bureau, la barre des tâches et le bouton Démarrer.

Le bureau

Windows est un environnement graphique. Il affiche des images, symbolisées à l'écran par des *icônes*, représentant tout ce que contient votre ordinateur. Ces images apparaissent sur un fond appelé *bureau*. La Figure 3.1 montre le célèbre bureau de Windows dans les merveilleux nuages.

Vous pouvez tout contrôler à l'aide de la souris de votre ordinateur. Son déplacement correspond au mouvement du curseur sur votre bureau. Vous utilisez cette souris et son curseur pour pointer vers des objets, les sélectionner, les saisir, les faire glisser, déraper, danser, etc.

Bien entendu, vous pouvez également utiliser le clavier, mais les systèmes d'exploitation tels que Windows ont une préférence pour les souris.

- Le bureau n'est rien de plus que le fond sur lequel Windows étale ses affaires, comme un vieux drap que vous accrochez au mur pour raser vos voisins avec les diapos de vos vacances aux Antilles.
- Les petits dessins que vous voyez à l'écran s'appellent *icônes*.
- Reportez-vous à la fin du Chapitre 13 pour plus d'informations sur l'utilisation de la souris.
- Quant au clavier, il est traité au Chapitre 14.

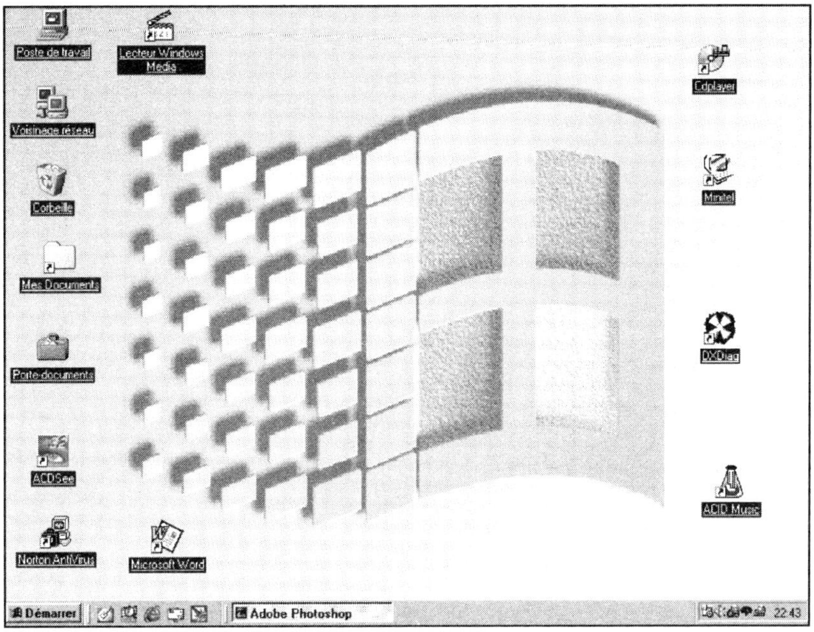

Figure 3.1 : Le bureau de Windows.

La barre des tâches

La barre horizontale grise au bas de votre bureau se nomme *barre des tâches*. Il s'agit du centre de contrôle principal de Windows.

A gauche de cette barre se trouve le bouton Démarrer. Oui, c'est à partir de ce bouton que vous démarrez les applications sous Windows. Le bouton Démarrer sert également à arrêter Windows ! Etonnant, non ?

A l'extrémité droite de la barre des tâches, se trouve la zone de notification. Outre l'horloge et le petit haut-parleur, on y trouve, les mini-icônes de différents programmes qui opèrent dans la plus grande discrétion.

La barre de lancement rapide est elle-même contenue dans la barre des tâches. La Figure 3.1 montre la barre de lancement rapide, juste à côté du bouton Démarrer. Cette barre contient des icônes qui vous permettent d'ouvrir rapidement des programmes.

La barre des tâches montre également sous forme de boutons les programmes en cours d'utilisation, comme Poste de travail dans la Figure 3.2.

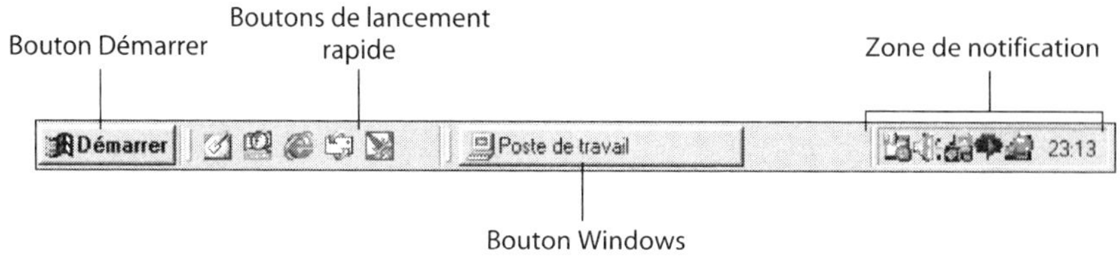

Figure 3.2 : La barre des tâches.

- Si vous voulez savoir à quoi correspondent les diverses icônes situées dans la barre des tâches, placez dessus le pointeur de la souris, sans cliquer : une info-bulle s'affiche. Si vous pointez sur les chiffres de l'heure, c'est la date en entier qui s'affiche.

- La barre des tâches peut être ancrée à toutes les bordures du bureau. (Cliquez sur un endroit vierge de la barre des tâches, puis faites glisser la souris vers un nouvel emplacement en maintenant son bouton gauche appuyé.) Ce livre part du principe que, comme le font la plupart des utilisateurs, vous la laissez à sa place d'origine.

Le bouton Démarrer

Sous Windows, tout commence par le bouton Démarrer, situé à gauche de la barre des tâches. Ce bouton contrôle un menu déroulant (et une pléthore de sous-menus !) contenant diverses commandes et programmes.

- Pour dérouler le menu Démarrer, il suffit de cliquer sur son bouton. *Clic.*

- Si vous préférez passer par le clavier, appuyez sur la combinaison de touches Ctrl+Echap. Cette opération affiche aussitôt le menu Démarrer, même si, pour une raison ou une autre, la barre des tâches n'apparaît pas à l'écran.

- Si vous avez la chance de posséder un de ces claviers ergonomiques signés Microsoft, vous pouvez simplement appuyer sur l'un des deux boutons marqués du sigle Microsoft Windows pour afficher le menu Démarrer.

C'est tout ce que ce chapitre vous apprendra sur le bouton Démarrer. Si vous n'êtes pas satisfait, allez voir la section "Démarrer un programme sous Windows ", dans le chapitre suivant.

La barre des tâches a plus d'un tour dans son sac !

Non seulement la barre des tâches peut être déplacée, mais elle peut également être agrandie ou réduite, au point de ne plus apparaître à l'écran que sous la forme d'une minuscule ligne grise au bas du bureau.

Cette petite ligne représente toujours la barre des tâches, seulement quelqu'un l'a réduite à une taille lilliputienne. Pour l'agrandir, placez le pointeur de la souris sur un de ses bords. Celui-ci prend alors la forme d'une double flèche. Faites ensuite glisser cette flèche vers l'extérieur et relâchez le bouton de la souris lorsque sa taille vous paraît convenable.

La barre des tâches peut également disparaître sous l'effet de la commande Masquer automatiquement. Cliquez à l'aide du bouton droit de la souris sur la barre des tâches. Dans le menu contextuel, choisissez l'option Paramètres pour faire apparaître la boîte de dialogue Paramètres pour barre des tâches. Enfin, assurez-vous que l'option Masquer automatiquement n'est pas cochée (cliquez sur la case en regard de cette option pour supprimer la marque qui y figure). Cliquez ensuite sur le bouton OK pour valider votre sortie.

N'oubliez pas : vous pouvez toujours accéder au menu Démarrer via la combinaison Ctrl+Echap, que la barre des tâches soit visible ou non.

Poste de travail et Explorateur

Une des tâches essentielles d'un système d'exploitation consiste à gérer des dossiers, des documents, et autres babioles stockées sur votre ordinateur. Deux programmes se répartissent le travail : le Poste de travail et l'Explorateur.

Le Poste de travail est une sorte de panneau d'affichage de vos dossiers. L'Explorateur est plutôt un outil de gestion de vos lecteurs de disques.

Le Poste de travail

Poste de travail

Vous lancez le programme Poste de travail en double-cliquant sur sa petite icône située dans l'angle supérieur gauche du bureau. Cet effort est alors récompensé par la révélation du contenu de votre ordinateur (Figure 3.3).

Figure 3.3 : Les principaux dossiers du Poste de travail.

Si vous double-cliquez sur l'un des lecteurs de votre système, tels que le lecteur C:, il s'ouvre, pour révéler une fenêtre garnie de nombreux dossiers et icônes (Figure 3.4). Ces icônes représentent les fichiers de votre système. Si vous double-cliquez sur un dossier, une nouvelle fenêtre apparaît, contenant d'autres fichiers et dossiers, et ainsi de suite. Cela donne le vertige.

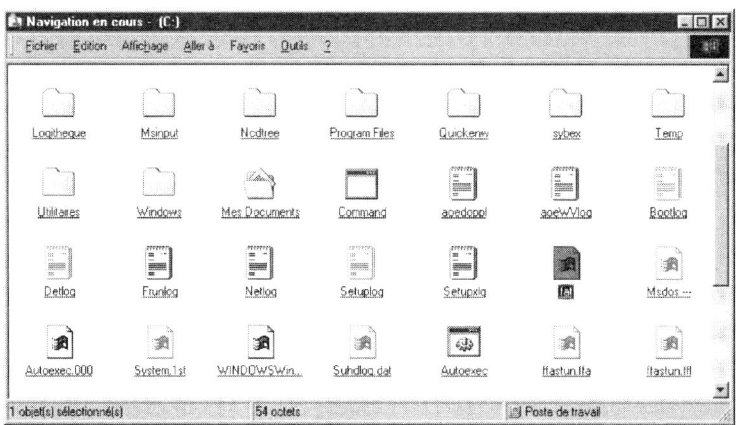

Figure 3.4 : Cette fenêtre contient des dossiers et des documents.

- Vous double-cliquez sur une icône pour l'activer. Certaines icônes lancent des programmes. Double-cliquer sur un dossier ouvre une nouvelle fenêtre révélant son contenu.

- Les icônes représentent les documents de votre ordinateur. Il peut s'agir de documents que vous créez, de programmes, ou encore de fichiers dont personne n'a jamais entendu parler.

- Les dossiers ne sont rien de plus que des emplacements destinés à stocker d'autres icônes et documents.

- Consultez la section "Fermer une fenêtre", plus loin dans ce chapitre, pour savoir comment fermer les fenêtres du Poste de travail.

L'Explorateur

L'Explorateur est semblable au Poste de travail, si ce n'est qu'il présente vos informations différemment. (Apparemment, Microsoft n'a pu se décider sur la façon dont les utilisateurs allaient consulter leurs documents.)

Pour lancer l'Explorateur, vous devez cliquer sur le bouton Démarrer et choisir, dans le menu déroulant, la commande Programmes/Explorateur Windows.

Contrairement au Poste de travail, l'Explorateur n'est composé que d'une seule fenêtre (Figure 3.5). Les lecteurs de disque et les dossiers de votre ordinateur apparaissent à gauche de la fenêtre, les documents et sous-dossiers à droite.

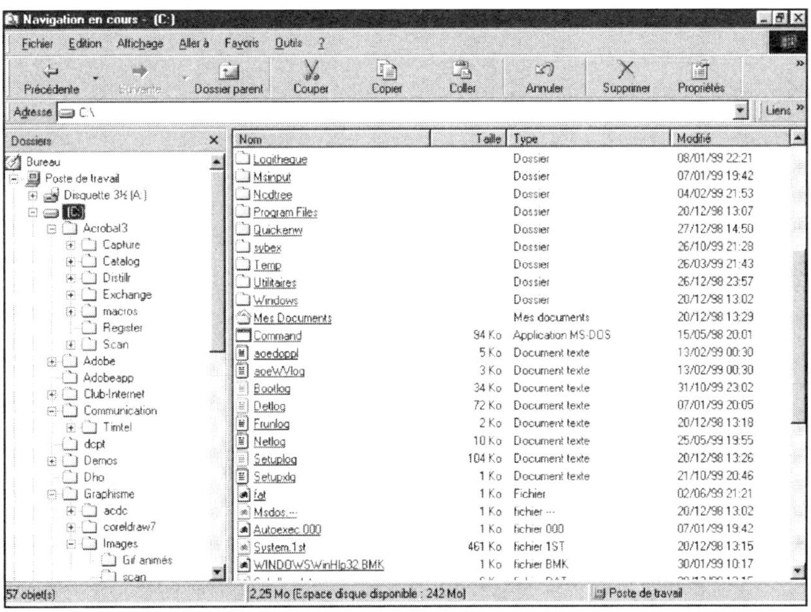

Figure 3.5 : L'Explorateur en action.

OK. Assez parlé de l'Explorateur. Choisissez Fichier/Fermer pour vous débarrasser de cette fenêtre encombrante.

- Les *micromaniaques* (entendez : "ceux qui restent rivés à leur écran d'ordinateur du matin au soir, week-end compris") préfèrent utiliser l'Explorateur. Je vous recommande de commencer par le Poste de travail pour vous familiariser avec la gestion de fichiers, puis de passer à l'Explorateur, qui semble plus efficace.

- On peut accéder immédiatement à l'Explorateur en appuyant simultanément sur la touche E et la touche Microsoft Windows.

- Les programmes Poste de travail et Explorateur sont tous deux traités plus en détail dans les chapitres qui suivent.

- Windows recèle un autre explorateur, Internet Explorer. J'en parle dans la cinquième partie du livre.

Le Panneau de configuration

Chacune de ces icônes représente un aspect de votre ordinateur. Si vous double-cliquez sur l'une d'elles, vous affichez une fenêtre contenant encore plus d'informations, encore plus de commandes, encore plus de problèmes...

Mon conseil : laissez ces commandes aux experts en micro.

Fermez le Panneau de configuration en choisissant Fichier/Fermer dans le menu.

- Ouvrez une icône dans le Panneau de configuration en double-cliquant.

- Je n'ai aucune idée de ce que font la plupart des éléments du Panneau de configuration. En fait, ils me font peur.

- La quatrième partie de ce livre traite de quelques éléments du Panneau de configuration.

- Les icônes présentes dans le Panneau de configuration diffèrent selon les utilisateurs et les joujoux qu'ils ont installés.

- De nombreux chapitres de la troisième partie vous donnent des détails sur la composition du Panneau de configuration.

Fenêtres sur écran

Les fenêtres de Windows offrent toutes des fonctions similaires, conçues pour être activées à l'aide de la souris. Il s'agit de petits boutons que vous poussez, d'images que vous sélectionnez, faites glisser, étirez, etc. La plupart de ces outils contrôlent l'apparence des fenêtres et le fonctionnement des programmes.

Changer la taille d'une fenêtre

Vos fenêtres peuvent avoir absolument toutes les tailles. La gamme varie entre la totalité de l'écran et une dimension trop petite pour être exploitable.

Pour qu'une fenêtre occupe la totalité de votre écran - là où elle est le plus utile -, cliquez sur le bouton *Agrandissement* dans l'angle supérieur droit de cette fenêtre. (Cette opération transforme la représentation plein écran du bouton en deux fenêtres qui se recouvrent.) Cliquez de nouveau sur ce bouton pour ramener la fenêtre à sa dimension d'origine.

Pour réduire une fenêtre, cliquez sur le bouton *Réduction* qui se trouve dans l'angle supérieur droit de cette fenêtre. Une fois réduite, la fenêtre se transforme en bouton qui va se positionner sur la barre des tâches (la fenêtre n'est pas fermée, elle est simplement "écartée" de votre chemin). Pour la récupérer, il suffit de cliquer sur son bouton dans la barre des tâches.

Entre la taille plein écran et l'icône se situent de nombreuses tailles intermédiaires. Pour personnaliser les dimensions d'une fenêtre, placez le pointeur de la souris sur une de ses bordures ou sur un angle, cliquez en maintenant le bouton de la souris appuyé, puis faites glisser la fenêtre vers l'intérieur ou l'extérieur. Relâchez le bouton lorsque la fenêtre a adopté la dimension recherchée.

Déplacer une fenêtre

Windows place ses fenêtres où bon lui semble. Pour positionner une fenêtre où bon *vous* semble, faites-la glisser par sa barre de titre (la bande horizontale située tout en haut d'une fenêtre, généralement au-dessus de la barre de menus). Cette méthode ressemble un peu au cliché de l'homme des cavernes tirant sa femme par les cheveux. Je dis cela pour les nostalgiques d'un temps révolu.

A propos, vous ne pouvez pas déplacer une fenêtre lorsqu'elle est en plein écran. Reportez-vous à la section précédente pour voir comment mettre une fenêtre en plein écran.

Utiliser les barres de défilement

Certaines fenêtres possèdent deux barres de défilement - une à droite de l'écran, l'autre en bas. Ces barres contiennent un petit *curseur de défilement* (aussi appelé *ascenseur*) et une flèche à chaque extrémité. A l'intérieur de la barre verticale, le petit ascenseur monte et descend au fur et à mesure que vous faites défiler les pages de votre travail. Pour vous déplacer dans votre document, vous pouvez cliquer sur une des flèches, faire glisser le curseur de défilement ou encore cliquer dans la barre avant ou après le curseur.

Utiliser les menus déroulants

Il y a tant de commandes disponibles sous Windows que, pour éviter que votre écran ne ressemble aux 12 pages du menu de votre restaurant chinois préféré, Microsoft les dissimule dans une *barre de menus* (généralement située en haut de la fenêtre d'application sous la barre de titre).

Chaque option apparaissant dans une barre de menus décrit une catégorie de commandes. Lorsque vous cliquez sur l'une d'elles, Windows "déroule" le menu contenant les commandes relatives à cette option. Par exemple, le menu Fichier contient les commandes Enregistrer, Ouvrir, Nouveau, Fermer, etc. ; toutes concernent les fichiers (Figure 3.6).

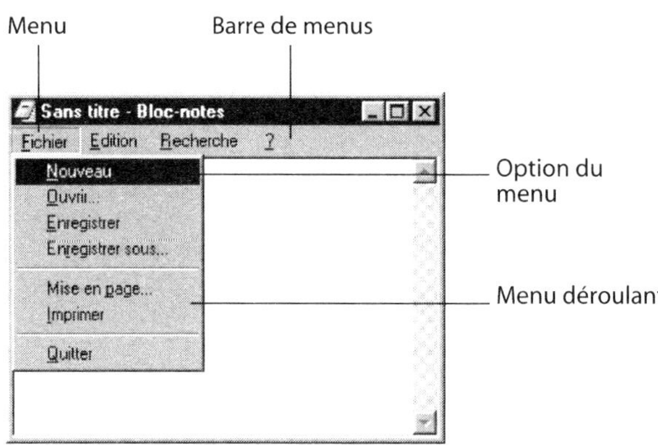

Figure 3.6 : Le menu déroulant du menu Fichier.

- Vous pouvez également accéder aux différents menus via votre clavier. Pressez la touche Alt ou F10. Cette action sélectionne le premier menu de la barre de menus. Pour sélectionner un menu ou une option d'un menu, tapez la lettre soulignée telle que le "F" de Fichier.

- Dans ce livre, les commandes de menu sont indiquées dans le format Fichier/Ouvrir. Pour y accéder, vous pouvez également presser les touches Alt, F, O.

- Mais pourquoi n'utilisez-vous pas la souris ?

Fermer une fenêtre

Fermer une fenêtre d'application signifie quitter cette application. Vous la faites disparaître. La méthode la plus courante pour fermer une fenêtre consiste à cliquer sur le bouton représentant un X dans l'angle supérieur droit de cette fenêtre.

Une autre méthode percutante - et même mieux, évidente - consiste à sélectionner la commande Quitter ou Fermer du menu Fichier.

- Vous ne pouvez plus quitter Windows en fermant une fenêtre, comme c'était le cas avec les anciennes versions. Vous devez impérativement utiliser la commande Arrêter du menu principal Démarrer. (Pour en savoir plus, reportez-vous à la section "Eteindre l'ordinateur", au Chapitre 2.)

Comprendre les boîtes de dialogue

Comme leur nom l'indique, les *boîtes de dialogue* vous permettent de dialoguer avec Windows. Dans ce cas, les fenêtres contiennent des options et autres gadgets que vous utilisez pour contrôler quelque chose. Vous utilisez votre souris pour sélectionner des options et effectuer des réglages, puis vous cliquez sur un bouton marqué des lettres OK pour que vos choix soient pris en compte par Windows.

Cela vous semble compliqué ? Souvenez-vous de l'ancienne méthode du DOS :

```
C> FORMAT A: /S /U /F:144 /V :ZINZIN
```

Oui, c'est une véritable commande DOS. Sous Windows, une boîte de dialogue vous permet de réaliser cette même opération, mais de manière graphique. La Figure 3.7 illustre cette commande, version Windows.

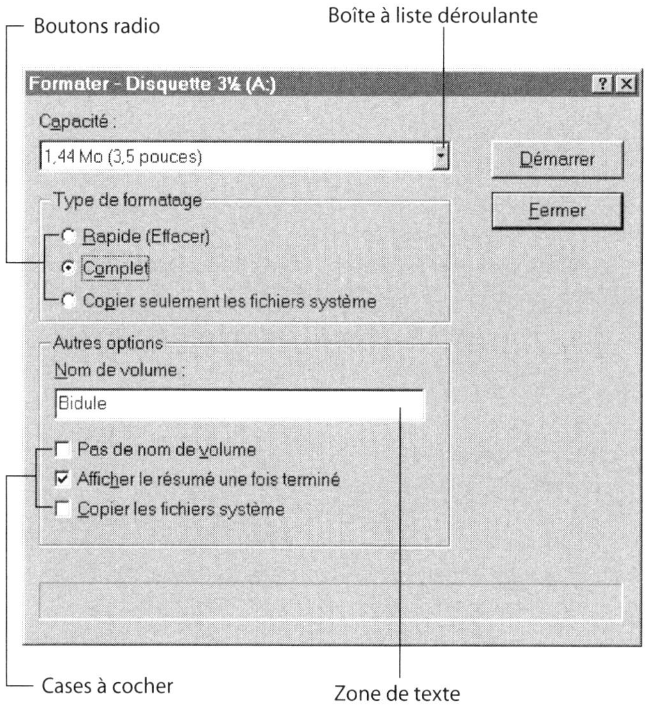

Figure 3.7 : La boîte de dialogue Formater.

Tous les petits machins de la boîte de dialogue illustrée Figure 3.7 sont manipulés à l'aide de la souris. Nous verrons plus tard à quoi ils servent. L'important pour l'instant c'est le nom que l'on attribue à chacun d'eux. Les définitions qui suivent font référence à la Figure 3.7.

Boîte à liste déroulante : Sous la rubrique Capacité se trouve une boîte à liste déroulante (aussi appelée simplement *liste déroulante*). Si vous cliquez sur la flèche pointant vers le bas située à droite de la liste, vous affichez, au-dessous de cette zone, les options qu'elle contient. Cliquez alors sur une des options proposées pour la sélectionner. Si la liste est longue, une barre de défilement apparaîtra également sur un côté pour vous permettre de parcourir toutes ses options.

Bouton radio : Les boutons ronds des boîtes de dialogue sont appelés *boutons radio*. Ils sont regroupés par famille, tels les trois boutons de la Figure 3.7. A l'image des anciens autoradios, un seul de ces boutons peut être actionné à la fois. Pour activer la commande d'un bouton, il suffit de cliquer sur ce bouton à l'aide de la souris. Un point noir remplit alors le bouton actionné.

Zone de texte : Toute zone dans laquelle vous pouvez saisir du texte se nomme *zone de texte*. Dans la Figure 3.7, une zone de texte comportant le mot "ZINZIN" se trouve sous la rubrique Nom de volume.

Case à cocher : Les petits boutons carrés d'une boîte de dialogue sont appelés *cases à cocher*. Contrairement aux boutons radio, vous pouvez cliquer sur autant de cases que vous le souhaitez. Lorsqu'une case est cochée, l'option qui lui correspond est activée. Pour la désactiver, il suffit de cliquer de nouveau sur sa case (qui apparaît alors vide).

Après avoir effectué vos sélections, vous cliquez généralement sur un bouton OK. (Dans la Figure 3.7, le bouton OK s'intitule Démarrer.) Si vos choix ne vous conviennent plus, cliquez sur le bouton Fermer.

- Pour obtenir de l'aide, cliquez sur le bouton figurant un point d'interrogation situé dans l'angle supérieur droit de la fenêtre. Cette action transforme le pointeur de la souris en une flèche accolée à un point d'interrogation. Il suffit alors de cliquer sur un élément de la boîte de dialogue pour obtenir des informations le concernant à l'intérieur d'une bulle style BD. Cliquez de nouveau pour faire disparaître cette bulle.

- Presser la touche Entrée dans une boîte de dialogue équivaut à cliquer sur le bouton OK.

- Presser la touche Echap équivaut à cliquer sur le bouton Annuler d'une boîte de dialogue.

TRUC

- Si vous ne savez pas quoi écrire dans une zone de texte, vous pouvez obtenir de l'aide en appuyant sur la touche F1.

- Certaines boîtes de dialogue offrent des boutons intitulés *Appliquer*. Ces boutons fonctionnent comme les boutons OK, si ce n'est qu'ils vous permettent de voir vos modifications sans fermer la boîte de dialogue. Si les changements vous conviennent, vous pouvez alors cliquer sur le bouton OK. S'ils vous semblent vraiment nuls, vous pouvez les redéfinir ou cliquer sur le bouton Annuler. Bref, Windows est vraiment très arrangeant pour une fois.

ATTENTION !

- La touche de tabulation vous permet de vous déplacer d'une zone à l'autre dans les boîtes de dialogue. Attention, ne pressez pas la touche Entrée, Windows comprendrait que vous avez terminé vos choix.

- Si vous aimez les complications, vous pouvez utiliser le clavier pour configurer les options d'une boîte de dialogue. Trouvez la lettre soulignée de l'option qui vous intéresse (telle que le *o* de *Complet* dans la Figure 3.7). Pressez la touche Alt + cette lettre, et vous obtenez le même résultat que si vous cliquiez directement sur cette option.

A l'aide !

Windows possède un incroyable système d'aide que tous les programmes Windows partagent. Quel que soit le programme dans lequel vous vous trouvez, presser la touche de fonction F1 active le menu Aide approprié. Ce menu comporte trois onglets intitulés Sommaire de l'aide, Index et Rechercher (Figure 3.8). Voici quelques informations utiles :

- L'onglet Sommaire de l'aide présente les informations sous forme de titres sur lesquels vous double-cliquez pour obtenir une liste plus détaillée des thèmes abordés, et ainsi de suite jusqu'à obtenir les informations finales.

- L'onglet Index est le plus utile. Cliquez dessus pour l'afficher, puis tapez les informations recherchées dans la zone de texte située en haut de la fenêtre. Au fur et à mesure que vous tapez, Windows affiche les rubriques qu'il estime répondre à votre demande. Dans la partie inférieure de la fenêtre, cliquez alors sur l'entrée qui vous semble la plus appropriée, puis sur le bouton Afficher pour tout savoir à son sujet.

- Vous pouvez ignorer l'onglet Rechercher.

- La plupart des informations intéressantes sont affichées sous la forme de marche à suivre étape par étape.

- Certains programmes, comme ceux de Microsoft Office, utilisent un système d'aide différent, mais la touche d'activation est toujours F1.

- Pour obtenir de l'aide sur Windows en général, choisissez l'option Aide du menu principal Démarrer.

- Vous pouvez cliquer sur un terme souligné en vert (avec un soulignement en pointillé) pour afficher une petite fenêtre définissant ce terme.

- Le système d'aide est un programme autonome. Lorsque vous avez obtenu les informations désirées, n'oubliez pas de le fermer. Cliquez sur le bouton figurant un X dans l'angle supérieur droit de la fenêtre.

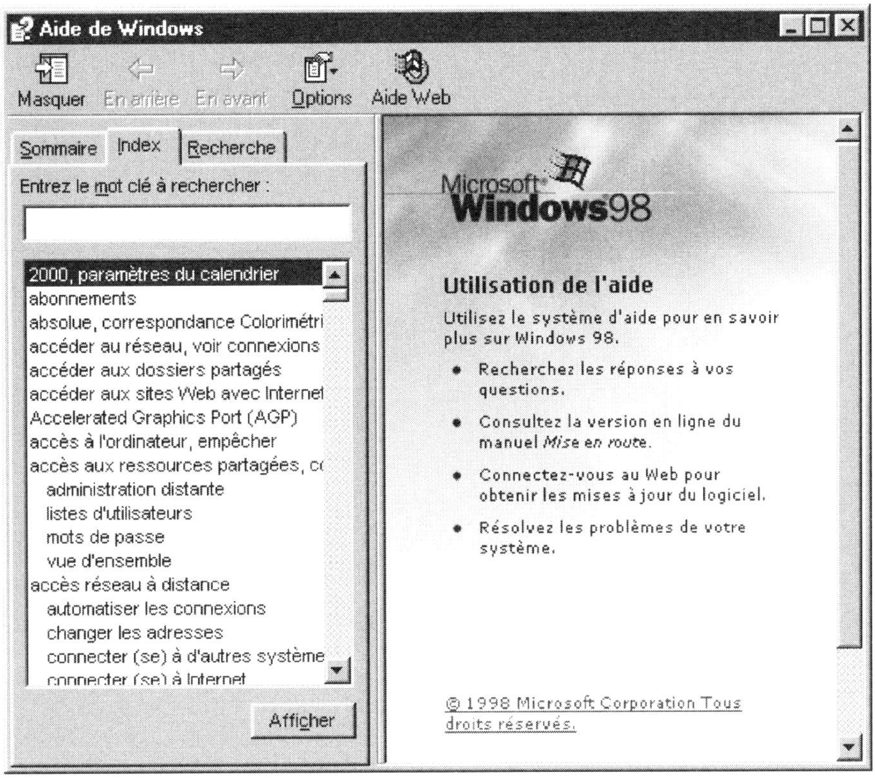

Figure 3.8 : Le système d'aide de Windows 98.

DIS-NOUS DAN

Il y a erreur

Question : Avez vous pensé à écrire un livre qui pourrait s'intituler "Les messages d'erreur du PC qui ne sont expliqués nulle part, pour le Nuls" ?

Réponse : Oui, mais j'y ai renoncé. Au début des années 90, Microsoft a édité DOS version 5. Cette version pouvait exhiber des messages d'erreur si nombreux que Microsoft a publié un manuel où chaque message était expliqué. Il y eut deux types de réaction. Les uns critiquèrent Microsoft pour l'abondance d'erreurs incompréhensibles, les autres le louèrent pour sa complaisance, mais depuis lors, les messages d'erreurs se font de plus en plus discrets.

Quelques conseils d'ami

Ne négligez pas votre souris. Si vous n'en possédez pas, vous pourrez toujours utiliser Windows, mais avec moins d'efficacité. Soyons sérieux, *vous avez besoin* d'une souris sous Windows !

Demandez à un gourou de la micro d'organiser pour vous les options du menu Démarrer. Par la même occasion, demandez-lui de placer vos programmes favoris sur le bureau sous la forme d'*icônes de raccourci.*

N'oubliez pas que Windows peut faire tourner plusieurs programmes à la fois. Jetez un œil sur la barre des tâches pour voir quels programmes sont ouverts avant d'en lancer un second exemplaire par erreur. (Oui, vous pouvez exécuter plusieurs copies d'un même programme sous Windows, mais c'est *absolument* inutile...)

Veillez bien à toujours quitter Windows correctement. Ne vous contentez pas d'éteindre le PC ou d'appuyer sur le bouton Reset. Retournez au Chapitre 2 si vous avez oublié comment quitter Windows correctement.

Chapitre 4

Commencer à travailler

Dans ce chapitre :

Démarrer un programme sous Windows.

Travailler sur grand écran.

Aller d'un programme à l'autre (sans se fatiguer).

Quelques commandes importantes.

Quitter le programme.

N'avez-vous jamais remarqué que les héros des séries de télévision ne travaillent jamais. Bien sûr, ils ont tous un emploi. Vous les voyez même parfois "au travail". Mais personne ne travaille vraiment. Ils parlent. Ils se demandent pourquoi Linda n'est plus avec Kevin depuis que Steve est sorti de prison, et si Alex a vraiment un frère jumeau diabolique. Ils se moquent de Cinthia qui prétend être enceinte d'un extraterrestre, alors que c'est bien vrai, et ont peur de Stuart qui est soupçonné d'avoir volé des échantillons secrets provenant de la clinique du frère d'Alex.

Pour vous, simple mortel, la vie est beaucoup moins palpitante, et peut-être beaucoup plus compliquée. Vous devez, quelque huit heures par jour, travailler. C'est pour cela que vous avez acheté tous ces logiciels : pour faire votre travail.

Démarrer un programme sous Windows

Vous pouvez vous asseoir devant votre ordinateur et vous balader toute la journée dans Windows sans pour autant réaliser quoi que ce soit d'efficace. Pour commencer à travailler, il faut lancer (démarrer) un programme. Pour cela, vous devez utiliser le bouton Démarrer et l'ennuyeux menu qui apparaît. Voici les étapes à suivre :

1. **Activez le menu Démarrer.**

   Cliquez sur le bouton Démarrer dans la barre des tâches. Hop ! Le menu apparaît.

   TRUC

   Vous obtenez le même résultat en pressant la combinaison de touches Ctrl+Echap.

2. **Choisissez l'option Programmes.**

   Cliquez sur le mot Programmes pour afficher le sous-menu illustré Figure 4.1.

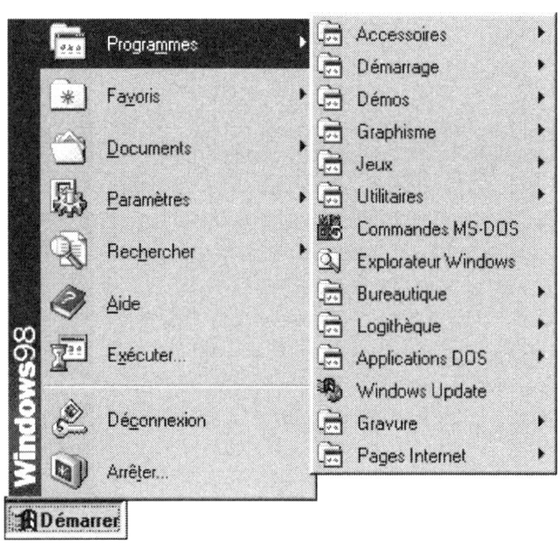

Figure 4.1 : Le sous-menu Programmes.

3. **Cliquez sur le nom du programme désiré.**

   Par exemple, dans la Figure 4.1, il suffit de cliquer sur *Windows Update* pour ouvrir immédiatement ce programme.

Tous les programmes n'apparaissent pas dans cette première liste, ils peuvent se trouver dans les sous-menus indiqués par une flèche pointant vers la droite. Il peut y avoir des sous menus en cascade.

4. **Votre programme est lancé ; le menu Démarrer disparaît.**

Le programme qui vous intéresse peut apparaître directement en haut du menu principal Démarrer. Le cas échéant, pointez, cliquez, et le programme démarre.

Les menus sont très volages. Ils répondent instantanément aux mouvements de la souris. Aussi, concentrez-vous si vous ne voulez pas perdre votre sang-froid.

Pour lancer rapidement un document sur lequel vous avez travaillé récemment, choisissez le sous-menu Documents : cliquez sur le bouton Démarrer, puis sur l'option Documents. Recherchez votre document dans la liste. S'il y figure, cliquez sur son nom pour l'ouvrir dans le programme approprié. S'il n'y figure pas, prenez un jour de repos et regardez votre feuilleton préféré à la télé.

Lancer un programme à partir d'une icône du bureau

Un moyen rapide de lancer un programme sans avoir à jouer à cache-cache avec le menu du bouton Démarrer et sa pléthore de sous-menus consiste à trouver son icône posée quelque part sur le bureau.

Cela fonctionne également pour toute icône du bureau, qu'il s'agisse d'un programme ou d'un document que vous avez créé.

Créer un raccourci

Pour placer une icône de votre programme préféré sur le bureau, ouvrez l'Explorateur ou le Poste de travail. Localisez votre programme (c'est la partie technique) dans son propre dossier ou là où il se cache. (Reportez-vous à la section "La boîte de dialogue Rechercher" du Chapitre 7 si vous avez besoin d'aide.)

Voici maintenant la partie "bête comme chou" : à l'aide du bouton *droit* de la souris, faites glisser l'icône hors de la fenêtre Explorateur ou Poste de travail, et relâchez le bouton lorsque vous avez atteint un espace vierge du bureau. Cela peut ressembler à la Figure 4.2.

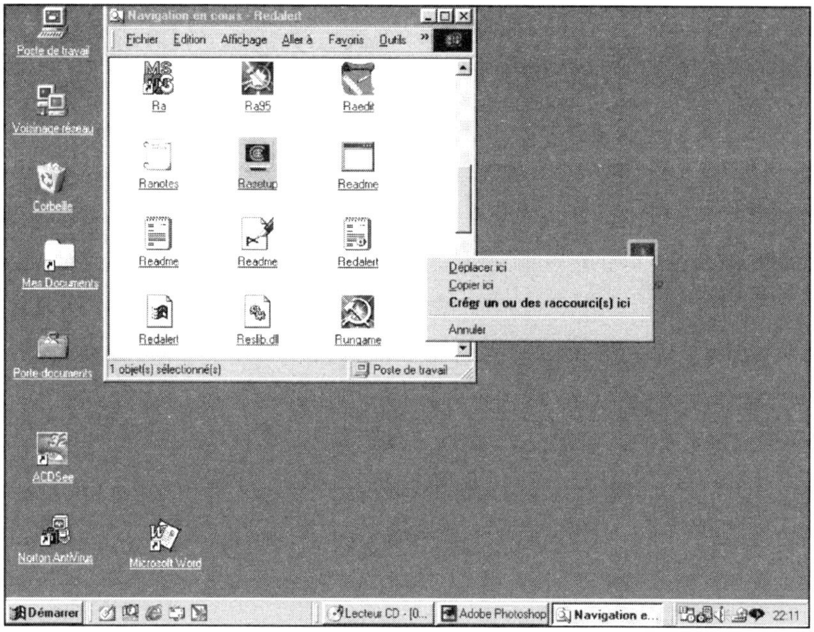

Figure 4.2 : Créer un raccourci avec le bouton droit de la souris.

Un menu contextuel apparaît à côté de l'icône. Cliquez sur l'option Créer un ou des raccourci(s) ici. Et voilà !

N'OUBLIEZ PAS

Pensez bien à utiliser le bouton droit de la souris pour faire glisser l'icône.

Utiliser la barre de lancement rapide

Windows 98 dispose d'une grande quantité de barres d'outils que vous pouvez insérer dans la barre des tâches. La barre de lancement rapide est certainement l'une des plus pratiques.

Pour voir apparaître la barre de lancement rapide, cliquez avec le bouton droit sur la barre des tâches et choisissez Barre d'outils puis Lancement rapide dans le menu déroulant.

Vous pouvez ajouter de nouvelles icônes à la barre de lancement rapide en les faisant glisser depuis le Poste de travail ou l'Explorateur.

L'intérêt de la barre de lancement rapide, c'est qu'il suffit d'un simple clic sur l'icône pour lancer le programme. Mettez dans cette barre vos programmes préférés, vous les aurez immédiatement sous la main.

- Il n'y a pas de barre de lancement rapide dans Windows 95, sauf si Microsoft Internet Explorer version 4.0 (ou ultérieure) est installé.
- Pour afficher de grandes icônes dans la barre de lancement rapide, cliquez sur la barre avec le bouton droit et choisissez Afficher/Grande dans le menu déroulant.
- Mettez seulement une poignée d'icônes dans la barre de lancement rapide. A mon avis, tout devrait être dans le menu Démarrer, et on ne devrait trouver dans la barre de lancement rapide que les programmes que l'on utilise en permanence.

Travailler sur grand écran

Certains programmes démarrent en mode plein écran, d'autres sous une forme réduite. Allons, ouvrez grand les fenêtres et respirez !

Pour faire apparaître la fenêtre d'une application sur toute la surface de votre écran - et rentabiliser chaque pixel de votre moniteur - cliquez sur le bouton Agrandissement (ci-contre) dans l'angle supérieur droit de la fenêtre.

- Certaines fenêtres ne peuvent pas être agrandies. Certains jeux, par exemple, apparaissent dans une fenêtre de taille fixe que vous ne pouvez modifier. Ne soyez pas trop gourmand.
- Si vous êtes l'heureux propriétaire d'un moniteur de grande taille, vous pouvez vous permettre de ne pas exécuter certains programmes plein écran.
- Si vous avez deux écrans reliés à votre PC (c'est insensé mais c'est possible), l'agrandissement est limité à un seul écran.

- Si vous travaillez avec plusieurs programmes, vous pouvez vouloir les organiser à l'écran de manière qu'ils soient tous visibles. Pour cela, cliquez à l'aide du bouton droit de la souris sur une partie vierge de la barre des tâches (ou sur l'horloge). Puis, dans la fenêtre qui apparaît, sélectionnez l'option Mosaïque horizontale ou Mosaïque verticale.

Windows est multitâche

Windows est capable d'exécuter plusieurs programmes simultanément, comme le funambule qui marche sur un fil tout en jonglant avec des assiettes. Cet exercice s'appelle *multitâche.*

Laissez faire l'ordinateur. Il peut faire tourner Word, Excel et récupérer sur l'Internet l'image en direct du boulevard périphérique (bouché). L'intérêt du multitâche c'est qu'il n'est pas nécessaire d'attendre la fin d'une tâche pour en exécuter une autre.

Par exemple, vous pouvez lancer le tri d'une quantité considérable de données sous Microsoft Access, et pendant que l'ordinateur s'en occupe, lire votre courrier électronique.

- Windows est un système d'exploitation multitâche, il peut faire tourner plusieurs programmes en même temps.

- Bien entendu, vous ne pouvez intervenir que sur un seul programme à la fois. Il vous faut donc aller et venir d'un programme à l'autre, ce que nous verrons dans la section suivante.

- Le programme qui est affiché occupe la *fenêtre active.* Le programme qui tourne en arrière-plan fonctionne en *tâche de fond.*

- Le nombre de programmes ouverts en même temps n'est limité que par la quantité de mémoire (RAM) de votre ordinateur. Si vous constatez que votre PC ralentit et que votre disque dur grince, c'est que vous avez atteint la limite. Il vaut mieux fermer certains programmes pour libérer de la mémoire.

- Tout l'intérêt du multitâche réside dans la possibilité de travailler sur plusieurs programmes sans avoir à en fermer un pour en ouvrir un autre.

Va-et-vient entre les programmes

D'accord, l'ordinateur est capable d'exécuter plusieurs tâches en même temps, mais vous, en tant qu'être humain - et j'imagine que vous en êtes un -, vous ne pouvez en exécuter qu'une à la fois. Les habitants de la planète Bromaxom n'ont pas ce problème, mais c'est une autre histoire. Vous devez donc passer rapidement d'un programme à l'autre. Pour cela, plusieurs options s'offrent à vous :

La méthode rapide : La méthode la plus rapide pour basculer vers un autre programme consiste à cliquer sur sa fenêtre, sous réserve que celle-ci soit visible à l'écran bien entendu. Cliquer sur une fenêtre fait apparaître celle-ci au-dessus de la pile.

La méthode rapide si la fenêtre n'est pas visible : Divers boutons se trouvent dans la barre des tâches, chacun d'eux étant une représentation de la fenêtre ou de l'application ouverte. Cliquez sur le bouton de l'application recherchée, et l'objet de votre quête apparaît aussitôt au-dessus de la pile.

La méthode "de côté" : Cliquez sur le bouton Réduction dans l'angle supérieur droit de la fenêtre (illustré dans la marge) pour la faire disparaître de l'écran et la réduire à la taille d'un bouton de la barre des tâches. Cette opération ne ferme pas l'application, celle-ci est simplement "écartée", vous permettant d'accéder à la fenêtre qui se trouve derrière.

Les méthodes sans souris : Le clavier offre deux solutions très pratiques pour basculer entre programmes. La méthode Alt+Tab est une de mes préférées.

- **Alt+Tab** : Pressez les touches Alt+Tab en même temps - mais maintenez la touche Alt appuyée et relâchez la touche Tab. Une minuscule fenêtre apparaît au milieu de l'écran, affichant les icônes de toutes vos fenêtres et programmes ouverts. Gardez la touche Alt enfoncée et appuyez successivement sur la touche de tabulation pour entourer d'un petit carré l'icône représentant votre programme ou fenêtre. Relâchez la touche Alt, et l'application choisie fera son apparition à l'écran.

- **Alt+Echap** : Pressez les touches Alt+Echap en même temps pour visiter à tour de rôle chacune de vos fenêtres ouvertes.

- Pour activer une des fenêtres, cliquez dessus.

- Deux combinaisons de touches sont utiles pour passer d'une fenêtre ou d'un programme à l'autre : Alt+Echap et Alt+Tab.

Réduire une fenêtre d'application en cliquant sur le bouton Réduction dans l'angle supérieur droit de la fenêtre ne ferme pas cette application. Le programme est simplement réduit à la taille d'une icône rangée au bas de l'écran. Double-cliquez sur cette icône pour accéder de nouveau au programme.

Quelques commandes importantes

Tous les programmes conçus pour Windows ont des commandes qui leur sont communes. C'est l'un des avantages de Windows : si vous savez vous servir d'un programme, vous savez vous servir de tous les autres. C'est presque toujours vrai.

Copier

Pour copier un élément sous Windows, sélectionnez-le à l'aide de la souris : faites glisser la souris sur du texte, cliquez sur une image ou une icône, ou faites glisser la souris autour de l'objet. Le texte, l'image ou l'icône apparaît alors en surbrillance (en vidéo inversée), indiquant qu'il a été sélectionné et qu'il est prêt à être copié.

Après avoir sélectionné un élément, choisissez Edition/Copier. Cette action place une copie de l'élément dans un emplacement de stockage spécial appelé *Presse-papiers*, à partir duquel il pourra être collé dans une autre fenêtre (voir "Coller", plus loin dans ce chapitre).

Le raccourci clavier correspondant à la commande Copier est Ctrl+C. Pas de problème pour mémoriser cette combinaison, *C* étant l'initiale du mot *Copier*.

- Une sélection copiée peut ensuite être collée directement dans le programme en cours ou dans n'importe quelle autre application Windows.

- Lorsque vous copiez un objet, celui-ci est aussitôt placé dans le Presse-papiers Windows. Malheureusement, une seule chose à la fois peut y être stockée. Si vous y copiez ou collez un autre élément, celui-ci se substituera automatiquement au précédent.

Couper

Couper est une commande qui ressemble beaucoup à la précédente : vous sélectionnez une image, du texte ou une icône, puis vous choisissez Edition/Couper. Toutefois, contrairement à l'objet copié, l'élément coupé est copié dans le Presse-papiers et supprimé du fichier d'origine.

Le raccourci clavier de la commande Couper est Ctrl+X. Pour mémoriser ce raccourci, pensez au X formant une paire de ciseaux ouverts.

- La sélection qui a été coupée reste dans le Presse-papiers de Windows jusqu'à ce qu'une nouvelle sélection la remplace. Elle peut être collée dans le document courant ou dans n'importe quelle autre application Windows.

Coller

La commande Coller permet d'insérer un élément du Presse-papiers dans l'application active. Vous pouvez coller une image dans du texte ou du texte dans une image, et les icônes peuvent atterrir à peu près n'importe où.

Pour coller la sélection du Presse-papiers, choisissez la commande Edition/ Coller ou pressez le raccourci clavier Ctrl+V. C'est rapide, facile, et vous n'avez pas de colle sur les doigts.

- Pourquoi un V ? Tout simplement parce que cette touche se situe juste à côté des deux autres de la famille (pour mémoire : X et C).
- Vous pouvez coller tout matériel préalablement coupé ou collé depuis n'importe quelle application Windows dans une autre application Windows.

- Vous ne pouvez pas coller un élément graphique dans un programme qui n'est pas prévu pour cela.

Annuler

Windows vous donne droit à l'erreur. Tous les programmes Windows possèdent une fonction Annuler qui, comme son nom l'indique, *annule* ce que vous venez de faire.

Pour annuler une opération (généralement une énorme bêtise), choisissez la commande Edition/Annuler. Cette option est toujours la première de la liste. Pratique, n'est-ce pas ? La combinaison de touches est Ctrl+Z, Z comme "Zappez-moi ça tout de suite !".

- Le raccourci clavier Ctrl+Z a un frère jumeau : Alt+Retour arrière.

Figure 4.3 : Les touches Annuler, Couper, Copier et Coller sur votre clavier.

Enregistrer

Après avoir travaillé des heures et obtenu un résultat satisfaisant à l'écran, vous voudrez probablement enregistrer votre œuvre. Non seulement l'ordinateur conservera vos travaux bien rangés sur disque, mais vous pourrez également les rouvrir quand bon vous semblera pour les imprimer ou les modifier.

Pour enregistrer un document, vous devez valider la commande Fichier/Enregistrer. Cette opération ouvre la boîte de dialogue Enregistrer dans laquelle vous spécifiez le nom et l'emplacement que vous voulez attribuer au document. (La boîte de dialogue Enregistrer est officiellement présentée au Chapitre 6.)

L'équivalent clavier de la commande Fichier/Enregistrer est Ctrl+S (*S* pour *Save*, Sauvegarder).

- Sauvegardez toujours votre travail. J'enregistre le mien toutes les 5 minutes à peu près.

- La première fois que vous enregistrez un document sur disque, vous devez lui donner un nom et indiquer à Windows où le stocker (le Chapitre 6 vous présente tous les détails). Après quoi la commande Enregistrer opérera sans afficher la boîte de dialogue.

- Enregistrer sous est une variante de la commande Enregistrer. Elle permet d'enregistrer un document sous un nouveau nom. Cette opération ne modifie pas l'original, elle crée uniquement une copie de ce document sous un autre nom.

Ouvrir

La commande Ouvrir vous permet de trouver toutes les bonnes choses que vous avez sauvegardées sur disque et de les ouvrir tel un cadeau d'anniversaire. Le fichier ouvert apparaît alors dans la fenêtre du programme, prêt à recevoir vos instructions.

Pour ouvrir un fichier stocké sur disque, choisissez la commande Fichier/Ouvrir ou utilisez le raccourci clavier Ctrl+O. Cette action affiche la boîte de dialogue Ouvrir, décrite dans ses moindres détails au Chapitre 6.

Imprimer

La commande Imprimer ordonne à l'ordinateur d'envoyer votre œuvre si belle à l'écran vers l'imprimante pour obtenir une œuvre tout aussi belle sur papier.

Pour imprimer un document, vous devez utiliser la commande Fichier/Imprimer. La boîte de dialogue Imprimer apparaît alors à l'écran, vous demandant quelques précisions. Le plus souvent, il suffira de cliquer sur le bouton OK pour obtenir ce que vous voulez.

- Assurez-vous que votre imprimante est allumée, qu'elle contient du papier et qu'elle est prête à imprimer avant d'activer la commande.
- Les détails de cette commande sont présentés au Chapitre 15.

Quitter

Quand vous avez terminé votre travail, quittez le programme et faites enfin quelque chose d'intéressant. La commande Quitter est la plus utile de toutes.

Pour quitter une application, vous devez choisir la commande Fichier/Quitter. Hélas ! certains programmes ne proposent pas de menu Fichier, et encore moins de commande Quitter. Le cas échéant, essayez la dernière commande du premier menu, c'est généralement la bonne.

La combinaison de touches pour quitter tout programme Windows et pour fermer toute fenêtre est assez étrange : Alt+F4. Ne cherchez aucune logique là-dedans.

- Si votre programme n'offre pas de commande Fichier/Quitter, vous pouvez le fermer en cliquant sur le bouton de fermeture X, situé dans l'angle supérieur droit de la fenêtre.
- Vous n'avez pas à fermer votre application si vous voulez simplement utiliser un autre programme quelques instants et revenir à l'autre application plus tard. Vous pouvez réduire la taille de sa fenêtre ou la faire basculer à l'arrière-plan. Reportez-vous à la section "Va-et-vient entre les programmes", ci-avant dans ce chapitre, pour plus de détails.

Chapitre 5

Disques, disquettes et lecteurs

Dans ce chapitre :

Les lecteurs de disques.

Du lecteur A au lecteur Z.

Les lecteurs de CD-ROM et de DVD-ROM.

PC, CD et vidéo.

Les disquettes.

Formater une disquette.

Les lecteurs ZIP.

Je crois que ma première histoire d'amour informatique a eu pour objet un lecteur de disque. En ce temps-là (il y a très longtemps), j'utilisais une cassette pour enregistrer mes données. Je fus donc éperdu d'amour pour mon premier lecteur de disquettes de 5 pouces 1/4 à 180 Ko. J'ai cru défaillir la première fois que j'ai pu utiliser un disque dur dont l'énorme capacité était de 5 Mo. Il est facile d'imaginer combien l'on peut aimer un disque dur quand on a passé des années à essayer de s'en sortir avec une pile de disquettes d'un mètre de haut.

Mais venons-en au fait. Les disques sont importants pour votre PC car c'est là que se trouvent le système d'exploitation, les logiciels et toutes les jolies données que vous créez. Ce chapitre traite des disques et des lecteurs, et de toute la folie qui va avec. C'est un sacré morceau, aussi munissez-vous de quelques biscuits et d'une tasse de thé avant de commencer votre lecture.

- On utilise indifféremment les termes *disque* et *lecteur. Stocker des informations sur disque* signifie les conserver via l'un des lecteurs de votre système.

- Si vous rencontrez le terme *mémoire disque,* oubliez-le. La mémoire (ou RAM ou mémoire vive) est l'espace de travail de l'ordinateur. Le disque est le lieu où ce travail est conservé. *Mémoire disque* est un terme de plus pour désigner le disque, le stockage ou le lecteur.

A quoi servent les disques ?

Un ordinateur est doté de mémoire (RAM), n'est-ce pas ? Certains PC sont vendus avec 32, 64 voire 128 mégaoctets de RAM. Cela paraît une quantité suffisante ; alors pourquoi se préoccuper de stockage sur disque ?

Parce que les disques servent à conserver des informations à long terme. Ils constituent une mémoire différente de la mémoire RAM. La mémoire RAM est utilisée au cours de l'exécution d'un programme. Elle est l'espace de travail de l'ordinateur.

Lorsque vous avez terminé un travail, vous pouvez le conserver de façon permanente en le reproduisant sur un disque.

La mémoire RAM constitue un lieu de stockage temporaire. Elle s'éteint en même temps que votre ordinateur et les informations qu'elle contient sont effacées.

- Un mégaoctet, soit un million d'octets, permet de conserver un million de caractères. Cela fait beaucoup de pages de texte.
- Les disques sont utilisés pour le stockage de longue durée. Les informations restent disponibles en permanence. Vous pouvez ainsi les consulter, les modifier, les transmettre, etc.
- Le Chapitre 11 traite de la mémoire vive ou RAM.
- Comme la mémoire RAM, la capacité de stockage d'un disque se mesure en octets, ou plutôt en mégaoctets (Mo) et gigaoctets (Go). Ces termes sont expliqués au Chapitre 11.

- L'ordinateur n'utilise pas directement les données stockées sur un disque. Il les recopie d'abord dans son espace de mémoire RAM. Ensuite, l'ordinateur peut modifier les données, les envoyer à l'imprimante, et éventuellement les perdre. Pas de panique, les données originales sont toujours sur le disque.

- Les données conservées sur disques sont dites *sauvegardées*. Vous pouvez donc *sauvegarder un fichier* ou *sauvegarder un document*. Lorsque vous reprenez un document pour le consulter ou le modifier, vous *ouvrez* ce document. Ce sont des termes communément utilisés dans Windows.

- Ne vous inquiétez pas si un fichier sur disque est plus important que la mémoire de votre PC. Par exemple, vous pouvez voir un document vidéo de 12 Go sur un ordinateur doté de seulement 32 Mo de RAM. Pas de panique ! Si l'ordinateur est incapable de lire votre fichier, il vous le fera savoir. Mais, la plupart du temps, il vous surprendra en ouvrant sans aucun problème votre fichier. Parfois ils sont sympas, ces ordinateurs...

Où sont mes disques ?

Vous pouvez avoir un aperçu de vos lecteurs de disques en ouvrant la fenêtre du Poste de travail.

Poste de travail

Cliquez sur l'icône Poste de travail du bureau de Windows. Tous vos lecteurs de disques apparaissent dans la fenêtre qui s'affiche, comme dans la Figure 5.1.

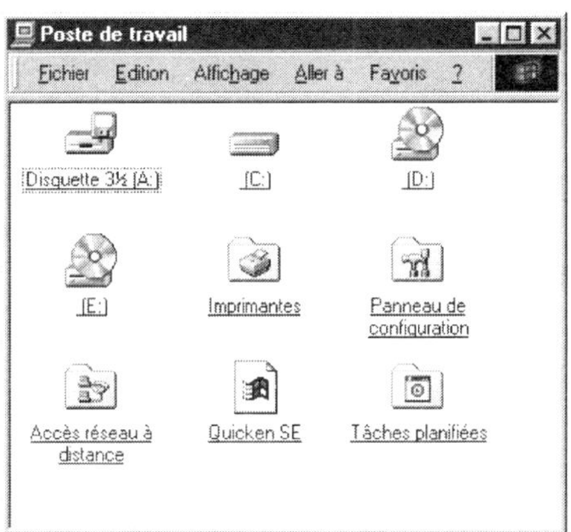

Figure 5.1 : Les lecteurs de disques dans la fenêtre Poste de travail.

Les divers types de disques sont décrits au Chapitre 10. Normalement, dans votre Poste de travail vous devriez trouver les lecteurs suivants :

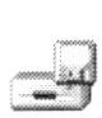
Disquette 3½ (A:)

Lecteur A. C'est le lecteur de disquettes.

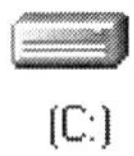

Lecteur C. C'est votre principal disque dur. Votre PC peut avoir un disque dur D et éventuellement E. Dans ce cas, ils sont désignés par une icône semblable (voir en marge).

Lecteur de CD-ROM. La plupart des PC ont un lecteur de CD-ROM ou un lecteur de DVD-ROM. Ils sont souvent désignés par la lettre qui suit le dernier disque dur. CD-ROM et DVD ont une icône semblable.

Autres lecteurs. Votre système peut abriter d'autres lecteurs comme le lecteur ZIP.

Voici quelques réponses aux questions que vous pourriez vous poser sur les lecteurs de disques :

- Chaque lecteur de disque est désigné par une icône, une lettre et éventuellement un nom ou libellé.
- L'icône vous renseigne sur la nature du lecteur : disque dur, disquette, CD-ROM, DVD-ROM, disques amovibles, lecteurs en réseau, etc.
- CD-ROM, DVD-ROM et CD-RW sont désignés par une icône semblable. (Vous en saurez plus sur ces lecteurs au Chapitre 10.)
- Le libellé du lecteur peut être modifié.
- La section suivante vous en dit plus sur les lettres désignant les lecteurs de disques.

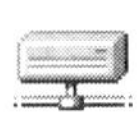

- Lorsque des canalisations sont symbolisées dans une icône de lecteur, c'est que ce lecteur fait partie d'un réseau. Vous pouvez accéder à ces lecteurs comme aux lecteurs de votre PC, bien qu'ils soient accessibles depuis d'autres PC du réseau.
- Les différents dossiers affichés dans la fenêtre Poste de travail contiennent des éléments contrôlés par Windows. Si vous posez le pointeur sur une icône, sans cliquer, la description du contenu apparaît.

Lecteurs de A à Z (en oubliant B)

Dans Windows, chaque lecteur est désigné par une lettre, de A à Z. La lettre B n'est pas utilisée.

Les lecteurs A et C sont particuliers. Dans tous les PC, le lecteur A est le lecteur de disquettes et le lecteur C le disque dur principal.

La lettre B est réservée au second lecteur de disquettes. Au début de la micro-informatique, les disques durs étaient extrêmement onéreux, et la plupart des PC en étaient dépourvus. Le second lecteur de disquettes était une solution économique pour conserver les données. Aujourd'hui, le lecteur B est inutile.

Après C, vous êtes libre de choisir n'importe quelle lettre. Rien ne vous oblige à appeler D votre lecteur de CD-ROM, mais c'est généralement le cas.

Si vous avez des disques durs supplémentaires dans votre PC, ils seront désignés par D, E, etc. Les PC sont vendus généralement avec un seul disque dur, C. Si vous en ajoutez un, il sera automatiquement désigné par la lettre D. Et ainsi de suite par ordre alphabétique pour chaque disque ajouté.

Après le dernier lecteur de disque dur, viennent le lecteur de CD-ROM et le lecteur de DVD. Ils peuvent être désignés par les lettres D ou E jusqu'à Z.

Avec toutes ces lettres, il arrive que les lecteurs soient désignés différemment d'un PC à l'autre. C'est pourquoi vous trouverez dans les manuels d'installation de logiciels une phrase comme celle-ci : "La lettre D correspond au lecteur de CD-ROM. Si ce n'est pas le cas, modifiez la lettre en conséquence." Bien, d'accord.

- Pensez à utiliser vos lecteurs D (ou E ou F) ! Vous disposerez de plus de capacité de stockage. Vous pouvez non seulement y sauvegarder des données, mais également y installer des programmes.

- Il est utile de connaître les lettres attribuées aux lecteurs de votre ordinateur. Certains programmes vous demanderont de saisir cette lettre au moment de l'installation.

- D'un ordinateur à un autre, les lettres peuvent varier pour un même type de lecteur.

Combien d'espace libre sur mon disque ?

Les disques sont comme des placards ou des greniers, ils finissent toujours par se remplir. Pour voir combien il reste d'espace libre sur un disque, suivez ces étapes :

1. **Ouvrez la fenêtre du Poste de travail.**

2. **Double-cliquez sur l'icône du lecteur.**

Sélectionnez un des lecteurs : cliquez sur son icône avec le bouton droit de la souris. Un menu apparaît.

Avant de cliquer sur l'icône de la disquette, d'un CD-ROM ou d'un disque amovible, assurez-vous de la présence du disque dans le lecteur.

3. **Choisissez Propriétés.**

La boîte de dialogue Propriétés du disque apparaît. Elle montre, dans l'onglet Général, la quantité d'espace libre et d'espace utilisé du disque choisi, comme dans la Figure 5.2.

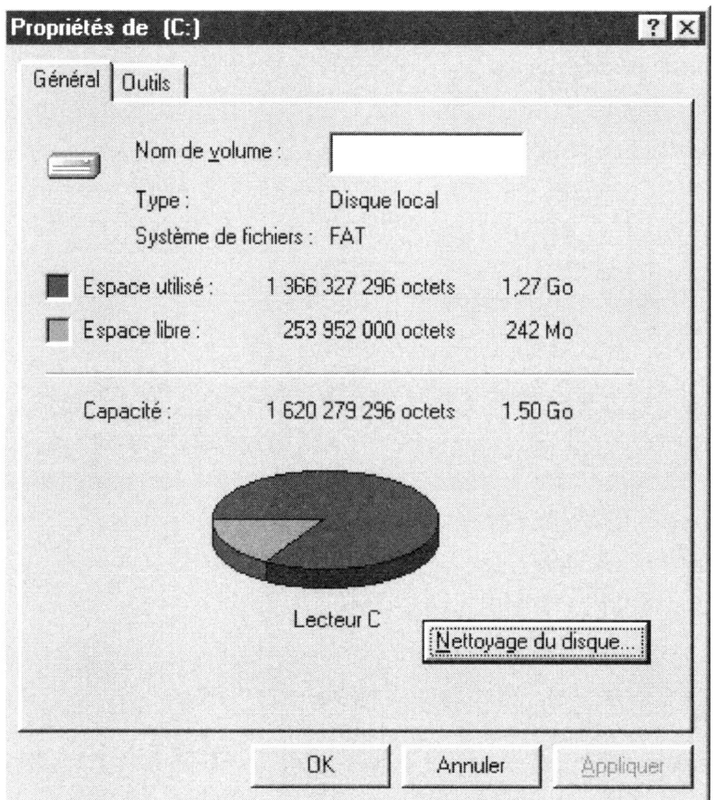

Figure 5.2 : Les informations sur la capacité du disque.

4. **N'en croyez pas vos yeux.**

Clamez votre joie en voyant l'espace qu'il vous reste encore à remplir ou bien hurlez votre désespoir si votre disque est plein !

5. Cliquez sur OK pour fermer la boîte de dialogue Propriétés.

Certains disques sont toujours pleins ! C'est le cas des CD-ROM et des DVD, qui peuvent seulement être lus. On ne peut rien y enregistrer.

S'il reste peu d'espace sur votre disque dur, cliquez sur le bouton Nettoyage du disque (Windows 98 seulement). C'est une manière rapide d'éliminer certains fichiers inutiles qui encombrent régulièrement votre disque dur.

Avec Windows 98, vous pouvez avoir un aperçu de la capacité du disque en choisissant Affichage/Comme une page Web dans le menu du Poste de travail. Il vous faudra peut-être redimensionner la fenêtre pour voir le camembert sur la partie gauche. Cette méthode est plus rapide que celle décrite plus haut. En cliquant sur n'importe quel lecteur, vous verrez instantanément sa capacité. Voyez l'exemple de la Figure 5.3.

Figure 5.3 : La capacité du disque avec l'affichage Comme une page Web.

Utiliser le lecteur de CD-ROM et de DVD

Les lecteurs de CD-ROM avalent des disques qui ont l'air de CD audio. Les CD-ROM peuvent contenir des mégaoctets d'informations. Vous pouvez accéder à ces informations comme si elles étaient sur un disque dur ou sur une disquette. Et en plus vous pouvez écouter de la musique.

Un lecteur de DVD (appelé aussi DVD-ROM par ceux qui disposent de temps libre pour taper toutes les lettres) est semblable à un au lecteur de CD-ROM. Il lit les CD-ROM, les CD audio, les DVD-ROM et les DVD vidéo.

- Les lettres RO de ROM signifient *Read Only,* c'est-à-dire *en lecture seule.* Vous pouvez lire les informations contenues sur le disque. Vous ne pouvez pas effacer ces informations. Vous ne pouvez pas enregistrer de nouvelles informations.

- Il existe des appareils qui permettent de créer vos propres CD et DVD. Rendez-vous au Chapitre 10.

Insérer un CD dans le lecteur de CD-ROM

Il y a trois façons d'insérer un CD dans le lecteur de CD-ROM, selon le modèle de ce lecteur : glisser le CD à l'intérieur, le poser sur le tiroir ou le déposer dans un caddy. Le caddy n'est pas utilisé sur les lecteurs récents.

Glisser. Certains lecteurs s'apparentent à ces autoradios lecteurs de CD qui avalent le CD par une fente. Ce système est de plus en plus répandu parmi les lecteurs de CD-ROM et de DVD.

Tiroir. En appuyant sur le bouton Eject du lecteur, vous ouvrez un tiroir. Posez le CD sur le tiroir, face gravée vers le bas. Repoussez délicatement le tiroir ou appuyez de nouveau sur le bouton Eject. Le tiroir se ferme tout seul.

Caddy. Le caddy est un boîtier amovible dans lequel il faut déposer le CD, face gravée vers le bas. Introduisez le caddy dans le lecteur et poussez-le à l'intérieur. C'est un système peu pratique et une étape supplémentaire inutile.

Une fois dans le lecteur, le disque se comporte comme n'importe quel disque de votre ordinateur.

TRUC

- Si vous avez un lecteur à caddy, procurez-vous un nombre suffisant de caddies. Cela vous évitera de perdre du temps lors des changements de CD.

- Tous les CD-ROM ne sont pas vendus dans un boîtier en plastique, mais vous pouvez vous en procurer dans votre boutique d'informatique ou de disques, ou au supermarché. Ils vous assurent une meilleure protection.

Ejecter un CD ou un DVD du lecteur

Pour cela, procédez comme suit :

1. **Localisez l'icône du lecteur de CD-ROM ou de DVD dans la fenêtre Poste de travail.**

   Double-cliquez sur l'icône Poste de travail en haut du bureau. Une fenêtre apparaît, affichant tous les lecteurs de votre ordinateur plus quelques autres dossiers importants.

2. **Placez le pointeur de la souris sur l'icône du CD-ROM.**

   Vous voyez ci-contre un exemple de cette icône.

3. **Cliquez sur le bouton droit de la souris.**

   Un petit menu apparaît (Figure 5.4).

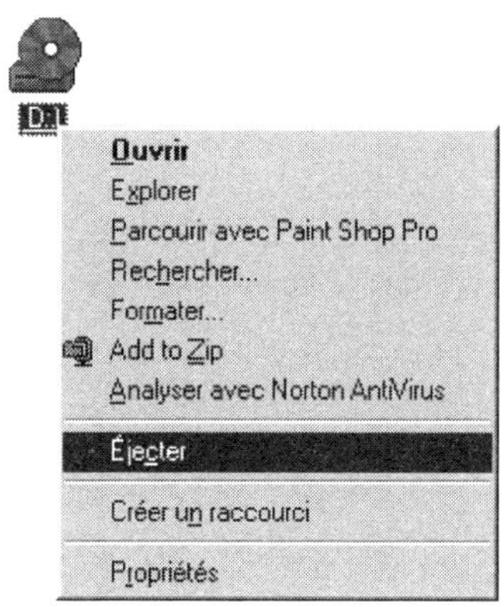

Figure 5.4 : Le menu du lecteur de CD-ROM.

4. **Choisissez l'option Ejecter.**

   Placez le pointeur de la souris sur le mot Ejecter, puis cliquez.

   Le disque est aussitôt éjecté du lecteur.

   Ça marche de la même façon pour les disques ZIP et autres disques amovibles, mais pas pour les disquettes.

   Ah oui, vous pouvez aussi vous servir du bouton Eject prévu sur votre lecteur de CD-ROM.

Ecouter un CD audio sur un PC

Il suffit d'insérer le CD audio dans le lecteur de CD-ROM ou de DVD. La fenêtre du Lecteur CD de Windows apparaît, comme dans la Figure 5.5, et on entend la première piste.

Figure 5.5 : Le lecteur de CD de Windows.

La fenêtre du lecteur CD reproduit les boutons de commande d'un lecteur CD de salon. Il y a même un bouton qui vous permet d'éjecter le disque en cliquant.

Quand un CD audio se trouve dans le lecteur de CD-ROM, l'icône désignant le lecteur dans le Poste de travail prend l'aspect d'un CD musical.

Voir une vidéo sur un PC

Regarder un DVD vidéo sur PC est aussi aisé qu'écouter un CD audio : insérez le DVD dans le lecteur. Le logiciel de lecture est lancé automatiquement et le film commence.

Les logiciels de lecture disposent de fonctions analogues à celles de votre magnétoscope. Certaines fonctions sont particulières au DVD comme le choix de la bande son et du sous-titrage.

Utiliser le lecteur de disquettes

Lorsque vous devez utiliser une disquette, veillez avant tout à ce qu'elle soit formatée. La disquette permet à la fois la lecture et l'enregistrement des données.

"Ai-je besoin d'un lecteur de disquettes ?"

En 1981, aux premiers jours du PC, la question était : "Le disque dur est-il vraiment nécessaire ?" Puisque après tout une disquette permet de conserver 180 Ko de données, plus qu'il n'en faut pour satisfaire n'importe quel utilisateur ! DOS n'utilise qu'une seule disquette et il reste de la place. Disque dur ? Vous plaisantez…

Aujourd'hui, les disquettes sont toujours là, tout simplement parce qu'elles sont pratiques. Des programmes sont encore livrés sur disquettes. Les *drivers* ou *pilotes* de vos périphériques sont souvent sur disquettes. Et surtout on utilise les disquettes pour transférer des fichiers d'un ordinateur à l'autre. (Pas de gros fichiers, mais les plus courants.)

Cependant, sauf dans certains cas, vous vous servirez assez peu de votre lecteur de disquettes. La sauvegarde, qui était une de ses tâches essentielles, est maintenant effectuée par d'autres types de lecteurs. Mais les disquettes sont toujours d'actualité et il y a encore beaucoup de choses à en dire.

Les disquettes

Les disquettes sont des carrés de 3 pouces $^1/_2$ (89 mm) pouvant contenir environ 1,5 Mo de données.

Attention à ne pas insérer la disquette dans le lecteur Zip.

Insérez la disquette étiquette vers le haut, la plaquette de métal tournée vers le lecteur. L'insertion s'accompagne du bruit caractéristique qui vous signale la réussite de l'opération.

Pour retirer la disquette, il faut appuyer sur le bouton poussoir du lecteur. La disquette sort de un ou deux centimètres, après quoi vous pouvez la saisir et la retirer complètement.

Assurez-vous que l'ordinateur n'écrit pas sur la disquette avant de la retirer. Le voyant lumineux du lecteur doit être éteint. Assurez-vous aussi qu'un fichier de la disquette n'est pas en cours d'utilisation, sinon Windows vous demandera de réinsérer la disquette.

Formater une disquette

Contrairement à un disque vinyle qui ne possède qu'un sillon, chaque ordinateur utilise son propre format pour créer le nombre de *pistes* nécessaires à l'enregistrement des informations. Cette adjonction de pistes s'appelle *formatage*. Et, à moins que vous ne soyez suffisamment malin pour acheter des disquettes préformatées, vous devrez procéder au formatage de vos disquettes avant de les utiliser.

Si vous essayez d'ouvrir une disquette non formatée, Windows vous lancera un de ses affreux messages d'erreur, semblable à celui de la Figure 5.6. Le cas échéant, cliquez sur Oui et préparez-vous à formater.

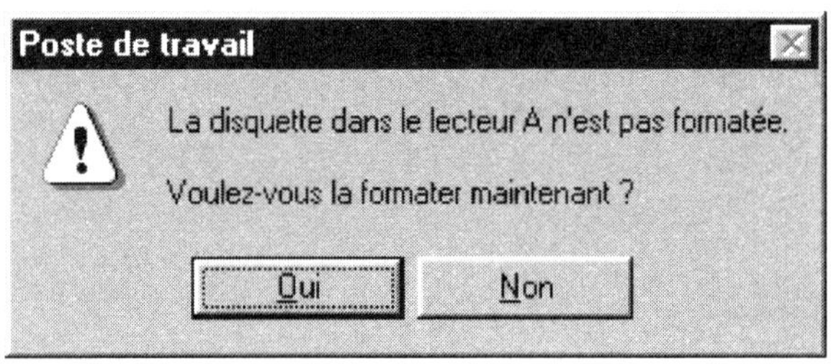

Figure 5.6 : Le message détestable que vous envoie Windows pour une disquette non formatée.

Pour formater une disquette, procédez comme suit, après avoir inséré la disquette dans le lecteur approprié.

1. **Insérez une disquette non formatée dans le lecteur A.**

   Vous pouvez insérer une disquette neuve ou une disquette déjà utilisée. Dans ce cas, assurez-vous que les données ne vous intéressent plus. Le formatage détruit toutes les informations contenues sur un disque, c'est une opération irréversible qui demande toute votre attention.

2. **Ouvrez le Poste de travail.**

   Double-cliquez sur l'icône Poste de travail, qui réside généralement dans l'angle supérieur gauche du bureau Windows. Une liste des lecteurs de votre ordinateur apparaît, ainsi que deux ou trois autres dossiers (Figure 5.1).

3. **Sélectionnez le lecteur A.**

   Cliquez sur l'icône du lecteur A pour la faire apparaître en surbrillance.

4. **Choisissez la commande Fichier/Formater.**

   La boîte de dialogue Formater apparaît (Figure 5.7).

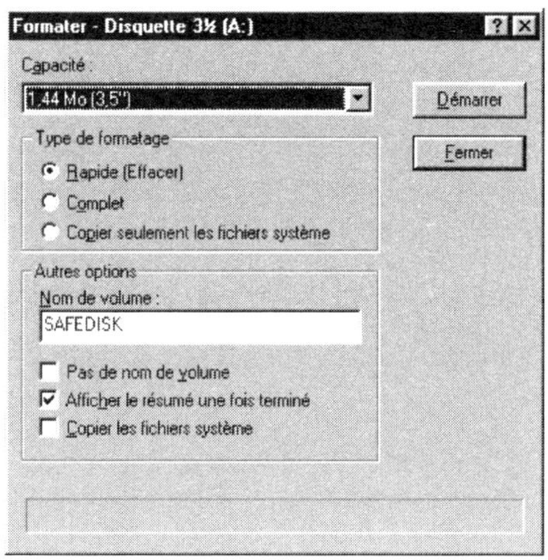

Figure 5.7 : La boîte de dialogue Formater.

5. **Cliquez sur le bouton Démarrer.**

   Dans la mesure où tout est déjà défini correctement en fonction du lecteur sélectionné, vous pouvez ignorer les autres options de la boîte de dialogue et cliquer directement sur Démarrer.

Cette opération ne durera pas plus d'une minute ou deux, profitez-en pour vaquer à votre rituelle observation des tâches de votre bureau. Lorsque Windows a terminé... rien ne se passe. Enfin, vous verrez peut-être un petit résumé apparaître à l'écran. Pressez la touche Echap pour fermer la boîte de dialogue. Vous pouvez maintenant utiliser votre disquette.

- Les lecteurs de disquettes de la fenêtre Poste de travail portent des petites disquettes sur leurs épaules. Ne les confondez surtout pas avec un autre type de lecteur.

- Une fois votre disquette formatée, étiquetez-la. Utilisez les étiquettes autocollantes livrées avec les disquettes. Ecrivez sur l'étiquette *avant* de la coller sur la disquette.

Envoyer un document vers le lecteur A

On accède au lecteur A de la même façon que l'on accède aux autres lecteurs du PC : après avoir inséré une disquette, en cliquant sur l'icône du lecteur A dans le Poste de travail, en faisant Enregistrer sous ou encore en passant par la boîte de dialogue Ouvrir. Les fichiers sont présents sur le lecteur A comme sur n'importe quel autre disque, sauf que l'espace de stockage y est très réduit.

On peut enregistrer un document sur le lecteur A de manière rapide en utilisant le raccourci Envoyer vers. Dans l'Explorateur, sélectionnez le fichier ou le groupe de fichiers que vous voulez enregistrer sur disquette. Puis, depuis le menu, choisissez Fichier/Envoyer vers/Disquette $3^{1}/_{2}$ (A). Souvenez-vous que la disquette doit être formatée au préalable.

- Une disquette ordinaire peut contenir au maximum 1,44 Mo de données. C'est dire si l'on a tôt fait de la remplir. Si vous essayez d'y copier trop de fichiers ou un fichier trop grand, Windows ne se prive pas de vous le dire.

- Pour copier des fichiers *depuis* le lecteur A, ouvrez le Poste de travail et double-cliquez sur l'icône du lecteur A. Sélectionnez les fichiers à copier. Au Chapitre 7, vous trouverez des explications détaillées concernant la copie des fichiers.

- Les disquettes sont très pratiques pour archiver et transporter des fichiers. Un conseil ne lancez pas vos programmes directement depuis la disquette. De même, ne faites pas de sauvegarde directement sur la disquette : enregistrez d'abord sur disque dur, puis recopiez les fichiers indispensables.

Défaut de disquette

Question : Ce message d'erreur apparaît chaque fois que je veux travailler sur disquette : `A:\ n'est pas accessible. Le périphérique n'est pas prêt. Réessayer. Annuler.` Pour quelle raison ?

Réponse : La disquette doit être placée dans le lecteur pour que l'accès à ce dernier soit possible. Vérifiez aussi que la disquette est formatée. Enfin, regardez bien si la disquette est *entièrement* insérée dans le lecteur.

Utiliser un lecteur Zip

Le lecteur Zip est une bonne solution aux problèmes de stockage des données. Selon les modèles, vous pouvez conserver 100 ou 250 Mo de données sur une seule disquette Zip, soit environ 70 ou 170 fois plus que sur une disquette ordinaire.

- On trouve des lecteurs Zip en série sur les PC actuels, mais le plus souvent ils sont en option.
- Vous pouvez installer un lecteur Zip à tout moment. Certains modèles (internes) sont placés à l'intérieur du PC ; d'autres (externes) sont reliés au PC par un câble.
- Un lecteur pour disquettes de 100 Mo ne peut pas lire les disquettes de 250 Mo. Par contre, un lecteur pour disquettes de 250 Mo peut lire les deux formats.

- Les disquettes Zip sont une solution idéale pour transporter une grande quantité d'informations ou des fichiers de grande taille d'un ordinateur à un autre.
- Ne vous trompez pas en achetant vos disquettes Zip, prenez bien celles formatées pour PC et non pour Macintosh.
- Le fabricant des lecteurs Zip, la firme Iomega, produit également les lecteurs Jaz conçus pour des disques de 1 ou 2 Go de capacité.

Insérer une disquette Zip

- Vous insérez une disquette Zip dans son lecteur comme vous le feriez d'une disquette ordinaire : étiquette vers le haut, plaquette métallique tournée vers le lecteur.

- N'essayez pas de forcer ; si la disquette n'entre pas dans le lecteur, c'est qu'elle est dans le mauvais sens. Cela arrive en particulier lorsque le lecteur est posé verticalement.
- Il faut pousser la disquette jusqu'au bout, jusqu'au moment où elle est automatiquement verrouillée.

- Vous ne pouvez rien faire tant que la disquette n'est pas dans le lecteur.

Ejecter une disquette Zip

Vous pouvez éjecter la disquette Zip en utilisant soit le bouton du lecteur, soit le menu (voir la section suivante).

Le menu Zip

Les lecteurs Zip ont leur propre menu. Après l'insertion de la disquette, double-cliquez sur l'icône du lecteur Zip dans le Poste de travail. Un menu spécifique au Zip apparaît, comme dans la Figure 5.8.

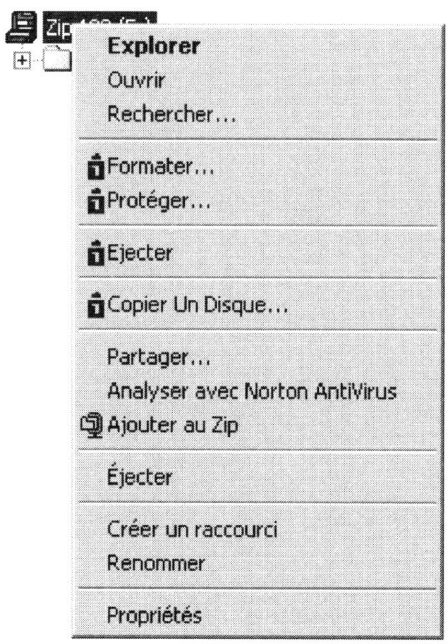

Figure 5.8 : Le menu spécifique au lecteur Zip.

Remarquez les options signalées par le *I* de Iomega. Ce sont les options réservées aux lecteurs Zip. Remarquez aussi la commande pour éjecter la disquette en cliquant.

Chapitre 6
Organiser vos dossiers

Dans ce chapitre :

Une question d'organisation.
Les dossiers.
Créer un dossier
upprimer un dossier.
Visiter la boîte de dialogue Ouvrir.
Visiter la boîte de dialogue Enregistrer.

Tirésias, un devin de la Grèce antique, détenait un pouvoir magique et subissait une triste malédiction. Il connaissait le futur, mais jamais personne ne croyait à ses prophéties. Ainsi en avaient décidé les dieux de l'Olympe. D'autres prophètes et gourous prêchent la vérité, une vérité parfois si simple que personne n'y prête attention. Et tout continue comme avant.

Ecoutez la prophétie concernant votre PC : vous maîtriserez facilement l'usage de votre ordinateur si vous organisez vos fichiers en dossiers. C'est une vérité élémentaire, mais peu de gens prennent la peine d'y croire. Ce chapitre développe ces paroles de pure sagesse. Lisez, gardez un léger sourire aux lèvres, suivez quelques étapes simples, et vous connaîtrez la joie d'avoir un disque dur organisé.

Une question d'organisation

En vérité, rien ne vous oblige à organiser les informations que vous stockez sur votre disque dur. Vous pouvez même l'utiliser des mois entiers sans jamais créer un seul dossier. Mais quelques problèmes risquent d'apparaître très vite.

- Sans dossiers, les fichiers sont enregistrés n'importe où. Vous pouvez en retrouver certains, mais vous avez de grandes chances de perdre tous les autres.

- Différents programmes stockent leurs fichiers dans différents dossiers. Qui sait où se trouvent vos petites affaires ?

- Ne vous êtes-vous jamais arraché les cheveux à essayer de retrouver un fichier perdu ? C'est probablement parce que vous aviez négligé l'importance des dossiers lorsque vous l'avez créé et enregistré.

- Grâce aux dossiers, vos fichiers peuvent être soigneusement rangés dans leurs emplacements respectifs. Vous pouvez organiser vos données par thème, domaine, type de fichiers ou tout ce qui vous semble approprié.

En fait, le véritable problème est que Windows ne se soucie guère de vos habitudes de rangement. Si vous utilisez des dossiers, vous serez organisé et pourrez toujours retrouver vos données. Sinon, vous parviendrez quand même à vos fins... beaucoup moins vite.

En ce qui me concerne, je préfère m'organiser et conserver mes cheveux sur le crâne.

Les dossiers

Un dossier est un emplacement destiné à recevoir des fichiers traitant d'un thème commun. Il peut également contenir d'autres dossiers, ajoutant ainsi un autre niveau d'organisation. Ainsi, par exemple, vous pouvez créer un dossier appelé Comptes et ajouter à l'intérieur d'autres dossiers, un pour l'année 1999, un pour 2000, et ainsi de suite.

- Que vous utilisiez vos fichiers ou non, Windows les place toujours dans des dossiers sur disque. Aussi, lorsque vous enregistrez vos données sous Windows, vous les placez en fait dans un dossier spécifique quelque part sur votre disque dur.

- Les dossiers contiennent des documents, tout comme les dossiers en carton de votre bureau. Mince alors, quelle coïncidence !

- L'important c'est de classer vos documents dans les dossiers que *vous* avez créés à cet effet.

Le dossier racine

Chaque disque, même une pauvre petite disquette, contient au moins un dossier. Ce dossier - le dossier principal - est appelé *dossier racine*. Telles les branches d'un arbre, tous les autres dossiers de votre disque dur partent de cette base.

- Le dossier racine est le dossier principal de n'importe quel disque.
- Ce dossier racine n'est pas associé à une icône particulière. En fait, s'il devait ressembler à quelque chose, ce serait au lecteur de disques lui-même. En tout cas, c'est ainsi que les programmes Poste de travail et Explorateur le présentent.
- Lorsque vous ouvrez un lecteur à partir du Poste de travail ou de l'Explorateur, les fichiers et dossiers que vous voyez sont tous stockés dans le dossier racine.
- Le dossier racine est aussi parfois appelé *répertoire racine* (petit souvenir du DOS, qui le tenait lui-même du système UNIX que le roi Hérode en personne utilisait).

Le dossier Mes documents

La plupart des programmes de Windows 98 sauvegardent les données que vous créez dans ce dossier en tout premier lieu. C'est tellement logique qu'on se demande pourquoi Microsoft n'y a pas pensé avant.

- Si vous utilisez Windows 95, vous n'avez pas le dossier Mes documents, sauf si vous avez installé Microsoft Office.
- Vous pouvez créer un dossier Mes documents et y sauvegarder les documents nouvellement créés.
- Bien sûr, vous allez créer des sous-dossiers à l'intérieur de Mes documents pour vous organiser au mieux.

Une structure arborescente

Cette kyrielle de dossiers et fichiers est organisée en quelque chose que les accros de la micro appellent *structure arborescente*. Imaginez un arbre contenant à la base le dossier racine, puis diverses branches pour les divers dossiers et les fichiers en guise de feuilles. Les nervures des feuilles ne sont pas évoquées dans cette métaphore.

L'Explorateur convient bien mieux pour une petite visite guidée dans votre PC que le Poste de travail. Pour lancer le programme à partir du menu Démarrer, choisissez Programmes/Explorateur Windows. Si votre clavier est doté d'une touche Windows Microsoft, vous pouvez ouvrir l'Explorateur en appuyant simultanément sur cette touche et sur la touche E.

La Figure 6.1 montre l'Explorateur qui apparaît dans Windows 98, il ressemble beaucoup à Internet Explorer. Dans Windows 95, l'Explorateur se présente de manière légèrement différente, mais il fonctionne de la même façon.

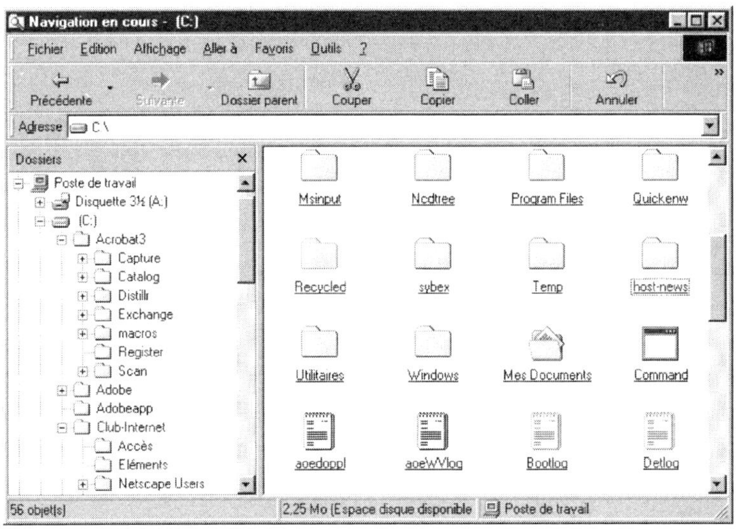

Figure 6.1 : L'Explorateur en action.

Si la barre d'outils de l'Explorateur n'apparaît pas, choisissez la commande Affichage/Barre d'outils. Modifiez la taille de la fenêtre si nécessaire.

La fenêtre de l'Explorateur est constituée de deux parties ou volets. A gauche se trouve la structure arborescente de votre ordinateur - tel qu'il est organisé, du bureau au plus petit dossier. A droite apparaît le contenu de ce qui est sélectionné dans le volet gauche.

Vous pouvez développer l'arborescence en cliquant sur le signe plus (+) attaché au dossier.

Cliquez sur le signe (-) pour réduire l'arborescence.

Pour fermer la fenêtre de l'Explorateur, cliquez sur la petite croix placée en haut à droite.

- Si vous ne voyez pas la barre d'outils de l'Explorateur, sélectionnez Affichage/Barres d'outils/Boutons standard. Vous pouvez réduire la place prise par la barre d'outils si vous désélectionnez Barre d'adresses et Etiquettes texte.

- Vous voyez dans la partie droite de la fenêtre le contenu de ce qui est sélectionné dans la partie gauche. Dans la Figure 6.1, c'est le contenu du lecteur C.

- Dans la partie droite, Windows 98 vous permet d'afficher icônes et dossiers de quatre façons différentes. Essayez-les en cliquant sur l'icône Affichage au bout de la barre d'outils.

- Dans Windows 95, ce sont quatre boutons de la barre d'outils qui font varier l'affichage.

Créer un dossier

Créer un dossier est une opération très simple. Savoir où créer un dossier est plus délicat. Les étapes ci-après expliquent comment créer un dossier nommé Trucs dans le dossier Mes documents sur le lecteur C :

1. **Ouvrez le dossier Mes documents.**

   Double-cliquez sur l'icône Mes documents du bureau Windows. Une fenêtre apparaît, détaillant tous les lecteurs disponibles sur votre ordinateur.

   Si vous ne trouvez pas l'icône Mes documents (si vous avez Windows 95), double-cliquez sur l'icône du Poste de travail, ouvrez le disque C, puis le dossier Mes documents. Si ce dossier n'existe pas, vous pouvez le créer après avoir suivi cette leçon.

2. **Choisissez Fichier/Nouveau/Dossier.**

   Cela place un nouveau dossier dans la fenêtre, qui peut ressembler à l'icône en marge (tout dépend en fait du mode d'affichage que vous avez choisi).

3. **Remplacez le nom attribué par défaut, Nouveau dossier, par un nom plus explicite.**

Tapez directement un nouveau nom. Faites preuve d'ingéniosité. N'oubliez pas que ce dossier contiendra des fichiers et éventuellement d'autres dossiers, tous relatifs d'une manière ou d'une autre au nom de ce dossier. Pour cet exercice, tapez **Trucs,** qui ne vous engage à rien.

Utilisez la touche Retour arrière pour revenir en arrière et corriger une erreur.

A ce stade, pour plus de détails, lisez l'encadré "Nommer le dossier" plus loin dans ce chapitre.

Reportez-vous au Chapitre 7 pour quelques règles à suivre lorsque vous voulez attribuer un nom à un fichier.

4. **Appuyez sur Entrée pour sauvegarder ce nom.**

   Alors, c'était facile, n'est-ce pas ? Le nouveau dossier est prêt à recevoir vos documents.

Double-cliquez sur l'icône du dossier pour l'ouvrir. Une fenêtre vierge apparaît. Logique, puisqu'il n'y a encore rien dans ce nouveau dossier. A vous de le remplir !

- Vous pouvez maintenant créer d'autres dossiers ou copier et coller des fichiers et dossiers dans ce nouveau réceptacle.
- Copier et coller des fichiers sont deux concepts traités dans le chapitre suivant.
- Si vous venez de créer le dossier Trucs mais n'avez pas l'intention de vous en servir, supprimez-le. Reportez-vous à la section ci-après, "Supprimer un dossier".

Supprimer un dossier

Dans le programme Explorateur ou Poste de travail, trouvez le dossier que vous voulez supprimer et faites-le glisser sur le bureau dans l'icône de la Corbeille.

Splash ! Parti ! Envolé !

Nommer le dossier

Question : J'en suis à l'étape 3 de la création de dossier, et je ne trouve pas de boîte de dialogue pour nommer mon nouveau dossier.

Réponse : Il n'y a pas de boîte de dialogue, cher lecteur. Cliquez sur le dossier, il apparaîtra en surbrillance. Appuyez sur la touche F2 , vous pouvez écrire dans la zone encadrée. Et voilà !

- Un message peut apparaître, vous avertissant que vous êtes sur le point de supprimer un dossier. Cliquez sur Oui si là est bien votre intention.

- Si la barre d'outils est visible, vous pouvez aussi cliquer sur le bouton Supprimer.

- La commande Annuler peut vous permettre de récupérer un dossier supprimé par erreur. Attention, cette commande doit être utilisée aussitôt après votre méfait. Vous pouvez choisir la commande Edition/ Annuler, presser les touches Ctrl+Z, ou cliquer sur le bouton Annuler de la barre d'outils, à vous de choisir.

- Supprimer un dossier détruit tout ce qu'il contient - fichiers, dossiers, et tous les fichiers et dossiers enregistrés dans ces dossiers. Vous parlez d'un massacre ! Aussi, utilisez cette commande avec précaution ; vous pourriez avoir à rendre des comptes au tribunal de guerre de votre disque dur.

- Une bonne nouvelle ! Il est possible de ressusciter des données détruites par Windows. Attendez le Chapitre 7 pour tout savoir à ce sujet.

Visiter la boîte de dialogue Ouvrir

Vous aurez souvent l'occasion de fureter parmi les dossiers dans le but d'identifier le bon document. Dans la plupart des programmes, en choisissant Fichier/Ouvrir vous verrez apparaître la boîte de dialogue Ouvrir, qui sert à trouver le document. Bonne nouvelle ! dans Windows les boîtes de dialogue Ouvrir procèdent toutes de la même façon.

La Figure 6.2 montre une boîte de dialogue Ouvrir tout à fait caractéristique. Suivez les étapes ci-après pour trouver un dossier et l'ouvrir :

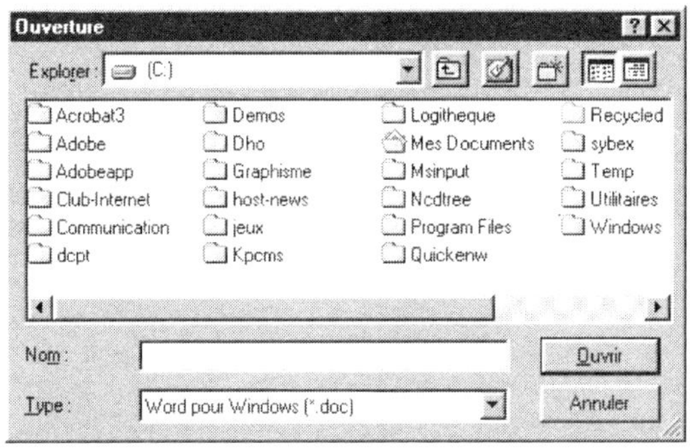

Figure 6.2 : Une boîte de dialogue Ouvrir de Wordpad.

1. **Si votre fichier apparaît, ouvrez-le.**

   Au centre de la boîte de dialogue figurent tout un tas d'icônes de fichiers. Si vous y trouvez le vôtre, double-cliquez sur son icône pour l'ouvrir. Le fichier apparaîtra aussitôt.

   Vous devrez peut-être utiliser la barre de défilement horizontal au bas de la liste pour voir tous vos fichiers.

2. **Si votre fichier n'est pas directement visible, cliquez sur un autre lecteur.**

   Votre fichier est peut-être enregistré dans un autre lecteur que celui actuellement ouvert dans la boîte de dialogue. Le cas échéant, cliquez sur la flèche pointant vers le bas, à droite de la liste déroulante Chercher (appelée dans Word : Regarder dans), pour afficher le contenu de cette liste. Cliquez sur le lecteur contenant le fichier recherché, par exemple Disque C.

   La liste au centre de la boîte de dialogue est aussitôt modifiée, et le contenu du disque C apparaît.

   Si vous trouvez votre fichier, ouvrez-le !

3. **Si votre fichier n'apparaît toujours pas, recherchez-le dans un autre dossier.**

   Double-cliquez sur un dossier pour l'ouvrir et afficher son contenu au centre de la boîte de dialogue.

Continuez ainsi jusqu'à ce que vous trouviez le fichier recherché. (Si votre disque dur est organisé et vos dossiers intelligemment nommés, ces quelques opérations devraient se dérouler sans problème.)

Si vous trouvez votre fichier, ouvrez-le !

Si vous voulez retourner à un précédent dossier, cliquez sur le bouton Dossier parent (Voir ci-contre).

En ouvrant un fichier, vous le recopiez dans la mémoire de l'ordinateur afin de pouvoir le traiter, c'est-à-dire le voir, le modifier ou l'imprimer.

- Au bas de la boîte de dialogue se trouve une liste déroulante intitulée Type (ou Type de fichier, dans Word). Cette option peut vous aider à réduire le nombre de fichiers de la liste. Par exemple, dans la Figure 6.2, seuls les documents Word (*.doc) apparaissent. Vous pouvez également étendre votre recherche à tous les types de fichiers en sélectionnant l'option Tous.

- La commande se trouve dans le menu à Fichier/Ouvrir.

- Vous pouvez également appuyer sur les touches Ctrl+O.

- Vous trouverez ce bouton Ouvrir dans beaucoup de programmes.

- Certaines boîtes de dialogue Ouvrir (ou Ouverture) sont plus complexes que celle de la Figure 6.2. Celle de l'application Word est un véritable parcours du combattant. Elle fonctionne toujours de la même façon, seulement vous devez ignorer davantage d'options ennuyeuses.

- Le bouton Afficher le bureau (le deuxième en partant de la gauche dans la Figure 6.2) affiche seulement les éléments du bureau. Ce bouton existe dans Windows 98, mais pas dans Windows 95.

- La boîte de dialogue Parcourir est semblable à la boîte Ouvrir. Elle vous permet d'explorer l'arborescence des dossiers.

- Vous pouvez aussi ouvrir un fichier en cliquant dessus puis sur Ouvrir. Personnellement, je trouve que si vous cliquez une fois, vous pouvez aussi bien cliquer deux fois et oublier ce bouton.

- Si vous préférez la méthode style DOS, vous pouvez taper le chemin complet du fichier (si, par chance, vous le connaissez) dans la zone Nom (ou Nom de fichier). N'en parlez pas à votre souris si vous essayez cette technique.

Visiter la boîte de dialogue Enregistrer

La boîte de dialogue Enregistrer est la plus importante que vous utiliserez sous Windows. C'est la clé d'une bonne gestion. Si vous l'utilisez correctement et tirez profit des fichiers uniques que vous avez créés, vous serez toujours en mesure de retrouver vos petites affaires.

Vous ouvrez la boîte de dialogue Enregistrer en activant la commande Fichier/ Enregistrer. (Je sais, dans la Figure 6.3 il est écrit "Enregistrer sous", mais c'est parce que c'est ce qui apparaît lorsque vous enregistrez un fichier pour la première fois.) Voici comment l'utiliser :

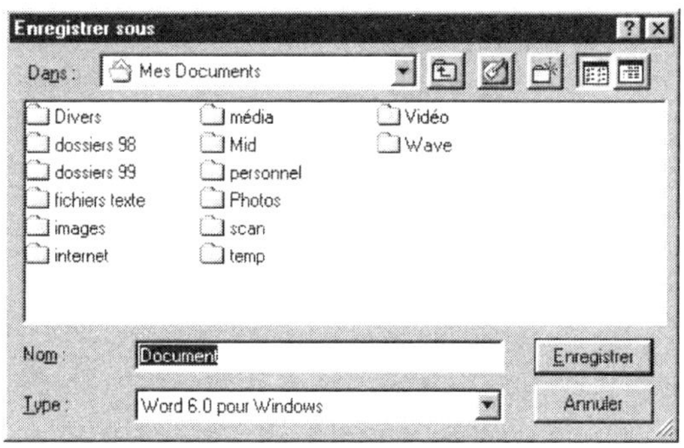

Figure 6.3 : La boîte de dialogue Enregistrer.

Un coup d'oeil furtif sur les boîtes de dialogue Ouvrir et Enregistrer

Les deux boîtes de dialogue affichent une liste de fichiers, comme le font la fenêtre de l'Explorateur et celle du Poste de travail. Ça, c'est évident. Ce qui l'est moins, c'est que cette liste de fichiers s'utilise exactement de la même façon que dans l'Explorateur ou le Poste de travail.

Par exemple, vous pouvez y renommer un dossier ou un fichier. Vous pouvez cliquer sur un fichier avec le bouton droit et le copier, ou le supprimer. Vous pouvez ouvrir un fichier en double-cliquant. Bref, tout ce qu'on peut faire à un fichier peut être fait à l'intérieur des boîtes de dialogue Ouvrir et Enregistrer. Etonnant, non ?

1. **Assurez-vous que vous êtes bien dans le dossier approprié.**

   Le nom du dossier apparaît dans la liste déroulante Enregistrer Dans. Dans la Figure 6.3, il s'agit du dossier Mes documents. Si ce n'est pas le dossier recherché, passez à l'étape 2.

   Si c'est le bon dossier, passez directement à l'étape 4.

   Windows 98 vous propose souvent d'"enregistrer sous" le dossier Mes documents.

2. **Recherchez le dossier dans lequel vous voulez enregistrer vos données.**

   La meilleure façon de trouver un dossier est de démarrer à la racine. Pour aller au dossier racine, sélectionnez un lecteur dans la liste déroulante en haut de la boîte de dialogue.

   Cliquez sur la flèche pointant vers le bas à droite de la liste déroulante intitulée Dans (ou, dans Word, Enregistrer dans) située en haut de la boîte de dialogue. La liste des différents lecteurs de votre PC apparaît. Cliquez sur le lecteur dans lequel vous voulez enregistrer votre fichier, par exemple Disque C.

   Le contenu de la liste au centre de la boîte de dialogue est aussitôt modifié et affiche maintenant le contenu de votre répertoire racine.

   Il est vivement recommandé de *ne pas* enregistrer vos fichiers dans le dossier racine. C'est un dossier très tatillon qui ne s'entend qu'avec deux ou trois fichiers *très* spéciaux.

3. **Ouvrez un dossier.**

   Localisez le dossier dans lequel vous voulez enregistrer vos données ou le dossier contenant le dossier (et ainsi de suite). Par exemple, ouvrez le dossier Mes documents.

   Chaque fois que vous ouvrez un dossier, le contenu de la liste située au centre de la boîte de dialogue change.

   Continuez à ouvrir des dossiers jusqu'à ce que vous trouviez le dossier précis pour vos données. Ensuite, passez à l'étape suivante.

   Vous pouvez aussi cliquer sur le bouton Créer un nouveau dossier pour ouvrir un nouveau dossier et y enregistrer votre document.

4. **Attribuez un nom à votre fichier.**

   Entrez un nom dans la zone de texte Nom (ou Nom de fichier, dans d'autres programmes Windows). Ce nom vous permettra de le reconnaître plus tard et de dire (tout haut) : "Hé ! Mais c'est mon fichier ! Celui que je veux ouvrir ! Je suis si content de l'avoir enregistré sous un nom aussi évocateur qui décrit si bien son contenu !"

   Voyez le Chapitre 7 pour en savoir plus sur les noms de fichiers. Windows accepte des noms de fichiers très longs, les chiffres, les lettres et certains caractères spéciaux. Toutefois, il est préférable de rester bref et de n'utiliser que des caractères alphanumériques.

   Si vous donnez au fichier un nom invalide, vous ne pourrez pas l'enregistrer. Windows est très regardant dans ce domaine.

5. **Cliquez sur le bouton Enregistrer.**

   Clic ! Ce dernier acte officiel enregistre le fichier sur disque, dans un dossier et sous un nom appropriés.

   Si le bouton Enregistrer semble ne pas fonctionner, c'est que vous avez certainement tapé un nom de fichier invalide. Essayez autre chose (voir étape 4).

Après avoir enregistré votre fichier, chaque fois que vous actionnerez la commande Fichier/Enregistrer, Windows copiera automatiquement votre fichier sur disque (à son emplacement, sous ses nom et format courants) sans que vous ayez à affronter la boîte de dialogue Enregistrer.

Vous pourrez par la suite choisir la commande Enregistrer sous pour copier un fichier sous un nouveau nom, dans un nouvel emplacement ou sous un format différent.

Le raccourci clavier est Ctrl+S.

Utilisez également l'icône représentant une disquette, elle figure dans la barre d'outils de la plupart des programmes.

Comme pour la boîte de dialogue Ouvrir (ou Ouverture), certaines boîtes de dialogue Enregistrer peuvent offrir davantage d'options que celle de la Figure 6.3.

NOTE TECHNIQUE

Qu'est-ce qu'un chemin d'accès ?

Un *chemin d'accès* est un nom de fichier complet indiquant précisément à la fois le nom du fichier, son emplacement et son format.

Prenez, par exemple, le fichier nommé Briques.bmp, résidant dans le dossier Windows du disque C. Son chemin d'accès est :

```
C:\WINDOWS\BRIQUES.BMP
```

La première lettre indique qu'il est stocké sur le disque dur, `\WINDOWS` indique qu'il réside dans le dossier Windows, et `BRIQUES.BMP` est son nom de fichier.

Par conséquent, un chemin d'accès est un nom qui vous donne l'itinéraire complet d'un fichier. En guise d'exemple, imaginez que vous deviez trouver le fichier identifié sous le nom suivant :

```
C:\MES DOCUMENTS\PERSO\LETTRES\AMIS\LOLO.DOC
```

Vous devrez commencer par sélectionner le disque C, puis ouvrir à tour de rôle les dossiers Mes documents, Perso, Lettres, Amis, et enfin double-cliquer sur le fichier Lolo pour l'afficher à l'écran.

Chapitre 7
Organiser vos fichiers

Dans ce chapitre :

Quelques règles à respecter avant d'attribuer un nom.

Manipuler vos fichiers.

Déplacer ou copier des fichiers à l'aide de la souris.

Créer des raccourcis.

upprimer des fichiers, et les récupérer.

La boîte de dialogue Rechercher.

Les fichiers sont des groupes de données stockés sur le disque dur de votre PC. Lorsque vous créez un document, vous l'enregistrez sur disque en tant que fichier. Pour le réutiliser, vous devez donc rouvrir ce fichier. Pas de problème, jusque-là.

En revanche, cela devient un peu plus compliqué lorsqu'il s'agit de contrôler les fichiers. Tel un maître d'école maternelle dans une classe remplie d'enfants turbulents, il est de votre devoir de faire régner l'ordre parmi les fichiers. Heureusement, Windows vous permet de les organiser ; comme à la maternelle, vous pouvez les couper et les coller pour les mettre à leur place, leur donner de nouveaux noms, et même les supprimer - tout cela sans offenser personne bien entendu.

- Windows représente les fichiers sous la forme d'*icônes*. Une *icône* est en fait l'image qui accompagne le nom du fichier sur le bureau, dans le Poste de travail ou l'Explorateur. Le *fichier* est ce qui réside vraiment sur le disque.

- Toutes les données enregistrées sur disque sont rassemblées dans des *fichiers*. Certains fichiers sont des *programmes*, d'autres de simples *documents* que vous créez.

Quelques règles à respecter avant d'attribuer un nom

S'il est une discipline dans laquelle l'homme excelle, c'est bien celle qui consiste à attribuer des noms aux choses. Découvrez une comète, et vous pouvez lui coller un nom ; une fleur, un insecte, une maladie,... et les voilà affublés d'un nom pour la vie.

Vous nommez un fichier en le sauvegardant sur disque, quand vous utilisez la boîte de dialogue Enregistrer (voir le Chapitre 6). Voici quelques conseils qu'il est bon de garder en mémoire avant d'attribuer un nom à un fichier :

Soyez bref : Un nom de fichier doit être bref, mais explicite. En voici quelques exemples :

```
Plan
Projet
Chapitre 1
Itinéraire
Complot pour renverser Bromaxom
```

En théorie, vous pouvez donner à un fichier un nom extrêmement long pouvant aller jusqu'à 255 caractères. Bien sûr, ce nom serait *très* explicite - mais n'en faites rien !

Utilisez uniquement des lettres, des nombres et des espaces : La plupart des caractères de votre clavier sont acceptés, mais pas tous (voir la section suivante). Aussi est-il préférable de se limiter aux lettres, nombres et espaces.

Windows n'est pas sensible à la casse, c'est-à-dire qu'il ne fait pas la différence entre les minuscules et les majuscules. Si vous tapez *Finlande*, par exemple, Windows pourra vous présenter le fichier *finlande*, *Finlande*, *FINLANDE* ou toutes les autres combinaisons de lettres majuscules/minuscules.

- Le nom du fichier doit vous rappeler son contenu.
- Plus un nom de fichier est long, plus vous risquez de faire une erreur de frappe et d'embrouiller Windows lorsqu'il tentera d'ouvrir le fichier.
- Si un nom de fichier est trop long, il n'apparaîtra pas en entier dans les boîtes de dialogue Ouvrir ou Enregistrer.
- Seule la première partie d'un nom de fichier long apparaît sous l'icône lorsque vous utilisez Mes Documents ou l'Explorateur.

- Les mêmes règles s'appliquent aux noms de dossiers.
- Voyez le Chapitre 6 pour plus de détails sur la boîte de dialogue Ouvrir.

NOTE TECHNIQUE

Qu'est-ce qu'une extension ?

La dernière partie d'un nom de fichier est généralement constituée d'un point suivi de trois caractères. On appelle cela une *extension*. L'extension d'un nom de fichier permet à Windows d'identifier le type du fichier (de déterminer le programme à l'origine du fichier). Par exemple, une extension .BMP indique qu'il s'agit d'une image de Paint et un .DOC un document créé par WordPad ou Microsoft Word.

Inutile de taper ces extensions lorsque vous nommez ou renommez un fichier. En fait, cela est même vivement déconseillé. Pourtant, Windows a besoin de cette information - cette extension de fichier - ou il brouille les cartes lorsque vous essayez d'ouvrir le fichier à éditer.

Pour contourner ce dilemme, une solution consiste à choisir Affichage/Options dans le menu du programme Explorateur ou Poste de travail. Cette commande affiche la boîte de dialogue Options. Assurez-vous que deux de ces options sont activées : *Cacher les fichiers de type* et *Masquer les extensions MS-DOS pour les types de fichiers enregistrés*. Lorsque ces options sont validées, les extensions de noms de fichiers n'apparaissent plus, de sorte que vous n'avez plus à vous en soucier.

Cliquez sur le bouton OK pour fermer la boîte de dialogue Options.

Quelques restrictions

Les caractères suivants sont à proscrire :

ATTENTION !

*/: < > ? \ |

Il ne vous arrivera rien de catastrophique si vous tentez d'utiliser ces caractères ; Windows refusera tout simplement de sauvegarder votre fichier ou de modifier son nom. (Un message d'erreur risque de vous sauter à la figure, c'est tout.)

- Chacun de ces caractères a une signification particulière pour Windows (ou DOS), qui sera très perturbé s'il les voit dans un nom de fichier.

- Vous pouvez utiliser les points dans un nom de fichier. Toutefois, vous ne pouvez nommer un fichier qu'avec des points. Je sais, c'est plutôt étrange, et je suis probablement le seul de cette planète à l'avoir essayé, quoi qu'il en soit, ça ne marche pas.

Renommer un fichier

Si vous pensez que le nom que vous venez d'attribuer à un fichier est vraiment ridicule, vous pouvez le modifier facilement. Voici comment procéder :

1. **Localisez le fichier.**

   Utilisez l'Explorateur ou le Poste de travail pour trouver votre fichier s'il n'est pas tout simplement niché quelque part sur le bureau.

2. **Sélectionnez le fichier.**

   Cliquez sur le fichier lorsque vous l'avez trouvé pour le sélectionner.

3. **Pressez la touche F2.**

   C'est le raccourci clavier de la commande Renommer. Vous pouvez également choisir Fichier/Renommer dans le menu.

   Le nom que vous voulez modifier apparaît aussitôt dans un rectangle de sélection.

4. **Tapez un nouveau nom.**

   Utilisez la touche Retour arrière pour effacer le nom courant et tapez le nouveau nom. Pour en savoir plus sur les autres touches d'édition, consultez le Chapitre 14.

5. **Pressez la touche Entrée.**

   Votre nouveau nom est enregistré.

Notez bien que tout fichier doit avoir un nom. Si vous essayez de le laisser en blanc, Windows proteste. Concernant les noms de fichiers il y à d'autres points à considérer.

- Vous pouvez presser la touche Echap à tout moment, avant d'appuyer sur la touche Entrée, pour annuler vos modifications et revenir à l'ancien nom.

- Windows ne vous permet pas d'attribuer un nom déjà existant à plusieurs fichiers d'un même dossier.

- Vous ne pouvez pas nommer de façon identique deux fichiers appartenant à un même dossier.

- Vous ne pouvez renommer un groupe de fichiers d'un seul coup. Chaque fichier doit être renommé individuellement.

- Vous pouvez aussi renommer un fichier en cliquant dessus avec le bouton droit et en choisissant Renommer dans le menu. Ou bien vous pouvez cliquer sur l'icône du fichier et choisir Fichier/Renommer dans le menu. Mais puisque vous allez taper de toute façon, est-ce que la touche F2 n'est pas plus rapide ?

Manipuler vos fichiers

Les fichiers ne restent jamais en place. Vous allez constamment les copier, les déplacer, les supprimer, etc. Si ce n'est pas le cas, votre disque dur ressemblera vite à un tel champ de bataille que vous éteindrez votre ordinateur de honte si des amis se présentent chez vous à l'improviste.

Organiser vos fichiers est une aventure qui se déroule dans l'un des deux programmes : Explorateur ou Poste de travail. Le Poste de travail semble plus logique si vous êtes débutant. Après quelque temps, vous préférerez peut-être utiliser l'Explorateur dans la mesure où il n'encombre pas votre écran de fenêtres chaque fois que vous ouvrez un dossier.

Sélectionner un ou plusieurs fichiers

Avant d'effectuer quoi que ce soit sur un fichier, celui-ci doit d'abord être sélectionné. Vous pouvez sélectionner des fichiers individuellement ou en groupe.

Pour sélectionner un seul fichier, localisez-le dans le Poste de travail ou l'Explorateur. Une fois trouvé, cliquez dessus avec la souris. Le fichier apparaît aussitôt en surbrillance, indiquant qu'il est sélectionné et prêt à l'action.

Sélectionner un groupe de fichiers peut être réalisé de plusieurs façons. La plus simple consiste à maintenir la touche Ctrl (Contrôle) appuyée pendant que vous cliquez sur les fichiers que vous voulez sélectionner.

La Figure 7.1 montre une fenêtre dans laquelle plusieurs fichiers ont été sélectionnés en cliquant tout en maintenant la touche Ctrl appuyée. Tous les fichiers en surbrillance pourront être copiés, déplacés ou encore supprimés en même temps.

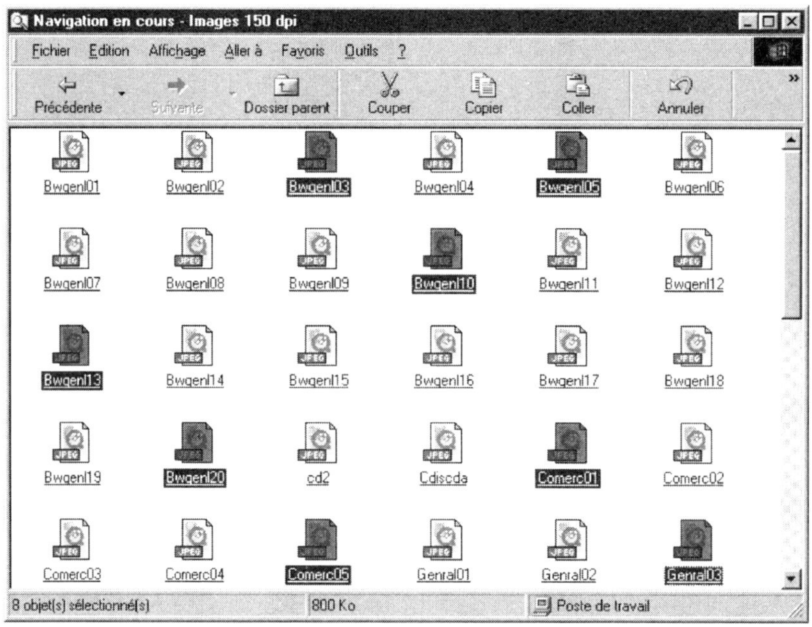

Figure 7.1 : Sélectionner plusieurs fichiers

Une manière pratique de sélectionner des fichiers placés côte à côte consiste à les entourer d'un lasso de sélection à l'aide de la souris. Faites glisser la souris sur les fichiers : commencez par l'angle supérieur gauche au-dessus des fichiers, puis faites glisser la souris vers la droite pour créer un rectangle autour des icônes de fichiers que vous voulez sélectionner (Figure 7.2). Relâchez le bouton de la souris. Et voilà !

TRUC

- Pour sélectionner un groupe de fichiers, maintenez la touche Ctrl appuyée et cliquez sur les fichiers un à un.
- Pour sélectionner tous les fichiers d'un dossier, choisissez Edition/ Sélectionner tout ou pressez le raccourci clavier Ctrl+A.
- Pour désélectionner un seul fichier dans un groupe, cliquez simplement sur ce fichier en appuyant sur la touche Ctrl.

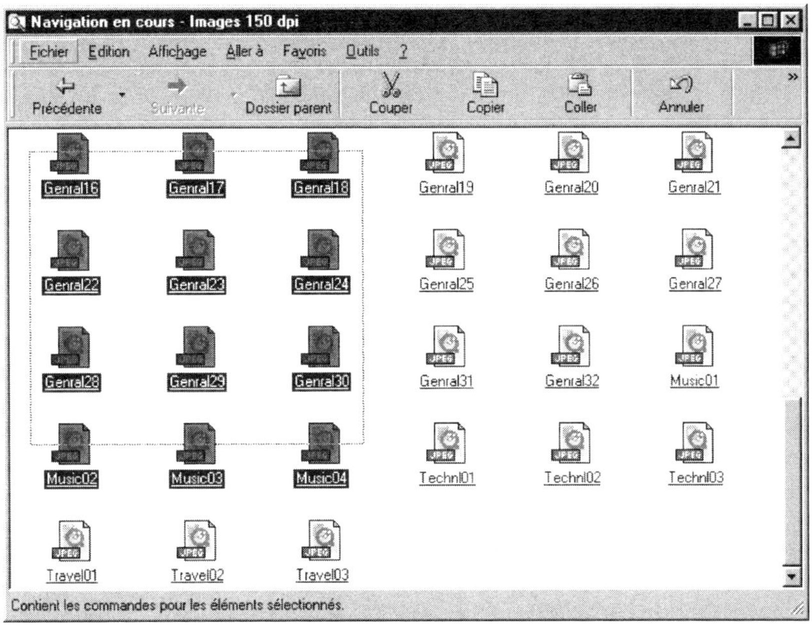

Figure 7.2 : Un groupe de fichiers sélectionnés.

Couper et coller (déplacer des fichiers)

Pour couper et coller (donc déplacer) un fichier, procédez comme suit :

1. **Localisez le fichier que vous voulez déplacer.**

   Recherchez-le dans l'Explorateur ou le Poste de travail.

2. **Sélectionnez-le.**

   Cliquez une fois sur le fichier pour le sélectionner (ou, pour sélectionner un groupe de fichiers, utilisez les techniques décrites ci-avant dans ce chapitre).

3. **Choisissez la commande Edition/couper.**

   Vous pouvez aussi cliquer sur l'icône en forme de ciseaux ou bien utiliser le raccourci clavier Ctrl+X. Après quoi l'icône du fichier apparaît en grisé. Cela signifie que le fichier a été *coupé* et qu'il est prêt à être collé.

4. **Ouvrez le dossier dans lequel vous voulez coller le fichier.**

   Là encore, recherchez le dossier de destination dans l'Explorateur ou le Poste de travail

5. **Choisissez la commande Edition/Coller.**

   Vous pouvez aussi cliquer sur l'icône Coller ou utiliser le raccourci clavier Ctrl+V.

   Le fichier rejoint aussitôt sa nouvelle demeure.

Vous pouvez également couper et coller un dossier. Toutefois, cela implique un plus grand déménagement dans la mesure où vous déplacez par la même occasion le contenu du dossier - lequel peut être très important. Gardez cette option pour les grands ménages de printemps.

Copier et coller (copier des fichiers)

La procédure copier/coller ressemble à la procédure couper/coller, avec toutefois deux petites différences. Le fichier d'origine n'est pas supprimé. Vous vous retrouvez avec deux versions identiques d'un même fichier : l'originale et la copie.

Vous devez utiliser la commande Fichier/Copier au lieu de la commande Fichier/Couper. Voyez l'exercice précédent pour le détail de la procédure.

Vous pouvez aussi cliquer sur l'icône Copier.

Ou bien utiliser le raccourci clavier Ctrl+C.

- Parfois, vous n'avez pas vraiment besoin de copier un fichier sur le disque dur, il suffit de lui créer un raccourci. Voyez la section ci-après, "Créer des raccourcis".

- Pour copier un fichier sur disquette, reportez-vous au Chapitre 5. Mais souvenez-vous que vous pouvez toujours faire un copier/coller pour envoyer des documents vers une disquette.

- Vous pouvez aussi copier ou couper des fichiers depuis une disquette pour les coller sur le disque dur. La procédure est la même quel que soit le disque utilisé.

Créer des raccourcis

Lorsque vous copiez un fichier, vous le copiez *en totalité*. Quelquefois, il n'est pas nécessaire de tout copier, en particulier ces gros fichiers qui avalent de l'espace disque comme les ours avalent le saumon. Vous pouvez vous contenter de créer un raccourci.

Un raccourci est une copie allégée à l'extrême du fichier. Il vous permet d'accéder rapidement à votre fichier depuis n'importe quelle portion de votre système, mais sans le bagage supplémentaire qui accompagne forcément le fichier copié.

Créer un raccourci est un jeu d'enfant : suivez les mêmes étapes que pour copier un fichier (décrites dans les sections ci-avant), mais choisissez la commande Edition/Coller un raccourci au lieu de la commande Coller standard.

Pour coller le raccourci sur le bureau, cliquez à l'aide du bouton droit de la souris sur un espace vierge du bureau. Un menu contextuel apparaît dans lequel vous pouvez choisir la commande Coller un raccourci.

- Les icônes de raccourci sont accompagnées d'une petite flèche dans un carré blanc. Cette dernière vous indique qu'il s'agit d'un raccourci de fichier et non pas du fichier lui-même.
- Windows attribue un nom à tous les raccourcis, lequel commence par Raccourci vers, puis se termine par le nom du fichier d'origine. Vous pouvez utiliser les techniques décrites plus avant dans ce chapitre pour renommer un raccourci.
- Vous pouvez créer des raccourcis pour tout élément auquel vous devez accéder souvent : programme, fichier, dossier, unité de disque, etc.
- Vous pouvez ouvrir un raccourci comme toute autre icône : double-cliquez pour ouvrir un document, charger une application ou déballer le contenu d'un dossier.

- Ne craignez pas de supprimer des raccourcis ; cela n'affecte en rien le fichier, dossier ou programme d'origine.

Supprimer des fichiers

Contrairement aux cartes de crédit et aux pièces d'identité, les fichiers n'ont pas de date d'expiration. Vous pouvez les garder des siècles sur votre disque dur sans jamais vous en préoccuper jusqu'au jour où même votre souris ne veut plus aller s'y promener : votre disque dur est prêt à exploser. Que faire ? Un peu de ménage expéditif et supprimer tous ces fichiers temporaires ou décrépits.

Pour supprimer un fichier, il suffit de le sélectionner, puis de choisir Fichier/ Supprimer. Cette procédure place en fait le fichier sélectionné dans la Corbeille (d'où il pourra être récupéré plus tard).

Vous pouvez également supprimer des fichiers en pressant simplement la touche Suppr.

Ou bien cliquer sur le bouton supprimer de la barre d'outils.

Vous pouvez aussi supprimer les fichiers en les faisant glisser avec la souris sur l'icône de la Corbeille du bureau de Windows.

Si vous voulez supprimer définitivement un fichier, cliquez dessus, puis pressez les touches Maj+Suppr. Windows affiche alors une boîte de dialogue vous avertissant que vous êtes sur le point d'effacer un fichier. Cliquez sur Oui pour le faire disparaître à tout jamais.

- Windows vous met en garde lorsque vous supprimez des fichiers. Etes-vous *bien sûr* de ce que vous faites ? Vous l'êtes probablement mais Windows est prudent.

- Vous pouvez supprimer des fichiers comme des dossiers. Toutefois, n'oubliez pas que, dans ce dernier cas, vous supprimez d'un coup tout leur contenu, soit peut-être des douzaines d'icônes, de fichiers, de dossiers, etc.

- Ne supprimez jamais de fichiers ou de dossiers appartenant au dossier Windows.

- Ne supprimez jamais de fichiers du dossier racine de votre disque dur.

- En fait, ne supprimez jamais de fichiers que vous n'avez pas créés vous-même.

- Ne supprimez pas vos programmes ! Utilisez plutôt un outil dédié à cette tâche dans le Panneau de configuration Windows. Consultez le Chapitre 19 pour en savoir plus.

Récupérer des fichiers supprimés

Pour récupérer un fichier supprimé par erreur, procédez comme suit :

1. **Ouvrez la Corbeille posée quelque part sur le bureau.**

   Double-cliquez sur l'icône représentant une corbeille. L'icône peut figurer autre chose, selon votre configuration personnelle de Windows, mais le libellé est toujours *Corbeille*.

2. **Sélectionnez le fichier que vous voulez récupérer de l'autre monde.**

   Cliquez sur le fichier pour le ressusciter.

   L'avantage du mode d'affichage Détails est qu'il vous permet de trier les fichiers de la Corbeille en fonction de la date à laquelle ils ont été supprimés. Cliquez simplement sur l'en-tête de colonne Date de suppression, et les fichiers sont aussitôt classés en commençant par les plus récemment supprimés. (Cliquez de nouveau pour trier les fichiers dans l'ordre inverse.) Ce mode d'affichage vous aide à localiser des fichiers disparus récemment que vous pourriez vouloir récupérer.

3. **Choisissez la commande Fichier/Restaurer.**

   Le fichier réapparaît magiquement dans son emplacement d'origine.

4. **Fermez la fenêtre de la Corbeille.**

   Cliquez sur le bouton figurant un X dans l'angle supérieur droit de la fenêtre.

   Tant qu'un élément n'est pas supprimé de la Corbeille, il peut toujours être restauré.

Déplacer ou copier des fichiers à l'aide de la souris

Vous pouvez couper, copier et coller des fichiers sans jamais recourir aux options de menus. Saisissez simplement les fichiers qui vous intéressent et déplacez-les ou copiez-les à l'aide de la souris.

Le seul inconvénient de cette approche est que vous devez ouvrir deux dossiers ou plus sur votre bureau. L'exemple de la Figure 7.3 comportant deux fenêtres représente deux dossiers ouverts, le dossier d'origine et celui de destination.

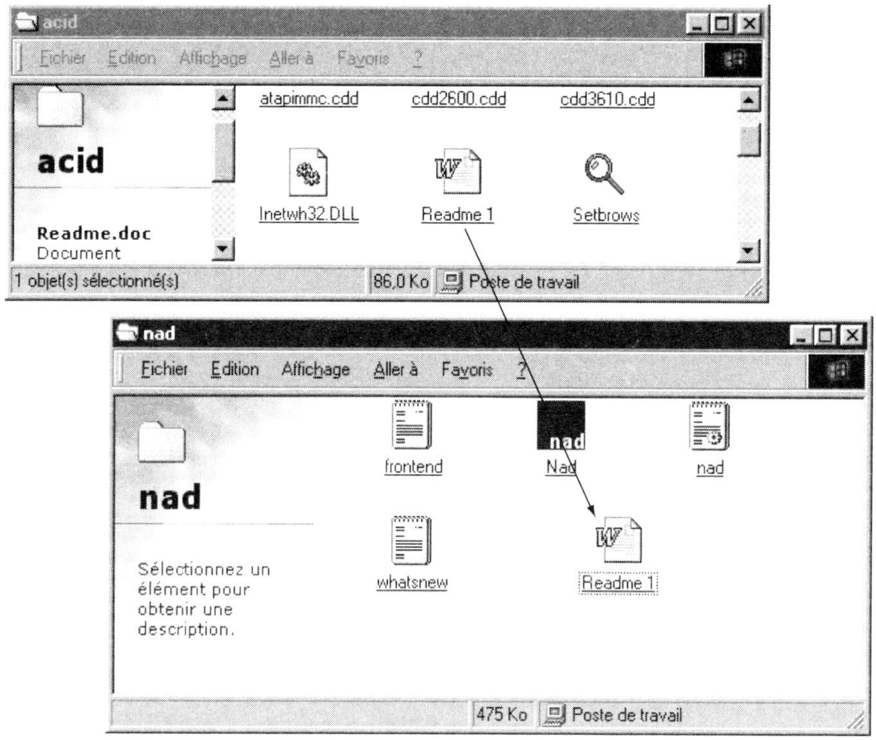

Figure 7.3 : Les fichiers savent voler !

Déplacer des fichiers : Pour déplacer un fichier d'un dossier à un autre, faites-le glisser à l'aide de la souris d'une fenêtre à une autre. Dans la Figure 7.3, la souris fait glisser le fichier Readme 1 du dossier acid vers le dossier nad.

Copier des fichiers : Pour copier un fichier d'une fenêtre de dossier à une autre, pressez la touche Ctrl et maintenez-la appuyée, puis faites glisser le fichier.

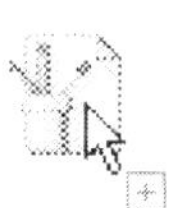

Vous pouvez savoir si vous déplacez ou copiez un fichier en observant l'icône que vous êtes en train de faire glisser. Si vous voyez un petit signe plus (+), c'est que vous copiez le fichier ; sinon, c'est que vous le déplacez.

- Les fichiers sont automatiquement *déplacés* lorsque vous les faites glisser d'un dossier à un autre sur le même disque.

- Les fichiers sont automatiquement *copiés* lorsque vous les faites glisser d'un lecteur de disque à un autre.

- Pour déplacer un fichier d'un lecteur de disque à un autre, pressez la touche Maj et maintenez-la appuyée pendant que vous le faites glisser.

De même, pour copier un fichier d'un dossier à un autre dossier du même disque, maintenez la touche Maj appuyée.

Mais où est passé mon fichier ?

Si un fichier disparaît, cela n'est pas très grave. En fait, Windows a une chouette commande appelée Rechercher. Quel bonheur si ce type de commande existait pour les clés de voiture ou les lunettes !

Pour retrouver un fichier perdu, vous devez connaître un ou plusieurs éléments de ce fichier :

- Le nom du fichier ou une partie de ce nom.
- N'importe quel élément de texte faisant partie du fichier.
- La date de création du fichier.
- Le type de fichier (ou bien le programme qui l'a créé).
- La taille du fichier.

Plus vous avez de renseignements, plus vous avez de chances de retrouver votre fichier. Même avec un minimum d'éléments, Windows vous affiche une liste de fichiers.

Dans tous les cas, suivez les étapes ci-après pour retrouver un fichier :

1. **Depuis le menu Démarrer, choisissez Rechercher/Fichiers ou dossiers.**

   Cette action appelle la boîte de dialogue Rechercher.

   Si vous disposez de la touche Microsoft Windows sur votre clavier, vous pouvez faire apparaître la boîte de dialogue Rechercher, à n'importe quel moment, en utilisant la combinaison de touches Windows+F.

TRUC

Utiliser le bouton droit de la souris pour copier et déplacer des fichiers

Copier. Déplacer. Faire glisser. Maintenir la touche Ctrl appuyée. Comment tout mémoriser ? Une seule technique : ne rien mémoriser du tout et utiliser le bouton droit de la souris.

Lorsque vous faites glisser des icônes à l'aide du bouton droit de la souris, au moment où vous relâchez le bouton, un menu contextuel apparaît. Ce menu contient quatre options : Transférer ici, Copier ici, Créer un ou des raccourci(s) ici, et Annuler. Choisissez une de ces options pour déplacer, copier ou coller un raccourci du ou des fichiers que vous faites glisser.

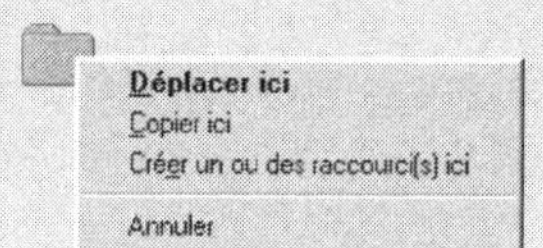

Si vous utilisez l'Explorateur ou le Poste de travail, utilisez la touche F3.

Dans tous les cas, la boîte de dialogue apparaît telle que dans la Figure 7.4.

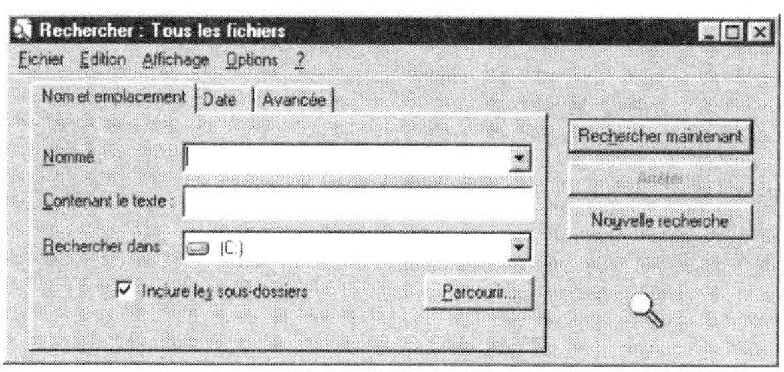

Figure 7.4 : La boîte de dialogue Rechercher.

2. **Décrivez le fichier perdu.**

   Essayez de fournir le maximum d'informations sur le fichier.

   Si vous connaissez le nom du fichier, remplissez la case Nommé. Ecrivez le nom en entier. Si vous ne connaissez pas le nom complet, remplacez les parties manquantes par un astérisque (*).

Par exemple, si vous savez que le fichier contient le mot *rapport* , essayez en tapant *rapport*. Si vous savez que le nom commence par *GU*, tapez GU* dans la case Nommé.

Vous trouverez d'autres options de recherche à la fin de cette section.

3. **Sélectionnez le lecteur.**

   Dans la Figure 7.4, la recherche s'effectue sur le lecteur C.

4. **Cochez l'option Inclure les sous-dossiers.**

   Vous voulez bien sûr que Windows effectue la recherche sur la totalité du disque.

5. **Cliquez sur le bouton Rechercher maintenant.**

   Windows se lance dans une folle poursuite. A la fin, il vous fait part du résultat :

   Pas de chance : Si le système ne trouve aucun fichier correspondant à votre demande, le message 0 fichier(s) trouvé(s) apparaît au bas de la boîte de dialogue. La liste des fichiers est vide. Essayez encore.

   Eurêka : Si vous êtes chanceux, le programme affichera quelques fichiers susceptibles de répondre à votre demande. La Figure 7.5 montre un fichier trouvé sur le disque dur.

   Une fois le fichier trouvé, vous pouvez l'ouvrir ou le couper/coller directement depuis la fenêtre Rechercher.

6. **Fermer la boîte de dialogue.**

   C'est terminé.

La liste des fichiers trouvés peut être longue. Cela dépend des éléments plus ou moins spécifiques que vous avez fournis à Windows pour effectuer sa recherche.

Voici quelques astuces et options supplémentaires :

- Les étiquettes de la partie résultat de la boîte de Recherche (voir la Figure 7.5) peuvent servir à trier les fichiers de la liste par nom, emplacement, taille, type ou date de modification.

- Pour trouver un fichier d'un type bien précis, cliquez sur l'onglet Avancée de la boîte Rechercher. La liste déroulante affiche les types d'applications et de fichiers présents sur votre ordinateur. Par exemple, pour trouver certains fichiers de son, sélectionnez Son wave dans cette liste. Laissez la case Nommé en blanc.

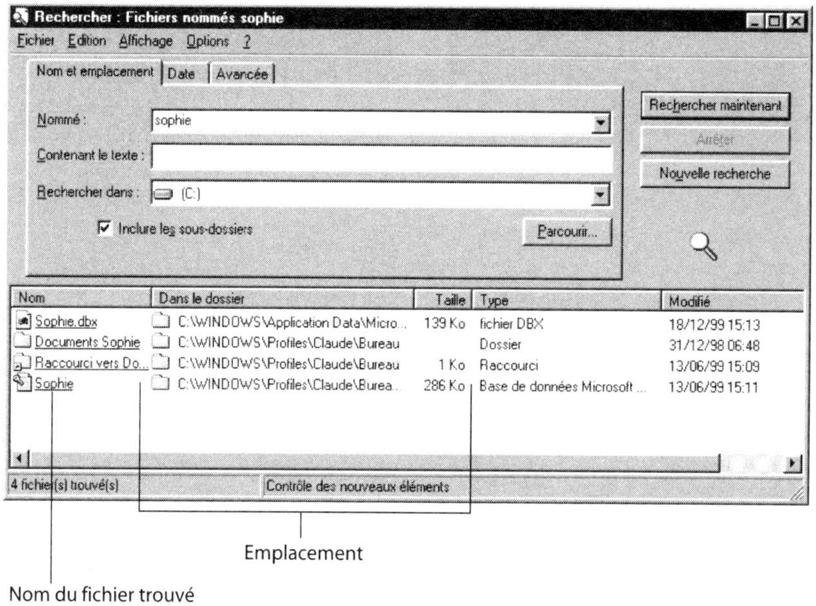

Figure 7.5 : Un fichier correspond au portrait-robot.

- Pour trouver des fichiers correspondant à une taille particulière, cliquez sur l'onglet Avancée et amusez-vous avec les cases Taille et Ko.

- Vous pouvez trouver un fichier contenant un mot ou un groupe de mots en utilisant la case Contenant le texte de la boîte de dialogue.

- Vous pouvez laisser en blanc toutes les cases de la boîte si vous voulez élargir au maximum les recherches. Par exemple, si vous voulez trouver tous les fichiers dont la taille est supérieure à 5 000 Ko sur votre disque dur, cliquez sur le bouton Nouvelle recherche, puis, dans l'onglet Avancée, choisissez Au moins et entrez 5 000 dans la case Ko. Cliquez sur le bouton Rechercher et vous aurez la liste de vos fichiers costauds.

Troisième partie

Visite guidée de votre environnement matériel

Dans cette partie...

Il est dommage qu'on ne puisse pas réduire la coexistence matériel-logiciel à une opposition classique. Vous savez, ce genre de conflit : le bon contre le méchant, l'homme contre la femme, les rebelles contre l'Empire. Non, ces deux-là cohabitent en parfaite harmonie.

Mais la vedette, c'est bien le matériel. Un nouveau type de Pentium voit le jour et on en parle dans votre quotidien, alors que la nouvelle version d'un logiciel, le vrai cerveau actif, aura seulement droit à une rubrique dans une revue d'informatique.

Eh bien ! je n'hésiterai pas à privilégier encore une fois le matériel et à le mettre en avant dans cette partie du livre. Admettons-le, le matériel est un sujet plus intéressant, et nous allons nous y attarder dans les chapitres qui suivent.

Chapitre 8

Anatomie de l'unité centrale d'un PC

Dans ce chapitre :

La carte mère.

Le microprocesseur.

Qui sont ces cavaliers ?

Connecteurs d'extension et cartes.

Quelle heure est-il à votre PC ?

Le BIOS.

L'unité centrale de votre PC est probablement une élégante boîte au lignes fluides, mais elle cache un vilain bric-à-brac électronique. C'est une boutique remplie de gadgets, de circuits imprimés, de diodes, de fils et de condensateurs. Cela ne devrait intéresser que les gars en blouse blanche vivant dans des labos. Hélas ! en tant qu'utilisateur vous serez aussi confronté aux obscurs termes techniques : *carte mère, microprocesseur, BIOS, ports, connecteurs.*

Ce chapitre traite de choses qui ne sont pas toutes visibles. Certaines sont essentielles et sont profondément nichées au sein de votre PC. D'autres sont bien apparentes au dos de l'unité centrale. Que sont- elles et à quoi servent-elles ? c'est ce que nous allons voir dans ce chapitre.

- Les divers connecteurs et prises du PC sont traités au Chapitre 9.
- Le Chapitre 11 est entièrement consacré à la mémoire ; c'est la moindre des choses.
- Les disques, qui sont eux aussi à l'intérieur de l'unité centrale, sont décrits dans le Chapitre 10.

La carte mère

La *carte mère* est la pièce maîtresse des circuits internes de votre ordinateur. C'est là que tout se passe.

Les choses les plus importantes de votre PC sont toutes reliées à la carte mère. En fait, l'unité centrale sert surtout à abriter la carte mère.

La Figure 8.1 illustre une carte mère type. J'ai dressé la liste des éléments intéressants à repérer. Il est inutile de l'apprendre par cœur.

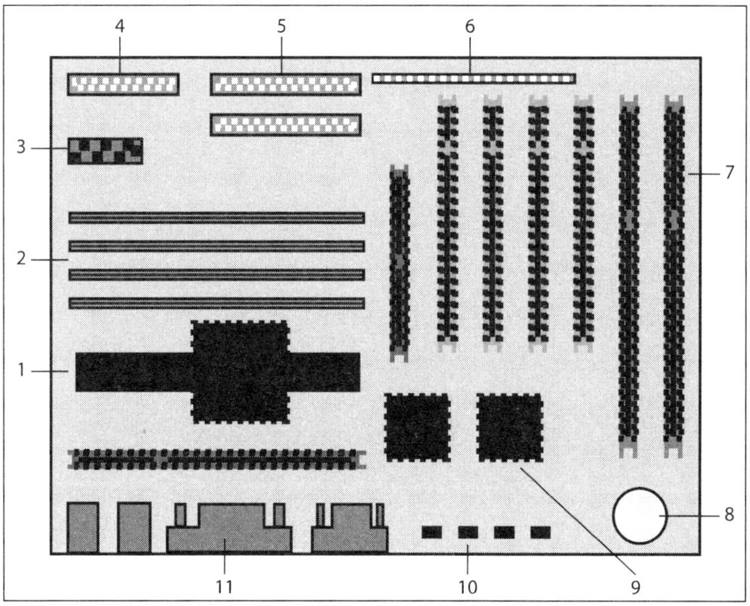

Figure 8.1 : Le schéma d'une carte mère.

1 Microprocesseur : le cerveau de l'ordinateur.

2 Mémoires de l'ordinateur.

3 Connecteur d'alimentation.

4 Connecteur du lecteur de disquettes.

5 Connecteurs pour disque dur et CD-ROM.

6 Connecteurs reliés à la façade (voyants lumineux, haut- parleurs).

7 Emplacements d'extension.

8 Pile.

9 BIOS et autres puces.

10 Composants super-pointus.

11 Connecteurs externes (ports).

Même si la carte mère contient divers composants, on la considère comme un seul et même élément.

- Vous ne pouvez ajouter (ou retirer) que deux éléments à votre carte mère : de la mémoire et des cartes d'extension (lesquelles se fixent sur les connecteurs d'extension). Laissez le terme *upgrading*, qui fait référence à l'ajout de ces éléments, à ceux qui ne parlent qu'en binaire ou en jargon technique. Il s'agit tout simplement d'une augmentation de puissance.

- La mémoire est traitée au Chapitre 11, si je me souviens bien.

- Certaines cartes mères vous permettent de supprimer et d'ajouter un microprocesseur. Toutefois, je vous le déconseille (je vous expliquerai pourquoi plus tard).

Le microprocesseur

Au cœur de tout ordinateur vit le *microprocesseur*. C'est la puce principale de l'ordinateur. Si le logiciel est le cerveau de l'ordinateur, le microprocesseur est son centre nerveux. Il agit essentiellement comme un minuscule et rapide calculateur qui additionne, soustrait, multiplie et divise des valeurs stockées en mémoire.

Le microprocesseur traite avec des éléments externes de l'ordinateur. Ces éléments fournissent soit des *entrées*, soit des *sorties* (ou *E/S*, pour *entrées/sorties*).

Les entrées sont des données à traiter qui entrent dans le microprocesseur.

Les sorties sont les résultats obtenus que le microprocesseur génère et recrache.

Toute l'activité de l'ordinateur tourne en fait autour de ces entrées et sorties.

- La puce principale de l'ordinateur est le *microprocesseur*, qui est essentiellement une calculatrice dont le coût est inversement proportionnel à la taille.
- Le microprocesseur est également appelé *CPU* (*Central Processing Unit*, unité centrale de traitement). Les accros de l'informatique utilisent ce terme.
- Pour économiser votre salive, vous pouvez simplement dire *processeur*.
- Le microprocesseur ressemble à une petite bête carrée et plate munie d'une centaine de pattes en métal. Le Pentium III est une boîte de la taille d'un mini-appareil photo, en plus plat.

Appelez-le par son nom

Les premiers microprocesseurs partaient des numéros : 8088, 8086, 80286, 80386, 80486. Aujourd'hui, ils ont de vrais noms. Pour célébrer leur puissance, on aurait pu choisir Hercule ou Samson, mais ils s'appellent plutôt Pentium, AMD ou Celeron.

Intel a préféré le terme *Pentium* au nombre 586 qui logiquement aurait dû succéder au 486. Le Pentium a engendré le Pentium Pro, suivi du Pentium MMX, puis du Pentium II et enfin du Pentium III. (Comme vous l'avez remarqué, on revient aux nombres.)

La firme AMD est un sérieux concurrent d'Intel, avec des processeurs plus économiques et tout aussi performants. La firme Cyrix a abandonné la partie et ne produit plus de microprocesseurs.

Intel produit sa propre version économique du Pentium, le Celeron.

- Intel reste le leader du marché des microprocesseurs. Cette firme a créé le 8088 qui équipait le premier PC IBM.
- Intel n'ayant pas été autorisé à utiliser le nombre 586 comme marque déposée a préféré changer pour Pentium.
- La différence est ténue entre un processeur de marque Intel et un processeur anonyme du même type.
- A l'heure où cet ouvrage est édité, nous vivons sous le règne de Pentium III.

Unités de mesure pour microprocesseur

Les microprocesseurs sont jugés sur leur vitesse. Non pas sur leur vitesse de déplacement, mais sur leur vitesse de calcul.

La vitesse de calcul est mesurée en mégahertz (MHz). Plus le nombre de mégahertz est élevé, plus le processeur est rapide. Un vieux Pentium Pro calculant à 133 MHz est plus lent qu'un Pentium III à 500 MHz.

La puissance du microprocesseur se mesure aussi au nombre de bits qu'il est capable d'avaler d'un seul coup. Tous les Pentium traitent des paquets de 32 bits de données, ce qui est beaucoup. (Les PC plus anciens travaillaient à 16 ou 8 bits.) On verra peut-être dans un proche avenir des microprocesseurs tourner à 64 bits.

Comment identifier votre microprocesseur

Comment savoir quel microprocesseur est blotti au cœur de votre PC ? La méthode la plus simple consiste à cliquer avec le bouton droit de la souris sur l'icône Poste de travail située à l'angle supérieur gauche du bureau. Cette action affiche un menu.

Choisissez la dernière option (Propriétés) pour faire apparaître la boîte Propriétés Système, qui ressemble beaucoup à la Figure 8.2.

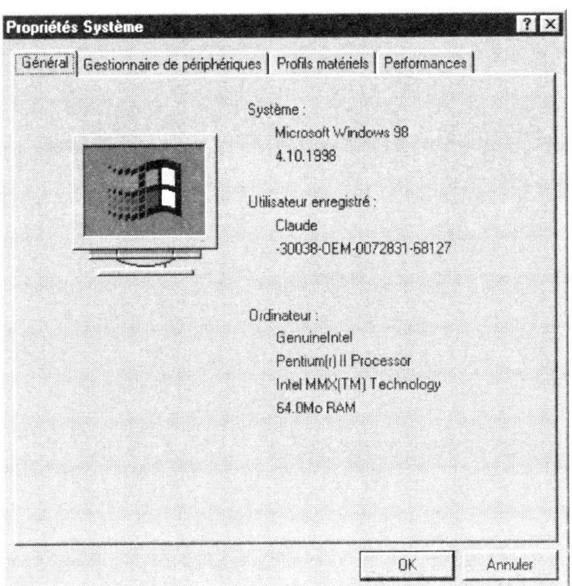

Figure 8.2 : La boîte de dialogue Propriétés Système.

Le premier volet de la boîte de dialogue (Général) contient les informations concernant Windows, vous et votre PC. Il indique le type de microprocesseur installé sur votre PC et la quantité de mémoire (RAM) de votre système.

- Dans la Figure 8.2, l'ordinateur est un microprocesseur Pentium II doté de 64 Mo de mémoire.

Améliorer votre microprocesseur

A peu près tous les PC vendus aujourd'hui ont un petit machin spécial sur la carte mère qui vous permet de remplacer le microprocesseur de votre PC. Il suffit d'enlever le vieux et de le remplacer par un neuf très rapide. Simple. Elégant. Et très cher !

Durant mes voyages, je n'ai rencontré que peu de gens qui ont amélioré leur microprocesseur. Ce n'est nécessaire que si vous avez acheté le mauvais microprocesseur au départ. Normalement, après deux ou trois ans (quand un nouveau microprocesseur est disponible), il paraît plus simple d'aller acheter un nouvel ordinateur. Après tout, vous aurez besoin d'améliorer d'autres choses aussi dans votre PC : le lecteur de disque dur, les ports et d'autres technologies.

Pourquoi ne pas tout remplacer d'un coup ?

- Si vous voulez *vraiment* remplacer votre microprocesseur, faites-le faire par quelqu'un d'autre. Les boutiques qui vendent les mises à jour fournissent souvent l'installation avec.

N'OUBLIEZ PAS

- Dites-vous que fabricants et distributeurs achètent les microprocesseurs au prix de gros. Il est parfois plus intéressant de leur acheter un PC plutôt qu'un processeur isolé.

Connecteurs divers et variés

A l'intérieur de votre PC, tout ou presque est connecté à la carte mère. Certains connecteurs sont externes, comme les ports que le Chapitre 9 décrit en détail. Ils servent à brancher vos périphériques. Les connecteurs internes relient à la carte mère divers organes du PC.

Quelle marque ?

Question : Que pensez-vous du processeur AMD. Me conseilleriez-vous d'acheter un PC avec processeur AMD plutôt qu'un PC avec processeur Intel ?

Réponse : Question à mille francs ! Si vous faites plus confiance à Intel qu'à AMD, alors choisissez Intel. En réalité, il y a très peu de différence entre les deux processeurs. A vous de voir.

L'alimentation

A l'intérieur de l'unité centrale, près de la carte mère, se trouve l'alimentation électrique. Elle est branchée à votre prise électrique, distribue l'alimentation voulue à la carte mère et aux lecteurs de disques, et contient l'interrupteur principal.

Pas de panique ! L'alimentation est prévue pour lâcher. Quelquefois, elle surchauffe, mais elle n'explose pas. Elle rend l'âme en dégageant un peu de fumée, et c'est tout. Elle est réellement prévue pour protéger les délicats composants électroniques du PC. L'alimentation préfère se sacrifier plutôt que de mettre votre système en danger. Comme elle est facile à remplacer, c'est sans regret.

- L'alimentation est aussi la partie la plus bruyante de l'ordinateur. Elle renferme un ventilateur qui lui permet de maintenir la température à des niveaux acceptables à l'intérieur de l'unité centrale. En effet, les composants électroniques génèrent de la chaleur lorsque des courants électriques les traversent, et, s'ils sont trop chauds, provoquent des erreurs. D'où la nécessité de ventiler.

- La puissance des alimentations est calculée en *watts*. Plus vous possédez d'accessoires, de lecteurs, de mémoire, de cartes d'extension, etc., plus vous avez besoin de puissance dans votre alimentation. Les PC types possèdent des alimentations d'une puissance allant de 150 à 200 watts. Des systèmes plus puissants ont besoin d'une alimentation plus forte, entre 220 et 250 watts.

- Une manière de protéger votre alimentation (et votre ordinateur) est d'investir dans une protection antisurtension. Reportez-vous au Chapitre 2.

Les connecteurs de disques

Votre carte mère possède aussi des connecteurs pour les lecteurs de disquettes (il peut y en avoir deux, rappelez-vous), pour deux disques durs, ou pour un disque dur et un lecteur de CD-ROM.

Si vous installez un lecteur de sauvegarde, il utilisera probablement le connecteur du second lecteur de disquettes.

Les lecteurs de disques durs et de CD-ROM peuvent être connectés à la carte mère par l'intermédiaire d'une carte installée sur un emplacement d'extension. Vous en saurez plus d'ici peu.

Beaucoup de lecteurs de DVD sont vendus avec leur carte d'extension.

Qui sont ces cavaliers ?

Il existe également plein de petites choses tapies au creux de votre carte mère : des diodes, des puces, des circuits imprimés…

Un jour, vous aurez peut-être à faire à des éléments pointus appelés *cavaliers*. Un *cavalier* est un connecteur qui fonctionne comme un interrupteur. On positionne une petite boîte noire sur deux petits plots pointus soit pour les relier, soit pour les séparer.

La Figure 8.3 illustre les différentes positions possibles.

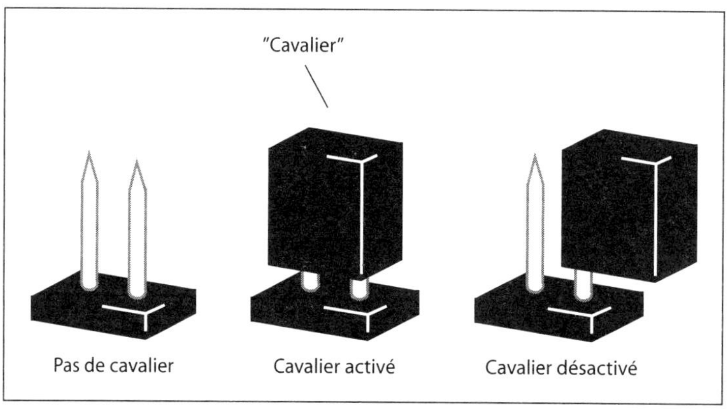

Figure 8.3 : Le cavalier.

On peut avoir à déplacer les cavaliers pour "gonfler" la mémoire ou la puissance du processeur. Laissez-vous guider par le mode d'emploi, ou mieux, faites-le faire par votre revendeur.

- Laissez les experts s'occuper des cavaliers.
- Ne déplacez jamais un cavalier si le PC est branché.
- Les cavaliers sont identifiés par un marquage. Par exemple, le cavalier W2 correspond aux plots W2.

Connecteurs d'extension et cartes

Au-dessus de la carte mère, vers l'arrière de l'ordinateur, se situent des connecteurs longs et étroits : ce sont les *connecteurs d'extension* dans lesquels viennent s'enficher des cartes d'extension spéciales. Vous pouvez ainsi étendre les possibilités de votre ordinateur en lui ajoutant des capacités qu'il ne possédait pas au départ.

Votre PC peut avoir entre 3 et 12 connecteurs - la moyenne est de 5 ou 8. Cela dépend de la taille de votre boîtier. Certains PC économiques n'ont pas d'emplacements d'extension.

La Figure 8.4 montre les emplacements d'extension placés sur la carte mère. Il existe trois types d'emplacements : ISA, PCI et AGP.

ISA. L'emplacement ISA (Industry Standard Architecture) est le plus ancien des trois. Ce type d'emplacement a vécu longtemps, car il était utilisé par de nombreux matériels. L'ISA tend à disparaître et on trouve de moins en moins de PC vendus avec ce type de connecteur.

PCI. C'est l'emplacement le plus répandu (même chez Macintosh). Les emplacements PCI autorisent des connexions beaucoup plus rapides que les anciens ISA. Les cartes d'extension actuelles sont en majorité des PCI.

AGP. AGP signifie Accelerated Graphic Port. C'est un connecteur particulier dédié aux cartes graphiques et aux cartes vidéo. Il est de plus en plus répandu.

Bien que tout le monde soit capable de brancher une carte d'extension dans un PC, il est préférable de confier cette délicate opération à des gens plus experts ou téméraires (non, on ne risque rien - si le PC est débranché -, mais c'est assez compliqué).

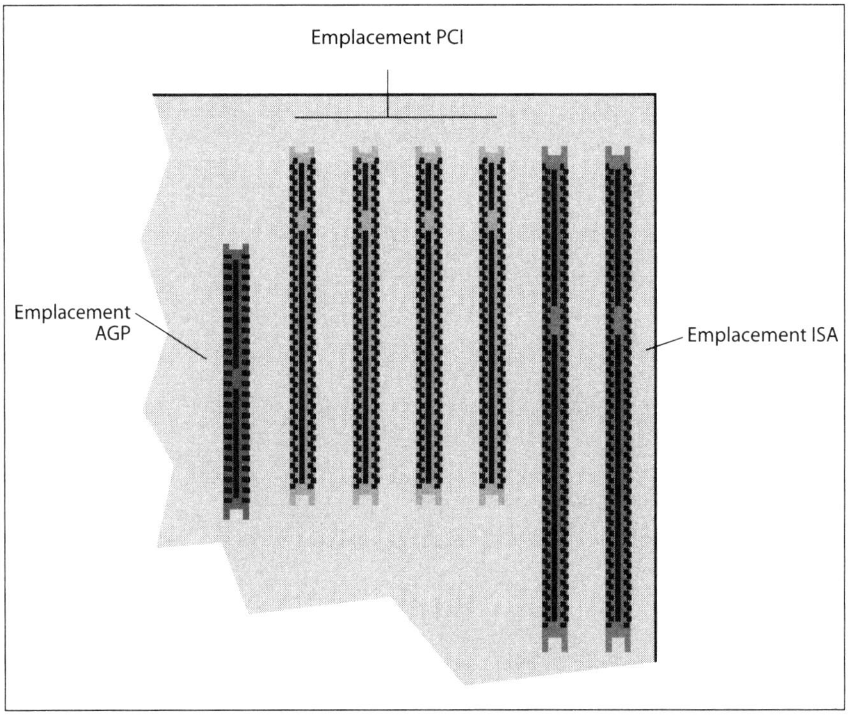

Figure 8.4 : Les divers emplacements d'extension.

- Les boîtiers plats de bureau comportent peu d'emplacements d'extension, contrairement aux boîtiers tours.

- Information que les vendeurs d'informatique se gardent bien de vous donner : la plupart des cartes d'extension s'accompagnent généralement de tentacules impressionnants qui font ressembler votre carte mère à un plat de spaghettis. Il s'agit de câbles électroniques gisant à l'intérieur du PC ou traînant nonchalamment à l'arrière. Ce sont tous ces câbles qui compliquent les procédures d'installation et d'évolution.

- Après avoir ajouté une nouvelle carte d'extension, vous devrez en informer Windows. S'il est dans un bon jour, il reconnaîtra le nouveau matériel et ajustera automatiquement ses paramètres lorsque vous relancerez votre PC. Dans le cas contraire, vous devrez ouvrir le Panneau de configuration et lancer l'icône du programme Ajout de périphériques (les détails sont malheureusement trop rébarbatifs pour qu'on en fasse mention ici).

Quelle heure est-il à votre PC ?

La plupart des ordinateurs sont équipés d'une horloge interne. Cette horloge possède sa propre petite pile qui lui permet de fonctionner en permanence, que le PC soit branché ou non.

Pour connaître l'heure exacte, jetez un œil sur la petite horloge qui se situe à l'extrémité droite de la barre des tâches (Figure 8.5).

Figure 8.5 : La date et l'heure courantes (enfin, au moment où la figure a été réalisée).

TRUC

- Si vous positionnez le curseur de la souris plus d'une seconde sur l'horloge, Windows affiche la date et l'heure courantes en entier (Figure 8.5).
- Si l'heure n'apparaît pas, cliquez sur le bouton Démarrer pour afficher son menu, puis choisissez Paramètres/Barre des tâches. Dans la boîte de dialogue Propriétés pour Barre des tâches, volet Options de la barre des tâches, cliquez sur la case à cocher Afficher l'horloge (pour y placer une marque). Cliquez ensuite sur le bouton OK, et l'horloge apparaît aussitôt à droite de la barre des tâches.
- Le format de la date et de l'heure dépend de la configuration de votre PC. Windows affiche un format basé sur les sélections de la boîte de dialogue Paramètres régionaux (accessible via Démarrer/Paramètres/ Panneau de configuration).
- Qu'est-ce que cela peut faire que l'ordinateur sache ou non quel jour on est ? Eh bien, dans la mesure où vos fichiers sont estampillés de l'heure *et* de la date, ces éléments fournissent des indications chronologiques très utiles. Par exemple, ils vous permettent de connaître la dernière version de deux fichiers identiques ou de deux fichiers dotés du même nom, stockés dans deux disques différents.

Les ordinateurs font d'excellents outils à usages multiples, mais de bien piètres horloges. Après une semaine ou deux, il n'est pas rare que votre horloge interne se dérègle. Pas de panique, vous pouvez y remédier.

Pour définir ou modifier la date et l'heure de votre PC, double-cliquez sur l'horloge dans la barre des tâches. La boîte de dialogue Propriétés pour Date/ Heure apparaît (Figure 8.6).

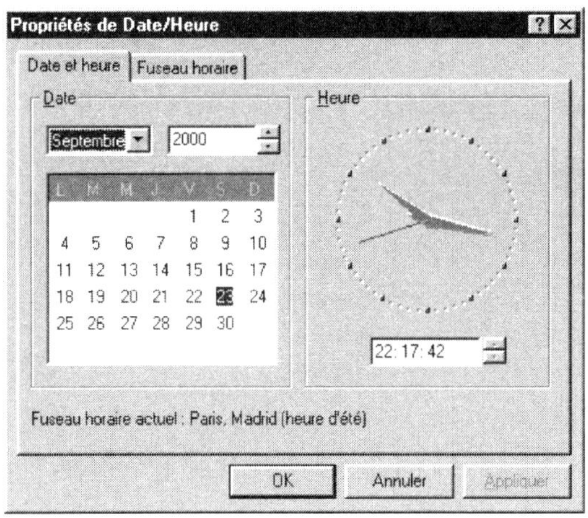

Figure 8.6 : La boîte de propriétés Date/Heure.

Pour modifier les valeurs, utilisez les flèches de listes déroulantes.

Pour régler l'heure à la seconde près, commencez par taper la nouvelle heure. Par exemple, tapez 10:00 s'il est 9:58. Lorsque la radio ou l'horloge parlante vous annonce qu'il est dix heures, cliquez sur Appliquer, puis sur OK.

Le BIOS

Il ne suffit pas à l'ordinateur d'avoir un microprocesseur et de la mémoire, il lui faut également des instructions pour savoir ce qu'il doit faire. Ces instructions sont inscrites sur une mémoire ROM spéciale appelée *BIOS* (*Basic Input/ Ouput System* - système d'entrée/sortie de base).

La fonction principale du BIOS est la communication. Il permet au microprocesseur de contrôler les différentes composantes de votre ordinateur (l'écran, l'imprimante, le clavier, etc.) ou de dialoguer avec elles. Ces instructions ont été écrites par les fabricants de votre ordinateur et sont gravées de façon définitive sur les circuits BIOS soudés à la carte mère.

- Reportez-vous au Chapitre 11 pour savoir ce qu'est une mémoire ROM.
- Le BIOS fait démarrer votre ordinateur. En fait, vous voyez probablement un message le concernant chaque fois que vous allumez votre PC.
- En plus du BIOS principal, votre ordinateur possède peut-être d'autres BIOS : le BIOS vidéo et le BIOS du disque dur, par exemple, qui contrôlent l'un votre affichage graphique, l'autre votre disque dur. Votre interface réseau peut également posséder son propre BIOS. En règle générale, lorsque le terme BIOS est employé sans autre attribut, il s'agit du BIOS principal de votre PC.

Chapitre 9

De port en port

Dans ce chapitre :

Prise sur prise.

Brancher le clavier et la souris.

La révolution USB.

Les ports série.

Le port Joystick.

Les prises audio.

Ports et périphériques SCSI.

Si vous avez eu la curiosité de regarder au dos de l'unité centrale de votre PC, vous avez remarqué la présence de prises, de broches et d'emplacements divers dont l'utilité n'est pas immédiatement perceptible. Comme les emplacements d'extension de la carte mère (reportez-vous au Chapitre 8), ces prises et ces broches permettent à votre système de s'agrandir par l'ajout de dispositifs variés.

Ce chapitre est donc consacré à ces divers emplacements de connexion. Ah oui ! ces connecteurs sont le plus souvent appelés *ports*, comme ports de pêche ou ports de plaisance ; alors, larguez les amarres !

Toutes sortes de prises

Un grand nombre d'appareils externes utilisent les connecteurs de l'unité centrale pour communiquer avec votre ordinateur.

Certaines prises sont réservées à certains dispositifs particuliers, d'autres, comme les ports, peuvent recevoir différents types d'appareils.

La Figure 9.1 montre à quoi peut ressembler l'arrière de la plupart des PC. C'est là que sont rassemblées les prises les plus utilisées. Vous pouvez trouver d'autres types de connecteurs sur les cartes d'extension, mais le gros de la troupe est ici en Figure 9.1. En voici la liste :

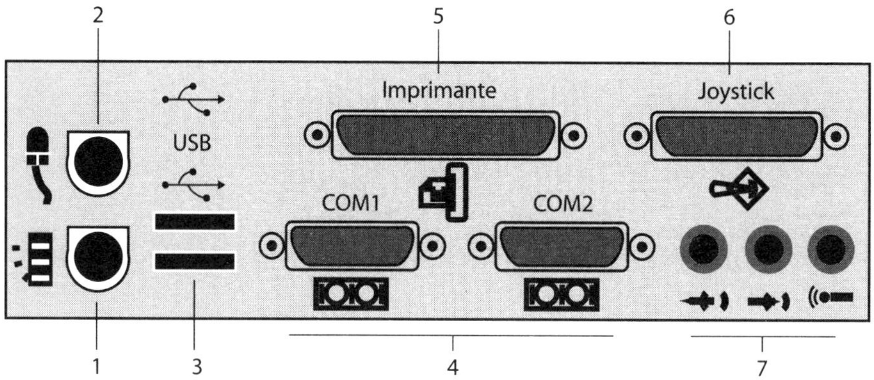

Figure 9.1 : Les prises au dos de l'unité centrale.

1 Prise du clavier.

2 Prise de la souris.

3 Ports USB (généralement par deux).

4 Ports série (par deux aussi).

5 Port imprimante (port parallèle).

6 Port joystick.

7 Connecteurs audio.

Les sections suivantes décrivent les différents dispositifs qui viennent se brancher sur ces connecteurs.

- Vous pouvez étendre les possibilités de connexion en ajoutant une carte d'extension. Vous pouvez par exemple ajouter un port USB par l'intermédiaire d'une carte dont le prix est d'environ 300 francs.

- Le port USB (Universal Serial bus ou port universel) pourra un jour remplacer tous les connecteurs actuels.

- Votre PC dispose peut être d'une prise vidéo pour le moniteur. Elle est probablement située sur une carte d'extension. Le Chapitre 12 traite de tout ce qui se réfère aux moniteurs.

- Le port SCSI est très répandu, mais plutôt chez les utilisateurs avertis. Voyez la section "Les ports SCSI" plus loin dans ce chapitre.

Le clavier et la souris branchés

Les connecteurs destinés au branchement du clavier ou de la souris sont identiques sur tous les PC. Bien que désignés spécifiquement pour clavier ou pour souris, ils sont interchangeables. L'ordinateur est suffisamment malin pour faire la différence.

- Bien que la prise pour clavier et la prise pour souris soient identiques, ne bravez pas la logique, et respectez la désignation (généralement sous forme de petit dessin) de chacune des prises.

- Autrefois, les connecteurs pour clavier étaient de grande taille. Si vous employer encore un de ces claviers, vous pouvez acheter un adaptateur pour utiliser les nouvelles prises - bien plus petites.

- Certaines souris doivent se brancher sur le port série et non sur la prise souris. Si c'est le cas, utilisez le port 1. Le Chapitre 13 vous dit pourquoi.

- Certains claviers et souris se branchent sur le port USB. Vous voyez, la révolution USB a commencé...

La révolution USB

Le port USB est la prise polyvalente par excellence. Les appareils les plus divers peuvent être branchés dessus. Bientôt, le port USB aura remplacé tous les autres connecteurs.

- USB signifie Universal Serial Bus, c'est-à-dire "port série universel".

- Les appareils USB sont livrés avec le câble particulier nécessaire au branchement.

Est-ce bien un port USB ?

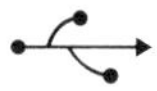

Pour être sûr que votre PC dispose d'un port USB, cherchez au dos de l'unité centrale le symbole ci-contre. Avec un peu de chance, vous verrez aussi l'inscription USB comme dans la Figure 9.1.

Tous les appareils ne sont pas encore prévus pour se connecter à un port USB, mais ils sont de plus en plus nombreux : moniteurs, haut-parleurs, joysticks, scanners, appareils photo numériques, lecteurs de disquettes, modems, moulins à café, et la liste s'allonge chaque jour.

- Ne vous tracassez pas si votre PC n'a pas de port USB. Vous pouvez toujours en installer un, via une carte d'extension.

- Windows 98 s'entend bien avec les appareils USB. Si vous utilisez Windows 95, il vous faut un logiciel spécial livré avec la carte USB ou lors de l'achat du PC.

Le matériel USB

Le port USB est prêt à dominer le monde. Contrairement aux autres ports du PC, le port USB est intelligent. Quand on y branche un périphérique, Windows 98 le reconnaît instantanément et établit la procédure d'installation. Vous n'avez même pas besoin de réinitialiser le PC. Incroyable !

Par exemple, j'ai acheté une de ces caméras que l'on place au-dessus de l'écran. Après avoir connecté l'engin au port USB, sans débrancher le PC, Windows a instantanément reconnu la caméra, et s'est occupé de la configuration logicielle. J'ai quand même dû installer le programme livré avec la caméra, mais toute cette opération a été moins compliquée que l'ouverture de l'emballage.

- Vous pouvez brancher et débrancher un matériel USB à tout moment selon vos besoins. Si vous avez un scanner ou un joystick connectés, vous pouvez les débrancher et brancher votre caméra à la place. Sans aucun problème.

- Certains appareils USB n'ont pas besoin d'être reliés à une prise électrique. Ils sont alimentés directement par l'unité centrale. Par exemple, mon scanner USB est relié au PC, et c'est tout. D'autres appareils, comme les moniteurs, nécessitent un câble d'alimentation séparé.

- Le port USB ne remplace pas tout. Ce n'est pas un connecteur suffisamment rapide pour permettre le branchement de lecteurs de disques durs externes. Ce problème sera probablement bientôt résolu.

L'univers USB en expansion

La plupart des PC ont une paire de connecteurs USB. Vous avez donc la possibilité de brancher deux appareils USB. Si vous en possédez plus de deux, vous pouvez facilement débrancher les uns pour brancher les autres.

Si vous devez utiliser de nombreux appareils USB en même temps, vous avez plusieurs solutions. Vous pouvez ajouter deux ports ou quatre ports USB via une carte d'extension. Ou bien, encore mieux, vous pouvez acheter un *hub* USB, c'est-à-dire une prise multiple USB (voir la Figure 9.2).

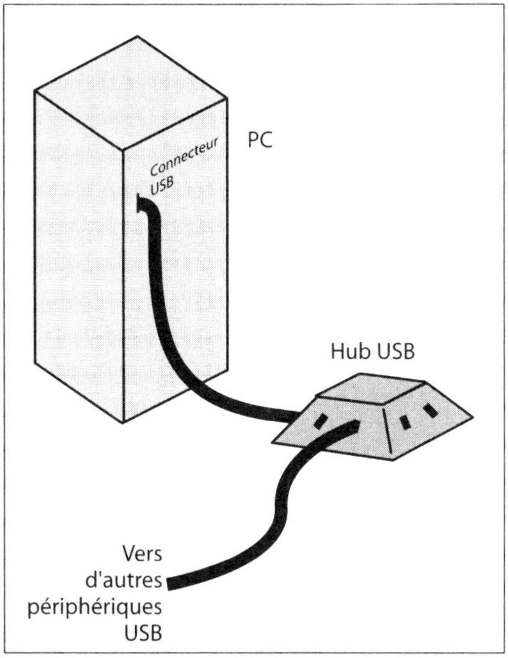

Figure 9.2 : Multipliez les ports USB avec un hub USB.

- Un hub USB peut être alimenté par le câble USB ou par la prise de courant.

- Le nombre maximal d'appareils USB reliés à un même PC est de 127. Ce qui vous laisse tout de même une marge confortable.

- Certains appareils USB comportent à leur tour des prises USB. Certains claviers USB sont munis d'une prise USB où l'on peut brancher la souris.

- Le premier hub est en fait le PC lui même. Le nombre de hubs que l'on peut relier est limité et dépend des caractéristiques de votre matériel.

Les ports série ou ports COM

Après le port USB, le port série est le plus polyvalent des connecteurs. Il peut accueillir une grande variété d'appareils, ce qui explique son nom, port *série*, plus générique que port ceci ou port cela.

Un port série accepte généralement les périphériques suivants : modems, imprimantes, souris, et à peu près tout élément qui requiert une communication bidirectionnelle. La plupart des PC sont équipés de deux ports série.

L'appareil le plus courant relié au port série est le modem externe. Pour cette raison, le port série est aussi appelé *port COM*, comme *communication*.

La plupart des PC ont une paire de ports série, appelés COM1 et COM2.

- Un port série est parfois appelé *port modem*.

- Les ports série sont aussi appelés *ports RS-232*.

- Contrairement au port USB, vous ne pouvez brancher qu'un seul appareil à la fois. Par chance, les appareils reliés au port série sont ceux qui nécessitent une connexion permanente : modem, scanner, souris.

- Vous pouvez brancher la souris sur un port série. Reportez-vous au Chapitre 13 si vous vous intéressez à la vie des souris.

Le port imprimante

Croyez-moi si vous voulez, le port imprimante est l'endroit où vous branchez votre imprimante. L'une des deux extrémités du câble de l'imprimante se branche sur l'imprimante et l'autre à l'arrière du PC. Ces connecteurs sont différents, de sorte qu'il est impossible de vous tromper lors du branchement.

Le port imprimante autorise également une connexion à vitesse élevée pour d'autres appareils externes. On peut l'utiliser pour brancher un lecteur de CD-ROM, de CD-R, de DVD et/ou un lecteur Zip ou Jaz.

Lorsque le port imprimante sert de connecteur rapide pour un autre appareil, la liaison avec l'imprimante elle-même passe par cet appareil. Dans la Figure 9.3, le câble de l'imprimante relie le PC à l'appareil externe, puis un second câble relie l'appareil à l'imprimante.

Le recours au port imprimante est une solution économique permettant de relier un appareil externe à votre PC.

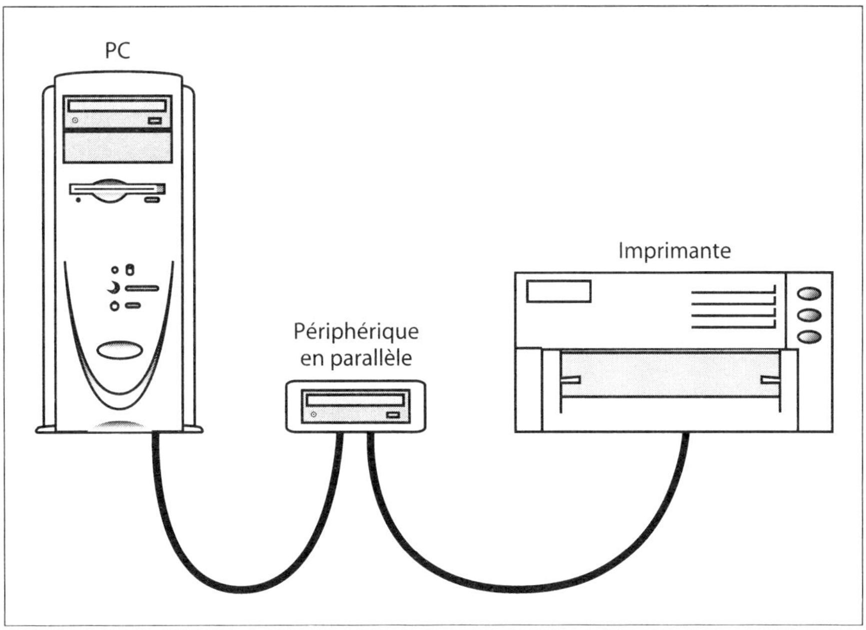

Figure 9.3 : La liaison imprimante-PC via un appareil externe.

- Le Chapitre 16 est totalement consacré aux imprimantes.
- Le branchement de l'imprimante via un appareil externe n'interfère pas sur le travail d'impression.
- On ne peut brancher qu'un seul appareil externe entre l'imprimante et le PC.
- Pour que le port imprimante puisse reconnaître un appareil externe, votre PC doit être configuré pour fonctionner en mode bidirectionnel.

Votre revendeur ou votre gourou se fera un plaisir d'effectuer cette configuration.

- Si vous avez besoin de connecter plusieurs appareils sur un même port imprimante, c'est possible à l'aide d'un adaptateur appelé *switch*. Assurez-vous d'abord que vos appareils peuvent fonctionner à travers ce switch.

- Ces ports sont également connus sous le nom de *ports parallèles*.

Le port joystick

Incroyable mais vrai ! l'une des premières options d'extension du PC IBM était un port joystick. IBM l'appelait plus savamment *port analogique-numérique*. Néanmoins, ce port était bel et bien prévu pour le branchement d'un joystick.

En plus du joystick, on peut y brancher un instrument MIDI. On utilise pour cela une interface qui permet la connexion du câble MIDI à cinq broches. Cette interface est livrée avec la plupart des claviers MIDI.

Si vous êtes du genre bricoleur génial, vous pouvez utiliser le port joystick pour des applications "scientifiques". Par exemple, relier l'anémomètre qui est sur votre toit au PC. C'est idéal pour avoir une idée de la vitesse du vent sans avoir à regarder par la fenêtre.

Les connecteurs audio

Depuis 1995 environ, la plupart des PC sont livrés avec des prises audio. Ces prises servent à la connexion des enceintes, du micro ou de tout autre accessoire de son et de musique.

Sortie haut-parleur : pour relier le PC à des enceintes ou à un ampli. Certains PC sont livrés avec des enceintes intégrées.

Prise micro : pour brancher... le micro du PC. Vous pouvez enregistrer votre propre voix et l'utiliser dans certains programmes.

Prise Line-in : peut être connectée à n'importe quel élément de la chaîne hi-fi pour importer des sons dans votre PC.

Les ports SCSI

Le port SCSI est un port série spécial. Il est rapide et permet la connexion en chaîne de plusieurs appareils.

Etant plus rapide que le port USB, il peut accueillir les appareils suivants :

- Des disques durs (de 1 à 14).
- Un scanner.
- Une unité de sauvegarde à bande.
- Un lecteur de CD-ROM, de CD-R, de CD-RW, etc.
- Un disque dur amovible ou un lecteur magnéto-optique.

... Et encore bien d'autres gadgets, mais ceux-ci sont les plus courants.

Outre sa vitesse, la particularité intéressante du port SCSI est la possibilité de chaîner un nombre important d'appareils (Figure 9.4). Avec un port de type Ultra Wide, on peut relier treize appareils externes plus deux appareils internes.

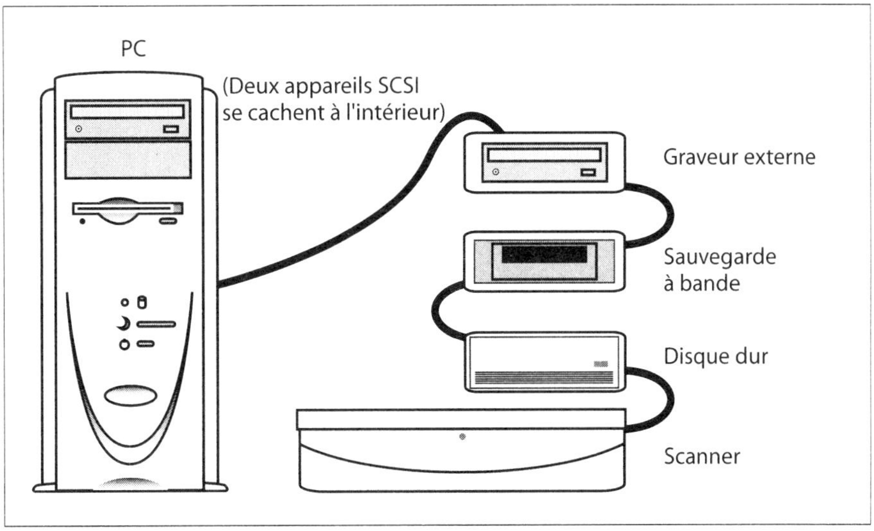

Figure 9.4 : Le chaînage des appareils SCSI.

La contrepartie, c'est que cela est assez délicat à configurer. Vous devez attribuer un numéro d'identification unique à chaque unité reliée au port SCSI. La dernière unité doit être dotée d'un interrupteur spécial appelé *terminateur* (rien à voir avec Arnold Schwarzenegger). Bref, le port SCSI est réservé à ceux qui n'ont pas peur de retrousser leurs manches.

Ah oui ! je vous préviens, les appareils SCSI sont munis de câbles épais comme des lianes ! Mêlés aux différents câbles d'alimentation, ils transforment l'arrière de votre PC en une jungle hostile et impénétrable.

- La prononciation de SCSI est incertaine. Vous entendrez souvent *esse-cé-essi,* et parfois (les anglophones) *scuzzy.*

- SCSI signifie Small Computer Serial Interface.

- Le format SCSI Ultra Wide peut assurer la connexion de 15 appareils dont 13 externes et 2 internes. L'ancien format n'en admettait que 7.

- Vous n'avez probablement pas besoin d'un port SCSI à l'intérieur de votre PC. Cependant, si votre PC ne dispose pas d'un nombre suffisant d'emplacements d'extension, il est parfois nécessaire d'opter pour une carte SCSI.

- Avec le port imprimante, le port SCSI est le seul qui permette l'ajout de disques externes. De plus, contrairement au port imprimante, le port SCSI autorise la connexion de plusieurs disques et de plusieurs autres appareils.

Chapitre 10

Disques, disquettes et lecteurs

Dans ce chapitre :

Toutes sortes de disques.

Le disque dur travaille dur.

CD-ROM, CD-R, DVD, etc.

Les disquettes.

Zip et Jaz.

L'étonnant SuperDisk.

Au cœur de votre PC se cache un merveilleux organe appelé *lecteur de disques*. En réalité, votre PC abrite plusieurs lecteurs : lecteurs de disque dur, de CD-ROM, de disquettes. Le lecteur de disques est un organe vital, nécessaire à la fonction de stockage de l'ordinateur. Il en existe plusieurs variétés : CD-R, CD-RW, DVD, etc.

Le système d'exploitation, les logiciels, votre travail, tout cela passe par un lecteur de disques. Il était donc normal d'y consacrer un chapitre entier. Nous verrons ici l'aspect matériel. Pour connaître les rapports entre les lecteurs de disques et Windows, reportez-vous au Chapitre 5.

Chaque lecteur de disques a sa spécialité

Au commencement était la disquette.

En réalité, lorsque les premiers micro-ordinateurs firent leur apparition, le principal moyen de stockage était un lecteur de cassettes avec des cassettes particulières. Puis vint le lecteur de disquettes, plus rapide et plus fiable.

Enfin le disque dur, toujours présent, vit son prix diminuer, et tous les PC l'on adopté. Ensuite le lecteur de CD-ROM est arrivé, d'abord gadget multimédia, il est aujourd'hui indispensable au PC.

Il existe une grande variété de lecteurs de disques, dont le nom et l'usage sont indiqués dans la liste ci-dessous.

Les lecteurs de disquettes. Un lecteur de disquettes avale des disquettes dont la capacité est le plus souvent de 1,44 Mo. C'est suffisant pour faire des sauvegardes de vos documents et les transporter d'un ordinateur à un autre. Il y a une dizaine d'années, on trouvait les logiciels sur disquettes. Aujourd'hui, on les trouve sur CD-ROM.

Le lecteur de disque dur. C'est l'élément essentiel pour le stockage à long terme. Le disque dur emmagasine des gigaoctets d'informations, plus qu'il n'en faut pour Windows, vos logiciels et toutes les données que vous pouvez créer. Contrairement aux disquettes, vous ne pouvez pas emporter un disque dur. Mais c'est sans importance, car il y a d'autres moyens pour transférer les dossiers d'un disque dur dans un autre ordinateur.

Les lecteurs de CD-ROM. Les lecteurs de CD-ROM avalent des disques qui ont l'air de CD audio. Les CD-ROM peuvent contenir des mégaoctets d'informations, et la plupart des logiciels actuels sont livrés sur CD-ROM.

Le seul inconvénient du CD-ROM c'est que vous ne pouvez pas y enregistrer vos données. Les lettres *RO*, de *ROM*, signifient *Read-Only*, lecture seule. Mais ce n'est pas un problème, car la plupart des gens n'ont pas besoin d'enregistrer une aussi grande quantité de données en une seule fois.

Les lecteurs de ZIP. Le lecteur de disques ZIP est vendu en option avec de nombreux ordinateurs. Un disque ZIP s'utilise comme une disquette, sauf qu'il peut contenir 100 Mo de données, soit l'équivalent de 75 disquettes. Les nouveaux modèles peuvent lire des disquettes de 250 Mo.

Les lecteurs de Jaz. Jaz est le frère de Zip, mais il est encore plus costaud. Un disque Jaz peut contenir 1 ou 2 Go de données selon le modèle. Ces disques servent avant tout à l'échange entre ordinateurs et à la sauvegarde de données en grande quantité.

Lecteurs spéciaux. On trouve d'autres types de lecteurs de disques adaptés à vos besoins de stockage : lecteurs de CD enregistrables, de CD réinscriptibles, de disques magnéto-optiques, de cartouches numériques et de disques durs amovibles. Plus qu'il n'en faut pour vous rendre cinglé.

Voici quelques pensées sur les lecteurs, à méditer :

- Le lecteur est le mécanisme qui abrite le disque.
- Le disque contient les données.
- Le lecteur de disques est l'appareil qui abrite le disque. Les informations sont contenues dans le disque de la même façon qu'un film est contenu dans une vidéocassette.
- Les disques pour ordinateur sont des éléments matériels. Les informations qu'ils contiennent sont des éléments logiciels.
- On parle souvent à tort de *disque dur* pour désigner le *lecteur* de disque dur.
- IBM, dans sa grande quête d'originalité, appelle le disque dur *disque fixe* (par opposition aux disquettes, qui se retirent des lecteurs).
- Les lecteurs de Zip n'ont aucun rapport avec les fichiers au format ZIP, qui sont des fichiers compressés.

Le lecteur de disque dur

Le lecteur de disque dur est la principale unité de stockage de la plupart des PC. C'est un élément interne, installé dans le boîtier du PC. A l'extérieur, on peut généralement voir un témoin lumineux clignoter lorsque le lecteur entre en fonction.

Le lecteur est un objet hermétiquement clos. Son étanchéité le met à l'abri de l'air ambiant. Le mécanisme qui lit et écrit les données doit être extrêmement précis pour que la fiabilité du disque soit assurée. (C'est pourquoi le lecteur est inamovible.)

A l'intérieur du lecteur se trouve le disque dur. La plupart des lecteurs comportent deux ou plusieurs disques empilés sur le même axe. Un dispositif appelé *tête de lecture* est monté sur un bras mobile qui lui donne accès simultanément aux deux faces de chaque disque. La Figure 10.1 tente de représenter ce concept.

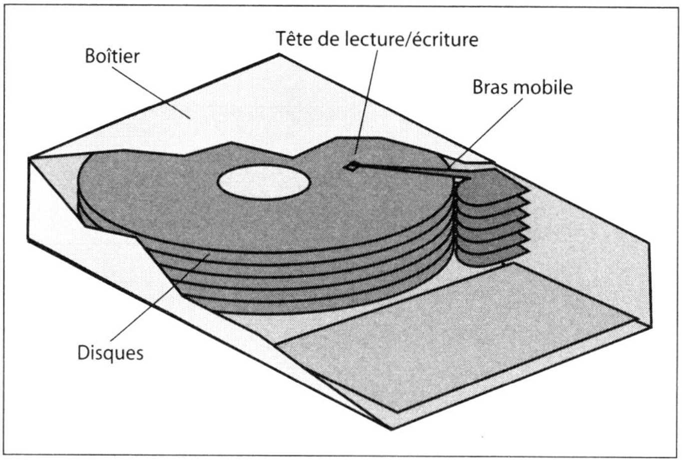

Figure 10.1 : Les entrailles d'un lecteur de disque dur.

- Il existe bien des disques durs amovibles, mais l'arrivée des CD-R rend ces lecteurs obsolètes. Lisez les détails sur les CD-R plus loin dans ce chapitre.
- Vous avez peut-être un seul lecteur de disque dur sur votre PC ; pourtant, Windows vous indique plusieurs lecteurs : C et D, ou même C, D et E. Cela est dû à une limitation de la taille du disque. Avec Windows 98, cette limitation n'existe plus.
- Vous pouvez ajouter un second lecteur de disque dur à votre PC, c'est le meilleur moyen d'augmenter sa capacité de stockage. Le prix a beaucoup diminué !

Disque dur connexion

Le lecteur de disque dur peut être connecté à la carte mère du PC de deux façons différentes : directement ou via une carte d'extension.

La plupart des lecteurs de disques durs sont reliés directement , utilisant un système appelé IDE (*Integrated Drive Electronics*). Il en va de même pour la plupart des lecteurs de CD-ROM.

L'autre façon est via un port SCSI. Un port SCSI est un port additionnel faisant partie d'une carte d'extension enfichée dans un emplacement de la carte mère. Vous pouvez y connecter des lecteurs internes ou externes, de disques durs ou de CD-ROM prévus pour ce type de port.

- Un lecteur de disque dur IDE est relié directement à la carte mère. Un lecteur SCSI nécessite une carte d'extension.

- Un grand débat s'est instauré à propos des mérites respectifs des deux systèmes. Pour une utilisation ordinaire, le lecteur IDE est préférable. Si vous voulez réellement accroître les performances de votre PC, je vous recommande le lecteur SCSI.

Economiser l'espace disque

Le plus gros problème avec les disques durs c'est qu'ils finissent un jour par être complètement remplis. Vous ne pouvez pas éviter cette issue fatale, mais vous pouvez en retarder l'échéance. Voici quelques conseils :

- Lancez régulièrement l'outil Nettoyage de disque, au moins une fois par mois. Depuis le menu Démarrer de Windows 98, choisissez Programmes/Accessoires/Outils Système/Nettoyage de disque.

- Stockez vos jeux sur des disques Zip ou Jaz.

- Envisagez l'achat d'un graveur de CD-R pour archiver vos données.

- Ne vous servez pas de l'utilitaire DriveSpace, ou d'autres programmes similaires destinés à réduire l'espace que les données occupent sur le disque dur. Cela rend plus compliquée la gestion de votre disque. Ajoutez plutôt un second lecteur.

- N'hésitez pas à acheter un second lecteur de disque dur. La plupart des boîtiers de PC ont un emplacement prévu pour ça. Faites-le installer par votre revendeur ou votre gourou préféré.

Les lecteurs vedettes

Les lecteurs de CD-ROM sont apparus au milieu des années 90. Un CD-ROM peut contenir des centaines de mégaoctets de données, ce qui en fait un support idéal pour la diffusion de tout type d'informations, y compris logiciels et encyclopédies.

Il existe plusieurs sortes de lecteurs de CD :

CD-ROM. Le lecteur traditionnel. Ces lecteurs avalent des CD qui peuvent contenir 600 Mo de données. Ces données peuvent seulement être lues ; vous ne pouvez pas enregistrer de nouvelles données sur un CD-ROM.

CD-R. Le lecteur de CD-R est communément appelé *graveur de CD-R*. La lettre *R* signifie *Recordable, enregistrable* en anglais. Contrairement au CD-ROM, le CD-R permet l'enregistrement de nouvelles données. Vous pouvez y enregistrer des données informatiques ou recopier vos CD audio. Une fois enregistrées, les données ne peuvent être ni modifiées ni effacées. Ces lecteurs lisent aussi les CD-ROM traditionnels.

CD-RW. Pour modifier, effacer, réenregistrer des données, on a créé le CD-RW ou CD réinscriptible. Il s'utilise de la même façon qu'un disque dur ou une disquette.

DVD. Si votre PC n'a pas de lecteur de DVD, soyez sûr que votre prochain PC en sera pourvu d'office. Ce lecteur va remplacer le lecteur de CD-ROM, en utilisant des disques capables de contenir 17 Go de données. Pour l'instant, les données peuvent seulement être lues.

DVD-RAM. Mais déjà le DVD réinscriptible pointe le nez. Pour le moment, son prix reste prohibitif et le destine plutôt aux professionnels du multimédia.

Voici quelques détails supplémentaires sur ces lecteurs :

- La vitesse d'un lecteur de CD-ROM se mesure en X. Cette mesure fait référence à la vitesse de lecture du premier lecteur de CD-ROM. Par exemple, un lecteur 32X lit les données 32 fois plus vite que son ancêtre.

- Le graveur de CD-R ne fait pas partie de l'équipement du PC standard. Vous pouvez l'ajouter à tout moment, interne ou externe.

- Les graveurs de CD-R utilisent des disques adaptés à la gravure.

- Vous pouvez utiliser des disques CD-R pour créer des compilations de vos CD audio. Des logiciels spéciaux permettent de créer vos propres pochettes et étiquettes.

- Les graveurs de CD-R portent deux indications de vitesse : la vitesse de lecture et la vitesse d'écriture, mesurées en X. La vitesse d'écriture est inférieure à la vitesse de lecture.

- Méfiez-vous des disques CD-R bon marché. Certains disques risquent de ne pas pouvoir être lus par tous les lecteurs de CD.

- DVD est l'acronyme de Digital Versatile Disk, c'est-à-dire *disque numérique polyvalent*.

- Mis à part le logo DVD, un lecteur de DVD est extérieurement semblable à un lecteur de CD-ROM.

- Un disque DVD peut contenir plus de 4 Go de données (un CD-ROM contient 600 Mo). Bientôt la capacité d'un DVD sera portée à 17 Go (à peine suffisante pour Excel 2010, probablement).

- Pour le moment, peu de programmes sont disponibles sur DVD. Les encyclopédies ont amorcé le mouvement. (D'autres DVD, *Digital Video Disk*, vont probablement remplacer les cassettes vidéo actuelles.)

Au pays des disquettes

Si la description du lecteur de disquettes est d'un intérêt limité, la disquette elle-même mérite quelque attention.

L'incroyable disquette

Permettez-moi de vous donner quelques informations rébarbatives : la disquette a un format de 3 pouces $^{1}/_{2}$ (89 mm) ; elle est dite de *haute densité*. Elle peut être *formatée IBM*, être *DS* ou *HD*. C'est la même, et c'est la seule que vous puissiez utiliser sur votre PC.

La Figure 10.2 montre une disquette 3 pouces $^{1}/_{2}$ ordinaire, à l'envers et à l'endroit. Voici quelques considérations sur les disquettes :

- Il est tentant d'utiliser les disquettes comme sous-verre. Ne le faites pas ! Du liquide peut couler sous la languette de métal et endommager la disquette.

- La plupart des PC ont des lecteurs de disquettes destinés à avaler des disquettes 3 pouces $^{1}/_{2}$ d'une capacité de 1,44 Mo.

- N'hésitez pas à acheter des disquettes sans marque vendues en paquet de 25 ou 50.

TRUC

- Il ne vous en coûtera que quelques francs de plus si vous achetez des disquettes préformatées. Vous éviterez de perdre votre temps à formater les disquettes avant usage. Le formatage des disquettes est traité au Chapitre 5.

- Les disquettes étiquetées *IBM* ne sont pas réservées aux ordinateurs de la marque IBM. Elles sont utilisables sur n'importe quel PC.

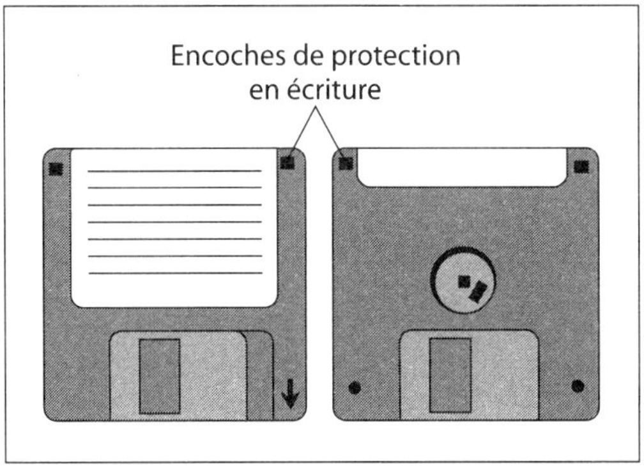

Figure 10.2 : Les deux côtés d'une disquette standard.

- Eloignez vos disquettes de toutes les sources de rayonnement magnétique : téléphone, haut-parleurs, téléviseur, porte- trombones aimantés, ventilateurs de bureau, amplis de guitares électriques ou la planète Jupiter, pour ne citer que les plus courantes.

- Ne posez pas de livres ou autres charges lourdes sur vos disquettes. La pression pourrait incruster de petites particules de poussière à l'intérieur du disque.

- Evitez les températures extrêmes. Ne laissez pas vos disquettes sur la plage arrière de votre voiture ni sous le pare-brise. Et, même si cette idée novatrice vous vient, ne stockez pas vos disquettes dans le congélateur.

- Ne posez pas vos doigts sur le disque lui-même, manipulez les disquettes uniquement par leur enveloppe protectrice. Ne huilez pas vos disquettes, même si elles font un drôle de bruit en tournant. Le problème vient du lecteur, qu'il est également déconseillé de huiler.

- Attendez que le témoin de lecture soit éteint avant de retirer une disquette de son lecteur.

- Si vous voulez expédier une disquette par la poste, utilisez une enveloppe spéciale. Non, ne pliez pas la disquette pour la faire entrer dans une enveloppe ordinaire.

Protéger une disquette en écriture

Vous protégez des disquettes en écriture pour éviter d'écraser accidentellement des fichiers vitaux. Votre ordinateur peut alors lire, et même exécuter, des fichiers qui se trouvent sur ces disquettes, mais il ne peut plus y écrire.

Pour protéger une disquette 3 pouces $^1/_2$, cherchez le petit carré de plastique qui couvre ou découvre l'une des encoches de la disquette. Si ce petit carré recouvre l'encoche, vous pouvez écrire sur la disquette. Si vous le faites glisser hors de l'encoche (avec l'ongle ou la pointe d'un crayon si nécessaire), votre ordinateur refusera d'y enregistrer des informations (voyez la Figure 10.2).

Autres races de disquettes

Autrefois, on trouvait les disquettes sous différents formats. Avant que la firme IBM ne devienne le leader du marché des micro-ordinateurs, chaque génération d'ordinateur entraînait la naissance d'un nouveau type de disquette. Cette situation a pris fin en 1987 avec l'apparition de la disquette de 1,44 Mo, encore présente aujourd'hui.

Mais d'autres solutions de stockage sous forme de disquettes se sont développées. En particulier les disquettes Zip, Jaz, LS-120.

- La production de différentes variétés de disquettes s'est poursuivie jusqu'en 1987. L'une d'elles était la super-disquette de 2,88 Mo. Elle n'a jamais connu le succès.
- Plusieurs types de disquettes sont apparus pour résoudre les problèmes de stockage. Les prochaines sections y sont consacrées.
- Et la disquette d'origine ? Elle remonte au milieu des années 70 et avait un format de 8 pouces. Les premiers PC ont utilisé une disquette souple de 5 pouces $^1/_4$, jusqu'à l'arrivée de la disquette de 3 pouces $^1/_2$, en 1987.
- Certaines solutions de sauvegarde, comme le disque magnéto-optique par exemple, sont progressivement remplacées par le CD-R.

Les disquettes Zip

Les lecteurs Zip sont très répandus. Ils sont quelquefois livrés en option avec certains PC, et à tout moment vous pouvez ajouter un lecteur Zip interne ou externe à votre ordinateur.

Une disquette Zip a une capacité de 100 ou 200 Mo selon le modèle de lecteur. Cela équivaut à un nombre impressionnant de disquettes ordinaires. Les disquettes Zip sont une solution idéale pour échanger de grandes quantités de données entre ordinateurs, ou pour les sauvegarder. La Figure 10.3 montre une disquette Zip. Son format est de 4 pouces, à peine plus grand qu'une disquette standard.

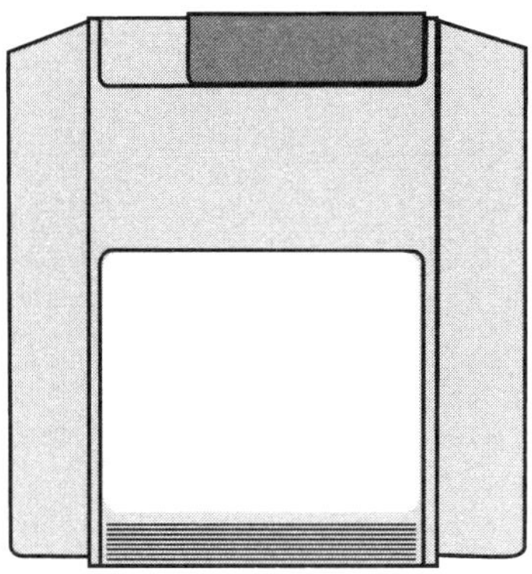

Figure 10.3 : Une disquette Zip.

La disquette ZIP n'a que deux inconvénients. Premièrement, le lecteur est fabriqué par une seul constructeur (Iomega).

Deuxièmement, la disquette Zip coûte assez cher, environ 70 ou 150 francs selon la capacité. Cependant, son coût est inférieur au coût du nombre équivalent de disquettes ordinaires, et son usage est bien plus étendu.

Le lecteur Zip est traité en détail au Chapitre 5.

Les disquettes Jaz

La disquette Jaz est la sœur de la disquette Zip. Jaz et Zip sont deux marques du fabricant Iomega. Les disquettes Jaz ont une capacité de 1 Go ou 2 Go selon le modèle de lecteur.

Les disquettes Jaz ont une capacité équivalente à celle d'un disque dur, et supérieure à celle d'un CD-R ou CD-RW.

Dès qu'elle est insérée dans le lecteur, la disquette Jaz s'utilise comme n'importe quel autre disque de votre PC. Pour sauvegarder de très gros fichiers, on peut utiliser autant de disquettes que l'on souhaite. C'est une bonne alternative à l'installation d'un disque dur supplémentaire.

Les disquettes Jaz de 1 ou 2 Mo coûtent environ 600 francs.

Les disquettes SuperDisk

SuperDisk est une marque de la société Imation. Les disquettes s'appellent Super Disk LS-120.

C'est un lecteur de disquettes qui utilise à la fois des disquettes standard et des disquettes spéciales d'une capacité de 120 Mo. Ce lecteur peut parfaitement remplacer votre lecteur standard.

Les disquettes de 120 Mo sont de même format que les disquettes ordinaires, mais le lecteur sait faire la différence.

- Une disquette LS-120 coûte environ 70 francs.

- Vous pouvez remplacer votre lecteur de disques standard par un lecteur SuperDisk.

Chapitre 11
La mémoire

Dans ce chapitre :

Qu'est-ce que la mémoire ?

Questions (et réponses) sur la mémoire.

Ajouter de la mémoire à votre ordinateur.

Bits, octets et autres termes concernant la mémoire.

A l'instar du disque dur, la mémoire RAM (*Random Access Memory, mémoire à accès sélectif*) est un emplacement où l'ordinateur stocke des informations. Mais à l'inverse du disque dur, c'est là que le véritable travail s'accomplit. Pour bien comprendre, imaginez la RAM comme étant la surface d'un bureau et le disque dur ses rangements (tiroirs, dossiers, fichiers, etc.). Plus vous avez de place pour sortir et étaler votre matériel de travail (vos programmes), plus vous pouvez travailler rapidement. Et ce n'est pas tout : plus vous avez de mémoire, plus l'ordinateur est capable d'exécuter de grandes tâches telles que traiter des images, des animations, du son et de la musique.

Qu'est-ce que la mémoire ?

Tous les ordinateurs ont besoin de mémoire. C'est là que le travail se fait. Le microprocesseur est capable d'enregistrer des informations, mais jusqu'à un certain point seulement. Ensuite, il a besoin de mémoire supplémentaire, tout comme les êtres humains ont besoin de carnets de notes et de bibliothèques.

Par exemple, lorsque vous créez un document à l'aide de votre traitement de texte, chaque caractère que vous tapez est enregistré dans un endroit spécifique de la mémoire. Lorsque vous avez terminé, vous devez sauvegarder le document entier sur disque de façon permanente. Ensuite, vous pouvez le recharger sur la mémoire pour que le microprocesseur le traite de nouveau.

Le seul petit problème avec la mémoire, c'est qu'elle constitue un lieu de rangement volatile. Chaque fois que vous éteignez l'ordinateur, le contenu de sa mémoire se vide (comme si la femme de ménage jetait tout ce qui traînait sur votre bureau). Tout va bien si vous avez préalablement enregistré vos documents sur disque (rangé vos affaires dans les tiroirs du bureau), tout est perdu dans le cas contraire.

- Plus vous avez de mémoire, mieux vous travaillez. Avec une capacité mémoire importante, vous pouvez travailler sur de grands documents ou de grandes feuilles de calcul, et profiter des applications qui utilisent des images et du son.

- Tous les ordinateurs ont une quantité limitée de mémoire, ce qui veut dire qu'un jour ou l'autre vous en viendrez à bout. Le cas échéant, vous verrez un message apparaître sur votre écran, du style : "Mémoire insuffisante." Si cela vous arrive, ne paniquez pas, l'ordinateur peut s'en sortir. Il suffit de lui offrir un peu de mémoire supplémentaire. Consultez votre gourou favori.

- Lorsque votre PC adopte la vitesse d'un escargot, soyez sûr qu'il a besoin de davantage de mémoire. J'ai un portable avec seulement (seulement !) 8 Mo de mémoire. Sous Windows 98, ce n'est pas suffisant, et bien qu'il fasse tout ce que je lui demande, je passe beaucoup de temps à l'attendre.

- Lorsque vous ouvrez un document préalablement enregistré, l'ordinateur récupère ces informations sur le disque et les copie dans la mémoire, unique endroit où elles pourront être examinées et modifiées. Lorsque vous enregistrez de nouveau ces données, l'ordinateur les retire de la mémoire pour les copier sur le disque.

- Le terme *RAM* (*Random Access Memory*) peut être utilisé comme synonyme de mémoire. Il signifie *mémoire à accès sélectif* ou *mémoire vive*. Bon à savoir pour les amateurs de mots croisés.

Quelques questions sur la mémoire

De quelle quantité de mémoire ai-je besoin ?

Votre cerveau est doté de toute la mémoire dont vous aurez besoin durant votre vie.

Non, je veux parler de la mémoire de mon ordinateur !

Cette quantité-là de mémoire est fonction de deux critères. Tout d'abord, et c'est le plus important, vous devez tenir compte des exigences de vos logiciels. Certains programmes, tels que les tableurs et les applications graphiques, requièrent beaucoup de mémoire. Par exemple, Adobe Photoshop exige au moins 16 Mo de RAM pour tourner correctement.

Ensuite, et c'est le critère le plus frustrant, tout dépend du volume de votre portefeuille, bien que le prix de la mémoire ait sensiblement baissé.

En règle générale, tous les ordinateurs devraient posséder au moins 16 Mo de RAM, voire 32. Il est vraisemblable que Windows 2010 requerra au minimum 64 ou 128 Mo de RAM.

Puis-je ajouter de la RAM à mon PC ?

Oui. Les applications graphiques étant de plus en plus complexes, elles sollicitent également de plus en plus de mémoire. Si vous n'en ajoutez pas, ces programmes risquent de ne pas fonctionner, ou au mieux de fonctionner au ralenti. (Reportez-vous à la section "Ajouter de la mémoire dans votre PC", plus loin dans ce chapitre.)

Mon ordinateur peut-il perdre la mémoire ?

Votre ordinateur est peut-être doté d'une mémoire limitée, mais celle-ci ne peut se "perdre". Les programmes utilisent de la mémoire lorsqu'ils sont en cours. Par exemple, lorsque vous lancez WordPerfect, ce dernier se sert d'une quantité spécifique de mémoire qu'il utilise à ses propres fins et qu'il rend dès que vous fermez le programme. Cette quantité de mémoire est alors disponible pour une autre application.

Si je copie un programme, est-ce que je consomme de la mémoire ?

Oui, non, enfin pas tout à fait. Un éclaircissement s'impose. Ne confondez pas la "mémoire" disque et la mémoire de l'ordinateur ou RAM. Vous pouvez copier un énorme fichier d'un emplacement à un autre (par exemple d'un CD à un disque dur) sans craindre d'épuiser la mémoire de votre ordinateur. Le système d'exploitation (Windows) s'occupe de tous les détails. (En revanche, vous pouvez manquer d'espace disque, mais c'est un autre problème.)

Combien de RAM contient mon PC ?

Cette information est peut-être inconnue de vous actuellement, mais ce n'est pas un secret pour votre PC. Il suffit d'ouvrir la boîte de dialogue Propriétés Système pour connaître la taille exacte de votre RAM. Faites un double clic sur l'icône du Poste de travail et sélectionnez Propriétés dans le menu qui apparaît. Vous verrez une boîte de dialogue semblable à celle de la Figure 11.1.

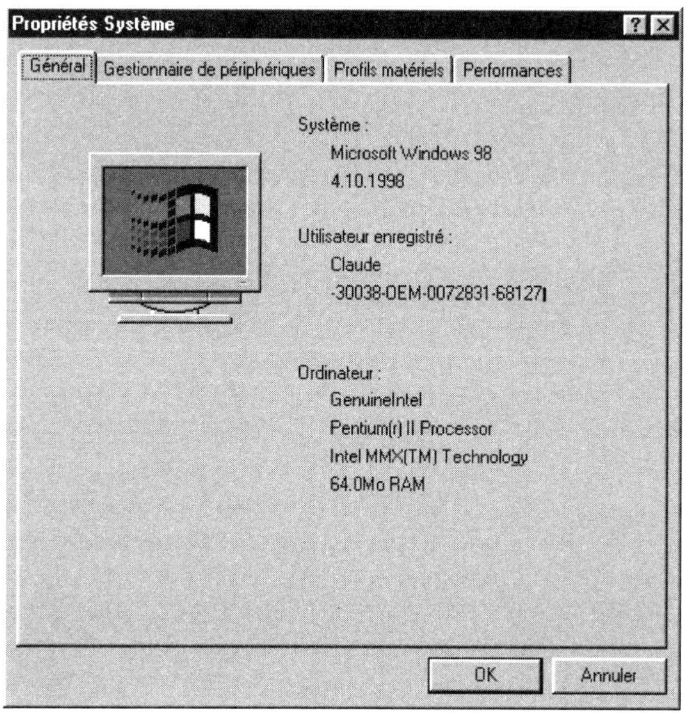

Figure 11.1 : Combien de mémoire dans ce PC ?

La quantité de mémoire est indiquée en bas à droite sous le type de processeur. La Figure 11.1 nous dit que ce PC dispose de 64 Mo de RAM.

La mémoire de votre PC

La mémoire de votre PC se trouve sur la carte mère, très près du microprocesseur, sous forme de minuscules connecteurs. Cette mémoire est appelée *DRAM*.

Les supports des connecteurs, ou broches, sont des barrettes en fibre de verre. Selon le format adopté, ces barrettes sont dites de type SIMM ou de type DIMM. Une barrette a la taille d'un peigne de poche (Figure 11.2).

Chaque barrette SIMM ou DIMM contient 4, 8, 16 ou 32 Mo de mémoire. Ces barrettes sont enfichées dans des emplacements adéquats sur la carte mère. Ces emplacements sont prévus pour recevoir un type particulier de barrette, par exemple des SIMM de 16 Mo.

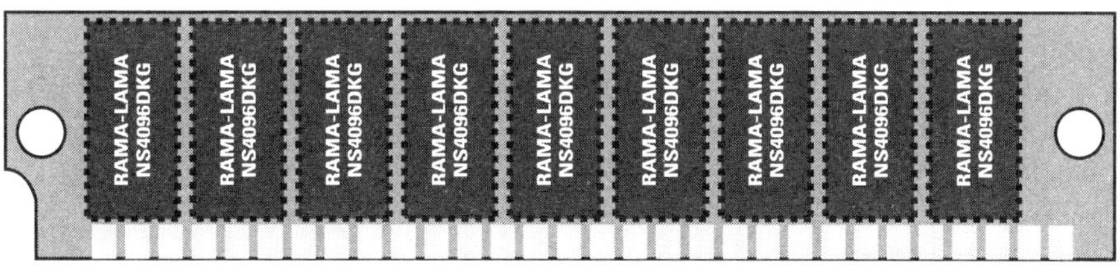

Figure 11.2 : Une barrette SIMM.

- DRAM signifie Dynamic Random-Access Memory. C'est le type de mémoire le plus répandu.
- SIMM signifie Single In-line Memory Module. Ce terme ce réfère au mode de connexion des broches.
- DIMM signifie Dual In-line Memory Module.
- Le type de barrette utilisé par votre PC dépend de votre carte mère.

- Les barrettes SIMM et DIMM sont d'apparence similaire. Les barrettes DIMM permettent une meilleure utilisation de la mémoire, et vont certainement remplacer les SIMM.

Ajouter de la mémoire dans votre PC

Il n'existe aucun dopant pour redonner un peu d'ardeur à votre PC. En revanche, vous pouvez "gonfler" sa mémoire et le rendre plus rapide en lui ajoutant des barrettes de RAM.

Ajouter de la mémoire à un ordinateur est aussi simple que d'assembler des Lego. La seule différence, c'est qu'un jeu de RAM coûte plus cher.

Augmenter la mémoire d'un ordinateur implique cinq étapes complexes et rébarbatives :

1. **Définissez la quantité de RAM que vous devez ajouter.**

   Par exemple, votre système est équipé de 16 Mo de RAM, et au moins 32 Mo sont nécessaires pour utiliser un programme particulier. Ajoutez 16 Mo et même plus si vos finances vous le permettent.

2. **Définissez la quantité de RAM que vous pouvez installer.**

   Cette deuxième étape est technique. Vous devez savoir s'il reste des emplacements libres et pour quel type de barrette. Après, c'est relativement simple. S'il n'y a pas d'emplacement libre, voyez avec votre revendeur informatique ou votre gourou préféré, car cela risque d'être cher et compliqué.

3. **Achetez.**

   Achetez les barrettes de RAM ou la carte d'extension sur laquelle la RAM est installée.

4. **Payez quelqu'un pour faire le travail.**

   Vous pouvez le faire vous-même, mais à votre place je m'adresserais à quelqu'un d'expérimenté.

5. **Réjouissez-vous.**

Dès que la mémoire supplémentaire est installée, vous pouvez vous en vanter auprès de vos amis. Autrefois, pour impressionner votre entourage, il vous fallait 640 Ko de RAM. Ensuite, pour ne pas perdre la face, il fallait au moins 4 Mo sur un 386. Aujourd'hui, il faut au moins 128 Mo pour garder l'estime de vos proches.

- Les barrettes de mémoire sont disponibles en plusieurs tailles différentes : 4, 8, 16 Mo, puis en multiples de 16.

- Une autre nouvelle qui pourra vous étonner : vous pensez peut-être que, pour augmenter votre système de 16 Mo de RAM à 64 Mo, il vous suffit d'installer une barrette de 48 Mo ? Eh bien non ! Il est probable que vous soyez obligé d'acheter la totalité des 64 Mo. Cela dépend des emplacements de mémoire disponibles dans votre PC et des capacités acceptées.
- Si vous tenez absolument à installer la mémoire vous-même, ne vous gênez pas. De nombreux livres et articles de magazines informatiques grand public expliquent les procédures à suivre de manière claire et assez simple. Mais je vous recommande toutefois de faire appel à votre gourou favori.

Détails "techno-soporifiques" sur les mémoires RAM, ROM et Flash

Le terme *RAM* (*Random Access Memory* - mémoire à accès sélectif ou mémoire vive) désigne la mémoire dans laquelle le microprocesseur peut lire et écrire des informations. Lorsque vous copiez une information dans la mémoire, elle est stockée dans la RAM.

Le terme ROM (*Read Only Memory* - mémoire pour lecture seulement ou mémoire morte) désigne la mémoire que le microprocesseur peut lire, mais il ne peut ni la modifier ni écrire sur cette mémoire. La ROM est permanente. La plupart du temps, elle contient des informations vitales pour le fonctionnement de votre PC ; ces informations sont ineffaçables.

La mémoire Flash fonctionne à la fois comme les mémoires RAM et ROM. On peut inscrire des données dans la mémoire Flash comme dans la RAM, mais comme pour la mémoire ROM, ces données ne sont pas effacées quand on éteint le PC. Cette mémoire est utilisée pour la mise à jour du BIOS de votre carte mère. Cela évite de remplacer les composants matériels.

Bits, octets et autres termes concernant la mémoire

De nombreux termes intéressants gravitent autour de la planète mémoire. Les plus essentiels font référence à sa dimension (voir le Tableau 11.1).

Tableau 11.1 : Unités de mesure.

Terme	Abréviation	Environ	Exactement
Bit		1 bit	1 bit
Octet		1 octet	8 bits
Kilo-octet	K ou Ko	1 000 octets	1 024 octets
Mégaoctet	M ou Mo	1 000 000 d'octets	1 048 576 octets
Gigaoctet	G ou Go	1 000 000 000 d'octets	1 073 741 824 octets

La mémoire est mesurée en *octets*. Un *octet* peut être comparé à un caractère, une lettre d'un mot. Par exemple, le mot "spatule" est composé de sept octets.

Une demi-page de texte contient à peu près 1 000 octets. Pour que ce nombre soit plus facile à mémoriser, les accros de la micro remplacent *mille* par *kilo*, ce qui donne 1 *kilo-octet* ou 1K, ou encore 1 Ko.

Un mégaoctet correspond à 1 000 Ko, ou un million d'octets. L'abréviation Mo (ou M) signifie *méga*. Aussi 16 Mo signifie seize mégaoctets de mémoire.

Au-dessus du mégaoctet se trouve le *gigaoctet*. Comme vous pouvez le deviner, ce terme désigne un milliard d'octets, ou à peu près 1 000 mégaoctets. Le téraoctet correspond à un million de mégaoctets, ou 10 puissance 12 octets, bref suffisamment de RAM pour affaiblir les lumières de votre appartement lorsque vous démarrez votre PC.

Bavardage supplémentaire à propos de la mémoire :

- Les octets sont composés de huit bits. Le mot *bit* est une contraction de *binary digit* (unité binaire). Une unité binaire est un nombre exprimé en base 2, ou un système de numérotation acceptant uniquement les zéros et les uns. Le système traditionnel est un système décimal (base 10). Les ordinateurs comptent en binaire ; nous rassemblons leurs bits en groupes de huit pour une digestion plus simple en tant qu'octets.

- Le terme *giga* vient du grec *gigas* qui signifie *géant*.

- Il n'y a aucune raison de vous soucier de la quantité de ROM que votre ordinateur a dans les veines.

- Un emplacement spécifique dans la mémoire de votre ordinateur est appelé *adresse*.

Et alors, c'est quoi la "mémoire étendue" ?

Quand tout a commencé, il y avait bien une douzaine de termes pour désigner la mémoire d'un PC : mémoire conventionnelle, mémoire DOS, mémoire haute, mémoire HMA, mémoire expansée, mémoire DMPI, mémoire étendue, etc.

Le seul terme encore en usage aujourd'hui est *mémoire étendue.* La mémoire étendue désigne toute la mémoire de votre PC, bien que cette dénomination soit une relique des temps anciens où les mots utilisés pour décrire la mémoire avaient leur importance.

En quoi cela vous concerne-t-il ? Si vous lisez sur un emballage de logiciel : "Salut, utilisateur ! J'ai besoin de 16 Mo de mémoire étendue", ignorez le terme "étendue". Cela signifie simplement qu'il a besoin de 16 Mo de mémoire.

Chapitre 12

Le moniteur

Dans ce chapitre :

Le guide de base des moniteurs et cartes graphiques.

Régler votre moniteur.

Les moniteurs LCD.

Les questions/réponses les plus courantes.

Régler la résolution et les couleurs.

Changer de papier peint.

Utiliser deux moniteurs avec Windows.

Le moniteur d'un PC est la première des choses que vous remarquez. C'est aussi la première que vous aurez envie de détruire quand votre PC vous mettra hors de vous. Pourtant, le moniteur n'est qu'un exécutant ; c'est l'unité centrale qu'il faudra dynamiter.

Si votre PC était une personne, le moniteur tiendrait lieu de visage. Ce chapitre parle du visage de votre ordinateur, et des talents de maquilleur exercés par Windows pour le rendre séduisant.

Moniteur ou écran ?

Est-ce un moniteur ? Est-ce un écran ? C'est en tout cas cet appareil posé à côté ou au-dessus de l'ordinateur et qui ressemble bigrement à un poste de télévision.

Le moniteur c'est la boîte. Il contient un tube cathodique, comme un téléviseur. Le moniteur peut tomber par terre et se casser, pas l'écran.

Parce que l'écran, c'est l'image qui apparaît dans le moniteur. Sur la partie en verre.

La Figure 12.1 illustre ce concept moniteur/écran. Est-ce bien compris maintenant ?

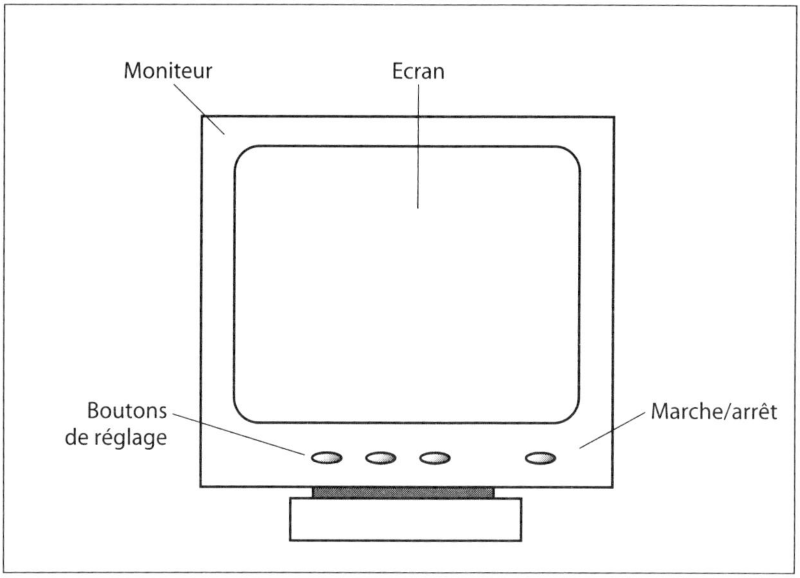

Figure 12.1 : Un beau moniteur.

Les accros de la technique appellent l'ensemble *CRT*, de l'anglais *cathode ray tube*.

Moniteur plus carte graphique

Le moniteur représente seulement la moitié du système vidéo de votre PC. L'autre partie est la carte graphique. C'est-à-dire la carte qui supporte les circuits électroniques qui contrôlent les images affichées par le moniteur.

La Figure 12.2 illustre les rapports entre moniteur et carte graphique. La carte graphique est soit partie intégrante de la carte mère, soit, dans la plupart des cas, une carte d'extension.

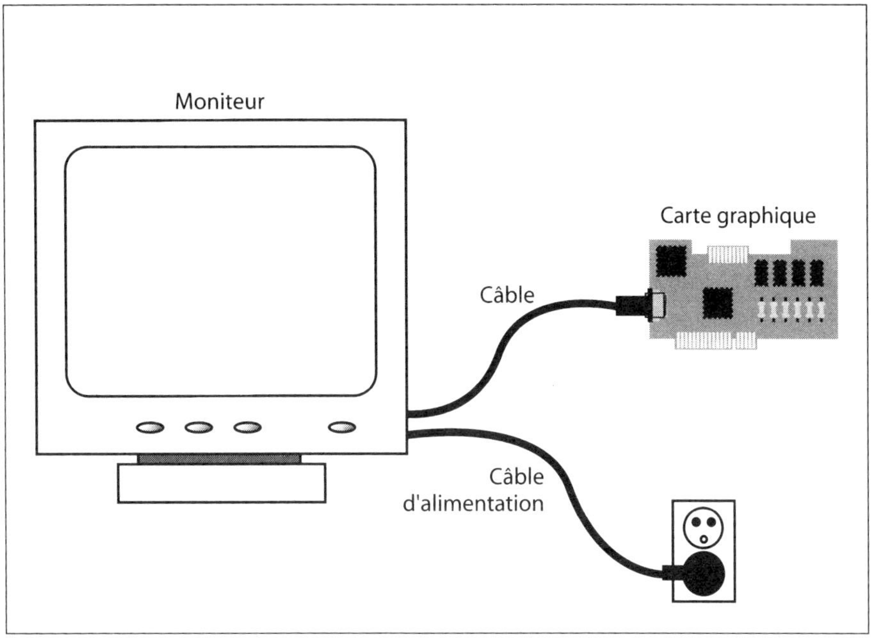

Figure 12.2 : Le moniteur et la carte graphique.

La carte graphique est plus importante que le moniteur. Elle détermine le nombre de couleurs que vous voyez et la qualité des images graphiques qui apparaissent sur votre moniteur.

- Vous avez besoin à la fois du moniteur et de la carte graphique.
- Dans certains PC, et plus particulièrement les portables, la carte graphique fait partie intégrante de la carte mère.
- Si votre PC a plusieurs moniteurs (oui, c'est possible), il doit avoir aussi plusieurs cartes graphiques, une pour chaque moniteur ou alors une carte graphique spéciale prévue pour deux moniteurs. Reportez-vous à la section "Les moniteurs font la paire", plus loin dans ce chapitre.
- La carte graphique peut être appelée *adaptateur graphique*, *interface vidéo*, *interface graphique*, *adaptateur vidéo*, *système vidéo* ou *Géraldine*.

Votre moniteur chéri

Le moniteur d'un PC est un véritable périphérique. Vous pouvez acheter d'une part l'unité centrale, et d'autre part le moniteur qui vous convient. Il existe de nombreux modèles, présentant des caractéristiques différentes selon la marque, mais ils ont tous la même fonction : afficher les informations générées par l'ordinateur.

Le côté physique

Le moniteur est doublement branché. D'un côté il est relié à la prise murale pour l'alimentation électrique, de l'autre il est relié par un câble vidéo au connecteur de la carte graphique à l'arrière de l'unité centrale.

Le bouton marche/arrêt du moniteur est le plus souvent sur la façade avant, du côté droit. (Encore une manifestation de la vaste conspiration antigauchers.)

La façade du moniteur comporte d'autres boutons servant à contrôler l'affichage. Nous les verrons en détail un peu plus loin dans ce chapitre.

Certains moniteurs affichent des messages lorsque vous les allumez avant l'unité centrale (le moniteur ne reçoit pas de signal de la part du PC). Le message peut être Invalid Sync ou No Signal, ou Vérifiez la connexion. Pas de problème, le moniteur s'allume dès que l'unité centrale démarre.

Le côté technique

On utilise souvent un jargon absurde pour décrire les caractéristiques du moniteur. Pourtant, deux notions sont réellement indispensables : la taille de l'écran et la taille du *pitch*.

Taille de l'écran : C'est la dimension de la diagonale de l'image sur votre écran coin à coin. Plus les écrans sont grands, plus ils sont onéreux. Les tailles standard sont 15, 17, 19 et 21 pouces. Les plus en vogue sont les 17 pouces.

Taille du pitch : C'est l'écart entre deux points ou *pixels*, sur l'écran. Cette distance est mesurée centre à centre. Plus les points sont proches, meilleure est la qualité de l'image. Un pitch de 0,28 mm, c'est bien ; un pitch de 0,26 ou 0,25 mm, c'est encore mieux.

Il existe bien d'autres termes techniques pour décrire un moniteur. La meilleure façon de le choisir, c'est encore de le voir de vos propres yeux. Si l'affichage vous plaît, c'est celui qu'il vous faut !

- Certains aspects de l'affichage, comme la résolution, le nombre de couleurs, la mémoire vidéo, dépendent de la carte graphique et non du moniteur.

- J'adore les moniteurs avec un écran plat. La surface du tube cathodique est plane, avec pas ou peu de courbure. (Ne pas confondre avec les moniteurs à écran LCD souvent appelés écrans plats.)

Grand comment ?

Question : Vous dites que la dimension de la diagonale de l'écran peut être différente de la dimension de l'affichage. Cela signifie que l'image affichée est plus petite que l'écran lui-même ?

Réponse : La diagonale mesurée est celle de la partie en verre du moniteur. L'image affichée dans cette partie est plus petite. Mon conseil c'est de constater *de visu* la taille de l'affichage.

Régler l'affichage

Sur les premiers PC votre moniteur disposait, si vous étiez chanceux, d'un réglage de contraste et de luminosité. Aujourd'hui, vous avez une infinité de réglages. Parfois, les réglages se font par de simples boutons placés sur la façade du moniteur, parfois en appuyant un certain nombre de fois sur tel ou tel bouton comme pour ajuster votre radioréveil.

Si votre moniteur est pourvu d'une rangée de boutons, c'est que chaque bouton règle un aspect de l'affichage. Souvent deux boutons à part, plus (+) et moins (-), servent au réglage sélectionné. Par exemple, pour régler le contraste, on presse le bouton contraste, puis le bouton plus ou moins. Et vous voyez ce qui se passe sur l'écran.

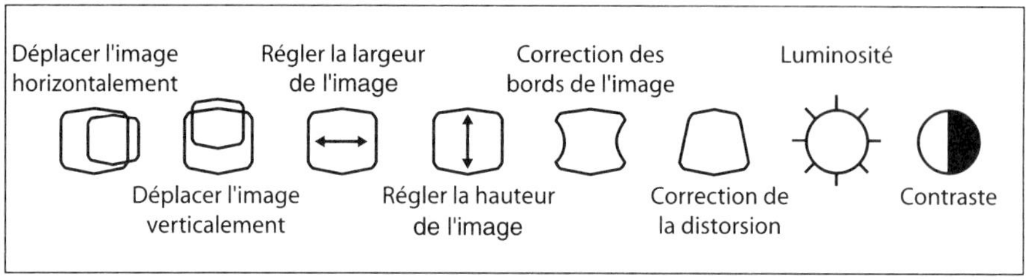

Figure 12.3 : Les commandes de réglage d'un moniteur.

Certains moniteurs ont très peu de boutons, et affichent les fonctions de réglage à l'écran. La Figure 12.4 vous en montre un exemple. Notez les icônes décrivant les différents réglages.

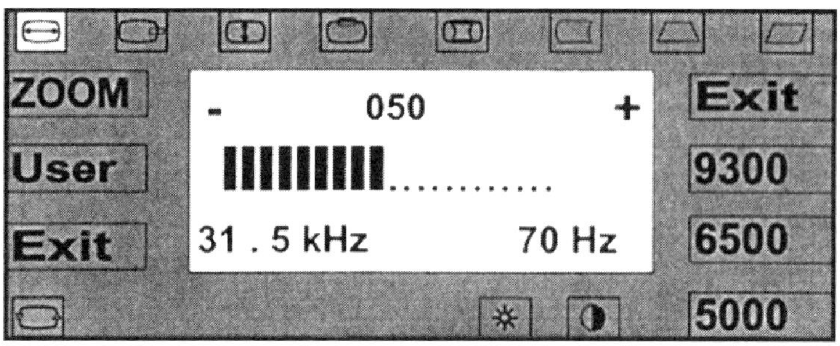

Figure 12.4 : Un exemple de réglages à l'écran.

- Le réglage à l'écran vient se superposer à l'image en cours d'affichage, sans la modifier.
- Tous les moniteurs n'ont pas l'ensemble des réglages montrés Figure 12.3.

- En vous servant du réglage Déplacer horizontalement/verticalement, puis du réglage Régler largeur/hauteur, vous pouvez adapter la taille de l'image à la taille de l'écran.
- Les moniteurs peuvent aussi afficher des informations sur la fréquence, par exemple 31KHz/60Hz, au moment où le mode d'affichage change. C'est le cas lorsque vous lancez certains jeux.
- Certains moniteurs sont capables de mémoriser vos réglages préférés.

Les moniteurs LCD

Votre ordinateur disposera un jour ou l'autre d'un moniteur à écran plat LCD, comme ceux des portables. Ces écrans sont plus légers, plus beaux, moins encombrants, à faire pâlir d'envie n'importe qui. Le hic, c'est qu'ils sont très chers.

TRUC

- Si vous envisagez l'achat d'un moniteur LCD, c'est la qualité de l'affichage des textes qui doit vous guider. Parfois les moniteurs LCD montrent des images superbes, alors que les textes sont peu lisibles.
- L'angle de vision est un autre élément essentiel de votre choix. En vous plaçant à l'extérieur de cet angle, à gauche ou à droite de l'écran, vous ne voyez plus l'affichage. Veillez à ce que l'angle de vision soit au moins de 160 degrés.
- Les meilleurs moniteurs LCD sont ceux vendus avec leur propre adaptateur graphique numérique. Ils sont connectés au port AGP de votre carte mère. Assurez-vous que votre matériel dispose d'un port AGP.
- Certains moniteurs LCD peuvent se connecter à un port VGA standard.
- Un écran LCD de 15 pouces permet d'afficher une image équivalente à celle d'un écran standard de 17 pouces.
- On trouve des écrans LCD dans toutes les tailles, de 14 à 21 pouces. Ces derniers valent une fortune.

TRUC

Nettoyer et chouchouter votre moniteur

Le moniteur exerce une irrésistible attirance sur la poussière. A la poussière viennent s'ajouter les traces de doigts et autres taches ; bref, les moniteurs nécessitent de l'entretien.

Pour nettoyer un écran, projetez du produit à vitres sur un tissu non pelucheux ou du papier absorbant et essuyez-le soigneusement. Vous pouvez aussi utiliser du vinaigre si vous voulez que votre écran répande cette petite odeur de sauce aigre-douce.

Ne projetez jamais le produit directement sur l'écran. Le liquide peut s'infiltrer dans le moniteur et produire des effets désastreux. Pour les écrans LCD, utilisez un simple chiffon doux et sec. Tout autre traitement pourrait l'endommager.

Les cartes graphiques

La carte graphique est la partie cachée du système d'affichage de votre PC. C'est une carte d'extension qui se trouve sur la carte mère de votre unité centrale. Elle permet d'afficher à l'écran les textes et les images de votre ordinateur.

Il y a toute une gamme de cartes graphiques, destinées aux professionnels du graphisme, aux fans de jeux vidéo ou à vous et moi. Voici en gros ce qu'il faut savoir :

- L'élément essentiel est la mémoire vidéo (RAM vidéo). La plupart des cartes disposent de 2 ou 4 Mo de mémoire vidéo, quelquefois de 32 pour les plus performantes et les plus chères.

- La résolution de l'affichage dépend directement de la quantité de mémoire vidéo.

- Couleurs et résolution sont les maîtres mots en matière d'affichage. On se réfère au nombre de couleurs qui peuvent être affichées, de 256 jusqu'à un milliard. La résolution caractérise la finesse de l'image. Elle se quantifie en nombre de points (ou pixels) contenus dans la largeur et la hauteur d'un écran. Plus il y a de pixels, plus grande est la résolution, et plus l'image est fine.

- Certaines cartes graphiques sont prévues pour un affichage 3D. Cela n'est utile que lorsque votre programme est lui aussi prévu pour s'afficher en 3D.

- Si vous avez un lecteur de DVD, la carte graphique doit inclure un décodeur qui vous permette de bénéficier de la qualité DVD. Vous pouvez éventuellement connecter votre écran de télévision pour voir les choses en grand.

- Certaines cartes graphiques hautement performantes sont réellement utiles avec certains types de logiciels. Si vous travaillez dans le domaine du dessin, de la photo, de la vidéo, de l'animation, elles seront indispensables. Si vous utilisez uniquement des applications de base, telles qu'un traitement de texte, vous pouvez vous contenter d'une carte standard.

Régler votre moniteur

Vous pouvez non seulement jouer avec les boutons situés à l'avant (ou à l'arrière) de votre moniteur pour régler la luminosité et le contraste, mais également modifier toute une panoplie de paramètres d'affichage grâce à Windows et à son Panneau de configuration.

L'icône à utiliser pour personnaliser votre affichage réside dans le Panneau de configuration. Les sections suivantes expliquent ce que vous pouvez y faire. Mais voyons d'abord comment y accéder :

1. **Ouvrez le Panneau de configuration.**

   Cliquez sur le bouton Démarrer, puis choisissez Paramètres/Panneau de configuration.

2. **Ouvrez l'icône Affichage.**

   Double-cliquez sur l'icône Affichage. La boîte de dialogue Propriétés de l'Affichage apparaît (Figure 12.5).

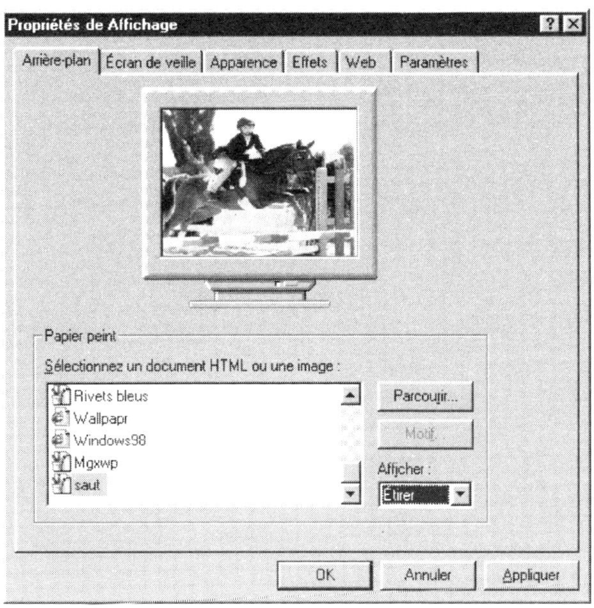

Figure 12.5 : La boîte de dialogue Propriétés de l'Affichage.

3. **Effectuez quelques réglages dans la boîte de dialogue Propriétés de l'Affichage.**

   Vous pouvez modifier l'arrière-plan du bureau, utiliser un écran de veille et changer le nombre des couleurs et la résolution via les différents onglets de la boîte de dialogue. Les sections suivantes expliquent comment procéder.

4. **Fermez la boîte de dialogue Propriétés de l'Affichage.**

   Lorsque vos options sont sélectionnées, cliquez sur le bouton OK pour enregistrer vos modifications ou sur le bouton Annuler pour restaurer les anciennes valeurs.

DIS-NOUS DAN

Ce n'est pas la faute du moniteur

Question : Au bout de cinq mois d'utilisation du PC, il s'est produit une "erreur fatale" alors que le programme de l'écran de veille était activé. Est-ce un problème lié au moniteur ?

Réponse : Votre moniteur est hors de cause. Le moniteur n'est jamais à l'origine des erreurs de l'ordinateur. Mais quand le moniteur est en panne, vous ne voyez plus rien.

TRUC

Vous pouvez afficher la boîte de dialogue Propriétés de l'Affichage en un clin d'œil en cliquant avec le bouton droit à n'importe quel endroit du bureau de Windows.

Changer l'arrière-plan (le papier peint)

L'arrière-plan ou papier peint est ce que vous voyez lorsque vous regardez le bureau. Il peut s'agir d'un motif, d'une jolie image ou de toute autre chose que cette ennuyeuse façade vert-de-gris proposée par Windows.

Ouvrez la boîte de dialogue Propriétés de l'Affichage à l'aide des instructions précédentes et cliquez sur l'onglet Arrière-plan pour afficher les options correspondantes (configuration de la Figure 12.5).

Deux solutions vous sont offertes pour placer une image sur le bureau. Vous pouvez soit sélectionner un motif, soit une image (appelée *papier peint*).

Les différents motifs disponibles se trouvent dans la liste déroulante Motifs à gauche de la boîte de dialogue. Ils sont tous plus ennuyeux les uns que les autres.

La liste déroulante Papier peint contient un éventail de fichiers graphiques. Si le dessin est assez grand, il pourra recouvrir la totalité de l'écran. Dans le cas contraire, vous pouvez utiliser l'option Mosaïque pour dupliquer l'image sélectionnée sur toute la surface du bureau (en cliquant sur le bouton radio avec Windows 95, en sélectionnant Mosaïque dans la liste déroulante avec Windows 98).

Chaque fois que vous sélectionnez un nouveau motif ou papier peint, le moniteur miniature, en haut de la boîte de dialogue, vous offre un aperçu miniature de votre choix. Comme il s'agit d'une illustration réduite, l'effet produit ne sera pas des plus probants. Si vous voulez une illustration grandeur nature de votre sélection, cliquez sur le bouton Appliquer.

TRUC

Si vous avez créé votre propre fichier graphique, vous pourrez l'utiliser comme papier peint. Ce doit être une image bitmap ou un fichier BMP. Vous pouvez choisir aussi un fichier GIF ; il faut dans ce cas utiliser l'option Parcourir. (Reportez-vous au Chapitre 22 pour les détails sur l'utilisation de vos propres images comme papier peint.)

Cliquez sur OK pour conserver l'image choisie.

Ajuster la résolution et les couleurs

Ouvrez la boîte de dialogue Propriétés de l'Affichage en suivant les étapes précédemment décrites. Cliquez sur l'onglet Configuration pour afficher les options correspondantes. Ce qui apparaît sur votre écran doit ressembler à la Figure 12.6.

L'onglet Paramètres de la boîte de dialogue Propriétés de l'Affichage propose les options définissant le nombre de couleurs et la résolution de votre moniteur. Qu'il s'agisse de l'un ou de l'autre, vos choix sont limités, et cette boîte de dialogue est là pour vous dire exactement à quel point.

Vous devez commencer par sélectionner les couleurs, depuis 16 couleurs jusqu'à 16 bits ou 32 bits.

Sélectionnez ensuite la résolution. Le moniteur miniature illustre aussitôt votre choix. Si vous optez pour une résolution plus élevée, ne soyez pas surpris de voir le nombre de couleurs diminuer. Ces deux paramètres sont liés, au cas où vous ne l'auriez pas compris.

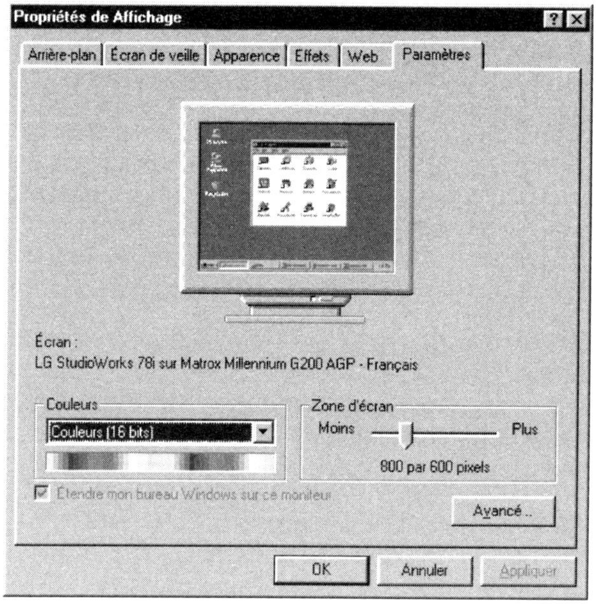

Figure 12.6 : Le volet Paramètres de la boîte de dialogue Propriétés de l'Affichage.

TRUC

- Si vous êtes l'heureux propriétaire d'un écran 21 pouces faites tourner Windows en résolution 1 024 x 768. Cette résolution affiche bien plus d'informations en même temps et utilise 256 couleurs ou plus. La plupart des logiciels peuvent ensuite afficher une police plus grande (que vous ajustez généralement via une commande de type *Zoom*) pour équilibrer le tout.

- Certains jeux modifient automatiquement la résolution de l'écran lorsqu'ils sont lancés. Pas de problème, la résolution d'origine est rétablie en quittant le jeu.

- Si vous avez du mal à distinguer les éléments de petite taille à l'écran, essayez la résolution 640 x 480.

Utiliser un écran de veille

Dans le passé, lorsque vous laissiez un moniteur allumé trop longtemps, cela pouvait détériorer le phosphore, cette pellicule intérieure qui recouvre l'écran. A force d'afficher une image fixe, celle-ci se gravait dans le phosphore. Des images de tableur venaient hanter les utilisateurs de PC, même quand l'ordinateur était éteint.

Pour éviter ce problème, vous pouviez faire tourner des écrans de veille ou *économiseurs d'écran*. Ces programmes spéciaux effaçaient provisoirement l'écran après un délai prédéterminé (en général, quand vous n'aviez pas touché le clavier pendant plusieurs minutes) et affichaient à la place des images mobiles.

Aujourd'hui, les moniteurs ne connaissent plus ce problème. Les écrans de veille, eux, sont toujours là, surtout comme distraction. (Et aussi comme protection d'accès à votre PC, si vous utilisez un mot de passe. Vous en saurez plus dans quelques lignes.)

Ouvrez la boîte de dialogue Propriétés de l'Affichage en suivant les étapes décrites plus haut dans ce chapitre. Cliquez sur l'onglet Ecran de veille pour afficher les options correspondantes. Votre boîte de dialogue devrait ressembler à celle de la Figure 12.7.

Figure 12.7 : Le volet Ecran de veille de la boîte de dialogue Propriétés de l'Affichage.

Cliquez sur le bouton Paramètres pour effectuer quelques réglages sur l'écran sélectionné.

Cliquez sur le bouton Aperçu pour tester ses effets. (Déplacez la souris pour désactiver l'écran de veille.)

Dans la zone de texte située entre les termes "Attente" et "minutes", entrez le délai d'attente qui doit précéder le déclenchement de l'écran de veille.

- Pour désactiver l'écran de veille via votre clavier, vous pouvez taper sur n'importe quelle touche, mais utilisez de préférence la touche Ctrl. Cette dernière n'affectera pas l'application qui se cache derrière votre économiseur d'écran.

- Une autre façon de congédier l'écran de veille consiste à taper du poing sur votre bureau. Ce petit geste vous défoulera tout en faisant sursauter votre souris, qui désactivera l'écran de veille.

- En cochant la case Protégé par mot de passe, vous pouvez protéger l'accès à votre PC pendant une absence momentanée. Si on ne connaît pas le mot de passe choisi, il est impossible de désactiver l'écran de veille et donc de travailler sur le PC.

- Si vous oubliez votre mot de passe, il ne vous reste plus qu'à relancer votre ordinateur. Il n'y a pas d'autre moyen.

L'écran de veille est bien là

Question : J'ai téléchargé un écran de veille sur Internet. Comment dois-je faire pour l'utiliser ? Je ne le vois pas dans la boîte Propriétés de l'Affichage.

Réponse : Il suffit de copier le fichier de l'écran de veille (avec l'extension .scr) dans le dossier Système de Windows (C:\Windows\System). Après quoi, lorsque vous appellerez la boîte Propriétés de l'Affichage, l'écran de veille sera bien là.

Les moniteurs font la paire

Windows 98 se vante de pouvoir gérer, avec le matériel adéquat, deux ou plusieurs écrans sur un seul PC. Notez bien que j'ai dit "matériel adéquat". Pour piloter un second écran, il vous faut une carte graphique agréée par Windows 98.

Le réglage des deux écrans se fait dans la boîte de dialogue Propriétés de l'Affichage. Cliquez avec le bouton droit dans l'espace du bureau et choisissez Propriétés dans le menu contextuel. Dans la boîte de dialogue Propriétés de l'Affichage, cliquez sur l'onglet Configuration. Les deux écrans apparaissent comme dans la Figure 12.8.

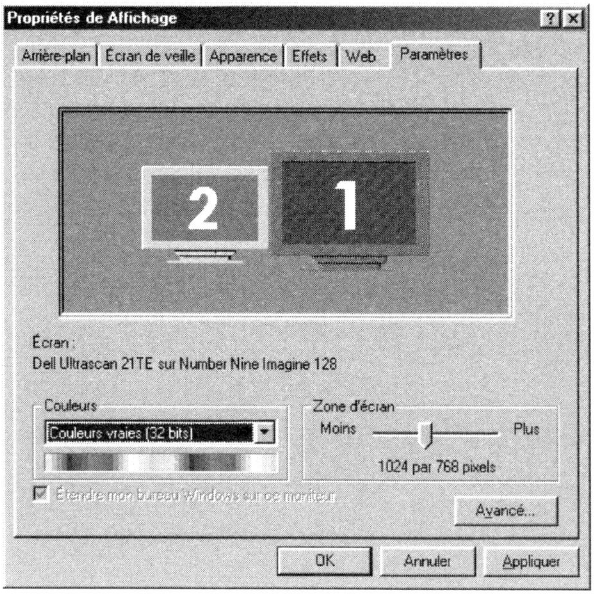

Figure 12.8 : Ecrans en duo.

Vous pouvez déplacer ces écrans à votre guise dans la boîte de dialogue. Le numéro de l'écran est repris dans la liste Affichage.

Bon ; alors à quoi ça sert ? Evidemment, plus d'écrans vous donnent plus de surface d'affichage. Vous pouvez lire un e-mail sur un écran et explorer le Web sur l'autre. A vous d'imaginer, tout est permis.

- Le fichier Display.txt qui se trouve dans le répertoire Windows du disque C vous donne la liste des cartes graphiques prévues pour la gestion d'un second écran.

- Si le second écran est reconnu, un message s'affiche au démarrage du PC. *Whaoo !* Ça marche ! - Enfin quelque chose qui veut dire ça.

- Pour activer un écran, cliquez sur son icône dans la boîte de dialogue Propriétés de l'Affichage. Puis cliquez sur Oui.

- Chaque écran a sa propre résolution et ses propres réglages. Choisissez l'écran dans la liste déroulante pour modifier ses propriétés.

- L'image du bureau apparaît sur les deux écrans en même temps.

- Une fenêtre peut être déplacée d'un écran à l'autre. C'est vraiment très chouette à voir.

- Les jeux fonctionnent uniquement sur votre écran principal, les programmes DOS également. Dans le futur, les jeux bénéficieront de l'affichage sur de multiples écrans, mais ne soyez pas trop pressé.

- Une fenêtre agrandie remplit un seul écran. Mais vous pouvez étendre l'affichage d'une fenêtre sur plusieurs écrans.

- Si vous ajoutez un second moniteur, procédez de cette façon : désinstallez d'abord votre carte graphique, puis installez la nouvelle. Configurez la nouvelle carte, puis réinstallez l'ancienne. Cette méthode permet au système de reconnaître le nouveau moniteur en lui affectant à coup sûr le pilote adéquat.

Qu'est-ce qu'une capture d'écran ?

Non, ce n'est pas un safari au pays des écrans sauvages !

Une capture d'écran est la copie de l'image affichée à l'écran. Au temps du DOS, la touche Impr écran envoyait directement l'image à l'imprimante. Avec Windows, cette touche prend un cliché de votre écran et le dépose dans le Presse-papiers. Vous pouvez ensuite l'exploiter avec n'importe quel logiciel de graphisme, y compris Paint.

Chapitre 13

Souris, souriez !

Dans ce chapitre :

Une souris dans la maison !

Quelques espèces de souris.

Brancher votre souris.

Utiliser votre souris.

Le toilettage.

Effectuer quelques réglages.

Le PC n'a pas toujours été cette machine dotée d'une interface conviviale et d'une souris. Non, ces souris, considérées comme des gadgets amusants, étaient réservées aux Macintosh et ne pouvaient être associées aux ordinateurs plus sérieux d'IBM.

Aujourd'hui, tous les fabricants livrent leurs ordinateurs avec une souris. Rares sont ceux qui ne possèdent pas encore ce petit animal sur leur bureau. Certaines souris sont amusantes, comme les modèles distribués par Logitech. D'autres (comme celles d'IBM) sont exclusivement réservées aux affaires sérieuses. Quelle que soit sa forme, une souris est un outil extrêmement pratique, tout particulièrement si vous utilisez un système d'exploitation graphique tel que Windows.

- Doug Englebart a inventé la souris informatique à l'Institut de recherche de Stanford, dans les années 60. Il n'a obtenu que 10 000 dollars pour son invention, mais a reçu en 1997 500 000 dollars pour le prix Lemelson-MIT de l'innovation américaine.

- Il paraît que le fondateur d'Apple, Steve Jobs, n'avait pas l'intention d'équiper son premier Mac d'un clavier. Apparemment, il pensait que la souris pouvait se charger de tout le travail. (Mais bien sûr : "Cliquez 20 fois pour taper un A, 21 pour un B...")

Une souris dans la maison !

Une souris ressemble à une savonnette qui aurait avalé une boule, avec, sur le dessus, au moins deux boutons. Elle est reliée à l'arrière de l'ordinateur par un fil qui peut être pris, à la nuit tombée, pour la queue d'une souris. La Figure 13.1 illustre une souris ordinaire.

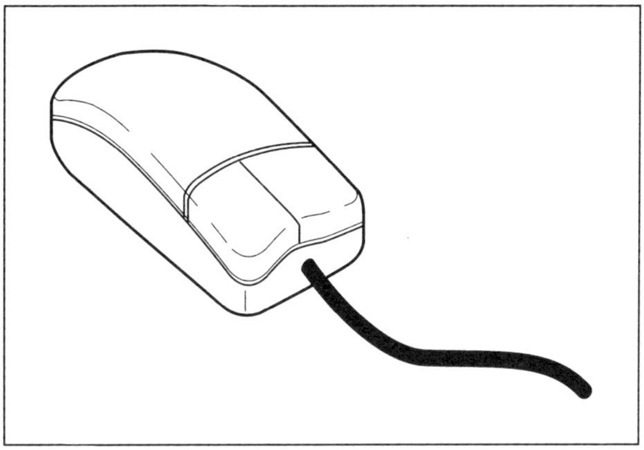

Figure 13.1 : Une souris commune.

- Votre ordinateur a été livré avec sa propre souris, mais vous pouvez la remplacer par un modèle de votre choix. Reportez-vous à la section "Quelques espèces de souris" plus loin dans ce chapitre pour un aperçu des différents modèles.
- Vous avez besoin d'une souris pour utiliser Windows.
- Vous devez réserver, sur votre bureau, un emplacement dégagé pour y déplacer votre souris. Sa surface devra être plus ou moins de la taille de ce livre.
- Une souris se déplace plus facilement sur un *tapis de souris* - un petit carré en plastique ou en caoutchouc posé sur votre bureau. Les plus efficaces ont une surface rugueuse qui donne une meilleure adhérence et une plus grande précision aux déplacements de votre souris. Le tapis a l'avantage de vous rappeler qu'il faut garder une surface libre pour la souris.

Quelques espèces de souris

Il existe de nombreuses espèces différentes de souris. A part le modèle courant, il existe quelques variantes, dont celle à infrarouge, celle sans boule, ou celle en forme de stylo. Cette section décrit les différents modèles disponibles sur le marché.

- J'ai rédigé un article comparatif sur les souris pour un magazine. Parmi les 30 modèles que j'ai reçus, 12 ne ressemblaient en rien à la souris standard.
- J'ai même vu une souris avec 52 boutons, pratique pour écrire comme avec un clavier. (Elle n'a pas eu de succès, allez savoir pourquoi...)
- La souris USB est apparu récemment. Elle est en tout point identique aux autres, sauf qu'elle se connecte au PC via le port USB. Vous trouverez des informations sur le port USB au Chapitre 9.

La souris à roulette

La souris à roulette (Figure 13.2) possède un bouton supplémentaire entre les deux boutons standard. Ce bouton est une roulette, que vous tournez vers le haut ou vers le bas pour parcourir un document dans les quelques applications Windows qui obéissent à cette souris. Vous pouvez aussi appuyer sur la roulette et la maintenir pour sélectionner le document vers le haut, le bas, la gauche ou la droite.

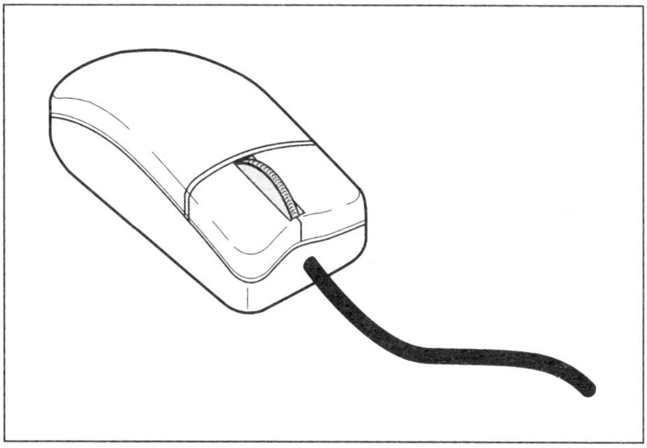

Figure 13.2 : La souris à roulette que Microsoft appelle "IntelliMouse".

Après avoir utilisé l'IntelliMouse pendant quelque temps, je me suis mis à l'aimer. J'utilise la roulette constamment pour parcourir des documents. C'est chouette. Et je ne dis pas ça parce que Microsoft m'a offert la souris. Pas du tout.

- Seules des applications spécifiques utilisent la roulette. En particulier tous les programmes d'Office 97, et Internet Explorer plus tous les programmes de Windows si vous avez installé les disquettes de la souris à roulette.

- Hormis le parcours d'un document avec la roulette, cette souris n'a aucun autre avantage sur la souris traditionnelle.

- La roulette permet de parcourir une page de traitement de texte ou une page Web bien plus vite que la barre d'ascenseur traditionnelle.

Le trackball (ou la souris à l'envers)

Un *trackball* ressemble à une souris ordinaire, mais seulement si vous le regardez la tête en bas - essayez avec la Figure 13.3. Au lieu de faire rouler la souris sur un tapis, vous faites tourner directement sa boule avec le pouce ou l'index. Le reste ne bougeant pas, vous économisez de la place et son fil ne risque pas de s'emmêler avec les différents objets de votre bureau.

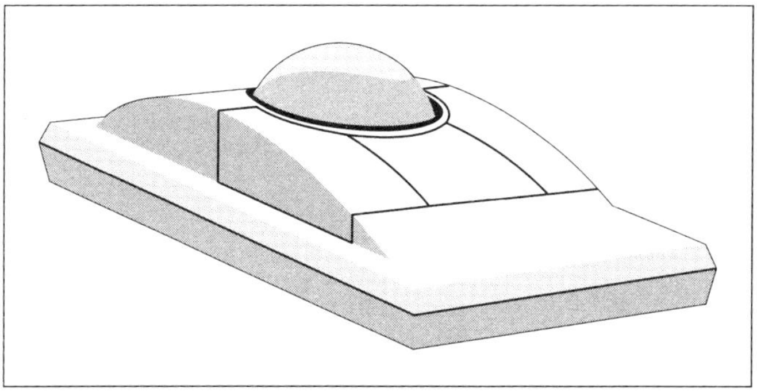

Figure 13.3 : Un trackball.

Le *trackball* ne convient pas à tout le monde. Il semble plus adapté à un environnement graphique où les mouvements doivent être précis. Si vous êtes un artiste, le trackball est peut-être fait pour vous.

Brancher votre souris

Branchez la souris dans le connecteur approprié à l'arrière de l'ordinateur.

Si votre PC n'est pas équipé d'un port spécifique, vous devrez brancher votre souris dans le port série COM1, le COM2 étant souvent utilisé par le modem. De plus, brancher la souris sur le COM2 peut poser des problèmes.

- Si votre PC est muni d'un COM3, vous pouvez l'utiliser à la place du COM2.
- Pensez à éteindre votre ordinateur avant de brancher ou de débrancher la souris.
- Les souris sont parfois livrées avec leur propre logiciel, que vous devez installer à l'aide du programme d'installation Windows. Voyez pour cela le Chapitre 19.

- La queue de la souris doit être tournée vers l'unité centrale. (Ne riez pas, ce n'est pas évident pour tout le monde.)

Utiliser votre souris

La souris d'un PC commande un pointeur (aussi appelé *curseur*) à l'écran. Lorsque vous déplacez la souris en la faisant rouler sur votre bureau, le pointeur se déplace de la même manière à l'écran. Si vous la dirigez vers la droite, le pointeur se dirigera vers la droite. Si vous la faites tourner en rond, le pointeur fera de même. Faites tomber la souris, et vous entendrez un "Aïe !" en provenance du PC. (Non, je plaisante.)

Pour utiliser une souris, vous devez commencer par la tenir correctement. Vous la coincez dans votre paume et laissez reposer votre index et votre majeur sur les deux boutons (ou plus) situés au-dessus.

Il n'y a aucune raison de vous crisper, prenez-la avec douceur et tout ira bien.

- La plupart des utilisateurs coincent la souris dans leur paume et positionnent leur pouce sur le côté gauche et l'annulaire sur le côté droit, laissant l'index et le majeur libre d'agir sur les boutons situés au-dessus.
- La première fois qu'un utilisateur tient une souris, il la déplace généralement en cercles, histoire de voir les jolis ronds qu'elle dessine à l'écran. Cette manie ne disparaît qu'avec le temps (et encore, pas toujours).
- Lorsque le fil de la souris est emmêlé, soulevez-la et faites un mouvement sec du poignet comme un coup de fouet.

Pointer

Si l'on vous demande de "pointer" à l'aide de la souris sur un objet précis, cela signifie que vous devez déplacer la souris sur votre bureau pour positionner le curseur à l'écran de sorte qu'il pointe sur cet objet.

Ne pointez pas la souris en l'air en direction de votre écran, comme s'il s'agissait d'une télécommande, cela ne marche pas.

Cliquer

Cliquer est le terme employé par la plupart des programmes. Il signifie pointer sur un objet de l'écran et appuyer sur le bouton de la souris.

Quand votre programme vous demande de "cliquer sur telle option", positionnez le curseur sur cette option en déplaçant la souris sur votre bureau, et appuyez sur le bouton principal avec votre index pour donner l'ordre au programme d'effectuer la commande qui lui correspond. (Il est tout à fait possible de déplacer la souris sur votre front pour positionner le curseur de l'écran, puis de cliquer sur le bouton, alors que la souris est toujours sur votre front, assurez-vous toutefois que personne ne vous regarde.)

- Le bouton qui sert à cliquer est le bouton de gauche, celui sous votre index. C'est le bouton principal de la souris.

- Lorsque vous devez utiliser le bouton droit, cela vous est précisément indiqué : *cliquez avec le bouton droit* .

- Lorsque vous appuyez sur le bouton de la souris, celui-ci émet un "clic". C'est pour cela que de nombreux programmes vous demandent de "cliquer sur le bouton de la souris" alors qu'ils veulent que vous appuyiez dessus.

- Pour cliquer, appuyez sur le bouton et relâchez-le. Ne le tenez pas enfoncé en permanence. (En fait, cela fait deux clics - le premier lorsque vous "cliquez" et le second lorsque vous relâchez le bouton. Votre oreille est-elle aussi sensible ?)

- Il arrive parfois que l'on vous demande de cliquer tout en appuyant sur une touche spécifique du clavier. La touche Ctrl, par exemple, est une habituée de ce type de combinaison.

Double-cliquer

Double-cliquer signifie appuyer sur le bouton de la souris deux fois de suite. Sous Windows, vous double-cliquez pour ouvrir quelque chose.

- Le temps d'arrêt entre les deux clics peut varier légèrement, mais il est toujours très court.
- Essayez de ne pas bouger la souris entre les deux clics ; ceux-ci doivent être effectués au même endroit.
- Cliquer et double-cliquer sont deux opérations différentes. Si l'on vous demande de "cliquer", vous devez appuyer sur le bouton gauche de la souris une fois. Pour double-cliquer, vous devez appuyer sur ce même bouton deux fois.

- Si, en cliquant deux fois, rien ne se passe, il se peut que vous ne cliquiez pas assez vite. Essayez de procéder aussi vite que possible. Si la vitesse exigée est trop rapide pour vous, elle peut être réglée. Voyez la section "Le double clic ne fonctionne pas !" plus loin dans ce chapitre.

Faire glisser la souris

Faire glisser la souris ne signifie pas l'équiper de patins spéciaux, mais la déplacer tout en maintenant enfoncé le bouton gauche pour sélectionner des objets ou les déplacer (cela dépend du programme). Voici exactement comment procéder :

1. **Pointez le curseur de la souris sur l'objet que vous voulez déplacer.**
2. **Pressez et maintenez le bouton de la souris appuyé.**

   Il s'agit du bouton gauche. Pressez et maintenez le bouton enfoncé, mais ne cliquez pas ! Cette action a pour effet de "saisir" l'objet visé par le curseur de l'écran.

   Dans certains programmes, il faut cliquer une seconde fois pour pouvoir déplacer l'objet saisi. Pour ceux-là, l'étape suivante de la procédure aura pour effet de *sélectionner* (et non pas de déplacer) les éléments sur lesquels glisse le curseur, en dessinant une marquise de sélection (une bande noire rectangulaire) autour de ces éléments.

3. **Faites glisser la souris vers un nouvel endroit.**

   L'opération *glisse* est en fait une opération *déplacement* ; vous commencez à un endroit de l'écran et déplacez (faites glisser) l'objet visé vers un autre endroit.

4. **Relâchez le bouton de la souris.**

   Soulevez votre index légèrement. La prise est déposée.

Quand vous relâchez le bouton de la souris, vous relâchez également tout ce que vous étiez en train de déplacer.

- Vous pouvez utiliser cette méthode pour sélectionner un groupe d'objets. Dans ce cas, en glissant vous dessinez un rectangle autour des éléments à sélectionner.

- Dans de nombreux programmes de dessin, faire glisser la souris a pour effet de créer une image à l'écran. Dans ce cas, cette opération peut être assimilée au dessin avec une plume ou un pinceau.

- Si l'on vous demande de presser une touche tout en faisant glisser votre souris, par exemple la touche Ctrl ou la touche Maj, vous devez appuyer sur cette touche *avant* de faire glisser la souris.

TRUC

Le toilettage de votre souris

Votre bureau accumule poussière, poils de chat et autres "micro-moutons". Si votre souris a des "ratés", elle a peut-être besoin d'un nettoyage. C'est facile à faire, vous n'avez pas besoin d'un réparateur professionnel.

En retournant la souris, vous verrez une plaque protectrice ronde qui retient la boule. Appuyez sur cette plaque et faites-la tourner dans le sens indiqué par la flèche à côté de laquelle se trouve, le plus souvent, l'indication "open" (ouvrir). La plaque doit alors se détacher et la boule tomber. Enlevez tout ce qui a pu s'accumuler dans le trou et nettoyez la boule. Remettez-la dans son "nid", replacez la plaque et faites-la pivoter dans le sens inverse de l'ouverture.

Veillez également à la propreté du tapis de souris, brossez-le régulièrement.

Sélectionner à l'aide de la souris

Dans la littérature informatique, "choisir" ou "sélectionner" sont souvent synonymes de "cliquer". Lorsqu'on vous demande de choisir ou de sélectionner telle ou telle option, vous devez déplacer le curseur sur cet endroit et cliquer. C'est tout bête.

Pour désélectionner quelque chose, lorsque vous avez cliqué sur le mauvais objet ou lorsque vous changez d'avis, il vous suffit de cliquer ailleurs, sur le bureau par exemple. Cela désélectionne tout ce qui était sélectionné.

Effectuer quelques réglages

Quelque part dans le Panneau de configuration de Windows sommeille l'icône Souris qui, d'un double clic, ouvre la boîte de dialogue Propriétés pour Souris. Les sections suivantes décrivent quelques petites bricoles que vous pouvez y faire. Voici, pour commencer, la procédure à suivre pour accéder à cet atelier de travail :

1. **Ouvrez le Panneau de configuration.**

   Dans le menu Démarrer, choisissez Paramètres/Panneau de configuration. La fenêtre Panneau de configuration apparaît.

2. **Ouvrez l'icône Souris.**

Souris

   Double-cliquez sur l'icône représentée dans la marge pour afficher la boîte de dialogue Propriétés de Souris, illustrée Figure 13.4.

Si vous possédez une souris à roulette, vous verrez une boîte de dialogue différente, avec encore plus d'options et de trucs marrants. Vous en avez un échantillon Figure 13.5.

3. **Effectuez les réglages désirés dans la boîte de dialogue.**

   Divers réglages subtils sont autorisés dans la boîte de dialogue Propriétés de Souris. Quelques-unes des tâches les plus populaires sont traitées dans les sections suivantes.

4. **Fermez la boîte de dialogue.**

   Lorsque vous avez fini de faire joujou, deux choix s'offrent à vous : cliquer sur le bouton OK pour enregistrer vos modifications, ou cliquer sur le bouton Annuler pour restaurer la configuration initiale.

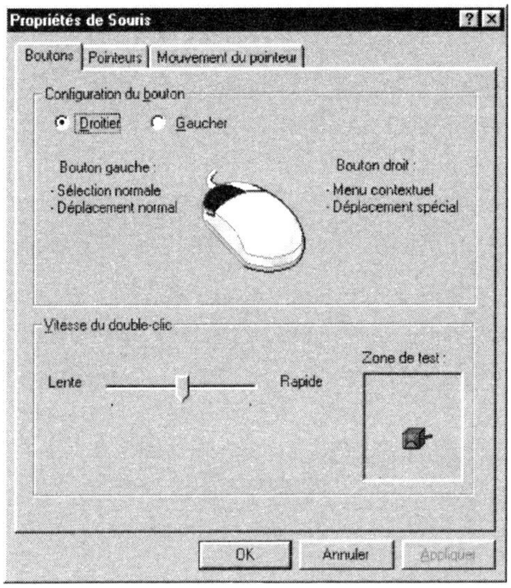

Figure 13.4 : La boîte de dialogue Propriétés de Souris.

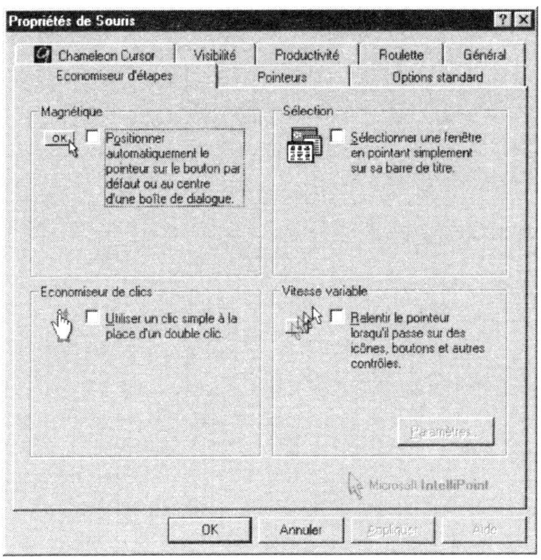

Figure 13.5 : La boîte de dialogue Propriétés de Souris de la souris à roulette.

Le double clic ne fonctionne pas !

Si rien ne se passe lorsque vous double-cliquez sur un élément, une de ces deux éventualités peut en être la cause : soit vous bougez légèrement la souris entre les deux clics, soit la vitesse du double clic est trop rapide pour un être humain comme vous et moi.

Ouvrez la boîte de dialogue Propriétés de Souris, en suivant la procédure décrite dans ce chapitre.

Pour les souris classiques, cliquez sur l'onglet Boutons pour afficher sa panoplie d'options. (Le résultat devrait ressembler à la Figure 13.4)

Dans la zone Vitesse du double clic, se trouve un bouton curseur que vous devez faire glisser vers la gauche ou vers la droite pour ralentir ou augmenter cette vitesse.

Pour tester la vitesse choisie, commencez par cliquer sur le bouton Appliquer. Cette action enregistre les nouvelles caractéristiques de votre souris. Double-cliquez ensuite dans la zone de test contenant une boîte à surprise. Si un petit clown en sort, c'est gagné !

Si vous avez la souris à roulette, cliquez sur l'onglet Options standard (voir Figure 13.6). Double-cliquez sur la boîte Définition (dans les nuages) pour établir la vitesse du double clic. Testez la vitesse en cliquant sur le parapluie dans la boîte Test. Essayez jusqu'à ce que vous trouviez votre vitesse ; les doubles clics sur les boîtes Définition et Test doivent correspondre.

Cliquez sur le bouton OK pour fermer la boîte de dialogue.

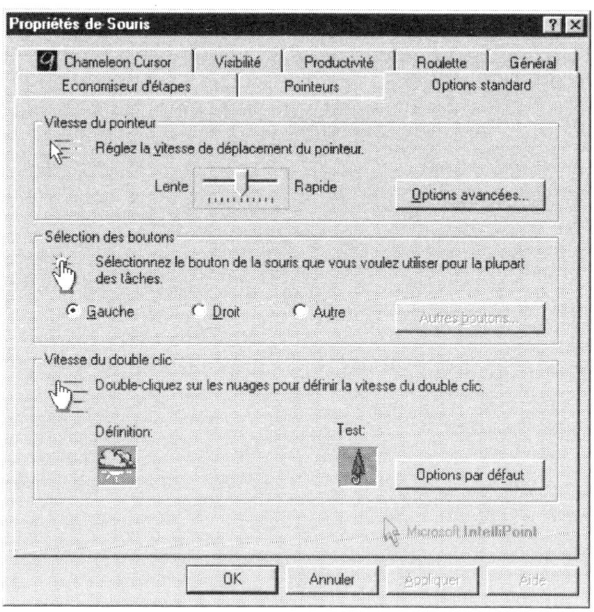

Figure 13.6 : L'onglet Options standard de la boîte de dialogue Propriétés de Souris.

Sélectionner un pointeur animé

Pour définir un curseur animé, vous devez passer par le volet Pointeurs de la boîte de dialogue Propriétés de Souris. Suivez ces étapes :

1. **Ouvrez la boîte de dialogue Propriétés de Souris et cliquez sur l'onglet Pointeurs.**

   Cette procédure est décrite ci-avant dans la section "Effectuer quelques réglages".

2. **Choisissez le pointeur que vous voulez changer.**

   Il est sûr que ce pointeur en forme de sablier est monotone à la longue.

3. **Cliquez sur le bouton Parcourir.**

   Une boîte de dialogue Parcourir s'ouvre. Reportez-vous au Chapitre 6 pour plus d'informations sur la boîte de dialogue Parcourir (qui fonctionne comme une boîte de dialogue Ouvrir).

   La boîte de dialogue Parcourir devrait se trouver dans le dossier dans lequel Windows stocke tout ce qui concerne la souris. Si ce n'est pas le cas, mettez-la dans le dossier \WINDOWS\CURSORS de votre disque C.

4. **Cliquez sur un nouveau pointeur dans la boîte de dialogue.**

   Certains pointeurs sont signalés par des icônes spécifiques. D'autres utilisent juste l'icône de fichier de Windows.

5. **Prenez un aperçu du pointeur.**

   Après avoir cliqué sur le pointeur, regardez dans la boîte Aperçu pour voir si c'est un pointeur animé. Les pointeurs animés bougent. (Etait-il nécessaire de le préciser ?)

6. **Si le pointeur ne vous plaît pas, répétez les étapes 4 et 5.**

7. **Cliquez sur Ouvrir.**

   Le pointeur que vous avez choisi remplace celui que Windows avait suggéré dans l'onglet Pointeurs de la boîte de dialogue Propriétés de Souris.

8. **Cliquez sur OK.**

Votre modification est enregistrée.

Si vous téléchargez des fichiers (ou copiez la disquette d'un ami) contenant des curseurs animés, vous devrez les enregistrer dans le dossier Cursors du dossier principal Windows. (Le chemin d'accès est C:\WINDOWS\CURSORS.) Cette précaution les fera automatiquement apparaître dans la liste disponible lorsque vous double-cliquerez sur un pointeur de la boîte de dialogue.

A lire si vous êtes gaucher

Hé, les gauchers ! N'avez-vous pas l'impression de vivre dans un monde dominé par les droitiers ? Si vous ne supportez pas l'idée de devoir manipuler une souris de la main droite, pas de problème. Vous pouvez renverser la situation et même installer votre souris à gauche du clavier.

Ouvrez la boîte de dialogue Propriétés de Souris en suivant la procédure décrite plus haut dans ce chapitre. Dans le volet Boutons, cliquez sur le bouton radio Gaucher. Cette opération bascule virtuellement les boutons dans la mémoire de Windows : les tâches propres au bouton gauche sont alors réalisées par le bouton droit et vice versa.

- Ce livre, ainsi que tous les autres manuels et ouvrages informatiques, part du principe que le bouton gauche de la souris est le bouton principal. Si vous adoptez la configuration pour gaucher, vous indiquez à Windows d'inverser les boutons de la souris. Aussi, lorsqu'un manuel vous demandera de cliquer sur le bouton droit, vous ne devrez pas oublier de cliquer sur le gauche.

- Il n'y a aucune configuration spéciale pour ambidextres. Désolé !

Les souris aussi ont des soucis

Les souris sont des petits êtres très gentils qui ne sont généralement pas responsables des problèmes de votre ordinateur. Cependant, il leur arrive de ne pas fonctionner comme elles le devraient. Voici leurs maladies les plus courantes :

La souris est un escargot

Votre souris se traîne. Je ne sais pas pourquoi cela arrive ; vous pouvez toujours essayer de la nettoyer, elle sera toujours aussi lente.

La solution est drastique : achetez une autre souris. Les souris durent généralement deux ou trois ans. Après, elles deviennent lentes et capricieuses. Au lieu de lui taper la tête contre votre bureau, achetez-en une neuve. Elle sera rapide et sûre, et vous serez beaucoup plus calme.

La souris fantôme et la souris bloquée

Ce n'est pas une fable de La Fontaine, mais deux phénomènes courants quand vous utilisez la souris.

Après une session très productive de gestion de vos fichiers, vous vous apercevez que votre souris est introuvable.

Si, la voilà !

Et elle disparaît à nouveau. Cela peut durer longtemps.

Ou bien, le pointeur est là, sur l'écran. Vous bougez la souris, rien ne se passe. Vous essayez de la motiver en la menaçant des pires châtiments, vous tentez de l'incruster dans le bureau à coups de poing. Rien n'y fait.

La solution : redémarrez votre ordinateur. (Voir Chapitre 2.)

Chapitre 14

Votre clavier (n'est pas un filtre à café)

Dans ce chapitre :

Anatomie d'un clavier.

Les touches d'édition classiques.

Les touches Windows.

Les fantaisies du clavier.

Le clavier polyglotte.

Rien ne vaut un clavier dont les touches s'enfoncent délicatement sous une légère pression des doigts, peut-être même en renvoyant quelques "clapatap-tap-tap" d'accompagnement. Un clavier qui émet des cliquetis lorsque vous tapotez conforte l'impression de beaucoup travailler. Si seulement les souris pouvaient être plus bruyantes !

Anatomie d'un clavier

Votre clavier est la voie de communication directe entre vous et l'ordinateur. Un PC n'a pas d'oreilles. Vous pouvez toujours essayer de crier, d'agiter les bras, il ne voit ni n'entend rien. Pour communiquer avec lui, vous devez taper ce que vous voulez lui dire sur son clavier.

Le clavier standard

La Figure 14.1 illustre un clavier PC type, qui contient 104 touches. (Vous pouvez vérifier, si vous avez du temps à perdre.)

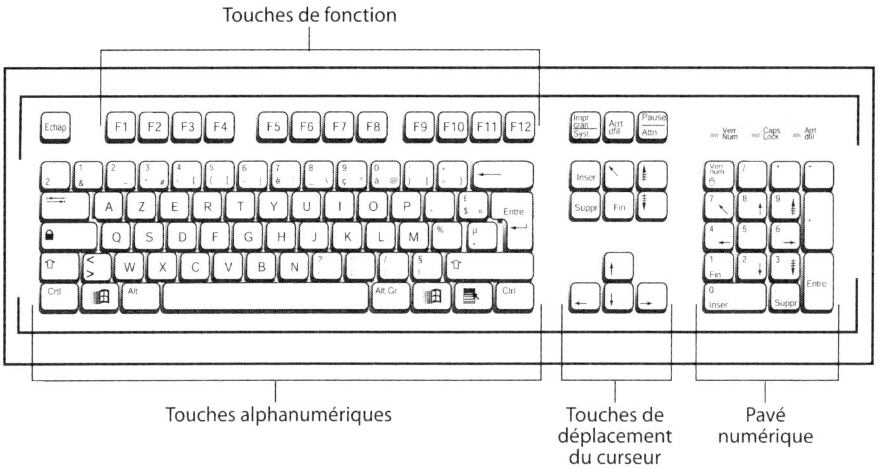

Figure 14.1 : Le clavier à 104 touches.

La plupart des claviers récents ont 104 touches : dont trois touches spéciales Windows autour de la barre d'espacement. La section "C'est quoi ces touches Windows ?" vous les décrit en détail.

Composition classique d'un clavier

Un clavier peut être divisé en quatre parties principales (reportez-vous à la Figure 14.1 pour les localiser).

Les touches de fonction : Ces touches se trouvent au-dessus du clavier alphabétique et sont identifiées par la lettre F suivie d'un nombre : F1, F2, F3, etc., jusqu'à F12.

Les touches alphanumériques : Ce sont les mêmes touches que sur les machines à écrire. Elles comprennent les lettres, les nombres et les symboles de ponctuation.

Les touches de déplacement du curseur : Elles sont divisées en deux parties : les "flèches", qui permettent de déplacer le curseur sur l'écran dans le sens de la flèche, et les touches Inser, Suppr, Pge Préc., Pge Suiv., Origine et Fin qui sont regroupées au-dessus de ces quatre touches.

Le pavé numérique : le pavé numérique ressemble aux touches d'une calculatrice.

- Le pavé numérique a une double personnalité. Il peut générer des nombres ou dupliquer les touches de déplacement du curseur. Voyez "Les touches à bascule" plus loin dans ce chapitre pour plus d'informations concernant cette capacité de dédoublement.

- Les touches F1, F2, etc., sont appelées *touches de fonction.*
- Comme leur nom l'indique, les touches de déplacement du curseur permettent de déplacer le curseur (petite barre clignotante verticale) sur l'écran lorsque vous tapez du texte sous Windows. Le pointeur de la souris est souvent appelé *curseur.*
- Les touches Pge Préc. et Pge Suiv. signifient Page précédente et Page suivante. Elles peuvent également être signalées par d'autres symboles.
- Les touches Inser et Suppr sont des touches d'édition souvent utilisées en combinaison avec les touches de déplacement.
- La touche Impr écran peut également être désignée par l'abréviation Imp écr ou Print Scrn, ou encore PrtScr.

N'OUBLIEZ PAS

Quelques caractères à ne pas confondre

Sur une machine à écrire, la lettre majuscule I et le chiffre 1 sont souvent identiques. Pas sur les ordinateurs. Si vous voulez taper 1 001, par exemple, ne tapez pas I 00I par erreur (vous voyez la différence ?), en particulier si vous travaillez avec un tableur.

Il en va de même pour la lettre O majuscule et le chiffre 0 ; ce sont deux caractères différents. Utilisez un zéro pour les chiffres et un gros O pour toute autre histoire d'O.

Où est passée la touche "Aide" ?

Lorsque vous avez besoin d'aide sous Windows, utilisez la touche F1. F1 égale Aide. Si votre mémoire est déjà trop encombrée, écrivez ces quatre lettres sur un petit carré de papier, et collez-le sur la touche F1.

C'est quoi ces touches Windows ?

Les claviers des PC les plus récents ont trois touches nouvelles : la touche Windows, la touche Menu raccourci et une autre touche Windows. Elles se trouvent entre les touches Alt et Ctrl, de chaque côté de la barre d'espacement (voir Figure 14.1).

La touche Windows fait la même chose que la combinaison Ctrl+Esc : elle appelle le menu Démarrer.

Tableau 14.1 : Les raccourcis avec la touche Windows.

Combinaison de touches	Fonction
Win+D	Affiche le bureau (réduit toutes les fenêtres)
Win+E	Démarre l'Explorateur
Win+F	Affiche la boîte de dialogue Rechercher
Win+P	Affiche la fenêtre Imprimantes
Win+R	Affiche la fenêtre Exécuter

La touche Menu raccourci affiche le menu raccourci de l'objet sélectionné à l'écran. C'est comme lorsque vous cliquez sur un objet avec le bouton droit de la souris.

Les touches à "bascule"

Plusieurs touches agissent comme une bascule, une sorte de bouton marche/arrêt. Appuyer sur la touche une fois active la fonction, appuyer de nouveau la désactive. Il s'agit des touches Majuscule, Verr Maj, Verr Num et Arrêt Défil.

Majuscule (Maj) : Elle fonctionne comme sur une machine à écrire. Lorsque vous la pressez, elle permet d'obtenir non seulement les lettres majuscules, mais aussi les chiffres qui se trouvent sur la partie supérieure du clavier. Lorsque vous la relâchez, les lettres apparaissent de nouveau en minuscules, et les chiffres sont remplacés par les lettres accentuées, symboles et autres signes de ponctuation.

Verr Maj : Cette touche a la même fonction que Maj, si ce n'est qu'elle évite les crampes de votre petit doigt. Une fois verrouillée, tout ce que vous tapez apparaît en lettres capitales. Pour revenir aux minuscules, appuyez de nouveau sur cette touche.

Verr Num : Pressez cette touche et le pavé numérique à droite du clavier produira exclusivement des chiffres. Pressez de nouveau et il permute en touches de déplacement du curseur (pour déplacer le point d'insertion à l'écran).

Arrêt Défil : Cette touche n'a aucune raison d'être. J'ai vu autrefois certains tableurs sous DOS l'utiliser, mais plus aucun programme ne s'en sert aujourd'hui. Qu'elle repose en paix !

Ctrl : La touche Ctrl est également utilisée comme la touche Maj. Dans la plupart des programmes Windows, appuyer sur Ctrl et taper S sauvegardent le document en cours, appuyer sur Ctrl et taper P lancent l'impression, et ainsi de suite, plus ou moins logiquement, pour toutes les lettres de l'alphabet.

Alt : La touche Alt s'utilise comme la touche Maj. Par exemple, si vous pressez la touche Alt en même temps que la touche de fonction F4 (on parle alors de la combinaison de touches Alt+F4), vous fermez une fenêtre du bureau. Vous devez en fait appuyer sur la touche Alt, la maintenir enfoncée, puis appuyer sur la touche F4, et enfin relâcher les deux touches.

Comme la touche Majuscule, les touches Alt et Ctrl ne sont, en principe, jamais utilisées seules, leur vocation étant de changer la fonction de la touche avec laquelle on les utilise.

- Le verrouillage des touches Maj, Num et Défil est signalé par un voyant lumineux.
- Même si vous lisez Ctrl+S ou Alt+S avec un S majuscule, cela ne veut pas dire que vous devez taper Ctrl+Maj+S ou Alt+Maj+S. La lettre est écrite en majuscule tout simplement parce que "Ctrl+s" ressemble plus à une erreur de frappe qu'à une combinaison de touches.
- Ces touches spéciales sont parfois elles-mêmes utilisées en combinaisons, telles que Maj+Ctrl+C et Ctrl+Alt. Vous pouvez utiliser Ctrl+Echap pour afficher le menu Démarrer, par exemple. N'oubliez pas d'appuyer sur les touches à bascule en premier, et de taper la lettre ensuite. Relâchez toutes les touches en même temps.
- Pour votre information, certains manuels utilisent l'abréviation ^Y en lieu et place de Ctrl+Y. La manipulation et le résultat sont les mêmes.
- Dans certains programmes, vous pouvez utiliser la touche Alt seule. Sous Windows, par exemple, presser la touche Alt active la barre de menus. Vous pouvez également presser la touche Ctrl pour désactiver l'écran de veille Windows.

Pour matheux seulement

En cherchant bien autour du pavé numérique, vous trouverez les touches /, *, - et +. Elles sont utilisées par l'ordinateur pour diviser, multiplier, soustraire et additionner. Maintenant que vous le savez, n'essayez plus d'utiliser la lettre "x" pour effectuer une multiplication sur votre tableur.

La touche de tabulation

La touche de tabulation a un double usage sur votre PC.

Comme avec la touche Tab (tabulation) de votre vieille machine à écrire, appuyer dessus positionne le curseur sur le taquet de tabulation suivant.

La touche Tab sert également à déplacer rapidement le curseur à l'intérieur des boîtes de dialogue.

- Histoire de brouiller les cartes, cette touche n'est pas toujours signalée par les lettres TAB, mais par deux flèches (l'une dirigée vers la gauche, l'autre vers la droite). Curieux, non ?

- Votre PC considère la touche Tab comme un seul caractère, appelé, en toute logique, *caractère de tabulation*. Aussi, si vous pressez la touche Suppr devant une tabulation, vous l'effacez d'un coup, non pas espace après espace.

La barre oblique (slash)

Le clavier comporte deux barres obliques faciles à confondre.

La barre oblique (/) ou *slash* est avant tout une barre de fraction, comme dans 52/13 (52 divisé par 13).

La barre oblique inversée (\) ou *antislash* est utilisée dans les chemins d'accès, qui sont des choses compliquées dont je parle discrètement au fin fond du Chapitre 6.

La touche "panique"

La seule touche qui sert à dire "arrêtez tout !" est la touche Echap.

Appuyer sur Echap revient à cliquer sur Annuler dans une boîte de dialogue.

- La touche Echap est presque toujours une bonne solution pour se sortir d'une opération qui va de travers.

- Pour fermer n'importe quelle fenêtre ou quitter n'importe quel programme, utilisez la mystérieuse combinaison de touches Alt+F4.

Oubliez la pause !

Certaines touches sont devenues inutiles avec la disparition d'anciens programmes, comme la touche Pause.

Sous Windows, la touche Pause n'a aucun effet. Sous DOS, appuyer sur cette touche "gelait" l'ordinateur, stoppant toutes les opérations en cours. Par exemple, lorsque vous faisiez défiler un long fichier, la touche Pause vous permettait de bloquer l'écran pour le consulter. Après avoir lu quelques lignes, vous pouviez appuyer de nouveau sur cette touche et reprendre vos activités. Ce procédé n'est plus nécessaire sous Windows.

Les fantaisies du clavier

Les trois sections ci-après présentent des scénarios tout aussi courants que gênants.

"Mon clavier émet des bips étranges !"

Problème courant. Plusieurs causes et remèdes possibles.

Cause 1 : Vous ne pouvez plus rien taper ! Le programme que vous utilisez refuse de répondre ou attend que vous pressiez une autre touche. N'oubliez pas que, sous Windows, vous ne pouvez utiliser qu'une fenêtre à la fois, même si vous en avez ouvert plusieurs.

Cause 2 : Vous tapez trop vite. Le clavier d'un PC ne peut ingurgiter qu'un certain nombre de touches à la fois. Si vous congestionnez son appareil digestif, il "burp", euh "bip".

Cause 3 : Votre ordinateur est bloqué. Reportez-vous au Chapitre 2 pour savoir comment relancer le système.

"J'ai renversé du café sur le clavier !"

Tôt ou tard, et malgré toutes vos précautions, vous renverserez votre café ou jus de fruit sur votre clavier. Attention, cela peut sérieusement l'endommager ! Que faire si cela se produit ?

1. **Si le clavier fonctionne toujours, sauvegardez votre travail. Eteignez l'ordinateur et débranchez le clavier.**

2. **Retournez le clavier et secouez-le vigoureusement (loin des claviers des collègues si possible).**

3. **Epongez un maximum de liquide et laissez le clavier sécher environ 24 heures.**

   Votre clavier devrait, normalement, fonctionner de nouveau, surtout si le liquide n'était pas trop sucré.

   Si ça n'est pas le cas, il ne vous reste plus qu'à acheter un clavier neuf, car les circuits internes sont irrémédiablement endommagés.

Certaines sociétés vendent des protège-claviers. Ces protections sont très utiles, plus particulièrement pour les fumeurs et les distraits.

Le clavier polyglotte

Un des atouts majeurs des claviers d'ordinateur est leur côté polyglotte. En effet, impossible de faire apparaître sur un seul clavier les caractères spécifiques à chaque patrimoine linguistique. Pas de problème pour les "é, è, ç, à, ù" et autres "ê, è", mais cherchez par exemple le "ß" allemand ou le "Æ" scandinave. Windows a donc inventé le clavier multilingue. Si vous tapez régulièrement (ou même occasionnellement) dans plusieurs langues, faites un petit tour dans le Panneau de configuration, et choisissez, parmi sa panoplie de langues, celle dans laquelle vous voulez taper.

Pour sélectionner une configuration de clavier d'une autre langue, procédez comme suit :

1. **Ouvrez le Panneau de configuration.**

   Cliquez sur le bouton Démarrer, puis choisissez Paramètres/Panneau de configuration.

2. **Dans le Panneau de configuration, double-cliquez sur l'icône Clavier.**

Clavier

   Une illustration de cette icône est représentée dans la marge.

3. **Cliquez sur l'onglet Langue pour afficher le volet qui lui correspond.**

   L'onglet Langue apparaît en avant-plan comme sur la Figure 14.2.

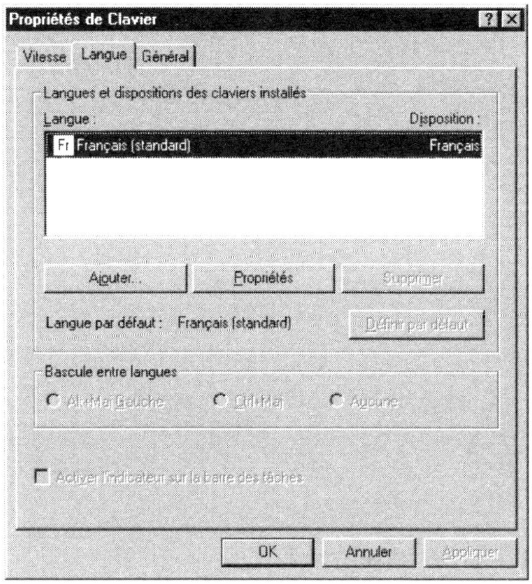

Figure 14.2 : Le volet Langue de la boîte de dialogue Propriétés de Clavier.

4. **Cliquez sur le bouton Ajouter.**

   La boîte de dialogue Ajout de langue apparaît.

5. **Choisissez une langue parmi les options proposées dans la liste déroulante.**

   De nombreuses langues sont disponibles (et même certains dialectes). Vous pouvez, par exemple, choisir parmi cinq variations de français et neuf d'anglais.

   Choisissez votre langue.

   Cliquez sur OK.

6. **Pendant ce temps, dans la boîte de dialogue Propriétés de Clavier...**

   La deuxième langue a été ajoutée à la liste. Portez une attention toute particulière à la zone d'option Bascule entre langues. Cette zone indique quelles touches vous devez utiliser pour basculer entre vos différentes configurations de clavier.

   Par exemple, pressez Alt+Maj Gauche en même temps pour basculer d'un clavier à l'autre ou, si vous préférez la combinaison Ctrl+Maj, cliquez alors sur ce bouton radio.

7. **Fermez la boîte de dialogue.**

   Cliquez sur le bouton OK.

   A ce stade, Windows vous demandera peut-être d'insérer le CD-ROM ou une des disquettes d'installation. Obéissez sagement.

Il est possible également que vous ayez à relancer l'ordinateur.

Hélas ! ces étapes ne font que basculer votre clavier français vers une autre *configuration*. Votre texte n'apparaîtra pas magiquement dans une langue étrangère.

Si vous utilisez plusieurs langues sur différentes dispositions de clavier, un indicateur composé de deux lettres apparaît à droite de la barre des tâches, spécifiant la langue utilisée.

Je n'ai aucune idée de l'endroit où Microsoft a bien pu ranger sa liste de configurations de clavier. Elle se trouvait, autrefois, quelque part dans le manuel Windows, mais plus maintenant. Ces configurations permettent de situer l'emplacement de chaque touche. Une curiosité si vous vous informez, une nécessité si vous devez vraiment taper dans une langue étrangère.

Chapitre 15

Une bonne impression

Dans ce chapitre :

Vos premières impressions.

Les imprimantes à jet d'encre.

De précieuses cartouches.

Les imprimantes laser.

nstaller et contrôler l'imprimante.

mprimer sous Windows.

mpression d'écran.

Quelques bons conseils.

Les imprimantes sont injustement oubliées dans l'assemblage d'appareils qui constituent votre bel ordinateur fourni en paquet cadeau. On y pense seulement après coup.

Pourtant les imprimantes sont aussi nécessaires au PC que le moniteur ou le clavier. Aujourd'hui, elles sont à la fois bon marché et très performantes. Elles fixent pour la postérité le fruit de votre dur labeur. Alors ne vous en privez pas.

Premières impressions

Les imprimantes génèrent une image sur du papier. Cette image peut être soit du texte, soit du graphisme ; elle peut être en couleurs ou en nuances de gris. L'impression est souvent la dernière étape d'une activité de création sur ordinateur. Le résultat final de votre labeur. Par conséquent, l'image produite doit être aussi bonne que possible

Il existe deux grandes catégories d'imprimantes, les *imprimantes à jet d'encre* et les *imprimantes laser*. Les sections suivantes font la liste de leurs mérites respectifs.

- L'imprimante est jugée sur la qualité de l'image qu'elle produit.
- L'imprimante est aussi jugée sur son prix. Cela peut aller de quelques centaines à quelques milliers de francs.
- L'imprimante était jugée sur sa vitesse. Aujourd'hui, la vitesse est devenue un critère secondaire.

Le triomphe de l'imprimante à jet d'encre

Les "jet d'encre" sont les imprimantes les plus vendues. Elles ont été dès l'origine destinées à produire des documents en couleurs de grande qualité sur tout type de papier. Certains modèles actuels donnent des impressions de qualité photographique.

La Figure 15.1 montre un modèle très répandu d'imprimante.

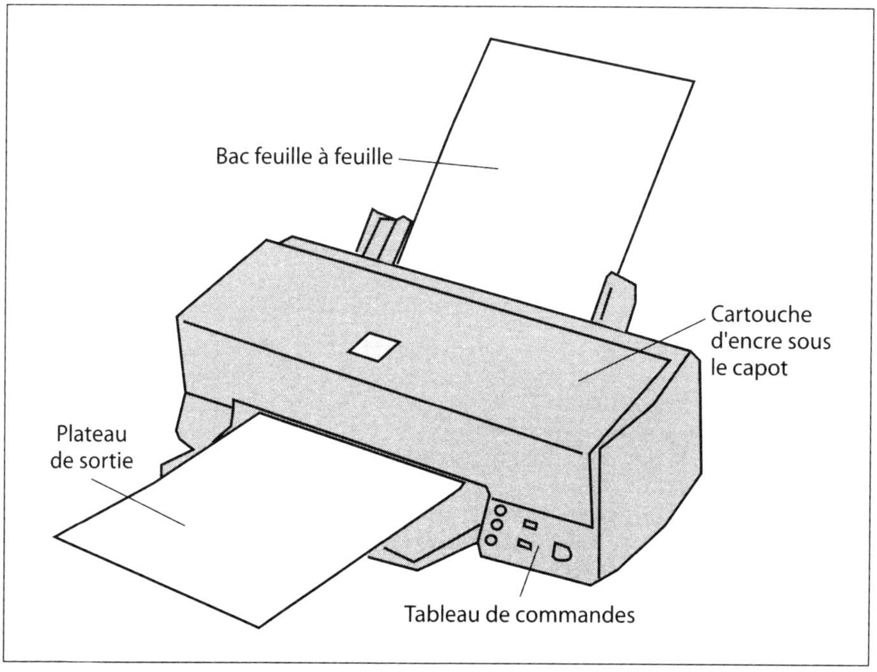

Figure 15.1 : Une imprimante à jet d'encre.

L'imprimante à jet d'encre travaille en éjectant des bulles d'encre microscopiques sur du papier, d'où son nom. Elle n'utilise ni ruban ni toner.

La plupart des imprimantes à jet d'encre utilisent à la fois des encres de couleur et de l'encre noire. L'encre est contenue dans de petites cartouches.

Ces imprimantes sont bon marché. Les prix varie de 600 à 3 000 francs environ. La qualité de l'impression fluctue selon le prix. Vous trouverez certainement l'imprimante qui convient à la fois à votre PC et à votre budget.

- Les imprimantes à jet d'encre sont vraiment pratiques. L'encre sèche au fur et à mesure que le papier avance.

- Les composants électroniques qui assistent le processus d'impression font la différence entre les imprimantes haut de gamme et les imprimantes bon marché. A défaut, c'est le PC qui est mis à contribution, ce qui entraîne un ralentissement notable de l'impression.

- Il existe des imprimantes multifonctions, telle l'OfficeJet de Hewlett Packard. Elles sont à la fois imprimante couleur à jet d'encre, fax et scanner. Elles sont plus chères que les imprimantes standard, mais elles répondent peut être parfaitement à vos besoins. A vous de voir.

De précieuses cartouches

Pour quelques centaines de francs, vous pouvez avoir une imprimante qui produit de très bons documents en couleurs. Il y a quelques années, ce n'était encore qu'un rêve pour la plupart des utilisateurs de PC. Alors, aujourd'hui tout va bien ?

Non, le hic c'est que les cartouches d'encre sont extrêmement chères. Si vous imprimez beaucoup, vous aurez tôt fait de dépenser en cartouches une somme supérieure au prix d'achat de l'imprimante.

Autre hic, si l'impression d'un poster bleu vide entièrement le réservoir d'encre bleue de votre cartouche couleur, il vous faudra remplacer la cartouche, même si les réservoirs de jaune et de rouge sont pleins.

- Ayez toujours sous la main la référence de vos cartouches, pour pouvoir les remplacer au plus vite.

- Suivez à la lettre les instructions concernant le remplacement des cartouches. Si l'encre d'une cartouche se répand, l'imprimante risque d'être endommagée. Au mieux, vous en aurez plein les doigts !

- L'usage de la couleur n'est pas toujours nécessaire. En vous servant de l'impression à l'encre noire, vous ferez pas mal d'économie. La boîte de dialogue de l'imprimante vous permet de choisir entre noir et couleur.
- Certaines imprimantes vous proposent un mode d'impression "économique". La quantité d'encre utilisée est alors réduite, la qualité du document est médiocre, mais ce mode peut être utilisé pour éditer un brouillon ou pour consulter un texte hors écran.

Acheter du papier adapté

Ne vous laissez pas abuser par les papiers spéciaux. Votre imprimante à jet d'encre peut imprimer sur n'importe quel papier. Mais il est vrai qu'un papier adapté améliore sensiblement la qualité de l'impression.

Essayez par exemple le papier de qualité *laser*. Il a un aspect satiné et est agréable au toucher, les couleurs ressortent mieux, et les textes en noir sont plus nets que sur du papier à photocopie de qualité standard.

Pour obtenir des images de qualité photographique, le papier glacé est indispensable. Ce type de papier coûte moins de 3 francs la feuille en format 10 x 15 cm.

Pour vous amuser, essayez le papier transfert. Avec un fer à repasser, vous pouvez reproduire vos images sur un T-shirt. L'imagination n'a plus de limites techniques.

Les imprimantes laser

Si les imprimantes à jet d'encre sont le plus souvent des objets de loisir, les imprimantes laser sont toujours des imprimantes à usage professionnel. Elles ont leur place au bureau où elles produisent d'excellents textes et graphismes en noir et blanc. Les laser couleur sont d'un prix exorbitant, et la plupart du temps une imprimante à jet d'encre pourra avantageusement faire l'affaire.

Comme le montre la Figure 15.2, une imprimante laser ressemble furieusement à une photocopieuse.

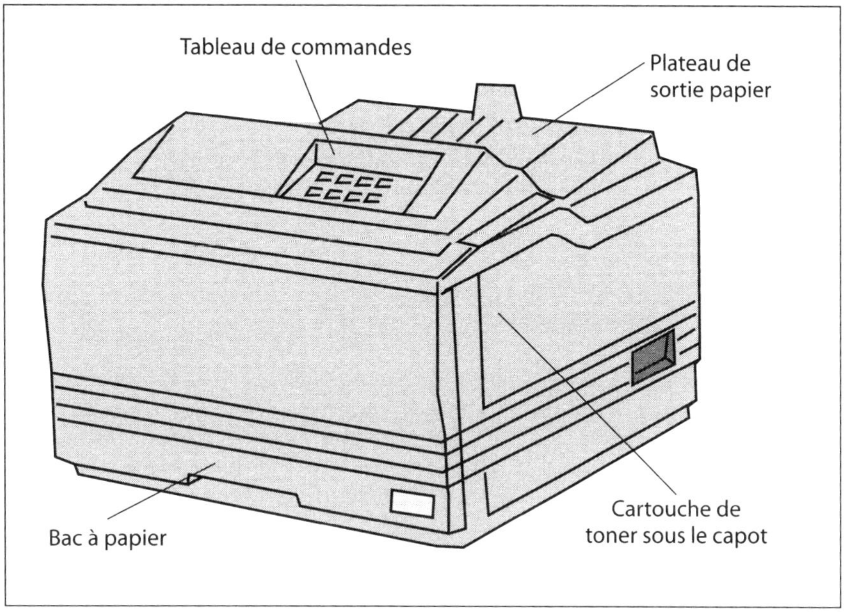

Figure 15.2 : Une imprimante laser.

Les imprimantes laser fonctionnent comme des photocopieuses. Sauf que l'image est créée par l'ordinateur et non par un cliché.

Les imprimantes laser sont plus onéreuses que les imprimantes à jet d'encre, mais offrent une qualité d'impression supérieure des textes et des images. En plus, elles travaillent bien plus vite.

- Les imprimantes laser utilisent un procédé thermique. Le rayon laser grave une image sur un tambour. Ce tambour est recouvert d'une poudre noire appelée *toner*. Le toner adhère aux endroits gravés par le rayon laser. Ensuite, le tambour presse le papier, et la chaleur d'un cylindre incruste littéralement l'image sur le papier. Impressionnant, non ?

- Faites attention en manipulant les cartouches de toner. La poudre de toner s'infiltre partout, et elle est difficile à nettoyer. Evitez d'en respirer.

Installer l'imprimante (phase matérielle)

C'est la partie la plus facile, il vous suffit de brancher votre imprimante sur la bonne prise. Cette prise, située à l'arrière de votre unité centrale, s'appelle, en général, *port imprimante* ou *LTP1*. Branchez la plus petite des deux prises sur l'unité centrale et l'autre sur l'imprimante.

- Le port imprimante est aussi appelé *port parallèle*.
- Votre PC peut être équipé de plusieurs ports pour imprimantes, auquel cas ils sont désignés par les termes LPT1, LPT2, voire LPT3.
- Si vous avez plus d'une prise, branchez votre imprimante sur la prise LPT1.
- Un ordinateur est capable de gérer deux imprimantes.

Charger le papier

Votre imprimante a besoin de papier comme support d'impression. Le temps des impressions sur de fines couches d'air n'est pas encore arrivé.

Les imprimantes à jet d'encre et les imprimantes laser utilisent le même type de papier.

Les imprimantes laser possèdent des cassettes de papier semblables à celles des photocopieurs. Les imprimantes à jet d'encre utilisent également des cassettes ou des bacs dans lesquels vous glissez les feuilles de papier.

- Assurez-vous d'avoir toujours suffisamment de papier.
- Le papier standard pour photocopieuses convient très bien aux imprimantes laser.
- Certaines imprimantes peuvent utiliser des papiers de format spécial. Si c'est le cas, assurez-vous que la feuille est correctement positionnée et sélectionnez l'option adéquate dans Windows ou dans votre logiciel d'impression.

- Vérifiez le sens de chargement du papier. Vérifiez quel est le recto et quel est le verso, de même vérifiez si vous devez charger la feuille à l'endroit ou la tête en bas. C'est important si vous devez respecter une mise en page.

Charger l'encre

Les imprimantes à jet d'encre utilisent des petites cartouches d'encre. Suivez scrupuleusement les instructions. Une mauvaise manipulation peut rendre vos cartouches neuves inutilisables. Au pire, elle peut endommager l'imprimante.

Les imprimantes laser ont besoin d'une cartouche de toner. Facile à installer quand on suit le mode d'emploi. Evitez de respirer la poudre de toner. Ne jetez pas la cartouche, elle est récupérée et recyclée par le fabricant.

- Je vous recommande d'acheter des gants en caoutchouc ou ces petits gants en plastique bon marché qui vous font ressembler à Batman, lorsque vous devez changer un ruban ou une cartouche.

- Les cartouches de toner vides peuvent être rechargées. Renseignez-vous auprès de votre revendeur.

Installer l'imprimante (phase logicielle)

Lorsque vous voulez installer votre imprimante, la première question que pose Windows est : quel est le modèle de votre imprimante ? Après quoi il vous suffit de suivre quelques étapes indiquées par Windows.

Branchez votre imprimante au PC (si ce n'est pas déjà fait). Assurez-vous qu'elle est allumée, chargée en papier et prête à imprimer.

Vous êtes maintenant paré pour la phase logicielle de l'installation dont voici les étapes :

1. **Dans le menu Démarrer, choisissez Paramètres /Imprimantes.**

   Dans la fenêtre qui apparaît, vous voyez les imprimantes qui, le cas échéant, sont déjà installées, et en plus une icône nommée Ajout d'imprimante.

2. **Double-cliquez sur l'icône Ajout d'imprimante.**

   Vous êtes entre les mains de l'Assistant ajout d'imprimante. Ouf !

3. **Cliquez sur le bouton Suivant.**

4. **Si vous n'installez pas une imprimante en réseau, cliquez sur Suivant.**

   Dans le cas contraire, demandez de l'aide immédiatement !

5. **Sélectionnez la marque et le modèle de votre imprimante.**

   Dans la boîte de dialogue illustrée Figure 15.3, cliquez sur le nom du fabricant de votre imprimante, puis sélectionnez son modèle.

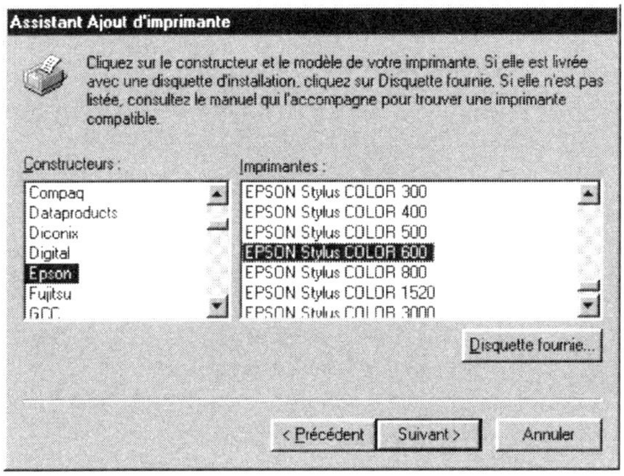

Figure 15.3 : Sélectionnez votre imprimante dans cette boîte de dialogue.

   Si votre imprimante ne figure pas dans la liste, vous devrez utiliser le disque d'installation qui (normalement) l'accompagne. Le cas échéant, cliquez sur le bouton Disquette fournie, et partez en quête du disque et des fichiers requis à l'aide des techniques de la boîte de dialogue Ouvrir décrites au Chapitre 6.

6. **Cliquez sur le bouton Suivant.**

7. **Sélectionnez le port que vous voulez utiliser avec l'imprimante.**

   Ce sera probablement LPT1, votre premier port imprimante.

8. **Cliquez sur le bouton Suivant.**

9. **Cliquez (encore) sur le bouton Suivant.**

10. **Cliquez (enfin) sur Terminer.**

   Et voilà, c'est fait.

   A la suite de cette installation, vous pourrez imprimer une page test pour vérifier que votre imprimante est bien branchée et que tout fonctionne correctement. A ma grande surprise, cette page ne contient ni publicité ni bon de commande pour les produits Microsoft.

Imprimer, c'est simple

Quelques précautions avant de commencer :

1. **Appuyez sur l'interrupteur.**

- Pensez toujours à vérifier que votre imprimante est allumée avant de lancer une impression.

- N'allumez votre imprimante laser qu'au moment de l'impression. Quand l'impression est terminée, éteignez-la (les imprimantes laser sont très gourmandes en électricité).

- Les imprimantes Energy Star font exception à la règle. En effet, ces imprimantes se mettent en veille automatiquement lorsqu'elles ne sont pas sollicitées, ce qui vous permet de les laisser allumer tout le temps sans vous soucier d'économie d'énergie.

- Les imprimantes à jet d'encre peuvent rester allumées, elles consomment très peu d'électricité.

Imprimer un document

Imprimer sous Windows est une opération extrêmement simple. Il suffit de localiser la commande d'impression, généralement située dans le menu Fichier (Fichier/Imprimer) et, *dzi-dzi-dzi*, vous voilà avec un document imprimé en main.

- Le raccourci clavier de la commande d'impression est généralement Ctrl+P.

- Pensez toujours à enregistrer vos données avant de les imprimer. On ne sait jamais.

- De nombreuses applications comportent une icône figurant une imprimante dans leur barre d'outils. Il suffit alors de cliquer sur cette icône pour lancer automatiquement l'impression de votre document actif.

- Il est souhaitable (et le mot est faible) de toujours vérifier ce que vous voulez imprimer à l'écran avant d'ajouter votre contribution à la déforestation planétaire. La plupart des programmes Windows offrent une commande Fichier/Aperçu avant impression, qui vous permet de visualiser votre document à l'écran, exactement tel qu'il sera imprimé. Alors, merci pour nos belles forêts !

Je veux imprimer de travers

Quand vous voulez imprimer dans le sens horizontal de la feuille, choisissez le mode paysage, presque tous les logiciels Windows vous proposent ce mode.

Dans la boîte de dialogue Imprimer, cliquez sur le bouton Propriétés. Sélectionnez l'onglet Papier comme dans la Figure 15.4. Choisissez l'option Paysage. Cliquez sur OK pour fermer cette boîte de dialogue, puis à nouveau sur OK dans la boîte Imprimer pour lancer l'impression.

Figure 15.4 : L'onglet Papier dans la boîte de dialogue de l'imprimante.

Imprimer l'écran

Même si votre clavier comporte une touche marquée "Impr écran", celle-ci ne vous permet pas d'envoyer une copie de votre écran à l'imprimante. Ou du moins, pas directement. Si vous voulez vraiment imprimer votre bureau Windows ou toute autre fenêtre, suivez ces étapes :

1. **Organisez votre écran de sorte qu'il apparaisse exactement comme vous voulez l'imprimer.**

2a. **Si vous voulez une capture de la totalité de l'écran, pressez la touche Impr écran.**

2b. Si vous voulez uniquement une capture de la fenêtre active de l'écran, pressez Alt+Impr écran.

3. Ouvrez le programme Paint.

Dans le menu Démarrer, choisissez Programmes/Accessoires/Paint.

Le programme Paint apparaît à l'écran.

4. Choisissez Edition/Coller.

Cette opération colle l'image dans la fenêtre du programme.

Si une boîte de dialogue apparaît vous informant que l'image est trop grande, cliquez sur le bouton Oui.

5. Imprimez l'image.

Choisissez Fichier/Imprimer.

La boîte de dialogue Imprimer apparaît. Cliquez sur OK pour lancer l'impression.

TRUC

Si l'image est très grande, vous voudrez peut-être tirer profit des qualités de la commande Fichier/Aperçu avant impression. Celle-ci vous montrera l'image finale telle qu'elle apparaîtra à l'impression, ainsi que le nombre de pages nécessaires (si elle est vraiment très grande) pour l'imprimer.

Imprimer sur des enveloppes

Pour imprimer sur une enveloppe, placez l'enveloppe dans la fente spéciale. Souvent, vous devrez soulever une languette sur le devant de l'imprimante pour révéler cette fente. Un dessin vous montre comment placer l'enveloppe : adresse vers le haut ou vers le bas, et côté droit ou gauche en avant. Ensuite, vous lancez l'impression, et votre enveloppe revient ornée d'une belle adresse.

- Evidemment, la manière d'insérer l'enveloppe pourra varier selon les imprimantes.

- Evidemment aussi, chaque programme aura une commande différente pour imprimer des enveloppes. Vous devrez souvent indiquer au programme dans quel sens l'enveloppe est insérée, afin qu'il sache dans quel sens l'imprimer.

- Avec certaines imprimantes, vous devrez appuyer sur le bouton "En ligne" ou "Sélectionner" pour imprimer des enveloppes.

Quelques points à souligner

Les imprimantes sont vendues sans câble ! Vous devrez l'acheter à part.

Le câble de l'imprimante ne peut pas dépasser 6 mètres. De toute façon, l'imprimante doit être près de vous.

Le papier aussi est vendu à part. Achetez de préférence le papier conseillé par le fabricant de l'imprimante.

Evitez d'imprimer quand le toner est presque épuisé ou que la cartouche distille ses dernières gouttes. C'est préjudiciable au bon fonctionnement de l'imprimante.

Sur certaines imprimantes laser, un voyant vous avertit que le toner commence à manquer. La première fois, retirez la cartouche de toner et secouez-la. Cela a pour effet d'égaliser le niveau de toner, et vous pouvez continuer à imprimer. La seconde fois, changez la cartouche.

Généralement, les imprimantes à jet d'encre vous indiquent en permanence le niveau de remplissage des cartouches. Ayez toujours une cartouche de rechange sous la main. Certaines imprimantes qui utilisent une cartouche couleur et une cartouche d'encre noire refusent d'imprimer si l'une des deux cartouches est vide.

Chapitre 16
La mode est au modem

Dans ce chapitre :

Qu'est-ce qu'un modem ?

Modems internes et externes.

Les modems sont plus ou moins rapides.

Les différents types de modems.

nstaller un modem.

La communication par ordinateur a beaucoup évolué en quelques années. J'ai connu le temps où les modems étaient considérés comme des périphériques de luxe. C'est bien fini. Récemment, j'ai voulu acheter un ordinateur sans modem, le vendeur a cru que j'étais ivre. Les temps ont bien changé ! L'ère du PC communicant est arrivée.

Ce chapitre est consacré au modem vu du côté matériel ; quant au côté logiciel, il est abondamment traité dans la cinquième partie du livre puisqu'il s'agit de l'Internet. J'ai essayé dans la mesure du possible de vous épargner le jargon confus qui brouille si souvent les communications par ordinateur.

Qu'est-ce qu'un modem ?

Un *modem* fait office de traducteur entre deux ordinateurs. Cet acronyme vient de MOdulateur-DEModulateur, équipement capable d'effectuer l'émission et la réception de données numériques sur lignes téléphoniques ou sur liaisons spécialisées. A l'émission, les signaux numériques émis par un ordinateur sont traduits en sons pouvant être transmis sur une ligne téléphonique. A la réception, un modem récepteur reconvertit ces sons en signaux numériques compréhensibles par l'ordinateur de réception.

La Figure 16.1 montre l'apparence d'un modem de type externe. L'important est à l'intérieur.

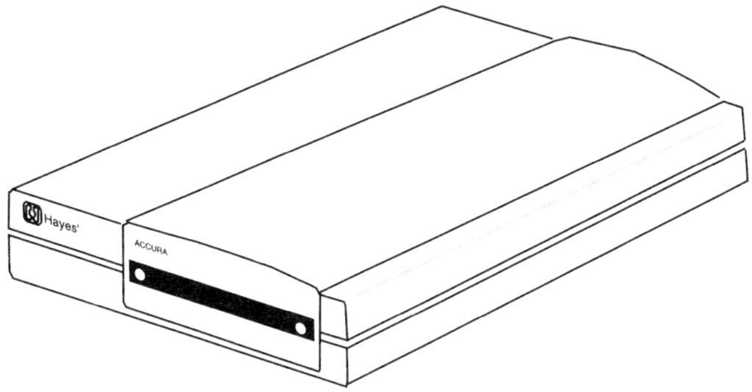

Figure 16.1 : Un modem externe standard.

- Vous contrôlez un modem, et par conséquent lui permettez de dialoguer avec un autre ordinateur, à l'aide d'un logiciel de communication. C'est ce logiciel qui contrôle le modem, contacte les autres ordinateurs, envoie les informations et réalise à peu près tout ce qui est complexe et déroutant.
- Le logiciel de communication établit la liaison entre deux modems, et permet ensuite aux deux ordinateurs reliés à ces modems de se parler.
- Les modems, externes ou internes, se connectent au PC via le port série. Je vous donne quelques tuyaux sur les ports au Chapitre 9.

- Modem est la contraction de *modulator-demodulator.* Vous avez échappé à l'autre contraction possible : *Latorlator.*

Les différents types de modems

Il existe toutes sortes de modems : des modems internes et externes, des modèles avec des fonctions et des vitesses différentes, des noms de marques différents, à des prix pouvant aller du très bon marché jusqu'à l'hypothèque de votre maison (enfin, en exagérant un peu...).

Modem interne ou modem externe ?

Il existe deux grandes espèces de modems : les internes et les externes.

Internes : Ces modems sont logés à l'intérieur de l'unité centrale de votre ordinateur.

Externes : Ceux-là vivent à l'extérieur, dans un boîtier spécial.

Tous deux fonctionnent exactement de la même manière ; le modem externe a simplement un petit boîtier en plastique pour abriter le mécanisme, auquel s'ajoutent une prise d'alimentation et un câble qui le relie au port série.

- Le modem interne est moins cher que le modem externe. Il est monté sur une carte qui se branche sur une prise d'extension de la carte mère. L'arrière de la carte est visible à l'arrière de votre PC, c'est là que se trouvent les connecteurs téléphoniques.

- Le modem externe est plus cher (il faut bien payer ce petit boîtier en plastique). Vous devrez également acheter un câble de liaison pour le relier au port série de l'unité centrale (comme pour une souris série).

Bien que les modems externes coûtent un peu plus cher et prennent plus de place, ils présentent un certain nombre d'avantages :

- Une rangée de voyants sur leur face avant vous informe de leur état. Par exemple, un voyant s'allume lorsque votre modem entre en liaison avec un autre ordinateur.

- La plupart des haut-parleurs des modems externes sont de meilleure qualité et, de plus, l'intensité du son peut être réglée à l'aide d'un bouton extérieur pratique.

- Ils sont transportables ; vous pouvez, par exemple, les utiliser avec d'autres ordinateurs.

- Comme les modems externes se branchent sur un des ports (COM) série de votre PC, vous n'avez pas à vous soucier des lecteurs ou des interrupteurs. (Les modems internes sont difficiles à installer et à configurer.)

- Enfin, tout le monde peut installer un modem externe : vous devez le sortir de la boîte, déchirer son emballage, le poser sur votre bureau, brancher sa prise d'alimentation au mur, brancher sa prise téléphonique au mur (éventuellement, débrancher le téléphone du mur pour le relier au modem), brancher une extrémité du câble du modem au modem et l'autre au PC.

Les modems internes présentent les avantages suivants :

- Ils n'encombrent pas votre bureau et n'utilisent qu'un seul câble - celui qui les relie à la prise de courant (et parfois un autre qui les relie au téléphone). Pas besoin de câble d'alimentation ou de câble série.

- Ils sont toujours prêts. Alors qu'il faut se souvenir d'activer un modem externe, un modem interne est toujours prêt à entrer en action.
- Ils sont généralement fournis avec un ensemble de programmes tels que des logiciels de communication, incluant fax et Minitel, et bien entendu l'incontournable kit de connexion Internet.

Limites de vitesse

Certains modems fonctionnent plus vite que d'autres, tout comme les ordinateurs. Mais tous les modems sont à peu près compatibles : les modems plus rapides peuvent toujours parler aux plus lents.

La vitesse des modems se mesure en bits par seconde (nombre de bits pouvant être transmis par la ligne téléphonique en une seconde). Votre vitesse de lecture équivaut à peu près à 300 bps. A cette vitesse, le chargement d'une page Web demanderait plusieurs minutes.

Votre modem fonctionne soit à 28 000 bps, soit à 33 600 bps, soit à 56 000 bps :

- **28 800 bps.** Le minimum pour l'Internet.
- **33 600 bps.** La vitesse des modems démodés.
- **56 600 bps.** La vitesse standard actuelle. La bonne vitesse pour profiter de l'Internet.

Il existe des modems plus rapides, mais il s'agit de modems utilisables dans des cas particuliers décrits dans la section ci-après "Le monde des modems".

Certains utilisent le mot *baud* pour décrire la vitesse du modem. Ils ont tort. Ils doivent dire *bps*. Corrigez-les, vous aurez l'air d'un expert.

Le PC télécopieur

Les informaticiens ont remarqué les similitudes entre la technologie des modems et celle des télécopieurs. En les combinant, ils ont permis la transmission des fax via ordinateur.

Avec le logiciel approprié, tous les modems actuels peuvent communiquer directement avec un télécopieur. Votre PC peut envoyer des fax à un autre PC ou directement à un télécopieur. Et évidemment en recevoir de la même façon.

Le monde des modems

Il existe différents types de modems, offrant plus ou moins de fonctions ou bien prévus pour des connexions particulières à grande vitesse. Voici une courte liste :

Modem standard. C'est le modèle le plus courant, celui qui est connecté à votre ligne téléphonique. Le prix varie avec les options disponibles comme répondeur, consultation à distance, messagerie vocale, etc.

Modem ADSL. Probablement le modèle standard de demain. Il se connecte également à la ligne téléphonique ordinaire et autorise de très grandes vitesses de communication.

Modem Numéris. Il est connecté au réseau Numéris de France Télécom. La communication par ce réseau est plus rapide que par la ligne téléphonique ordinaire. Un abonnement au réseau est nécessaire.

Modem câble. Si la télévision par câble passe par chez vous, c'est aujourd'hui la solution la plus rapide (si l'ADSL n'est pas encore disponible dans votre région). Ce modem est vendu ou loué en même temps que votre abonnement au câble.

Installer un modem

Installer un modem est d'une simplicité enfantine. Les sections suivantes vous expliquent comment procéder.

- La meilleure façon d'utiliser un modem consiste à lui octroyer sa propre ligne. Tous les logements peuvent être équipés d'une seconde prise téléphonique sans avoir à payer un supplément. Réservez une prise pour votre téléphone et l'autre pour votre modem. Pourquoi ? Parce que...

- Vous ne pouvez pas téléphoner quand votre modem utilise la ligne. En fait, si quelqu'un tentait de prendre la ligne sur un autre poste, cela enverrait des parasites qui risqueraient de couper la communication, sans parler de ces horribles petits bruits stridents dans son oreille.

Modems internes ou cartes modems

Avec un peu de chance, votre modem était déjà installé dans votre PC lorsque vous l'avez acheté. Dans le cas contraire, laissez quelqu'un d'autre l'installer pour vous. Votre tâche devrait se résumer à : brancher la prise téléphonique du modem au mur.

La Figure 16.2 illustre la partie extérieure d'une carte modem. La carte se glisse dans un emplacement spécifique de la carte mère, laissant sortir par une petite fente de votre unité centrale cette partie contenant deux petites prises téléphoniques. Branchez une extrémité de la ligne téléphonique dans le trou marqué Line, et l'autre dans la prise téléphonique murale.

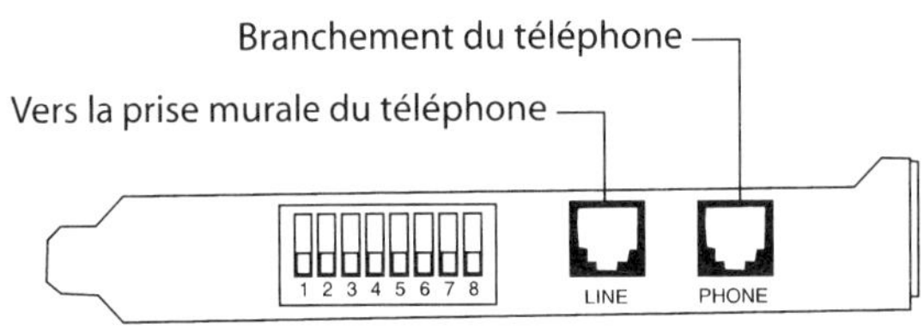

Figure 16.2 : La partie extérieure d'une carte modem.

Lorsque vous enfoncez un connecteur téléphonique dans une prise, un petit clic doit vous informer qu'il est bien enclenché.

Peu importe le sens dans lequel vous branchez les câbles ; leurs petits connecteurs sont absolument identiques aux deux extrémités. Si un téléphone est déjà branché, débranchez-le ; ensuite, enfoncez son petit connecteur dans le trou marqué Phone à l'arrière de votre modem.

Le Tableau 16.1 offre un court récapitulatif des différents branchements. Des symboles internationaux sont parfois utilisés à la place des termes anglais pour les divers emplacements de la face arrière du modem.

Tableau 16.1 : Où va quoi.

Emplacement	Ce que vous y branchez
Line	Branchez un câble téléphonique dans ce petit trou de votre modem à la prise téléphonique du mur.
Line in	Pareil que pour le précédent.
Phone	Branchez votre téléphone ici.

Emplacement	Ce que vous y branchez
Line out	Pareil que pour le précédent.
DTE	Branchez l'extrémité d'un câble série dans cet emplacement à l'arrière de votre modem, et l'autre extrémité dans un port série de votre PC.
Power	Branchez le cordon d'alimentation dans cet emplacement pour les modems externes. L'autre extrémité se branche dans la prise murale directement ou via un boîtier multiprise.

Modems externes

Contrairement aux modems internes, n'importe qui peut installer un modem externe. Vous n'avez même pas besoin de tournevis. Il y a bien quelques câbles en plus à relier, mais cela n'a rien d'inquiétant. De plus, une fois l'installation terminée, vous n'aurez plus à y revenir.

Quatre branchements sont à effectuer. La Figure 16.3 illustre les différentes prises d'un modem externe (celles de votre modem seront peut-être légèrement différentes).

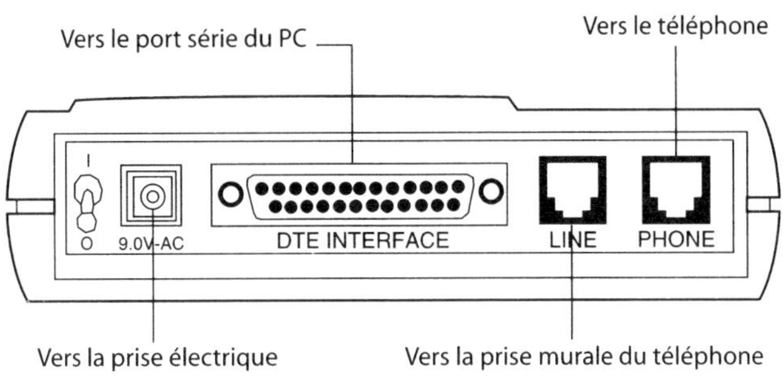

Figure 16.3 : La partie arrière d'un modem externe.

Commencez par brancher une extrémité du câble série à l'arrière de votre PC. Reliez-la au port COM1 ou COM2. Branchez l'autre extrémité à l'arrière du modem. Ces câbles n'ont qu'un seul sens. Vous ne pouvez pas vous tromper.

Ensuite, reliez le modem à la prise téléphonique du mur. Enfoncez une extrémité du câble dans la prise murale, l'autre dans le petit trou marqué Line à l'arrière du modem. Les connecteurs s'enclenchent en émettant un petit clic.

Si un téléphone était relié à la prise murale, branchez-le dans le trou marqué Phone du modem. Sinon, inutile de brancher quoi que ce soit dans cet emplacement.

Assurez-vous que le modem est bien allumé. (L'interrupteur se trouve soit à l'arrière, soit sur le côté.) Reliez le cordon d'alimentation au modem et à la prise secteur ou à un boîtier multiprise.

- Reportez-vous au Tableau 16.2 pour un rapide tour d'horizon des différents branchements.

- Vous remarquerez que le port série à l'arrière de votre PC contient 9 broches, mais que la prise à l'arrière du modem en utilise 25. (Ne vous fatiguez pas à les compter, je l'ai fait pour vous.) Le modem n'a besoin que de 9 petites pointes. Il est doté d'un connecteur à 25 trous par tradition.

- Certains modems utilisent des symboles internationaux (à la place des noms anglais) pour identifier les différents emplacements des connecteurs.

- Ces noms ou symboles se situent parfois au bas du modem plutôt qu'à l'arrière.

- Familiarisez-vous avec l'interrupteur marche/arrêt de votre modem. Localisez également le bouton de réglage du volume qui peut se trouver à l'arrière du modem ou sur un de ses côtés.

- Il n'y a pas de problème à laisser votre modem allumé en permanence. Vous pouvez aussi l'éteindre pour économiser de l'énergie, mais n'oubliez pas de le rallumer chaque fois que vous voulez l'utiliser. Si vous n'y pensez pas, votre logiciel de communication en sera tout retourné.

Configurer un modem sous Windows

Après avoir installé votre modem, vous devez informer Windows de la présence de ce nouveau locataire. Cette tâche n'est pas aussi pénible qu'autrefois, grâce au nouvel Assistant d'installation Windows.

Rendez-vous sans attendre au Chapitre 19 si vous voulez en savoir plus sur ce sujet.

Trucs utiles sur les modems

Si quelqu'un vous affirme n'avoir jamais eu de problèmes avec son modem, c'est qu'il ment ou qu'il essaie de vous en vendre un.

Depuis le temps que j'utilise des modems, j'ai rassemblé quelques trucs utiles qui peuvent vous éviter bien des ennuis. Lisez-les, cela vous évitera de rester les bras ballants devant la prise exotique de votre chambre d'hôtel en Patanésie.

Reportez-vous au Chapitre 30 pour plus d'informations sur les problèmes de modems (vous n'y trouverez pas d'informations sur la Patanésie).

Faire apparaître le modem même quand Windows ne le voit pas

Pour une raison que j'ignore, Windows a tendance à perdre la trace du modem lorsque vous redémarrez. Par exemple, vous démarrez votre ordinateur et essayez de vous connecter à un autre ordinateur ou à Internet, et Windows se plaint de ne pas trouver le modem.

La solution ? Essayez de redémarrer ; ça devrait marcher.

- Ne vous en prenez pas à vous-même si cela arrive.
- Si vous avez un modem externe, vérifiez que vous l'avez allumé avant de vous connecter. (Ce problème arrive souvent lorsque vous éteignez et redémarrez votre modem.)

Il compose le numéro trop vite !

Les modems composent les numéros tout seuls. Ils peuvent le faire lentement ou rapidement. Cela ne pose pas de problèmes, sauf quand vous devez composer un 0 ou un 9 pour avoir une ligne extérieure. Le modem composera le numéro entier, et vous risquez d'avoir une opératrice au bout du fil qui vous signale que si vous ne savez pas utiliser un téléphone, vous devriez renoncer à la civilisation.

TRUC

Pour éviter une telle injure, ajoutez une virgule après le 0 ou le 9 dans le numéro que vous composez. Par exemple :

```
0,11-202-555-7892
```

C'est le numéro que vous devez composer pour avoir le département de la Guerre au Pentagone.

Changer la localité pour un portable

Si vous utilisez un PC portable dans vos voyages, vous devez indiquer votre nouvelle localité à Windows pour qu'il compose le code correct depuis votre modem.

1. **Ouvrez le Panneau de configuration.**

   A partir du menu Démarrer, choisissez Paramètres/Panneau de configuration.

2. **Double-cliquez sur l'icône Modems.**

   La fenêtre Propriétés Modems apparaît. Mais ce n'est pas fini.

3. **Cliquez sur Propriétés de numérotation.**

   La boîte de dialogue qui apparaît est celle de la Figure 16.4.

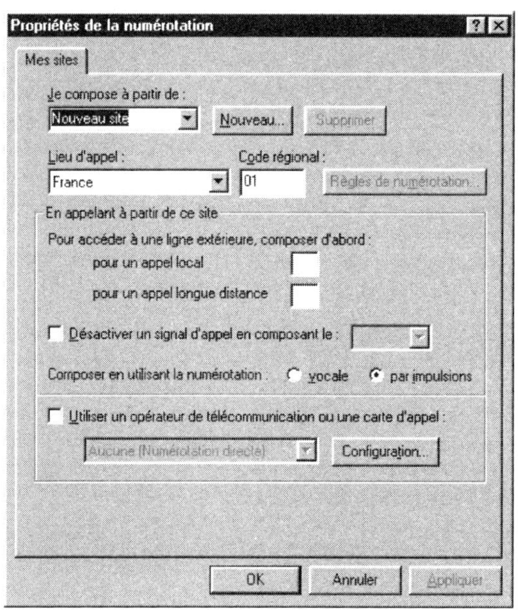

Figure 16.4 : La boîte de dialogue Propriétés de la numérotation.

4. **Cliquez sur le bouton Nouveau.**

   Les mots `Nouveau Site` s'inscrivent dans la zone de texte Je compose à partir de.

5. **Désignez l'endroit où vous êtes situé.**

   Par exemple, dans une même ville, la numérotation se fera différemment selon que vous êtes à l'hôtel ou chez des amis.

6. **Entrez l'indicatif local, international et autres informations vitales.**

   Vous êtes en train de dire à Windows comment composer des numéros depuis ce lieu d'appel.

7. **Cliquez sur OK pour sauvegarder ces informations.**

La prochaine fois que vous utiliserez la boîte de dialogue Connecter à, vous pourrez choisir votre lieu d'appel dans la liste déroulante J'appelle depuis. Ainsi, vous n'aurez pas besoin d'entrer chaque fois toutes les informations.

- Vous utilisez la boîte de dialogue Connecter à chaque fois que vous utilisez Windows pour composer avec votre modem, que ce soit pour Internet ou un système local.

- Bien sûr, cela ne concerne que les ordinateurs portables, sauf si vous transportez votre ordinateur de bureau.

- Enregistrez l'endroit où vous vous trouvez le plus souvent dans l'emplacement par défaut.

Chapitre 17

Faites chanter votre PC !

Dans ce chapitre :

Faire du bruit avec votre PC.

Découvrir la carte son.

Ajouter des sons sous Windows.

ouer des fichiers sonores.

Enregistrer votre voix.

Utiliser un logiciel de dictée.

Do, ré, mi, fa, sol, la, si, DOS !

Le premier PC avait bien un haut-parleur, mais seul un *bip* aigu en sortait. Les jeux étaient accompagnés de sons synthétiques peu harmonieux. Heureusement sont apparues les cartes son, et les joueurs ont pu entendre de la vraie musique et de vrais bruits. En ajoutant une paire d'enceintes stéréo, vous obtenez le PC musical d'aujourd'hui.

Sans aucun doute, l'aspect sonore du PC est divertissant. Bien sûr, vous pouvez toujours soutenir que vous utilisez les sons pour agrémenter vos présentations professionnelles, mais avouez que ce que vous préférez, c'est entendre le rugissement du moteur de votre formule 1 quand vous jouez à votre jeu préféré.

Oui, chéri, joue-moi-z'en !

Aujourd'hui, presque tous les PC ont une carte son intégrée à la carte mère. Cette carte est d'une qualité supérieure au matériel haut de gamme en vogue il y a dix ans.

Mon ordinateur sait-il chanter ?

Un grand nombre de lecteurs me demandent comment ils peuvent savoir si leur ordinateur est équipé d'une carte son. C'est facile, il suffit de jeter un coup d'œil à l'arrière de l'unité centrale.

Si une carte son est installée, vous devriez voir les connecteurs de son. Il s'agit de trois petites prises rondes, elles sont indiquées par les inscriptions suivantes : Mic, Line in, Line out ou Speakers.

Si votre PC est muni de ces connecteurs, c'est qu'il est prévu pour produire des sons. Les entendre, c'est une affaire de logiciel.

La carte son

Lorsque votre PC est doté d'une carte son, carte d'extension ou intégrée à la carte mère, il ne se contente pas d'émettre quelques *bips* à travers le haut-parleur.

La première fonction de la carte son est de jouer des fichiers wave. Ce sont ces fichiers que vous entendez lorsque vous lancez Windows ; on en trouve dans la plupart des programmes. Le bruit du réacteur d'un F16 ou celui du club de golf sur la balle, ce sont également des fichiers wave.

La deuxième fonction est de jouer de la musique. La carte son possède toutes les caractéristiques d'un synthétiseur. Vous pouvez jouer et créer des fichiers MIDI, qui reproduisent fidèlement le son des véritables instruments de musique.

Enfin la carte son vous permet d'écouter musique et ambiance sonore en provenance des CD audio et des DVD vidéo.

- Avec un micro et un logiciel adéquat, vous pouvez enregistrer votre propre voix. Reportez-vous à la section "Enregistrer votre voix" plus loin dans ce chapitre.
- Il y a quelques années, la carte son et le lecteur de CD-ROM étaient vendus ensemble sous le nom de *kit multimédia* pour donner de la voix aux PC muets de ce temps-là.
- Si vous n'avez pas de carte son, vous pouvez quand même écouter vos CD audio en branchant un casque sur la prise casque du lecteur de CD-ROM.

- Le standard qui domine le marché est celui introduit par la marque Sound Blaster. Toutes les cartes sont compatibles avec ce standard, quelle que soit leur marque. Certaines cartes haut de gamme ne sont pas compatibles, mais il s'agit de cartes à l'usage des professionnels du son.
- Les fichiers sonores, en particulier les fichiers wave, occupent énormément d'espace disque.
- Le format MP3 est un fichier musical de qualité comparable au format wave, mais occupant moins d'espace disque. Allez au Chapitre 28 pour plus de détails sur les fichiers MP3.

Les haut-parleurs

Sans haut-parleurs, les sons restent enclos dans le PC. Multimédia oblige, la plupart des PC sont vendus avec haut-parleurs. Pour profiter de toute l'étendue sonore des programmes actuels, des jeux surtout, procurez-vous des enceintes de bonne qualité et un caisson de basses.

- Le caisson de basses (ou *subwoofer*) amplifie les tonalités basses de la musique et des sons provenant du PC. Il contribue à restituer le relief sonore et donne littéralement du punch à vos jeux d'action.

- Si vous posez des haut-parleurs sur votre bureau, rappelez-vous qu'ils possèdent un fort champ magnétique qui peut détruire vos disquettes. Si vos haut-parleurs sont de bonne qualité et prévus pour être utilisés avec un ordinateur, un blindage arrête le rayonnement magnétique.

Amusez-vous avec les sons de Windows

Si vous avez du temps à perdre, vous pouvez convertir votre ordinateur professionnel très strict en un ordinateur tout aussi professionnel mais rigolo. Il suffit de remplacer les sons habituels de Windows ou d'en ajouter. Je n'entrerai pas dans les détails, mais voici comment il faut s'y prendre :

1. **Ouvrez le Panneau de configuration.**

   Dans le menu Démarrer, choisissez Paramètres/Panneau de configuration.

Sons

2. **Double-cliquez sur l'icône Sons.**

   La boîte de dialogue Propriétés de Sons apparaît (Figure 17.1).

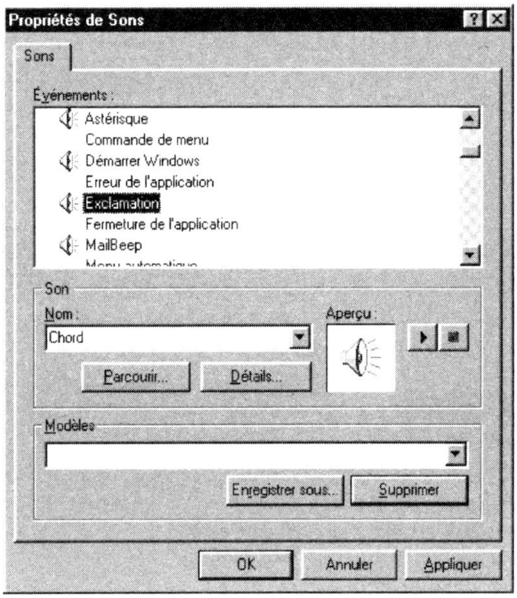

Figure 17.1 : La boîte de dialogue Propriétés de Sons.

3. **Amusez-vous !**

   La liste Evénements énumère plusieurs opérations majeures qui peuvent avoir lieu sous Windows ou certaines de vos autres applications. Vous pouvez attribuer à chacune de ces opérations un son particulier. Par exemple, l'ouverture d'une fenêtre sous Windows peut être annoncée par le zip d'une fermeture Eclair.

   C'est amusant.

   Les sons disponibles se trouvent dans la zone Son de la boîte de dialogue. Une zone très riche en petites bricoles.

   Vous pouvez sélectionner un modèle de son dans la zone Modèles. Ces modèles sont des collections de sons fournies avec Windows et surtout Windows Plus !

4. **Cliquez sur le bouton OK pour retourner à des tâches plus sérieuses.**

Vous pouvez créer vos propres sons à l'aide d'un micro et de votre carte son. Si vous voulez enregistrer des effets sonores d'un CD ou de votre stéréo, utilisez le connecteur de votre carte marqué Line In et pas le connecteur du micro.

Leçon pour se débarrasser des sons

Question : Je me servais du modèle Jungle, j'ai changé pour d'autres sons, mais j'ai toujours les sons du modèle Jungle. Comment puis-je m'en défaire ?

Réponse : Dans la boîte de dialogue Propriétés de Sons, choisissez Pas de son dans la liste déroulante de la zone Modèles. Maintenant, choisissez les sons qui vous plaisent dans la liste en haut de la boîte.

Jouer un fichier wave

Les fichiers wave sont désignés par des icônes particulières, identiques à celle qui figure dans la marge. Il suffit de double-cliquer sur cette icône pour entendre le son joué par Windows.

Jouer de la musique MIDI

Les fichiers MIDI sont désignés par l'icône qui figure en marge. En cliquant dessus, vous ouvrez le programme Windows Media Player, comme le montre la Figure 17.2, ou un autre logiciel fourni, par exemple celui livré avec votre carte son.

Figure 17.2 : Windows Media Player jouant un fichier MIDI.

DIS-NOUS DAN

Pourquoi les fichiers MP3 sont-ils si gros ?

Question : Il y a quelque chose que je comprends mal. Pourquoi les fichiers MIDI sont-ils bien plus petits que les fichiers MP3, pour un son de même durée ? Les fichiers MP3 ne sont-ils pas des fichiers compressés ? Un son de 3 minutes se traduit par un fichier MP3 de 3 Mo, alors que le même son tient dans un fichier MIDI de 30 Ko.

Réponse : Un fichier MIDI contient simplement les instructions pour le synthétiseur de la carte son. Quelque chose comme : "Joue do dièse pendant 0,12 seconde", c'est-à-dire 4 ou 5 bits de code. En revanche, un fichier MP3, c'est de la musique enregistrée, compressée et restituée par l'ordinateur. En moyenne, une minute de musique MP3 "pèse" 1 Mo, ce qui est relativement léger si l'on compare avec le format wave.

- MIDI signifie *Musical Instrument Digital Interface*. C'est le standard de la musique électronique.
- Les fichiers MIDI ne contiennent pas de musique enregistrée, mais des notes et des informations codées sur les instruments qui jouent les notes. En quelque sorte, le fichier MIDI joue du synthétiseur sur votre carte son.
- Avec un logiciel adéquat, vous pouvez créer vos propres fichiers MIDI.

Enregistrer votre voix

Si vous branchez un micro à votre PC, vous pouvez enregistrer votre propre voix. En plus du micro, il faut un logiciel. Un logiciel d'enregistrement vous a probablement été fourni avec la carte son du PC, sinon vous pouvez vous servir du logiciel Magnétophone de Windows.

Lancez Magnétophone à partir du menu Démarrer en sélectionnant Programmes/ Accessoires/ Divertissement /Magnétophone. La fenêtre Son-Magnétophone apparaît, comme dans la Figure 17.3.

Soyez prêt à parler dans le micro et cliquez sur le bouton Enregistrement. La parole est à vous.

Pour arrêter l'enregistrement, cliquez sur le bouton Stop.

Pour écouter ce qui vient d'être enregistré, cliquez sur le bouton Play.

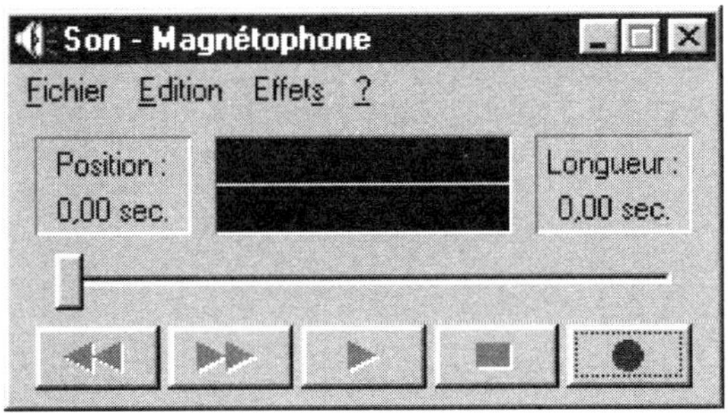

Figure 17.3 : La fenêtre Son - Magnétophone.

Pour sauvegarder l'enregistrement, sélectionnez la commande Fichier /Enregistrer sous, comme pour n'importe quel type de fichier.

- Si vous ne trouvez pas Magnétophone dans le menu Démarrer, utilisez la commande Rechercher (voir le Chapitre 7) pour trouver le fichier nommé SNDREC32.EXE.
- Si malgré votre recherche vous ne trouvez pas le programme Magnétophone, c'est qu'il n'a pas été installé. Pour y remédier, vous pouvez ajouter ce programme depuis le CD de Windows. L'ajout de programme est traité au Chapitre 19.
- Il existe de nombreux programmes d'enregistrement de sons dont les possibilités de création et de transformation sont bien plus étendues que celles de Magnétophone.
- Attention, les fichiers de son occupent énormément de place sur votre disque.

- Si vous avez un lecteur Zip ou un graveur de CD, utilisez-les pour stocker vos fichiers sonores.
- Le programme Magnétophone peut aussi enregistrer à partir du connecteur Line-in de votre carte son. Cliquez sur le bouton Enregistrement et démarrez le son à enregistrer.

Est-ce qu'il parle ?

Votre PC ne peut pas parler, parce que Windows ne possède pas le programme adéquat. Mais rien ne vous empêche de vous procurer un logiciel qui donne la parole à votre PC.

- Beaucoup de cartes son sont accompagnées d'un lecteur vocal. Le contenu d'un fichier texte est lu par une voix synthétique, au choix masculine ou féminine. C'est étonnant et amusant… les dix premières minutes.

- Il existe dans le commerce des logiciels de ce type comme Speakback de Mysoft.

Dicter à votre PC

Cette section sera brève : il existe des logiciels qui vous permettent de parler à votre PC. On les appelle *logiciels de reconnaissance vocale*. Ils vous permettent de dicter un texte ; le PC reconnaît les mots et les écrits dans votre traitement de texte. Ahurissant !

Si vous êtes un sprinter du clavier, vous risquez d'être déçu par ce type de logiciel. En fait, taper et dicter sont deux modes de travail bien différents. Si vous avez l'habitude de créer votre texte au fur et à mesure que vous écrivez, la reconnaissance vocale ne vous sera d'aucune aide.

Personnellement, je recommanderai le logiciel Dragon NaturallySpeaking. Il est vendu entre 500 et 2 000 francs, selon les versions, et fourni avec un chouette micro-casque. L'installation et la configuration demandent un peu de temps, mais par la suite il donne pleine satisfaction.

Je citerai également Via Voice 98 d'IBM et FreeSpeech.

Attention ! il faut au minimum un processeur Pentium 166 et 32 Mo de RAM pour faire tourner un logiciel de reconnaissance vocale.

Chapitre 18

Les périphériques (ou tout ce qui tourne autour...)

Dans ce chapitre :

Qu'est-ce qu'un périphérique ?

nstaller un nouveau matériel.

Les scanners.

Les appareils photo numériques.

Les lecteurs de sauvegarde.

Changer d'ordinateur ou l'actualiser ?

Les composants d'un ordinateur n'ont rien de bien excitant : un moniteur, un boîtier et un clavier. En revanche, les gadgets que l'on peut y adjoindre rendent le tout nettement plus amusant ou plus utile, et plus cher. Dans ce chapitre, nous verrons quelques-uns des périphériques les plus répandus.

Qu'est-ce qu'un périphérique ?

Le terme *périphérique* signifie "qui est en dehors du centre". Pour mémoriser cette appellation, pensez au boulevard périphérique d'une ville. En ce qui concerne les ordinateurs, un périphérique est un équipement accessoire ou auxiliaire que vous pouvez acheter et brancher sur votre ordinateur.

Les périphériques vous permettent d'étendre les capacités de votre ordinateur sans avoir à en acheter un autre. Vous pouvez ajouter ces accessoires vous-même ou demander à un gourou de la micro d'opérer à votre place.

Il existe une profusion de périphériques prêts à équiper votre ordinateur. Les plus courants : scanners, graveurs, appareils photo numériques, lecteurs de sauvegarde.

- En principe, tout ce qui est extérieur à l'unité centrale est considéré comme périphérique. La souris, l'imprimante, le moniteur sont des périphériques.
- Tous les périphériques sont des éléments matériels.
- Les périphériques vous permettent d'étendre les possibilités de votre ordinateur. Ils sont plus ou moins faciles à installer. Parfois, l'intervention d'un expert est nécessaire, mais heureusement pas toujours.
- Bien que le terme *périphérique* désigne tout élément qui se trouve à l'extérieur d'un ordinateur, vous pouvez également ajouter des périphériques internes - à l'intérieur de l'unité centrale. On considère comme périphérique tout ce qui n'est pas livré *en standard* avec l'ordinateur.

Installer un périphérique

Le côté matériel de l'installation n'est vraiment pas compliqué. La plupart des périphériques prennent place à l'extérieur du PC. Il suffit de les brancher sur le bon connecteur.

Bien sûr, d'autres instructions vont suivre, mais l'essentiel est fait.

Certains périphériques doivent s'installer à l'intérieur de l'unité centrale (graveur, lecteur DVD). Il n'y a pas à rougir si vous demandez l'aide d'un professionnel.

- La plupart des périphériques se branchent sur les connecteurs standard de votre unité centrale. Jetez donc un coup d'œil au Chapitre 9.
- De manière générale, vous devez éteindre votre PC avant d'installer un nouveau matériel. Le Chapitre 2 est en partie consacré à l'art d'éteindre l'ordinateur.
- Les périphériques USB sont les plus faciles à installer. Il n'est même pas nécessaire d'éteindre le PC. Branchez le câble, et voilà !

C'est branché, ça marche

L'ordinateur se compose de deux parties : la partie matérielle et la partie logicielle. L'installation matérielle est très simple. Pour l'installation logicielle, il faut en référer à Windows. Windows doit détecter et agréer le nouvel arrivant.

Heureusement, beaucoup de nouveaux périphériques sont du type *plug and play*, c'est-à-dire "branchez et utilisez". Lorsque vous relancez Windows après l'installation, il reconnaît le nouveau matériel. Si c'est du matériel USB, il n'est même pas nécessaire de relancer Windows.

Quand Windows a détecté le nouveau matériel, il doit installer un logiciel particulier appelé *pilote* ou *driver*. Ce logiciel peut se trouver sur le CD de Windows, sur une disquette ou sur le CD qui accompagne le périphérique. Au cours de l'installation, il se peut que Windows vous demande d'insérer le disque et de suivre les instructions.

- Achetez de préférence des périphériques *plug and play*. La plupart des nouveaux PC sont compatibles *plug and play*, et dans quelques petites années à peu près tous les joujoux que vous pourrez acheter le seront également.

- Si votre PC est doté d'un port USB, achetez bien la version USB du périphérique dont vous avez besoin. C'est tellement plus simple à installer.

- Selon Microsoft, Windows peut identifier et configurer correctement 90 % des cartes d'extension et périphériques ; 9 % des ajouts sont "devinés" et 1 % ignoré.

- Oui, vous vous retrouverez probablement dans ce dernier 1 %.

- Un pilote n'est ni plus ni moins qu'un programme destiné à contrôler le fonctionnement d'un matériel particulier.

- Le *plug and play* n'est pas à l'abri d'imperfections ou d'erreurs. C'est pour cela que nos amis américains y font souvent référence par les termes *plug and pray* (branchez et priez).

"Windows est idiot, il ne reconnaît pas mon nouveau périphérique !"

Dans certains cas, assez rares, Windows ne reconnaît pas le nouveau matériel. Par exemple lorsque le périphérique n'est pas plug and play ou bien lorsque vous installez un modem externe.

Ajout de nouveau matériel

Quand Windows ne détecte pas le nouveau périphérique, vous pouvez lancer l'Assistant d'installation. Vous devez alors ouvrir le Panneau de configuration via la commande Paramètres/Panneau de configuration du menu Démarrer, puis double-cliquer sur l'icône Ajout de périphérique. En quelques minutes, votre nouveau périphérique est reconnu et installé confortablement auprès de ses nouveaux amis.

- Quand vous lancez l'Assistant Ajout de périphérique, la grande question est : dois-je laisser Windows faire la recherche ou dois-je lui indiquer le chemin ? Souvent la seconde solution est bien plus sûre et plus rapide.

- Windows détecte rarement les périphériques de sauvegarde internes. Lancez simplement le logiciel livré avec l'unité de sauvegarde. Il devrait sans problème localiser votre nouveau lecteur.

- Les appareils SCSI doivent être configurés d'après le programme d'installation livré avec la carte SCSI. Je l'ai déjà dit au Chapitre 9, évitez d'installer vous-même un périphérique SCSI.

Quelques périphériques courants

Ce chapitre est de plus en plus court au fil des ans. En 1992, les lecteurs de CD-ROM étaient considérés comme des périphériques. La liste des appareils en option se réduit de plus en plus.

Actuellement le périphérique le plus répandu est le *scanner*, dont le prix a vertigineusement chuté en quelques années. L'unité de sauvegarde, la caméra vidéo et l'appareil photo numérique remportent un franc succès. Quel sera le prochain appareil indispensable ? L'ordinateur est vraiment une machine étonnante.

Scannez !

Les scanners sont de chouettes appareils qui transforment une image réelle, comme une photographie sur papier, en une image numérique que vous pouvez modifier à loisir, enregistrer sur disque ou encore envoyer par e-mail.

Les scanners actuels sont appelés *scanners à plat,* et fonctionnent comme des photocopieurs. On place l'image sur la vitre du scanner, on referme le couvercle, et on appuie sur un bouton. L'image apparaît sur l'écran, prête à être récupérée par le logiciel de scan.

Voici quelques réflexions sur les scanners. Vous trouverez plus de détails sur leur utilisation au Chapitre 22.

- Il existe également des mini-scanners à main. Sauf usage particulier, je vous recommande le modèle à plat.
- Les scanners à main sont plus appropriés aux petites images (logos, signatures, etc.). Ils fonctionnent comme de petits aspirateurs à image.
- Vous pouvez utiliser un scanner pour lire un document et le modifier. Cette opération nécessite un logiciel de reconnaissance de caractères (OCR ou Optical Character Recognition). Après conversion, le texte du document peut être édité dans votre traitement de texte.
- Si vous avez un port USB, optez pour un scanner USB !
- Ne croyez pas que votre PC peut remplacer le photocopieur. Vous pouvez scanner un document et l'imprimer, mais cette opération est bien moins rapide que la photocopie traditionnelle.

Les lecteurs de sauvegarde

Un lecteur à bande est un périphérique dédié à la sauvegarde des données. Ce lecteur peut être interne ou externe. Externe, il est souvent de type USB. Il n'utilise pas des disquettes mais des *cartouches.*

Pour protéger vos données, faites des sauvegardes de votre disque dur au moins une fois par mois. Faites également des sauvegardes quotidiennes de votre travail courant.

- Assurez-vous d'avoir assez de cartouches pour effectuer vos sauvegardes en temps utile.

- La capacité des lecteurs de sauvegarde varie de 500 Mo à 30 Go. Achetez un lecteur dont la capacité est égale ou supérieure à celle de tous vos disques durs réunis.
- Le programme de sauvegarde de Windows 98 ne reconnaît plus les disquettes.
- Vous pouvez utiliser votre graveur de CD-R et CD-RW. Généralement, le graveur est livré avec un assistant logiciel qui facilite l'opération de sauvegarde.
- Vous pouvez également envisager la sauvegarde avec les lecteurs Zip ou Jaz, mais il faut prévoir une grande quantité de disquettes, ce qui risque de revenir cher.
- Pour la sauvegarde sous Windows, il vaut mieux utiliser le programme fourni avec votre périphérique de sauvegarde, plutôt que le programme de Windows.

Souriez, vous êtes filmé !

Voici un jouet intéressant pour votre PC : une caméra vidéo ou *webcam*. Cet œil informatique que l'on place généralement au-dessus du moniteur peut enregistrer des films ou des images fixes, et les communiquer via l'Internet.

- L'une des applications de la webcam est la vidéoconférence.
- Le logiciel livré avec la caméra est important. Pour effectuer une liaison en vidéoconférence, il faut un logiciel particulier.

Souriez, vous êtes numérisé !

L'appareil photo numérique n'a pas (pas encore) remplacé l'appareil photo traditionnel, mais la chute des prix et l'accroissement de la qualité en font un sérieux rival.

Actuellement, un bon appareil photo numérique coûte environ 4 000 francs. Mais la tendance est à la baisse.

Au moment de choisir votre appareil photo numérique, vous devez considérer deux caractéristiques essentielles : la *résolution* et la *capacité*.

La *résolution* se mesure en nombre de pixels horizontaux et verticaux. La résolution moyenne est de 1 280 x 1 024 pixels. Les bons appareils actuels atteignent 1 600 x 1 200 pixels. Plus la résolution est grande, plus votre image est finement restituée.

- Les appareils photo numériques ont un viseur LCD dans lequel vous pouvez voir l'image telle qu'elle sera enregistrée. Exactement comme les caméscopes.
- La capacité de l'appareil dépend aussi de vous. Si vous choisissez une haute résolution, vous stockerez moins d'images.
- Il n'y a pas de pellicule, c'est la mémoire de l'appareil qui stocke les clichés.
- Certains appareils sont dotés de cartes mémoire amovibles. Vous pouvez donc avoir plusieurs cartes mémoire en poche. C'est très utile si vous voyagez loin de votre ordinateur.

Choisir un périphérique de sauvegarde

Question : Puisqu'il n'est pas question d'utiliser des disquettes ordinaires pour effectuer des sauvegardes, puis-je utiliser un lecteur Zip ou Jaz ?

Réponse : Utilisez plutôt des lecteurs à cartouches. Les disquettes Zip et Jaz ont une capacité trop réduite pour une véritable sauvegarde. Il vous en faudrait une grande quantité, et chaque disquette coûte de 70 à 150 francs l'unité.

Faut-il changer d'ordinateur ou l'actualiser ?

La plupart des gens ne changent pas de voiture tous les ans. Les téléviseurs, magnétoscopes et réfrigérateurs sont conservés jusqu'à ce qu'ils tombent définitivement en panne. Alors, pourquoi vouloir changer un appareil qui fonctionne très bien ?

Le monde des ordinateurs, comme nous le savons, est un monde à part, avec des bizarreries comme l'actualisation (*upgrade*) mensuelle ou même hebdomadaire. Vive la technologie ! Quelque chose de nouveau est sorti, c'est donc mieux ! Attention, surveillez le compte de votre carte de crédit !

Que faut-il acheter en premier ?

Il est plus facile d'augmenter la puissance de votre vieil ordinateur (*upgrading*) que d'en changer. Mais par quoi commencer ? Différents éléments peuvent être changés ou ajoutés et différentes considérations peuvent vous barrer la route d'une saine décision. Laissez-moi vous aider :

Mémoire : Votre première priorité dans ce domaine devrait être la mémoire. Elle reste le composant le plus abordable. Pratiquement tous vos logiciels seront heureux de disposer d'une plus grande quantité de mémoire.

- Une augmentation de la mémoire peut accélérer ces programmes et leur faire manipuler des données plus importantes. Cela permet aussi à l'ordinateur de manipuler plus d'images et de sons.

- Offrir de la mémoire supplémentaire à un ordinateur est le plus beau cadeau que vous puissiez lui faire.

- Pour en savoir plus sur la mémoire, consultez le Chapitre 11.

Disque dur : Achetez un second disque dur. Un plus gros de préférence. La plupart des PC peuvent contenir deux disques durs. Un second disque dur vous permettra de stocker un plus grand nombre de programmes et de données, facilitant ainsi l'utilisation de votre ordinateur et accélérant ses capacités.

- Si vous n'avez plus de place pour accueillir un autre disque dur, vous pouvez toujours remplacer un de vos disques actuels. La procédure est assez complexe, car il vous faudra sauvegarder tous les programmes et autres données de l'ancien disque sur disquettes et les recopier sur le nouveau disque.

- Si vous êtes équipé d'un système de disque SCSI, achetez un disque dur externe. Vous pouvez avoir jusqu'à six disques durs avec un système SCSI (deux internes et quatre externes).

Moniteur : Achetez un moniteur plus grand. Sur l'écran, les images seront plus nettes, les informations plus nombreuses, et les fenêtres ne se chevaucheront plus. Changer de moniteur ne présente aucune difficulté, il suffit d'avoir les reins solides.

- Pour plus d'informations, reportez-vous au Chapitre 12.

Microprocesseur : Il existe des moyens pour augmenter la puissance du processeur, je vous les déconseille. Il vaut mieux acheter un ordinateur neuf dont *tous* les composants seront au goût du jour. Cela reviendra moins cher que de rénover votre PC morceau par morceau.

La meilleure opération consiste à ajouter de la mémoire ou à installer un disque dur de plus grande capacité. Vous en constatez immédiatement les bénéfices. Alors que l'actualisation d'un microprocesseur donne souvent des résultats peu probants.

Quand faut-il changer d'ordinateur ?

Au bout de quatre ou cinq ans. A ce moment-là, le coût d'un nouveau système sera moins élevé que la somme de tous les ajouts que vous pourriez effectuer.

Il faut savoir qu'un ordinateur est obsolète le jour où vous l'achetez. Au moment même où un ordinateur quitte le stock de son fabricant, les ingénieurs en terminent une nouvelle version plus puissante et moins chère, que vous ne trouverez sur le marché, c'est vrai, que trois mois après votre achat.

Mais avez-vous réellement besoin d'un nouvel ordinateur plus puissant ? Peut-être pas. Examinez les raisons qui vous ont fait acheter le PC dont vous voulez tant vous débarrasser. Répond-il toujours à vos besoins ? Si oui, résistez à la tentation.

- La rapidité est l'un des facteurs qui poussent les utilisateurs à acheter de nouveaux ordinateurs plus puissants. Mais rapidité ne veut pas toujours dire productivité. Par exemple, lorsque vous travaillez avec un logiciel de traitement de texte, votre préoccupation n'est pas la rapidité de votre ordinateur, mais votre rapidité propre à trouver le mot juste. En revanche, dans un environnement graphique utilisant des programmes de dessin, d'animation ou de PAO, c'est un vrai critère de sélection.

- Evitez de vous laisser séduire par ces magazines informatiques qui vous pressent d'acheter le tout dernier PC. N'oubliez pas *qui* sont leurs principaux annonceurs.

Quatrième partie

Visite guidée du monde des logiciels

"Tout va bien, le type de la hot-line dit que c'est juste un effet 3D"

Dans cette partie...

Les logiciels sont la raison d'être de l'ordinateur. Dans ce livre, ils sont traités après les aspects techniques du matériel, parce que vous devez d'abord connaître les uns pour bien utiliser les autres. Les logiciels ont besoin du matériel comme une symphonie a besoin de l'orchestre. A quoi servirait un hautbois sans la partition pour hautbois ?

J'aurais aimé vous entretenir du hautbois et des merveilleux concertos écrits pour cet instrument mélodieux, mais cette partie est réservée aux logiciels et pas aux instruments de musique. Alors, amusez-vous bien avec vos logiciels, et apprenez à jouer du hautbois s'il vous reste du temps !

Chapitre 19

Apprivoiser vos logiciels

Dans ce chapitre :

Bien acheter ses logiciels.

Contenu d'un emballage type.

Installer un logiciel.

Désinstaller un logiciel.

Mettre à jour un logiciel.

Quelques conseils d'ami.

Apprendre à utiliser un ordinateur, c'est se familiariser avec ses logiciels. Vous avez beau appuyer sur la touche Entrée du clavier, cette action n'a de sens que si un logiciel l'interprète et déclenche l'opération adéquate, qu'il s'agisse du lancement de votre traitement de texte ou de celui d'un missile interplanétaire.

De très nombreux ouvrages expliquant comment se familiariser avec un logiciel ont déjà été écrits. Il serait stupide de tenter une approche dans ce domaine, armé d'un seul petit chapitre. Aussi, ces quelques pages traitent plus particulièrement de l'aspect "prise en main" : comment acheter un logiciel, l'installer, en prendre connaissance, et le désinstaller s'il ne vous convient pas.

Le voyage de mille lieues aurait été plus court si papa avait pensé à consulter la carte. - Lao Tseu Junior.

Bien acheter ses logiciels

Les logiciels font partie de l'achat d'un ordinateur. Vous choisissez votre logiciel *d'abord*, le matériel qui va avec *ensuite*. Mais il y a tellement de logiciels disponibles, comment savoir si l'on a fait le bon choix ?

La meilleure approche consiste à comparer les produits proposés ; mieux encore, à voir ce que les autres utilisent. Qu'est-ce que vos collègues utilisent au bureau ? Qu'est-ce que vos amis calés en informatique adorent utiliser ou recommandent ? Mais achetez bien ce qui, selon vous, répondra le mieux à vos besoins, et non pas seulement le produit le moins cher ou le plus connu.

- Dans la mesure du possible, essayez avant d'acheter.
- Demandez qu'un vendeur fasse une démonstration du logiciel.
- Votre logiciel doit pouvoir fonctionner correctement sur votre ordinateur. Vérifiez ses exigences matérielles et comparez-les avec ce que vous avez.

Contenu d'un emballage type

Le coffret dans lequel se trouve votre logiciel est rempli de mille petites choses dont nous vous donnons ci-après une liste exhaustive.

CD-ROM ou disquettes : Le CD-ROM constitue la pièce maîtresse du coffret. Ne jetez jamais ces disques, gardez-les précieusement dans leur emballage d'origine, vous les retrouverez plus facilement en cas de besoin.

Manuel : La plupart des logiciels sont accompagnés d'un manuel d'utilisation. S'il y a plusieurs documents, cherchez en priorité le manuel (ou chapitre du manuel) intitulé "Pour démarrer..." ou "Installation".

Carte d'enregistrement : Elle ressemble à une banale carte postale, généralement placée en évidence à l'ouverture du coffret. Remplissez-la soigneusement avec votre nom et votre adresse, et répondez aux quelques questions concernant votre logiciel. Envoyez-la à la société éditrice qui, après vous avoir enregistré sur sa liste de circulation, sera à même de vous prévenir des défauts éventuels ou de vous communiquer toutes les informations sur les nouveaux développements de votre logiciel. L'assistance téléphonique de certaines sociétés ne sera pas accessible si vous ne leur renvoyez pas cette carte.

Guide résumé : Le manuel est parfait pour expliquer en détail le fonctionnement du logiciel. Le guide résumé, quant à lui, donne les commandes les plus utilisées. Il peut être placé à proximité du clavier pour de rapides coups d'œil. Les éditeurs de logiciels n'en fournissent pas tous.

Carte d'installation rapide : Les utilisateurs de PC sont, par nature, impatients. Le travail doit se faire instantanément après avoir, éventuellement, appuyé sur un bouton. Pour installer rapidement votre logiciel sans avoir à dépenser votre énergie à lire un épais manuel d'utilisation, des éditeurs bien-pensants mettent à votre disposition une petite carte contenant la version abrégée de la procédure d'installation du manuel. Tapez ces quelques commandes et le tour est joué sans avoir lu une seule page du manuel. Super !

Contrat de licence : Ce texte juridique, à peine lisible mais d'une moyenne de 3 346 mots, dit essentiellement quatre choses : 1) Ne donnez pas de copies de ce programme à vos amis, faites-le-leur acheter. 2) Si vous perdez accidentellement des données, ce n'est pas notre faute. 3) Si ce logiciel ne fonctionne pas, ce n'est pas non plus notre faute. 4) En fait, ce logiciel ne vous appartient même pas. Vous possédez simplement une licence d'utilisation. Nous sommes les dépositaires de ce logiciel. Nous sommes démoniaques. Nous serons bientôt les maîtres du monde.

"Lisez-moi" : Lorsque la société d'édition découvre une erreur dans son manuel fraîchement imprimé, elle ne réimprime pas tous les manuels. Elle note simplement les corrections sur une feuille volante intitulée généralement "Lisez-moi". Agrafez cette feuille à l'intérieur de la couverture de votre manuel par mesure de précaution.

Encore quelques pensées en vrac :

- Parfois le manuel n'est pas inclus. La boîte contient juste une notice d'installation. En réalité, le manuel est enregistré sur le disque.
- Quelquefois la licence d'utilisation est à l'intérieur d'une enveloppe scellée. Est-ce que le simple fait d'ouvrir l'enveloppe signifie que vous acceptez toutes les conditions ? Cette question nous laisse entrevoir de belles bagarres juridiques en perspective.
- L'enregistrement par fax ou via l'Internet est proposé de plus en plus souvent à la place de la carte traditionnelle.

Installer un logiciel

La première étape de toute procédure d'installation est très simple :

1. **Demandez à quelqu'un d'autre de s'en charger pour vous.**

   Bravo, c'est réglé !

   Ou :

1. **Lisez le blabla du "Lisez-moi".**

   Dès l'ouverture de l'emballage, cherchez la feuille intitulée "Lisez-moi" (ou un titre approchant) et tâchez de suivre la première instruction : lisez-la. Si vous n'y comprenez rien, ne la jetez pas, vous la comprendrez peut-être plus tard lorsque vous aurez commencé à utiliser le programme.

2. **Mettez le manuel de côté.**

   Installez-le confortablement au fond de votre armoire.

3. **Introduisez le CD ou la première disquette dans le lecteur.**

   Cherchez le disque "Installation" ou "Disque n° 1" et introduisez-le dans le lecteur approprié.

   Avec un peu de chance, votre logiciel est sur CD. Sinon, il est sur disquettes et vous en avez certainement une bonne pile sous les yeux.

   Si votre logiciel est fourni sur disquettes, placez chacune de ces disquettes dans l'ordre et en pile sur votre bureau pour pouvoir alimenter rapidement votre lecteur, disquette après disquette, sans constamment avoir à chercher le bon numéro.

4. **Lancez le programme d'installation.**

   Le plus souvent, le programme d'installation se lance automatiquement lorsque vous insérez le CD-ROM dans le lecteur.

   Si ce n'est pas le cas, vous pouvez le lancer de la manière suivante : choisissez Paramètres/Panneau de configuration dans le menu Démarrer. Double-cliquez sur l'icône Ajout/Suppression de programmes. Puis cliquez sur le bouton Installer. Windows consulte vos lecteurs à la recherche du disque ou de la disquette d'installation, puis lance le programme adéquat.

5. **Lisez les informations affichées à l'écran ; cliquez sur le bouton Suivant chaque fois que le programme vous le demande.**

   Le programme d'installation commence à afficher ses instructions à l'intérieur de boîtes de dialogue.

   Lisez-les attentivement ; des avertissements très importants s'y glissent parfois. Mon ami Jerry (il se reconnaîtra) s'est contenté de cliquer sur le bouton Suivant sans lire l'écran, si bien qu'il a raté un message l'avertissant qu'une ancienne version du logiciel allait être effacée. Pauvre Jerry, il n'a jamais récupéré son programme.

6. **Faites vos choix.**

   Le logiciel vous demandera votre nom et celui de votre entreprise, peut-être même un numéro de série. Entrez toutes ces informations.

   Ne prenez pas peur si le programme sait déjà qui vous êtes. Windows a certains dons d'extralucide.

   Lorsque vous devez prendre une décision, l'option déjà sélectionnée (l'option *par défaut*) est généralement la meilleure. Vous ne devez modifier ces choix que si vous savez *vraiment* ce que vous faites.

   Vous trouverez le numéro de série dans le manuel, dans le boîtier du CD-ROM, sur la première disquette de la boîte de disquettes, ou sur une carte séparée que vous avez probablement jetée même si je vous ai dit de tout garder dans la boîte d'origine.

7. **Les fichiers sont copiés.**

   Après ces premières démarches, le programme installera les fichiers des disquettes ou du CD-ROM dans sa nouvelle résidence, sur votre disque dur.

   Si vous n'avez pas la chance de posséder un lecteur de CD-ROM, vous devrez donner à votre ordinateur sa ration de disquettes en vous assurant de le faire dans le bon ordre.

8. **Et le tour est joué !**

   Le programme d'installation se termine. L'ordinateur se relancera peut-être automatiquement pour que Windows puisse prendre note de ses nouveaux locataires.

   Vous pouvez commencer à jouer, heu ! travailler, avec votre nouveau programme !

- Ces étapes sont vagues et générales. Avec un peu de chance, votre nouveau logiciel vous fournira des instructions plus détaillées.
- Vous pouvez aussi obtenir des logiciels à partir du Web, par téléchargement. Cette opération est décrite au Chapitre 28.
- Après avoir installé le logiciel, gardez à portée de la main le guide résumé, il sera plus utile que le manuel.
- Si votre logiciel a un numéro de série, notez-le soigneusement et ne le perdez pas. Ce numéro est indispensable pour mettre à jour certains logiciels.

NOTE TECHNIQUE

Pourquoi les manuels informatiques sont-ils si épouvantables ?

Les manuels informatiques ont une mauvaise réputation. Toutefois, la situation n'est plus tout à fait la même qu'il y a quinze ans. A cette époque, tout le monde était accro de la micro. La plupart des manuels commençaient par : "Basculez ces commutateurs pour entrer vos adresses IPL en hexadécimal." Et encore, ça, c'était plutôt convivial !

Pourquoi les manuels informatiques sont-ils si mauvais ? Attendez-vous à un choc : il y a des raisons *légitimes*.

La première est que les manuels informatiques ne sont pas toujours écrits par les bonnes personnes. Le concepteur du logiciel passe tellement de temps à réaliser le produit que la réalisation du manuel est souvent confiée à quelqu'un d'autre : un chef de produit ou un programmeur peu disposé à l'écrire. En outre, ils sont bien trop familiarisés avec le produit pour pouvoir écrire un manuel utile, si d'aventure ils essayaient.

Un autre problème provient du fait que les manuels doivent être terminés *avant* la réalisation des logiciels correspondants. L'impression de 10 000 manuels est un procédé bien plus long que la copie de 10 000 disquettes. Par conséquent, les manuels sont souvent incorrects ou vagues.

La taille est aussi un problème. La plupart des manuels ne sont pas très épais, car leur poids viendrait alourdir les frais d'envoi. Certaines sociétés ne s'encombrent même pas d'un manuel et copient toutes leurs instructions sur disque, dans un fichier de type "Lisez-moi" ou "Aide".

Les auteurs de manuels informatiques sont payés à l'heure. Personne, dans une telle situation, ne mettrait tout son cœur à réaliser le meilleur travail possible. C'est pourquoi les livres informatiques sont souvent mieux écrits que les manuels, l'auteur doit gagner de l'argent en écrivant un livre qui se vend bien.

Désinstaller un logiciel

Pour effacer la totalité d'un programme correctement, vous devez utiliser un programme de désinstallation. Il ne s'agit pas vraiment d'une fonction de Windows, bien que Windows facilite cette tâche. Les logiciels actuels comportent un programme de désinstallation, mais pas toujours. Dans ce cas, mieux vaut utiliser un logiciel de désinstallation spécialisé comme Cleansweep ou UnInstaller.

Si le programme de désinstallation est prévu dans votre logiciel, il est signalé par une icône dans le menu du logiciel. Ainsi, dans la Figure 19.1, le menu du logiciel Bryce2 inclut l'option Désinstallation de Bryce2.

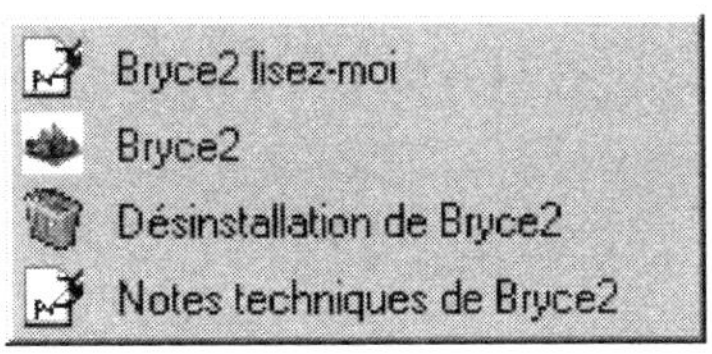

Figure 19.1 : Bryce et son icône de désinstallation.

Si le programme d'installation n'est pas mis en évidence, il n'est pas absent pour autant. Dans ce cas, pour désinstaller un programme, vous devez procéder comme pour l'installation : cliquez sur l'icône Ajout/Suppression de programmes dans le Panneau de configuration. La boîte de dialogue illustrée Figure 19.2 apparaît.

La liste des programmes recensés par Windows, et qu'il est capable de supprimer, apparaît au bas de la boîte de dialogue. Pour le sélectionner, cliquez sur le programme que vous voulez supprimer, puis sur le bouton Ajouter/Supprimer.

Une boîte de dialogue vous avertit que vous êtes sur le point de supprimer votre programme. Cliquez sur Oui pour l'anéantir à tout jamais.

- N'essayez pas d'effacer un logiciel vous-même en le supprimant de votre disque dur. Seuls les fichiers (ou les raccourcis) que vous avez créés peuvent être supprimés ainsi.

- Il existe d'autres programmes de désinstallation qui font généralement un meilleur travail que Windows. Vous aurez peut-être remarqué que certaines de vos applications n'apparaissent pas dans la boîte de dialogue Propriétés de Ajout/Suppression de programmes. Les programmes de désinstallation sont capables de les pister et d'éliminer en toute sécurité tous les fichiers dispersés sur votre disque dur.

- Le bouton Ajouter/Supprimer permet également d'ajouter des composants individuels à vos programmes. Par exemple, vous pouvez cliquer sur Microsoft Office, puis sur ce bouton pour ajouter un accessoire, un programme ou tout composant que vous n'auriez pas retenu lors de l'installation initiale.
- Pour ajouter des éléments manquants de Windows, cliquez sur l'onglet Installation de Windows de la boîte de dialogue Propriétés de Ajout/Suppression de programmes.

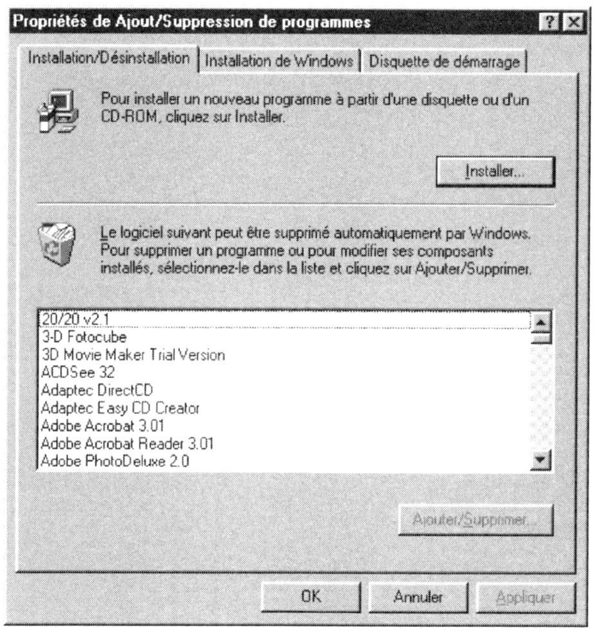

Figure 19.2 : Boîte de dialogue Ajout/Suppression de programme du panneau de configuration.

Mettre à jour un logiciel

Par définition, un logiciel n'est jamais fini. On peut toujours l'améliorer (corriger certaines erreurs ou *bugs*) et lui apporter des fonctionnalités supplémentaires. D'où ces nouvelles versions bisannuelles (appelées *mises à jour*).

Mon conseil : achetez une mise à jour uniquement si vous avez désespérément besoin de ses nouvelles fonctions. Dans le cas contraire, si votre version actuelle est toujours satisfaisante, inutile de la changer.

- Evaluez chaque mise à jour. Utiliserez-vous les nouvelles fonctionnalités, avez-vous besoin d'un traitement de texte qui imprime les titres à la verticale et des graphiques qui comptent le nombre de mots ? Avez-vous réellement besoin de cette version réseau si vous êtes le seul à l'utiliser ?

- Autre chose à prendre en compte : si vous utilisez encore Traitetexte 4.2 alors que tout le monde travaille sur Traitetexte 6.1, vous aurez quelques difficultés à échanger vos documents. Après un certain temps, les nouvelles versions d'un programme deviennent incompatibles avec les anciennes.

- Tous les employés d'un même service devraient utiliser la même version d'un logiciel, non pas la *dernière*, mais simplement la *même*.

TRUC

Que faut-il penser des mises à jour de Windows ?

A l'image de tous les autres logiciels de votre ordinateur, Windows fait régulièrement l'objet de mises à jour. Elles sont moins fréquentes, mais lorsqu'elles se produisent, c'est un changement radical. Pourquoi ? Parce que tous les autres programmes de votre PC dépendent de Windows. Par conséquent, mettre à jour Windows est une décision qui doit être mûrement réfléchie.

La plupart du temps, une nouvelle version de Windows est créée pour proposer de nouvelles fonctionnalités. Avez-vous réellement besoin de ces nouvelles fonctions ? Si la réponse est non, conservez votre version actuelle.

Si vous choisissez de mettre à jour Windows, vos anciens programmes risquent de ne plus fonctionner correctement. Aucune de mes applications Adobe ne fonctionnait lorsque j'ai installé Windows 95 au moment de sa sortie. J'ai dû attendre des mois et acheter de nombreuses mises à jour avant que tout redevienne normal. J'ai préféré ne pas installer tout de suite Windows 98 pour éviter ces mêmes ennuis.

En outre, au bout de quelque temps, des logiciels spécialement conçus pour fonctionner sur cette toute nouvelle version de Windows commencent à sortir. Ces logiciels sont généralement beaucoup mieux que vos programmes actuels, ce qui signifie que vous devrez encore modifier votre configuration si vous voulez en profiter.

Alors que faire ? Attendez au moins six mois avant d'agir. C'est le temps qu'il faut à Windows pour mater tous les bugs, et aux grands éditeurs pour sortir des mises à jour parfaitement adaptées. Attendez même un an si vous pouvez. Votre ancienne version fonctionnera toujours.

Quelques conseils d'ami

La maîtrise d'un logiciel passe souvent par la connaissance de ses petites bizarreries et facéties. Mais il faut du temps pour cela. Aussi, mon premier conseil pour bien vous familiariser avec un logiciel est le suivant : passez le plus de temps possible avec lui.

Nombre de logiciels sont livrés avec un manuel ou logiciel d'apprentissage contenant une série de leçons présentant les fonctions de base du produit et expliquant comment les utiliser. Je vous recommande vivement de suivre ce guide d'apprentissage, surtout dans sa version "didacticiel".

Certains didacticiels (programmes d'apprentissage) sont malheureusement mal conçus. N'hésitez pas à en supprimer un s'il vous ennuie ou s'il vous embrouille davantage. Vous pouvez également suivre des formations, mais ces cours peuvent être tout aussi rébarbatifs. Toutefois, il faut parfois savoir faire preuve de patience, on comprend souvent mieux un programme après quelques leçons.

Après avoir suivi une formation ou lancé le didacticiel, amusez-vous avec votre logiciel. Essayez d'imprimer. Ensuite quittez le programme. Ce sont les opérations de base les plus fréquentes. Apprenez à utiliser les fonctions de base de votre programme ; après quoi, et avec un peu de pratique, vous pourrez élargir vos connaissances et maîtriser le produit.

- Certaines entreprises proposent des stages de formation en interne, dans lesquels vous apprenez les rudiments du programme de la maison. Prenez beaucoup de notes. Faites-vous un petit cahier des différentes étapes à suivre pour toutes les opérations que l'on vous aura expliquées. Si quelqu'un vous montre une procédure, notez-la. N'essayez pas de la retenir par cœur, notez-la simplement de sorte que vous pourrez vous débrouiller seul si cette situation se reproduit.

- Ne jetez jamais votre manuel. En fait, je vous recommande de le sortir du fond de votre armoire après quelques semaines d'utilisation du programme. Après quoi, il commencera à vous paraître intelligible.

- Les livres informatiques sont aussi un bon moyen pour apprendre à utiliser un programme. Il en existe deux sortes : les livres didactiques et les livres de consultation. Les premiers sont parfaits pour tout apprendre à partir du début. Les seconds conviendront mieux si vous savez ce que vous voulez faire mais ne savez plus *comment* le faire.

Chapitre 20

Les logiciels à la maison

Dans ce chapitre :

Gérer vos comptes.

Jouer.

Jouer avec des jeux pour DOS.

Logiciels éducatifs.

Qui aurait imaginé qu'un jour l'ordinateur ferait partie de l'équipement de la maison au même titre que la machine à laver, le téléviseur, le canapé ou le four à micro-ondes ? Oui, le PC fait partie de notre environnement quotidien, au bureau et à la maison.

Bien sûr, chez soi on ne se sert pas du PC pour les mêmes raisons qu'au bureau. C'est pourquoi ce chapitre est consacré aux logiciels qu'on utilise à la maison : programmes de gestion personnelle, jeux et logiciels éducatifs. Si vous travaillez chez vous, alors le Chapitre 21 vous intéressera aussi. Quant à l'Internet à la maison, il est traité dans la Cinquième Partie.

La gestion de vos finances personnelles

Au début de la micro-informatique, si vous aviez un ordinateur à la maison, c'était que vous aviez un esprit plutôt original et, somme toute, pas très pratique. Vous utilisiez l'ordinateur pour noter des recettes de cuisine, pour recopier votre carnet d'adresses ou consigner vos dépenses. Pour ce qui est des dépenses, les choses ont bien changé.

Il est intéressant de noter que l'un des logiciels le plus vendus dans le monde est Quicken, édité par Intuit, un programme de gestion personnelle. Ce logiciel vous permet d'effectuer le suivi de vos comptes de manière si simple que cela devient un plaisir.

- Quicken édite également des logiciels de comptabilité destinés aux artisans ou aux professions libérales. On trouve sur le marché de nombreux logiciels de gestion commerciale proposés par différents éditeurs.

- L'autre logiciel de gestion personnelle est Microsoft Money. Même Microsoft reconnaît que Money n'est pas aussi bien que Quicken. Si Microsoft reprenait Intuit, il abandonnerait Money sur-le-champ.

Un aperçu de Quicken

Vous pouvez démarrer avec Quicken n'importe quand. Il n'est pas nécessaire d'ouvrir un nouveau compte en banque ou de modifier quoi que ce soit dans vos relevés.

Il suffit d'entrer quelques informations concernant vos derniers relevés de comptes et vous êtes prêt.

- Une des principales fonctions de Quicken est le suivi de vos relevés bancaires (Figure 20.1) : comptes chèques, comptes de carte de crédit ou comptes d'épargne.

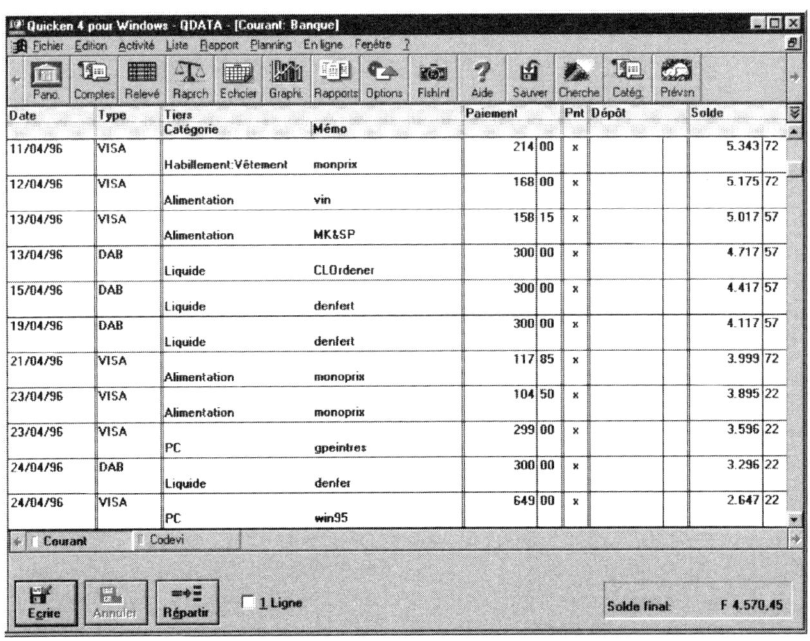

Figure 20.1 : Un relevé de banque dans Quicken.

- Vous pouvez pointer vos relevés manuellement, mais vous pouvez aussi télécharger par Internet le détail de vos transactions.

- Le téléchargement des comptes est possible avec la plupart des grandes banques françaises.

- Vous pouvez de la même façon gérer votre portefeuille d'actions.

- Quicken est également capable d'établir un budget prévisionnel, de calculer vos intérêts d'emprunts, et de vous avertir du terme de vos échéances.

- Vous n'avez plus d'excuse si vos comptes ne sont pas à jour.

Les jeux et les logiciels de loisirs

La gestion personnelle est une bonne raison pour acheter un ordinateur. D'abord les choses sérieuses, le PC étant un investissement non négligeable. Et les jeux ? Ils arrivent juste après, parce que votre désir légitime de détruire la planète Bromaxom ne justifie pas complètement cet achat important.

Mais la cruelle vérité c'est que le PC est bel et bien une machine à jouer ! Surtout si cette machine est équipée des composants suivants :

- Un processeur de type Pentium au minimum. Si possible un Pentium II MMX, au mieux un Pentium III.

- Un disque dur de grande capacité.

- Un lecteur de CD-ROM. Il n'y a plus de jeux sur disquettes.

- Une carte graphique 3D. Je n'en conseille aucune ici, tous les mois un nouveau modèle rend les précédents obsolètes.

- Une carte son. Certaines ont un effet 3D qui vous immerge dans l'action.

Le joystick n'est pas indispensable. De nombreux jeux, jeux d'aventure ou de stratégie, se contrôlent avec la souris et le clavier. Si vous êtes féru de simulation de vol, choisissez votre joystick avec soin. Si vous aimez les courses automobiles, ne vous privez pas d'un volant.

- Les jeux sont des dévoreurs d'espace disque. Avant l'achat, lisez les recommandations écrites sur l'emballage pour connaître l'espace disque nécessaire.

- Si vous avez un second disque dur, utilisez-le pour les jeux.

- De nombreux joueurs s'adonnent à leur passion via l'Internet. Ils jouent en réseau. Plusieurs joueurs s'affrontent en même temps. Allez au Chapitre 26 pour plus de détails.

Voulez-vous jouer à un jeu ?

Il existe plusieurs catégories de jeux auxquels vous pouvez jouer sur votre PC :

Arcade : Ce sont les jeux classiques dans lesquels vous tirez sur des soucoupes volantes ou vous envoyez au tapis les champions de kung-fu qui osent vous affronter. C'est ma catégorie préférée, mais c'est aussi la plus petite. Les grands classiques des salles de jeux ont été réédités : *PacMan*, *Space Invaders*, *Casse-briques*, etc. ;

Simulation : Le type de jeu le plus populaire dans cette catégorie est le simulateur de vol *Microsoft Flight Simulator* (Figure 20.2). Vous êtes dans un jet : vous décollez, montez jusqu'à l'altitude de croisière, naviguez, admirez le paysage, et vous écrasez sur un centre commercial en essayant d'atterrir. Les autres simulateurs concernent le golf, les courses de formule 1 ou de rallye, les batailles, différents sports (qui étaient auparavant dans la catégorie arcade), et les simulations du genre SimCity dans lesquelles vous créez et administrez un monde artificiel.

Figure 20.2 : Microsoft Flight Simulator au décollage à Chicago.

Réalité virtuelle : Auparavant, ces jeux mettaient en scène un petit bonhomme qui traversait l'écran en passant au-dessus de divers obstacles, ramassait des choses, et parfois atteignait un but quelconque. Avec les PC d'aujourd'hui, vous *êtes* le petit bonhomme. Vous voyez ce qu'il voit, vous vous promenez dans son monde, ses ennemis vous attaquent et vous les détruisez graphiquement. Des jeux comme *Doom*, *Duke Nukem* et *Quake*, *Half-Life* (Figure 20.3) sont parmi les plus connus dans cette catégorie. Mais attention ! Ces jeux peuvent être violents !

Figure 20.3 : Dans *Half-Life*, ce type-là est votre ami.

Tous les jeux ne conviennent pas aux enfants

Rien n'est plus désespérant que d'acheter ce que vous croyiez être un jeu sympa pour votre fils de neuf ans et de le retrouver l'écume aux lèvres tandis que son personnage à l'écran arrache la colonne vertébrale de son adversaire électronique. Pour éviter un tel choc (aux parents, pas à l'adversaire électronique), deux organismes ont établi des catégories de jeux : l'ELSPA (European Leisure Software Publishers Association — Association européenne des éditeurs de logiciels de loisirs), qui a créé les catégories d'âges suivantes : 3-10, 11-14, 15-17 et 18+, et le SELL (Syndicat des éditeurs de logiciels de loisirs), qui donne des indications sur les publics visés par leurs logiciels.

Vous pourrez également trouver une étiquette indiquant : "ATTENTION : chez certaines personnes, l'utilisation de ce jeu nécessite des précautions d'emploi particulières détaillées dans la notice ci-jointe." Là, il ne vous restera plus qu'à demander conseil au vendeur ou à exiger de voir la notice en question !

Mon jeu tourne sous DOS

Le bon vieux DOS était le champion des jeux. Quelques jeux, des rééditions surtout, fonctionnent sous DOS. Quand vous lancez ce type de jeu sous Windows, un message vous signale qu'il faut opter pour le mode MS-DOS. Le PC se réinitialise et lance le jeu. Parfois, ça marche, parfois... ça ne marche pas. Il faut essayer autre chose.

La meilleure façon de venir à bout de l'entêtement de Windows, c'est de démarrer l'ordinateur en mode DOS, de façon à ignorer totalement Windows. Pour cela, il vous faut une disquette de démarrage. Vous trouverez au Chapitre 30 des informations sur la création de la disquette de démarrage ou disquette de *boot*.

Mettez la disquette de démarrage dans le lecteur A et redémarrez le PC. Référez-vous au Chapitre 2 sur l'art de démarrer un PC, mais cette fois ne retirez pas la disquette. Le PC va redémarrer à partir du lecteur A.

NOTE TECHNIQUE

Deux paragraphes sur Direct-X

DOS était le champion des jeux toutes catégories. La plupart des grands classiques du jeu sur PC ont été réalisés sous DOS. DOS était si accueillant que le programme de jeux pouvait s'installer à son aise et accaparer toute la puissance de l'ordinateur.

Aujourd'hui, des programmes standard sont créés pour permettre aux jeux de profiter du côté convivial de Windows. L'un de ces standards est Direct-X. C'est, grosso modo, une série d'instructions qui permet aux logiciels de jeux de fonctionner facilement et de tirer le meilleur parti des caractéristiques de l'ordinateur.

Quand le PC démarre, vous voyez le texte d'un menu sur l'écran. Sélectionnez l'option qui dit quelque chose comme "démarrage avec prise en charge du CD-ROM". Appuyez sur Entrée.

Ne vous inquiétez pas à propos des différents messages qui apparaissent à l'écran. La disquette de boot s'utilise en cas d'urgence lorsque votre PC refuse de démarrer pour une raison inconnue. Vous êtes en train de ruser, et votre PC ne s'en rend pas compte.

Après les différents arrêts d'usage, vous pouvez lire :

```
A:\>
```

Vous pouvez maintenant insérer le CD dans le lecteur et lancer le jeu. Tous vos lecteurs sont présents ainsi que vos dossiers et documents, mais notez que votre lecteur de CD-ROM a peut-être changé de lettre.

Quand vous avez fini de jouer, quittez et redémarrez l'ordinateur en utilisant la combinaison des touches Ctrl+Alt+Suppr (sous DOS, c'est permis).

- Sachez que vous ne pourrez peut-être pas faire fonctionner des jeux très anciens sur un PC équipé d'un Pentium. Certains de ces jeux étaient prévus pour des processeurs de 25 MHz ou même moins.

Les logiciels éducatifs

Les ordinateurs ont toujours eu des logiciels éducatifs. Ils n'étaient pas aussi développés qu'aujourd'hui, mais c'est une vieille tradition. Et ne croyez pas qu'ils se contentent de vous apprendre à lire ou à parler chinois ; ils peuvent tout vous apprendre, depuis le solfège jusqu'à l'art de connecter une antenne parabolique à votre téléphone portable.

- Le meilleur moyen de trouver de bons logiciels éducatifs est de demander autour de vous. Regardez ce que les autres utilisent. Demandez ce que les écoles recommandent. Les magazines familiaux font aussi des recommandations.

- Méfiez-vous des jeux déguisés en logiciels éducatifs. Ils ne sont pas tous de bonne qualité. Sous couvert d'éducation on vous vend une compilation de jeux plus ou moins intéressants. Dans le meilleur des cas, vos enfants s'amusent.

- Les logiciels multimédias éducatifs pour grands et petits remportent un vif succès : encyclopédies, CD-ROM sur l'art, la musique, les musées, les pays, etc. Le choix devient presque aussi vaste que pour une librairie traditionnelle.

- L'enseignement des langues étrangères a su tirer parti de tous les avantages du multimédia. Il existe une grande variété de programmes pour tous niveaux.

Chapitre 21
Les logiciels au bureau

Dans ce chapitre :

Traitements de texte.

Un peu de PAO.

Utiliser la calculatrice.

Tableurs.

Bases de données.

Suites de logiciels de bureau.

Votre ordinateur a besoin de logiciels comme la créature de Frankenstein a besoin de la foudre. Ils donnent vie à cette énorme bête affreuse qu'est l'ordinateur ! Sans eux, il ne serait rien de plus qu'un ensemble de, euh ! *composants*.

Ce chapitre dresse un tableau des tendances et caractéristiques de tous les logiciels disponibles. Après tout, il existe bien plus d'une façon d'éveiller la bête qui sommeille dans cette boîte de métal.

- Les versions "pour la maison" des logiciels de bureau n'ont eu aucun succès et ont disparu du marché. Les utilisateurs veulent avoir à la maison le même logiciel qu'au bureau.

- Au fait, Mary Shelley a écrit *Frankenstein* à l'âge de 19 ans. C'était son premier roman.

Les logiciels qui écrivent

Presque tout le monde utilise son ordinateur pour écrire quelque chose. Qu'il s'agisse d'un mot de remerciement, d'une lettre à l'inspecteur des impôts ou d'un roman de 500 000 mots racontant les tribulations de deux entomologistes au Paraguay, les ordinateurs font de l'écriture un exercice beaucoup plus simple.

- Dans le domaine de l'informatique, *écriture* est synonyme de *traitement de texte*.
- Les logiciels de traitement de texte, les logiciels de PAO (publication assistée par ordinateur) et les éditeurs de texte sont trois types de logiciels qui vous permettent d'écrire un texte et de l'imprimer à partir d'un ordinateur.
- Les enquêtes montrent qu'aujourd'hui environ 70 % des ordinateurs sont utilisés pour le traitement de texte.
- Un logiciel de traitement de texte vous permet d'obtenir une copie presque parfaite de votre œuvre. Vous pouvez en permanence modifier le texte affiché à l'écran, le résultat final sera impeccable (ou presque, cela dépend aussi de vous et de votre ordinateur).

Editeurs de texte

Les éditeurs de texte sont les plus rustiques des traitements de texte. Ils ne vous permettront probablement pas de définir des marges, et encore moins de formater du texte ou d'utiliser différentes polices. Alors pourquoi s'encombrer d'un éditeur de texte ?

Parce qu'ils sont simples, rapides et suffisamment petits pour se glisser dans une disquette. En outre, nombre d'entre eux sauvegardent leur texte sous forme *ASCII*, format de base que la plupart des programmes et traitements de texte peuvent lire.

La Figure 21.1 montre une page éditée dans le Bloc-notes, l'éditeur de texte de Windows.

- Un éditeur de texte est grosso modo un traitement de texte sans chichis.
- Les éditeurs de texte sauvegardent leurs documents sous forme de fichiers de texte ordinaires, sans fioritures, appelé *ASCII*.

TRUC

- En fait, tout traitement de texte peut être utilisé comme éditeur de texte. Il suffit d'enregistrer votre document au format *ASCII* ou *texte seulement*. Voyez le Chapitre 8 pour en savoir plus sur la sauvegarde de fichiers dans un format particulier.

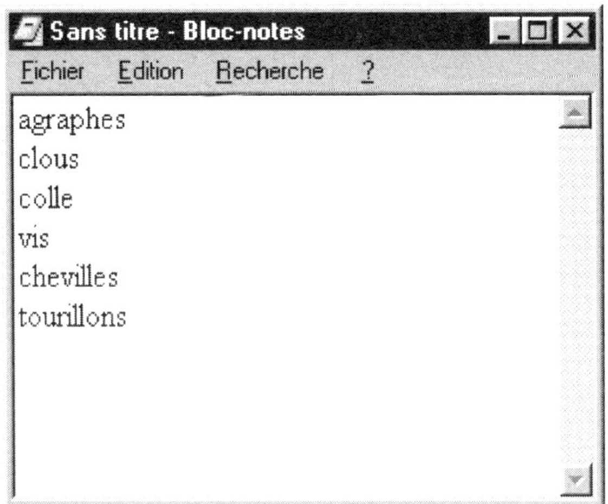

Figure 21.1 : Le Bloc-notes est un gentil petit éditeur de texte dans Windows.

Logiciels de traitement de texte

Les logiciels de traitement de texte ou simplement *traitements de texte* sont les descendants évolués de la machine à écrire. Les mots ne sont plus directement imprimés sur la feuille, mais *informatisés*. Vous pouvez les modifier, les organiser, les formater, vérifier leur orthographe à l'écran ; bref, vous pouvez les (mal)traiter autant que vous voulez avant de les imprimer.

- Les traitements de texte fonctionnent comme les éditeurs de texte, mais ils ajoutent la mise en page, le choix des styles, la correction grammaticale, et plein de choses que personne ne se fatigue à apprendre.

- Les fichiers sauvegardés par un traitement de texte sont appelés *documents*.

- Windows a un traitement de texte appelé WordPad. C'est une sorte d'ancienne version de Word. En fait, WordPad a des caractéristiques qui auraient ravi les utilisateurs exigeants du début des années 90. Aujourd'hui, son principal intérêt est d'être inclus dans Windows.

Logiciels de PAO (publication assistée par ordinateur)

La génération suivante de logiciels de traitement de texte ne s'est plus contentée de manipuler du texte. Elle a ajouté à sa panoplie de fonctions les images, les titres, et toutes sortes d'agréments typographiques. Aujourd'hui, des logiciels comme Word ou WordPerfect s'acquittent de tâches comme la mise en page sur deux colonnes ou l'importation d'images et de graphiques.

Malgré tout, ces super-traitements de texte ne remplacent pas les logiciels spécialement dédiés à la PAO. Les traitements de texte sont faits pour composer du texte, les logiciels de graphisme (dessin ou retouche de photographies) sont faits pour manipuler des images. La meilleure façon de combiner les deux, c'est d'utiliser un logiciel de PAO.

- Les logiciels professionnels de PAO sont chers. Mais il existe aussi des programmes grand public.

- Pour créer un livre comme celui-ci, le texte est tapé dans un logiciel de traitement de texte. Les copies d'écran sont reproduites et traitées avec un programme de graphisme. Les dessins sont créés avec un autre logiciel de graphisme. Le tout est mis en forme dans un programme de PAO professionnel.

Les logiciels qui comptent

Au lycée, je détestais les ordinateurs, et je n'ai jamais voulu suivre un seul cours d'informatique. Je pensais que les ordinateurs étaient réservés aux matheux, et moi j'étais plutôt un littéraire.

Aujourd'hui, tout le monde sait que les ordinateurs savent faire tout autre chose que des mathématiques. Ils écrivent, dessinent, jouent de la musique, font de la vidéo, et communiquent. Mais au cœur de tout cela il y a un grand calculateur. Si vous voulez lui demander de faire des mathématiques, n'hésitez pas, c'est sa spécialité. Et contrairement à ce que je pensais au lycée, il n'est pas nécessaire d'être fort en maths, puisque c'est l'ordinateur qui fait le boulot.

Faites le calcul !

Puisque votre PC est si fort en calcul, pourquoi avez vous une calculatrice sur votre bureau ? Comment ça, quelle question ? Eh bien oui ! votre PC met une calculatrice à votre disposition, vous pouvez donc vous en servir à la place de celle que vous empruntez à votre gentil collègue.

Affichez la calculatrice en choisissant Programmes/Accessoires/ Calculatrice dans le menu Démarrer. La calculatrice apparaît, comme le montre la Figure 21.2. Utilisez-la comme n'importe quelle machine à calculer, en cliquant sur les boutons.

Figure 21.2 : La calculatrice de Windows.

- La calculatrice de Windows utilise les caractères standard du PC pour l'addition (+), la soustraction (-), la multiplication (*) et la division (/).
- Le résultat affiché par la calculatrice peut être copié et collé dans n'importe quel programme sous Windows. Sélectionnez Edition/Copier pour copier le résultat.

- En sélectionnant Affichage/Scientifique dans le menu, c'est une calculatrice scientifique qui s'affiche, de quoi ravir n'importe quel lycéen.
- Il existe dans le commerce des calculatrices encore plus sophistiquées, qui possèdent des fonctions scientifiques encore plus spécifiques.

Tableurs

Les calculatrices, c'est bien pour les calculs vite expédiés, ces calculs que vos grands-parents faisaient mentalement et sans effort. Pour des opérations complexes, il vous faut un véritable outil à manipuler les chiffres. Il vous faut un *tableur*.

Un tableur utilise une grande grille formant des *cellules* sur l'écran (Figure 21.3). Dans ces cellules, vous pouvez taper du texte, des nombres ou des formules.

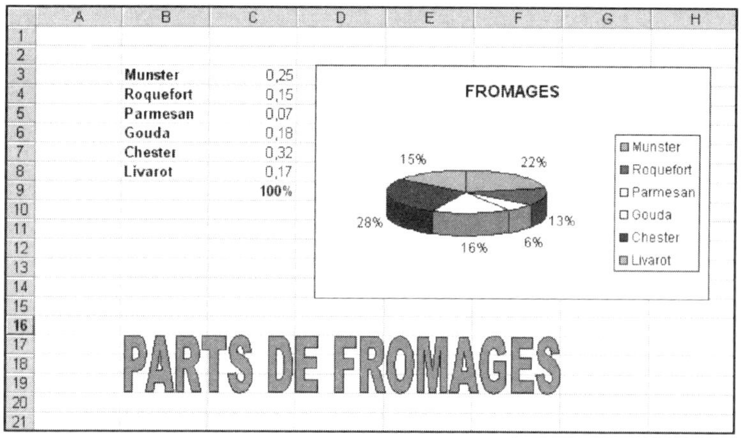

Figure 21.3 : Une feuille de calcul et son camembert.

Ce sont ces formules qui font des tableurs des logiciels si puissants : vous pouvez additionner diverses cellules, comparer des valeurs et effectuer des opérations mathématiques extrêmement complexes. Le tout est instantanément mis à jour ; modifiez une valeur et ce changement se répercute aussitôt sur toutes les autres.

- Les fichiers sauvegardés par un tableur sont appelés *feuilles de calcul.*
- Les tableurs savent aussi représenter des graphiques. Par exemple, le camembert de la Figure 21.3 a été créé en 20 secondes, juste en répondant à des questions oui/non. Très bon camembert.
- N'hésitez pas à utiliser de la couleur dans vos feuilles de calcul.
- La plupart des tableurs peuvent transposer les nombres en graphiques, permettant, par exemple, de mieux visualiser la diminution de votre pouvoir d'achat.

- Chaque fois que vous créez une nouvelle feuille de calcul, celle-ci apparaît vierge à l'écran. Certaines feuilles contiennent déjà des informations. Il s'agit de modèles prédéfinis et personnalisés qui vous permettent de réaliser des tâches spécifiques.

- Les tableurs peuvent être aussi utilisés pour organiser des données de toutes sortes, créer des tableaux et des graphiques, des illustrations, des jeux et tout ce qui comporte des grilles, parce que le quadrillage est plus facile à manipuler qu'un tableau de Word.

Les logiciels qui gèrent

Les mots et les nombres sont pris en charge par les logiciels de traitement de texte et les tableurs, les bases de données s'occupent du reste.

Les bases de données ont deux fonctions essentielles : trier ou extraire des données et créer des rapports ou états. Elles manipulent toutes sortes d'informations : mots, chiffres, dates, etc.

- A l'instar des feuilles de calcul, les bases de données peuvent être personnalisées pour répondre à des besoins spécifiques. Plutôt que de bûcher seul de votre côté, utilisez les services d'un programmeur pour créer une base de données parfaitement adaptée à votre domaine d'activité.

- Les programmes de base de données et les tableurs peuvent parfois se substituer l'un à l'autre. Préférez un tableur lorsque les champs d'une base de données contiennent principalement des nombres, et une base de données lorsque les cellules de votre feuille de calcul contiennent surtout du texte et des titres.

- Les bases de données sont parmi les logiciels les plus lents. En particulier, si vous avez un grand nombre de données, extraire une information peut demander beaucoup de temps.

Les trois catégories de bases de données

Comme il existe trois types de programmes pour écrire, il existe trois types de programmes pour stocker des données :

Base de données simple : C'est la base de données dans sa plus simple expression, elle est idéale pour organiser des données collectées en vrac. Lorsque vous tapez "œuf", la base de données retrouve tous les textes contenant le mot "œuf", qu'il s'agisse d'une recette de cuisine, d'une liste de provisions ou d'un traité d'histoire naturelle.

Base de données non relationnelle : Une base de données non relationnelle sera utilisée pour la gestion de données enregistrées, listées dans des tables. Vous pourrez lancer une requête et établir par exemple une liste des personnes qui s'appellent Thomas et qui mangent des œufs au petit déjeuner. Cette base est plus puissante que la base de données simple, mais le succès de vos recherches dépendra de l'organisation initiale.

Base de données relationnelle : La plus puissante des bases de données. Elle établit des liaisons complexes entre les données, les combine à la demande de l'utilisateur, et effectue des calculs à la manière des tableurs.

Avez-vous besoin d'une base de données ?

Probablement pas. Quoiqu'il existe des bases de données toutes prêtes qui vous permettent, par exemple, de classer vos disques et de retrouver n'importe quel titre de chanson à partir d'un seul mot.

Les bases de données de publipostage

L'opération de publipostage, plus connue sous le terme de *mailing list*, fait appel à une base de données. Cette base contient des noms, des adresses, des numéros de téléphone, et toute information utile concernant le destinataire. La fonction principale de la *mailing list* c'est d'imprimer la liste des destinataires d'un courrier expédié dans un but particulier.

- Il existe des petits programmes dédiés à la gestion du publipostage.
- Vous pouvez vous procurer des étiquettes prévues spécialement pour votre imprimante. Les programmes de publipostage sont souvent vendus avec un échantillon de ces étiquettes.

Les suites bureautiques

Le plus souvent, les logiciels de bureau sont réunis sous un même emballage, l'ensemble est alors appelé *suite bureautique*. Une suite contient généralement un traitement de texte, une base de données, un tableur et, parfois même, un logiciel de présentation. C'est plus économique que d'acheter chaque logiciel séparément, en supposant que vous ayez besoin de tous les logiciels de la suite.

Une suite est idéale lorsque vous démarrez, mais tout à fait inutile si une seule partie de l'ensemble vous intéresse. Par exemple, si vous envisagez d'acheter Microsoft Office uniquement pour faire tourner Excel ou Word, il vaut mieux les acheter séparément. Il n'y a aucun intérêt à encombrer un disque dur de trucs que vous n'utiliserez jamais.

- La plupart des gens achètent Microsoft Office pour utiliser Word. Ils payent les autres programmes, mais ne les utilisent jamais !

- Sachez que vous gâchez une quantité importante d'espace disque en installant des programmes bureautiques que vous n'avez pas l'occasion d'utiliser.

- La plupart des programmes de bureau vous permettent de sélectionner pendant l'installation les applications que vous voulez installer. Vous aurez toujours la possibilité d'ajouter les autres applications plus tard, donc ne sélectionnez que celles dont vous avez besoin.

- Un bon programme de bureau doit comprendre : un traitement de texte, un tableur, une base de données, un programme de présentation, plus (c'est le plus important) la possibilité de combiner ensemble ces programmes. Ils doivent donc tous s'entendre à merveille.

Chapitre 22

Le PC est les arts graphiques

Dans ce chapitre :

Différents logiciels de graphisme.
Bitmap et vectoriel.
Retouche d'images.
Les images venues du Web.
Numériser les images.
Modifier une image numérisée.
Les effets spéciaux.
Les formats graphiques.

Même si vous ne vous sentez pas capable de tracer à main levée le profil d'une frite, le PC peut faire de vous un véritable artiste. Par la grâce du Pentium et de nombreux logiciels de graphisme, n'importe quel gribouilleur se découvre l'âme d'un Picasso. Nul n'est besoin de démarrer par une esquisse, toute image qui vous plaît peut être scannée puis remaniée à votre guise. Avec l'informatique, la créativité n'a plus de limites, l'ordinateur vous apporte la technique, à vous d'ajouter le talent.

Ce chapitre est une introduction très sommaire au vaste monde du graphisme numérique. Je m'attarderai sur l'utilisation du scanner, parce qu'il est devenu un objet très répandu. - Que cela ne vous empêche pas de gribouiller votre agenda pendant que vous téléphonez !

Un aperçu des logiciels graphiques

L'informatique est extrêmement douée pour les arts graphiques. Les artistes et professionnels d'aujourd'hui ont abandonné leurs pinceaux pour l'ordinateur. Cet ordinateur est le plus souvent un Macintosh, mais ne vous inquiétez pas, le PC fait aussi bien.

Les logiciels de graphisme sont plus ou moins complexes et plus ou moins performants. Chaque logiciel vise un public précis. Aucun programme n'excelle dans la totalité des domaines graphiques. La plupart des graphistes professionnels se servent de plusieurs logiciels, en fonction du résultat qu'ils veulent obtenir.

La section suivante décrit quelques-uns de ces programmes.

Les logiciels de dessin bitmap

Les logiciels de dessin bitmap sont l'équivalent numérique de la boîte de crayons. Vous pouvez dessiner des formes élémentaires, vous pouvez gribouiller, peindre soigneusement avec un pinceau ou étaler de la couleur sur l'écran.

Windows inclut un programme de ce type appelé Paint, comme le montre la Figure 22.1. Il offre quelques outils essentiels et vous permet d'exercer votre créativité. A condition de ne pas être trop exigeant.

Les programmes perfectionnés ont des possibilités plus étendues et plus d'outils que Paint. Vous pouvez créer des images, des illustrations, et même des effets 3D. La panoplie des techniques créatives est époustouflante.

- Le programme Paint est un logiciel de dessin bitmap. Si vous entendez dire "c'est un fichier bitmap ou BMP", vous saurez qu'il peut être traité par Paint.

- Paint peut aussi éditer des fichiers JPEG (JPG). Ces fichiers sont peu gourmands en espace disque ; ils sont parfaits pour l'Internet.

- Le "papier peint" du bureau de Windows est le plus souvent une image de type bitmap.

- Les logiciels perfectionnés tels que Painter de la société Apacabar offrent des possibilités incroyablement plus étendues que Paint, et coûtent assez cher. Ils sont utilisés par les professionnels, mais aussi par les passionnés d'images numériques.

- Vous trouverez plus de détails sur les formats de fichiers graphiques à la fin de ce chapitre.

Figure 22.1 : Une œuvre réalisée avec Paint de Windows.

Les logiciels de dessin vectoriel

A la différence des logiciels de dessin bitmap, les programmes de dessin vectoriel créent des objets. Contrairement au dessin bitmap, qui est un ensemble de pixels, un dessin vectoriel est composé d'éléments séparés comme des lignes ou des polygones. Il est donc possible de changer et de redimensionner n'importe quelle partie du dessin.

La Figure 22.2 montre un programme de dessin vectoriel inclus dans Microsoft Office. Il peut être utilisé par exemple pour créer des dessins dans les documents Word ou Excel. Parce qu'il est vectoriel, vous pouvez adapter la taille de votre dessin à la mise en page du document.

Il existe des logiciels professionnels tels qu'Adobe Illustrator et CorelDRAW. Ils sont utilisés avant tout dans le domaine de l'illustration éditoriale ou publicitaire.

N'OUBLIEZ PAS

- L'illustration est le domaine privilégié des logiciels de dessin vectoriel.
- Les programmes de dessin vectoriel fonctionnent avec des lignes. Ces lignes peuvent avoir différentes épaisseurs ou couleurs, et être assemblées pour créer des formes composites.

- Dessin bitmap et dessin vectoriel peuvent être traités ensemble dans un même document. Vous pouvez créer une image bitmap et la copier dans un dessin vectoriel.

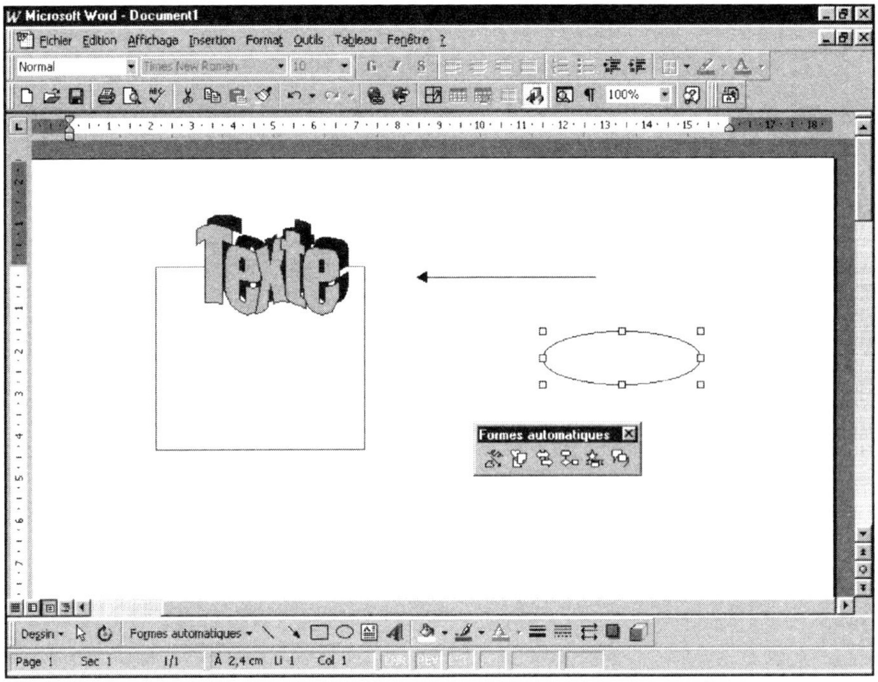

Figure 22.2 : Programme de dessin dans Microsoft Office.

Les logiciels de retouche d'images

Si vous avez acheté un scanner, vous avez probablement trouvé un logiciel de ce type dans l'emballage. Un logiciel de retouche d'images est essentiellement un programme de dessin bitmap, avec des outils destinés à manipuler les photographies et les images. Par exemple, l'un de ces outils corrige les yeux rouges dus au flash.

Pour en savoir plus, rendez-vous à la section "Utiliser un logiciel de retouche sur une image numérisée" plus loin dans ce chapitre.

Les logiciels de modélisation 3D

La dernière catégorie de ce petit tour d'horizon concerne les logiciels de modélisation et d'animation 3D. *Modélisation* et *animation* sont parfois séparées ou parfois réunies dans le même programme. Parfois un seul et même programme inclut le dessin, la retouche et la modélisation 3D.

Les logiciels de modélisation 3D sont des programmes de dessin bien particuliers. Ils vous permettent de créer des formes en trois dimensions, et de les observer sous tous les angles. La Figure 22.3 a été créée avec un logiciel de ce type.

Figure 22.3 : Une image 3D faite en un clin d'œil.

CAO/DAO, le dessin technique

CAO/DAO, conception et dessin assistés par ordinateur, désignent les programmes professionnels de dessin technique. Ils sont utilisés par les dessinateurs industriels, architectes et ingénieurs qui ont besoin de créer des plans et des schémas complexes. AutoCAD est le logiciel incontournable sur ce marché.

Un logiciel de 3D est souvent accompagné d'un programme d'animation. Avec ce programme, vous pouvez donner du mouvement aux objets en trois dimensions que vous venez de créer. Les programmes professionnels de ce type sont utilisés pour réaliser des films tels que *Toy Story*. Les programmes actuels savent faire aujourd'hui ce que faisaient les grands studios d'animation des années 80.

Se procurer des images

Il y a quatre façons de se procurer des images numériques : scanner, utiliser un appareil photo numérique, les créer, ou bien se les approprier en les chipant à quelqu'un.

Pour créer des images, vous disposez des logiciels décrits dans les sections précédentes. Ce qui suit traite des trois autres méthodes.

Images volées

Vous pouvez vous approprier pas mal d'images sans pour autant les voler, et c'est tant mieux. Certaines images sont si connues qu'elles sont considérées comme faisant partie du domaine public. Vous pouvez les reproduire et les utiliser comme bon vous semble. D'autres appartiennent à leurs auteurs, mais vous pouvez les utiliser à conditions de citer vos sources. La législation dans ce domaine est un peu floue, et personnellement je connais peu de gens qui s'inquiètent de la propriété d'une image, et qui se posent des questions avant de s'en servir.

Les images les plus répandues sont les *cliparts*. Les *cliparts* sont des images que l'on trouve en grande quantité dans les logiciels d'illustration, de PAO ou réunies dans des CD-ROM, ou encore sur l'Internet. La Figure 22.4 vous montre un exemple.

Figure 22.4 : Un exemple de cliparts.

Vous pouvez aussi récupérer des images sur le Web. En cliquant avec le bouton droit sur une image lue avec Internet Explorer, vous activez un menu déroulant. En sélectionnant Enregistrer l'image sous (Figure 22.5), vous ouvrez une boîte de dialogue Enregistrer sous, et vous pouvez enregistrer l'image sur votre disque dur.

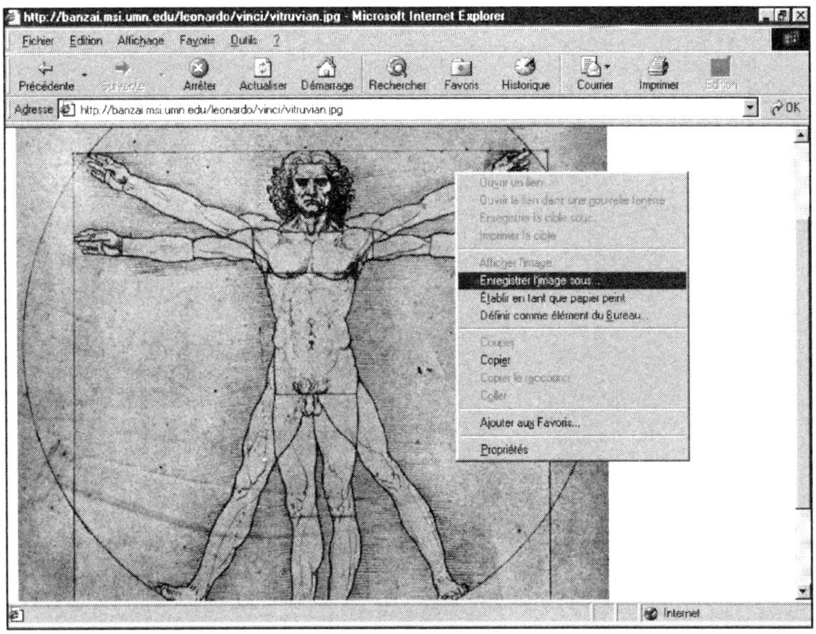

Figure 22.5 : Récupérez des images sur le Web et enregistrez-les sur votre disque dur.

Toutes les images du Web ne sont pas bonnes à prendre. Certaines sont dites *libres de droit* ; vous pouvez les utiliser comme bon vous semble. En fait, si vous n'en faites pas un usage commercial ou public, vous pouvez disposer de toutes les images du Web.

Photographies numériques

Un appareil photo numérique est fait pour apporter des images à l'ordinateur. Il suffit de transférer les images de la mémoire de l'appareil à la mémoire du PC. Ensuite, vous pouvez les regarder. Un album virtuel est fourni avec la plupart des appareils numériques. Ces albums vous permettent de classer, de voir et d'imprimer vos images, et quelquefois de créer des diaporamas.

TRUC

Gardez de l'espace pour vos photos numériques sur votre disque dur. N'hésitez pas à créer un dossier dédié aux photos et des sous-dossiers où vous pourrez les classer par catégories. L'album virtuel livré avec l'appareil vous sera d'une aide précieuse.

Utiliser un scanner

Utiliser un scanner est une activité très divertissante. Mais elle demande beaucoup de temps libre. Une image de magazine ou de livre vous plaît, vous la scannez et la voilà qui apparaît sur l'écran de votre PC.

Lorsque vous scannez ou numérisez une image, vous vous servez en réalité d'un logiciel graphique. Vous ne pouvez pas numériser une image et la sauvegarder directement sous forme de fichier. Pas du tout. L'image scannée apparaît dans un programme de graphisme, et de là elle est enregistrée sur disque.

Voyons les principales étapes à suivre lorsque vous utilisez un scanner. Ces étapes sont communes à la plupart des programmes, avec parfois de légères variantes.

1. **Actionnez le scanner.**

   C'est quelquefois automatique. Certains scanners s'allument quand vous soulevez le couvercle ou lancez le logiciel de scan. La plupart doivent être allumés manuellement.

2. **Lancez le logiciel.**

   La plupart des scanners sont livrés avec un logiciel comme Adobe PhotoDeluxe ou Microsoft Picture It!, ou PhotoDraw. Ces logiciels de graphisme vous permettent de récupérer l'image qui est vue par votre scanner.

3. **Placez l'image face contre la vitre du scanner.**

   La plupart des scanners lisent l'image de l'arrière vers l'avant, et ont des repères pour positionner le document à reproduire. Essayez de placer précisément le document dans un angle pour que votre image soit bien verticale ou horizontale.

   Si vous numérisez un livre ou un magazine, placez-le comme vous le placeriez sur la vitre d'une photocopieuse.

4. **Sélectionnez la commande appropriée.**

   La commande peut avoir diverses appellations : Importation, Acquérir, Scanner. Cette commande se trouve dans le menu Fichier.

   A la suite de cette commande, vous aurez probablement une commande supplémentaire à sélectionner dans un sous-menu, comme Twain ou le nom de votre scanner.

   Certains logiciels vous demandent de choisir un scanner. Par exemple, le programme Imaging livré avec Windows a une commande Fichier/Sélection d'un scanner. Après vous choisissez Fichier/Scanner un nouveau document.

5. **Affichez l'image avant de la scanner.**

   Le logiciel de scan vous permet d'avoir un aperçu de l'image numérisée. Dans la Figure 22.6, le logiciel du scanner UMAX a un gros bouton Aperçu. En cliquant dessus, l'image placée sur la vitre apparaît.

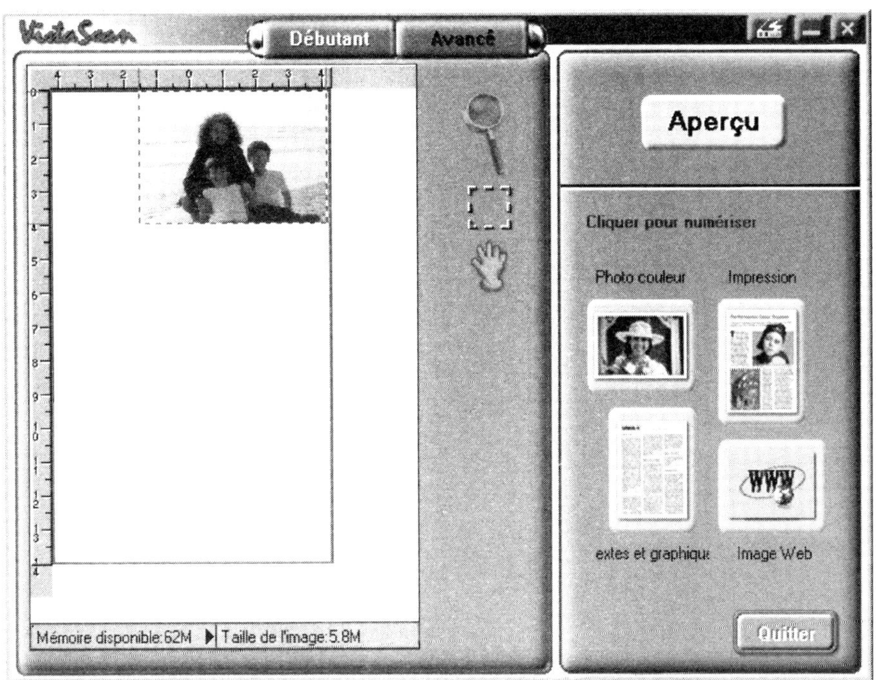

Figure 22.6 : Le logiciel des scanners UMAX.

Le nom de la commande de préaffichage varie avec le logiciel : Prescan, Preview, Prévisualiser, Prénumériser, etc.

Grâce à l'aperçu, vous avez la possibilité de sélectionner la partie de l'image que vous désirez scanner. Si par exemple vous voulez numériser la maison de tante Thérèse, mais sans tante Thérèse, eh bien ! réjouissez-vous, c'est possible !

6. **Recadrez l'image.**

   Vous pouvez recadrer l'image à votre gré.

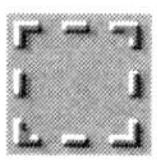

   Utilisez l'outil de sélection pour définir la partie de l'image que vous désirez numériser.

   Si nécessaire, utilisez l'outil loupe pour sélectionner avec plus de précision.

7. **Réglez les paramètres de numérisation.**

   Dans la Figure 22.6, qui montre le mode Débutant du logiciel, quatre choix sont possibles : Photo couleur, Impression, Textes et graphiques, et Images Web. D'autres logiciels proposent le choix entre noir et blanc ou couleur. Certains offrent le choix de la résolution. Sélectionnez l'option qui vous semble appropriée à l'image à numériser.

- Vous devez préciser au scanner quel est le type d'image que vous numérisez. A chaque numérisation, le réglage pourra être redéfini, en fonction de l'image.
- L'option Textes et graphiques donne une image en noir et blanc contrastée. Si l'image originale n'est pas de bonne qualité, ne choisissez pas cette option.
- Images Web numérise l'image en couleurs en l'optimisant pour la diffusion sur l'Internet.

- La plupart des scanners proposent d'affiner la numérisation par des réglages tels que le détramage qui permet de numériser un journal ou un magazine sans que la trame du papier n'apparaisse.

8. **Numérisez l'image.**

   Cliquez sur le bouton Numériser.

Dans la Figure 22.6, dans le mode Débutant, il faut cliquer sur le bouton correspondant au type de numérisation que vous avez choisi. Par exemple, pour cette photo j'ai choisi le bouton Photo couleur (celui avec la jeune femme au chapeau).

Le scanner peut préchauffer pendant un court moment, puis la numérisation démarre.

(Ici, il faut imaginer le bruit si caractéristique du scanner.)

9. **Récupérez l'image dans votre application.**

   Certains logiciels de numérisation ont un bouton OK. Si c'est le cas, cliquez dessus. Cette action place l'image dans votre application, prête à être éditée, sauvegardée ou imprimée.

   Le scanner peut, le cas échéant, placer automatiquement l'image dans l'application. Vous n'avez rien d'autre à faire.

   Certains logiciels restent actifs après la numérisation de l'image. Fermez la fenêtre du logiciel ou alors permutez vers l'application graphique en cliquant sur sa barre des tâches.

10. **Occupez-vous de l'image.**

    Vous voilà prêt à éditer, imprimer ou sauvegarder l'image.

Pour plus de détails sur ces opérations, rendez-vous à la section suivante.

TRUC

- Vous pouvez numériser plusieurs photographies d'un seul coup. Numérisez-les, et utilisez la fonction de recadrage du logiciel de graphisme pour les sauvegarder séparément. C'est une bonne formule pour gagner du temps.

- Reportez-vous au Chapitre 18 pour plus de détails sur l'aspect matériel du scanner.

- Il faut un matériel spécial pour scanner des diapositives. C'est soit un scanner particulier, soit un accessoire en option pour un scanner traditionnel. Si vous posez simplement une diapo sur la vitre du scanner, vous n'obtiendrez qu'un joli petit rectangle noir.

- TWAIN (Technology Without An Important Name) est l'acronyme associé aux logiciels de numérisation. Il signifie *technologie sans nom important*. Je n'invente rien !

Utiliser un logiciel de retouche sur une image numérisée

La plupart des scanners sont vendus accompagnés d'un logiciel de retouche d'images. Certains programmes comme Adobe PhotoDeluxe, Picture It!, Kai's Photo Soap ou Photo Artist sont d'une utlisation simple et intuitive.

Des ouvrages entiers ont été écrits sur les logiciels de retouche, et je vous incite à les consulter si vous voulez vous perfectionner en la matière. Sinon, vous pouvez réaliser quelques opérations simples décrites dans les paragraphes suivants.

Recadrer l'image

Le *recadrage*, ou *détourage*, vous permet de changer la composition de votre image, de la centrer sur un objet ou un personnage de votre choix. Si vous traitez vos propres photographies, vous corrigerez la prise de vue originale en éliminant les zones inutiles ou indésirables de la photo.

L'icône dans la marge désigne l'outil de recadrage dans la plupart des programmes.

Redimensionner l'image

Pour quelque étrange raison, les images numérisées s'affichent en de larges dimensions. Une photographie 9 x 13 cm ne s'affiche pas en entier dans votre écran. (Je suppose que cela a un rapport avec le nombre de pixels, en tout cas un truc très technique.)

Vous ne voudrez certainement pas insérer une énorme image dans votre page Web, par exemple. Il faudrait de très longues minutes pour l'afficher. Vous pourrez en revanche, réduire sa taille en utilisant divers outils, comme ceux de la barre d'outils dans la Figure 22.7.

Dans Photo Artist de Micrografx, la commande pour modifier la taille de l'image s'appelle simplement *Taille*. Dans n'importe quel logiciel, assurez-vous que vous redimensionnez toute l'image et pas seulement une partie de celle-ci.

Après avoir sélectionné Taille, il faut préciser différentes valeurs dans une boîte de dialogue, comme celle de la Figure 22.8. Ici l'image mesure 84,2 x 64,9 millimètres et pèse 2,2 Mo.

Figure 22.7 : Le logiciel de retouche d'images Photo Artist.

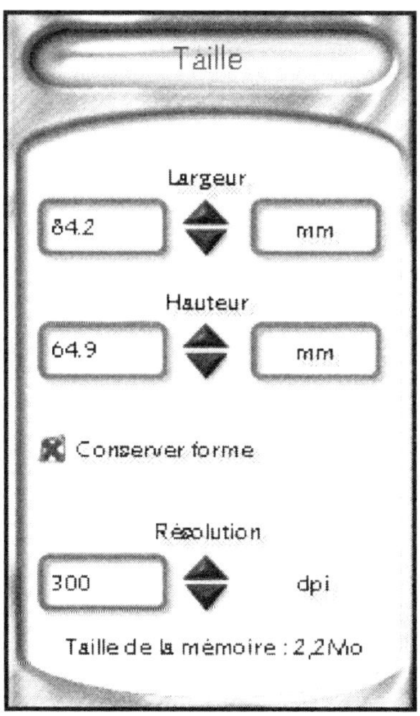

Figure 22.8 : La boîte de dialogue Taille de Photo Artist.

Pour changer la taille de l'image, entrez les valeurs désirées dans la boîte de dialogue. Ces valeurs peuvent être mesurées en mm, pouces ou pixels. Je vous conseille d'utiliser les pixels, surtout si vous prévoyez de publier l'image sur le Web.

Une taille de 300 pixels est un bon choix. Si vous entrez cette valeur dans la case Largeur, le logiciel ajuste automatiquement la hauteur pour conserver les proportions, si vous avez coché cette option (ici elle s'appelle Conservez forme).

TRUC

Si vous redimensionnez l'image pour en faire un fond d'écran, donnez-lui la même taille (ou aussi proche que possible) que le bureau de Windows. Pour connaître la taille du bureau de Windows, double-cliquez sur le bureau et selectionnez Propriétés dans le menu. Dans l'onglet Paramètres, lisez les valeurs inscrites dans la partie Zone d'écran. Le plus souvent, ces valeurs sont 800 x 600.

Effets spéciaux

Tous les logiciels de retouche d'images vous permettent d'appliquer des effets spéciaux à vos images. La Figure 22.9 montre un exemple de ces effets. Il y en a des dizaines… ils vous permettent de débrider complètement votre imagination.

Figure 22.9 : Une variation intéressante réalisée en un clin d'œil.

Choisir le format de sauvegarde

La dernière opération consiste à sauvegarder l'image sur votre disque dur.

Si vous vous contentez de choisir la commande Enregistrer, la plupart des logiciels de retouche enregistrant par défaut sous leur propre format, la taille du fichier sera énorme et votre image ne pourra être vue qu'avec le même logiciel. Choisissez donc un format adapté à ce que vous désirez faire de votre image.

- Si vous envoyez l'image par e-mail ou si vous l'utilisez dans votre page Web, sauvegardez-la sous le format JPEG ou le format GIF.
- Si vous insérez l'image dans une autre application, un programme de PAO par exemple, uilisez le format TIFF.
- Si l'image doit vous servir de fond d'écran ou de papier peint de Windows, choisissez le format BMP.

Pour choisir le format de sauvegarde, utilisez la commande Enregistrer sous, ou Exporter.

Si vous utilisez la commande Enregistrer sous, selectionnez le format dans la liste déroulante qui vous est proposée.

Si vous avez choisi Exporter et que vous fermez, le logiciel vous indique que l'image n'est pas sauvegardée. Le logiciel vous signale simplement que l'image n'est pas enregistrée sous son propre format - tout va bien puisque vous avez choisi un format différent en l'exportant.

Chapitre 23
Encore des logiciels !

Dans ce chapitre :

Logiciels de programmation.

Logiciels utilitaires.

Logiciels gratuits et moins gratuits.

Il y a très longtemps, les possesseurs de PC avaient tous le même PC, nous étions loin de la multiplicité des configurations d'aujourd'hui. Pour ce PC, il existait un petit nombre de logiciels, si petit qu'il était possible de les essayer tous. De nos jours, les programmes sont nombreux, ils occupent énormément d'espace, et quelquefois empêchent d'autres programmes de fonctionner. Bref, si vous aviez songé essayer tous les logiciels existants, il est plus raisonnable d'y renoncer.

C'est le dernier chapitre de la partie réservée aux logiciels. Il est consacré aux programmes dont sont friands les accros du PC, les allumés de l'ordinateur, les fous d'informatique. Et pourquoi pas vous ?

Logiciels pour accros

Des accros de l'informatique, vous en connaissez certainement ; regardez autour de vous. Ils sont passionnés et l'objet de leur flamme est un ordinateur. Ils sont accros et ils aiment ça.

Attention ! vous n'êtes pas à l'abri, cela peut vous arriver aussi. Vous serez accro au dernier degré quand vous ferez de la programmation pour votre PC. Mais vous serez également atteint quand vous prendrcz plaisir à badiner avec les logiciels utilitaires, ceux dont je parle dans les paragraphes suivants.

- Ayez une pensée pour les accros qui conçoivent le matériel et les logiciels que vous utilisez. Vous pouvez être prompt à leur adresser des reproches quand ils vous rendent la vie compliquée, mais soyez également prompt à les remercier lorsqu'ils font des trucs sympas.
- Ce n'est pas parce qu'un logiciel est destiné à un certain type d'utilisateur que vous ne pouvez pas l'essayer. Par exemple, vous pouvez vous amuser énormément avec un logiciel de graphisme même si vous ne fréquentez pas les Beaux-Arts.

Un peu de programmation

Les ordinateurs sont extrêmement doués pour obéir à des instructions absurdes. Demandez à n'importe quel programmeur ! Vous programmez un ordinateur pour qu'il ne réponde à aucune commande, il le fera, et vous ne pourrez le réveiller qu'en le réinitialisant. Il n'est pas têtu, il obéit simplement aux instructions du programmeur.

Tout le monde peut écrire des programmes pour ordinateur. Des enfants de 9 ans ont lu des bouquins de programmation de la série "Pour les Nuls" et m'envoient les programmes qu'ils ont écrits. Ce ne sont pas des surdoués, il veulent simplement que leur ordinateur exécute une tâche bien précise, et ils utilisent un langage de programmation pour le lui faire savoir.

Il existe un large éventail de langages de programmation, depuis le langage simple à assimiler jusqu'au langage complètement hermétique pour le commun des mortels.

Le langage le plus facile à apprendre est le BASIC. Microsoft édite un produit appelé Visual Basic qui rend la programmation aussi aisée qu'un copier-coller. Le langage BASIC est composé de mots courants et fort compréhensibles si on pratique un peu l'anglais. Les instructions ressemblent aux ordres que vous donneriez à votre chien ; par exemple :

```
PRINT "je suis un brave PC"
```

Et l'ordinateur écrira `je suis un brave PC` sur l'écran.

Les langages que l'on appelle C et C++ sont plus difficiles à aborder, mais ils sont très populaires parmi les programmeurs.

Le langage C est une bonne base de départ et un tremplin pour le C++. C'est en C++ que la plupart des programmes pour Windows sont écrits. Vous pouvez vous y essayer avec les programmes spécialisés édités par Borland ou Microsoft.

- Avant de vous lancer dans la programmation, il n'est pas superflu de savoir ce qu'est une *variable*. Révisez aussi vos cours d'algèbre.

- C'est l'ordinateur qui fait les opérations. Vous vous contentez de poser le problème et lui le résout.

- BASIC signifie Beginner's All-Purpose Symbolic Instruction Code. Quelque chose comme *langage à tout faire*.

- Aux tout débuts, la société Microsoft vendait une version de BASIC. Des années durant, le programme GW BASIC a été livré gratuitement avec le DOS. Beaucoup d'utilisateurs de la première heure écrivaient leurs propres programmes.

- La liste des langages de programmation est longue : BASIC, C, Pascal, Assembleur, Java, Perl, Prolog, COBOL et d'autres encore.

- Perl et Java sont des langages destinés aux application pour l'Internet.

Utilitaires

Si la plupart des programmes sont faits pour *vous* aider, les utilitaires, eux, sont faits pour aider l'ordinateur. En principe, un utilitaire assiste un ordinateur dans l'accomplissement de certaines tâches domestiques comme l'organisation du disque dur ou sa réparation. En fait, il s'occupe principalement du disque.

Windows est livré avec trois outils système. Pour y accéder, allez dans Poste de travail, cliquez avec le bouton droit de la souris sur un lecteur, puis choisissez Propriétés. Cliquez ensuite sur l'onglet Outils pour afficher les commandes de ces utilitaires (Figure 23.1).

- Dans le menu, vous trouverez les outils système dans le sous-menu Programmes/Accessoires/Outils système.

- Même si Windows est livré avec quelques outils pratiques, cela ne veut pas dire pour autant que vous devez vous abstenir d'en acheter d'autres. Les utilitaires vendus séparément sont bien plus performants que les outils système proposés par Windows.

- La petite panoplie de Windows ne comporte pas de détecteur de virus. Ces programmes analysent votre disque dur pour détecter et effacer tout virus avant qu'il ne cause des dégâts. Voyez le Chapitre 24.

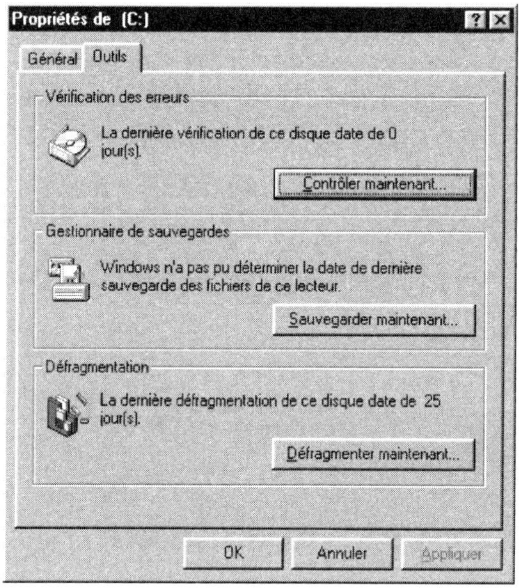

Figure 23.1 : Les outils système de Windows.

- Windows a un programme de sauvegarde intégré (pour faire des copies de sauvegarde de vos fichiers sur disque), mais il est rudimentaire. Je vous recommande d'acheter un programme de sauvegarde séparé. Si vous achetez un lecteur de bande pour votre PC, le programme de sauvegarde adapté sera inclus.

- Même si Windows est censé être capable de désinstaller des programmes, il est préférable d'acheter un logiciel spécialement conçu à cet effet. Ce programme réalisera un bien meilleur travail que Windows, libérant une plus grande quantité d'espace disque au cours de la procédure.

Logiciels gratuits et logiciels presque gratuits

Certains concepteurs de logiciels vous proposent d'utiliser gratuitement leur programme à titre d'essai. Si le programme vous plaît, vous êtes invité à verser une rétribution généralement peu élevée. En retour, vous pouvez recevoir un code vous donnant accès à des fonctions supplémentaires, ou à une version plus récente.

Les logiciels disponibles de cette façon peuvent être classés en (au moins) trois catégories :

Logiciels du domaine public. Ces programmes sont complètement gratuits, écrits pour le bien de la communauté. Vous êtes entièrement libre d'en disposer comme bon vous semble.

Freeware. Ce type de logiciel est également gratuit, mais l'auteur en garde la propriété. Vous ne pouvez pas modifier le programme, et si vous le diffusez, vous devez le faire conformément aux souhaits de l'auteur.

Shareware. C'est un logiciel que vous pouvez essayer gratuitement. Mais il comporte certaines limitations, par exemple un écran s'affiche vous en réclamant le paiement, ou bien certaines fonctions sont désactivées. Après paiement, vous obtenez la version complète du produit.

Vous trouverez tous ces programmes sur l'Internet. Rendez-vous au Chapitre 24. Vous les trouverez également dans le supplément CD-ROM de la plupart des revues d'informatique.

- Assurez-vous que les programmes que vous installez sont de provenance sûre. Sinon, vous vous exposez au risque de virus. Voyez le Chapitre 30 pour plus de détails sur les virus.

- Si vous utilisez un shareware, rétribuez son auteur. C'est dans l'intérêt de tous.

- Un logiciel gratuit ou du domaine public est toujours indiqué comme tel.

- Au Québec, un freeware est un *graticiel*, un shareware est un *partagiciel* et un building est un *gratte-ciel*.

Cinquième partie

Visite guidée d'Internet

"Venez vite les enfants ! Votre mère vient de se brancher sur jeux de baston.net."

Dans cette partie...

L'Internet est devenu un phénomène si envahissant qu'il pourrait bien nous étouffer. Un jour, la Terre sera tellement entourée de fils de téléphone que les extraterrestres feront un détour pour voir cette boule de câbles suspendue dans l'espace. Peut-être que je m'inquiète à tort, mais quand autour de vous, au bureau, chez des amis, tout le monde raconte une histoire drôle pêchée sur l'Internet, vous vous rendez compte que l'Internet s'est installé dans la vie quotidienne de tout un chacun.

Cette partie du livre traite de l'Internet. L'Internet c'est le Web, c'est le courrier électronique, c'est la photo du chien que vous envoyez à tous vos amis et aux autres. Et c'est plein d'autres choses encore. Allez, c'est parti pour un tour !

Chapitre 24
Surfer sur l'Internet

Dans ce chapitre :

Qu'est-ce que l'Internet.

Cinq choses dont vous avez besoin pour accéder à l'Internet.

Choisir un fournisseur d'accès.

Configurer Windows pour l'Internet.

Se connecter à l'Internet.

Quitter l'Internet.

Vous voulez impressionner vos amis ? Alors, offrez-vous une île privée. Vous voulez participer au dernier truc branché dans le domaine de l'informatique ? Alors, connectez-vous à l'Internet. L'Internet, tout le monde en parle. Mais qui sait vraiment ce que c'est ? C'est en fait un réseau planétaire d'ordinateurs. Vous y trouverez des millions de choses à faire, à lire, à voir, à écouter, à apprendre, à acheter. Vous pourrez communiquer, bavarder, écrire. Branchez-vous, vous ne le regretterez pas.

Une brève description d'Internet

Il est facile de décrire l'Internet en disant ce qu'il n'est pas :

L'Internet n'est pas un logiciel.

L'Internet n'est pas un ordinateur isolé.

L'Internet ce sont des centaines de milliers d'ordinateurs éparpillés sur toute la planète. Les ordinateurs envoient et reçoivent des informations, et, le plus important, les stockent. C'est ça, l'Internet.

- L'intérêt de l'utilisation d'Internet est d'accéder à ces informations.
- Le meilleur moyen d'accéder aux informations stockées sur l'Internet consiste à utiliser un logiciel appelé *navigateur*. J'en parle dans le chapitre suivant.
- Les informations peuvent être aussi échangées par courrier électronique. Il y a plus d'utilisateurs de courrier électronique que d'utilisateurs de l'Internet.
- Le Chapitre 27 traite du courrier électronique. Le Chapitre 28 aussi. C'est normal, le courrier électronique est un sujet important.

Cinq choses dont vous avez besoin pour visiter l'Internet

Pour accéder à l'Internet depuis votre ordinateur, vous avez besoin de cinq choses. Il est probable que vous en ayez déjà quatre.

Un ordinateur. N'importe quel ordinateur fera l'affaire. Etant donné que vous accédez à l'Internet par un modem, la rapidité de votre ordinateur n'a pas d'importance.

Un modem. Là, la vitesse compte. Achetez le modem le plus rapide possible. Certains modems spécialisés, comme les modems pour le câble ou pour Numéris, sont également disponibles. Voyez le Chapitre 16.

Un logiciel Internet. Windows met à votre disposition Internet Explorer, un navigateur que vous pouvez utiliser pour accéder à l'Internet. Vous pouvez aussi utiliser Netscape Navigator un très bon produit mais qui ne fonctionne pas idéalement avec Windows 98.

De l'argent. L'accès à l'Internet est payant, comme la télévision câblée. Certains fournisseurs vous offrent un accès gratuitement, mais il faut néanmoins payer les communications téléphoniques.

Un fournisseur d'accès (Internet Service Provider). C'est probablement le seul élément dont vous ne disposez pas. Le choix d'un fournisseur est traité dans la section suivante.

- L'Internet n'est pas un programme, mais vous avez besoin d'un logiciel spécial pour l'utiliser.

- Bien que Windows soit livré avec le logiciel adéquat, vous pouvez choisir un logiciel différent. Reportez-vous au chapitre suivant.

- Si vous travaillez pour une grosse société, vous avez probablement un accès à l'Internet via le réseau de votre bureau. L'avantage est que l'accès est gratuit ! L'inconvénient est que vous êtes censé travailler et devez justifier votre utilisation de l'Internet.

Le fournisseur d'accès

Le meilleur moyen pour aller sur l'Internet consiste à passer par un prestataire. Il fournit une connexion directe à l'Internet et parfois une assistance téléphonique pour vous aider à démarrer.

Le fournisseur vous offre un accès téléphonique à l'Internet, des petits accessoires et, puisque c'est un prestataire de *services*, l'assistance dont vous avez besoin.

Les formules d'abonnement sont variées : connexion illimitée, consommation téléphonique forfaitaire, accès gratuit avec facturation téléphonique uniquement, etc. La guerre des tarifs fait rage. Vous pouvez vous procurer un "kit de connexion" dans les magazines, dans les kiosques à journaux, vous le trouvez dans l'emballage du modem ou vous pouvez le réclamer par téléphone au fournisseur de votre choix.

Votre prestataire devrait vous fournir la plupart des éléments suivants, sinon tous :

- Un temps de connexion à l'essai de 1 à 3 mois - parfois 6. Cela vous permet de tester la qualité de la connexion et les services offerts.

- Un numéro de téléphone local à appeler.

- Des informations sur comment se connecter à l'Internet : des trucs techniques comme le numéro du serveur DNS, le nom du serveur de messagerie, le nom du serveur de news et d'autres noms et numéros.

- Un nom et un mot de passe de connexion (*login*). Il vous faut un compte SLIP ou PPP (ou le nouveau PPTP).

- Un compte de courrier électronique ou une boîte aux lettres. C'est le nom que vous utiliserez pour envoyer et recevoir du courrier sur l'Internet. Si vous pouvez choisir le nom sous lequel on vous enverra du courrier, c'est mieux.

- Un accès aux groupes de news. Evitez les fournisseurs qui censurent les groupes, vous êtes votre propre censeur.

- De l'espace pour votre page personnelle. Cet espace se mesure en dizaines de Mo. Plus vous avez d'espace, plus votre page pourra contenir d'informations, de sons et d'images.

- Une assistance par téléphone et via e-mail. L'assistance peut être gratuite, mais elle ne l'est pas toujours.

- Des petits trucs en plus, qui ne vous concernent que si vous créez votre page Web : un accès FTP, de la programmation CGI, des statistiques de page Web, et tout un tas d'autres choses qui sont beaucoup trop complexes pour que j'en parle maintenant mais qui sont bonnes à savoir quand vous êtes dans le bain.

En France, vous avez le choix entre plusieurs fournisseurs nationaux et locaux. Comparez-les et n'hésitez pas à changer si votre fournisseur ne vous donne pas entière satisfaction ; cela ne pose aucun problème.

- Votre numéro et votre mot de passe de connexion à l'Internet seront différents de ceux que vous utilisez pour vous connecter à Windows. Il vous faut un numéro et un mot de passe différents pour chaque système.

- Votre fournisseur peut vous donner deux numéros et deux mots de passe : les premiers vous permettront de vous connecter au service, les autres d'accéder à votre courrier électronique. Notez-les tous les deux et gardez le papier soigneusement.

- Si vous utilisez un kit de connexion, assurez-vous que vous effectuez l'installation prévue pour la version de Windows que vous utilisez.

- Comparez les différentes formules d'abonnement. Evaluez ces formules en fonction du temps que vous pensez consacrer à l'Internet. Renseignez-vous auprès de vos collègues et amis, ils vous feront part de leur opinion sur leurs fournisseurs d'accès.

- Utilisez les périodes de gratuité offertes par les fournisseurs d'accès. Attention ! un numéro de carte de crédit vous est demandé, et à la fin de la période d'essai votre compte est automatiquement débité, sauf si vous signalez à temps votre intention de ne pas vous abonner.

Configurer Windows pour l'Internet

Configurer votre PC pour qu'il accède à l'Internet n'est pas si compliqué, si vous avez les trois éléments suivants :

- Une coupe à offrandes en argent.
- Un couteau de cérémonie, de préférence incrusté de pierreries.
- Une chèvre immaculée.

Non, attendez ! Ça, c'est ce qu'il vous fallait *jadis*, avant que Windows n'arrive avec son Assistant Connexion Internet. Maintenant, tout ce qu'il vous faut, ce sont des informations que votre fournisseur détient :

- Le numéro de téléphone à appeler.
- Le numéro du DNS (*Domain Name Server*) de votre fournisseur. C'est un numéro en quatre parties séparées par des points, comme ça : 123.456.789.0
- Le nom du domaine de votre fournisseur, un truc du genre : blarf.com ou youpi.org.
- Vos numéro et mot de passe de connexion à l'Internet.
- Le nom du serveur de courrier électronique de votre fournisseur, qui comprend les abréviations POP3 ou SMTP.
- Le nom, l'adresse et le mot de passe de votre courrier électronique Internet.
- Le nom du serveur de news (NNTP) de votre fournisseur.

Votre fournisseur vous a heureusement procuré *toutes* ces informations. Tout ce qu'il vous reste à faire, c'est donner tous les numéros à l'Assistant Connexion Internet. Il s'occupe du reste.

TRUC

Si vous avez un kit de connexion, vous n'avez à vous occuper de rien, la configuration de votre système se fait automatiquement.

1. **Démarrez l'Assistant Connexion Internet.**

   A partir du menu Démarrer, choisissez Programmes/Accessoires/Communications/Assistant Connexion Internet.

2. **Cliquez sur le bouton Suivant jusqu'à ce que vous voyiez l'écran de la Figure 24.1.**

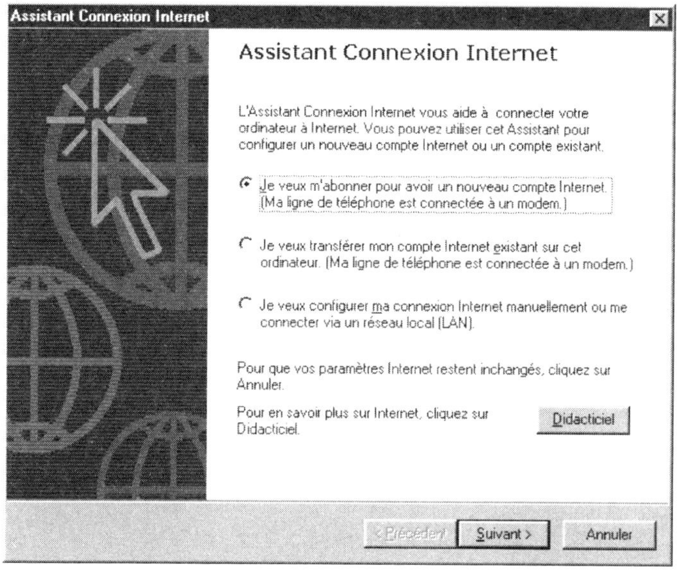

Figure 24.1 : La fenêtre de l'Assistant Connexion Internet.

3. **Choisissez l'option centrale.**

   Choisissez l'option qui dit à Windows que vous avez un fournisseur d'accès.

4. **Continuez à cliquer sur Suivant et à répondre aux questions.**

   Vous devrez fournir des informations à l'Assistant. La plupart se trouveront dans le livret que votre fournisseur vous a donné. Pour les autres, vous aurez besoin d'aide. Et il n'y a aucune honte à en demander.

   Généralement, l'option par défaut est la meilleure. Surtout si vous ne savez pas trop laquelle choisir, autant laisser faire l'Assistant.

   Lisez les écrans ! Ne cliquez jamais sur le bouton Suivant sans savoir ce que vous faites.

5. **Cliquez enfin sur le bouton Terminer.**

   C'est fait.

Quand tout est terminé, vous disposez d'un nouveau dossier dans la fenêtre Poste de travail : Accès réseau à distance. Ce dossier contient l'icône que vous utiliserez pour vous connecter à l'Internet.

- La connexion à l'Internet est traitée dans la section suivante.
- Vous n'aurez besoin de faire tout ça qu'une fois. Enfin, si vous changez de fournisseur, vous devrez recommencer.
- Après l'installation, ne jetez pas les informations que votre fournisseur vous a données ! Vous pourriez en avoir besoin plus tard.

Appeler l'Internet

Pour accéder à l'Internet, demandez d'abord à votre PC de composer le numéro de téléphone de votre fournisseur d'accès, puis, une fois connecté lancez le logiciel (navigateur, gestionnaire de courrier) pour accéder aux informations.

Dans Windows, ces deux étapes sont réunies en une seule. En lançant le logiciel, Windows compose automatiquement le numéro du fournisseur et vous donne immédiatement accès aux informations. Voici le détail de l'opération :

1. **Lancez votre navigateur.**

   Dans Windows, le navigateur par défaut est Internet Explorer. Double-cliquez sur l'icône qui figure sur le bureau ou choisissez Programmes/ Internet Explorer depuis le menu Démarrer.

   Le navigateur est l'un des programmes utilisés lors d'une connexion à l'Internet. Il y en a d'autres : Outlook Express, Telnet, Front Page Express, etc.

2. **Complétez la boîte de dialogue Connexion à distance (si elle apparaît).**

   Lorsque le logiciel est lancé (ici, le navigateur), la boîte de dialogue Connexion à distance peut s'afficher, comme dans la Figure 24.2.

   La boîte qui apparaît peut avoir un aspect lègèrement différent, selon la version de Windows qui est installée. Quelle que soit la version, entrez votre nom d'utilisateur et votre mot de passe.

- Cochez la case Enregistrer le mot de passe si vous ne voulez pas taper le mot de passe à chaque connexion. Néanmoins, au bureau, ce n'est pas recommandé.

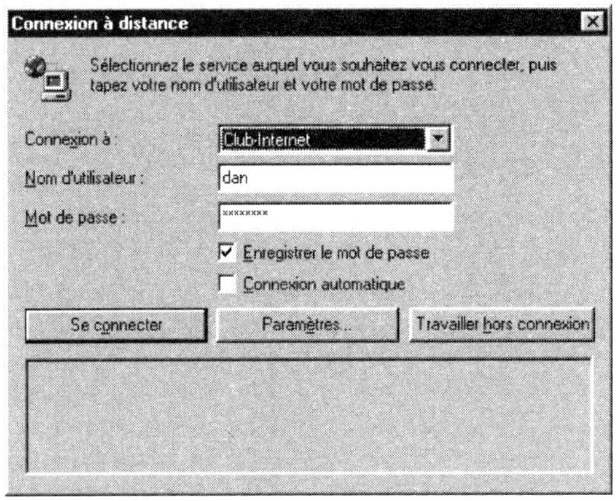

Figure 24.2 : La boîte de dialogue Connexion à distance.

- Avec Windows 98, vous avez la possibilité de vous connecter sans passer par cette boîte de dialogue. Pour cela, cochez d'abord la case Connexion automatique.

3. **Cliquez sur le bouton Se connecter.**

   Votre modem compose le numéro d'accès. Cette étape est facultative si vous avez choisi l'option Connexion automatique.

4. **Attendez pendant que le modem compose le numéro.**

   Si tout va bien, vous êtes connecté à l'Internet. Sinon Windows vous propose plusieurs essais. Reportez-vous au Chapitre 16 si vous avez des problèmes de connexion.

5. **Complétez la boîte de dialogue Connexion Etablie (si elle apparaît).**

   Une fois la connexion établie, vous pouvez voir la boîte de dialogue Connexion Etablie comme dans la Figure 24.3. Cochez la case Ne plus afficher cette boîte de dialogue si vous le désirez. Puis cliquez sur Fermer.

Après avoir fermé la boîte de dialogue Connexion Etablie - et même lorsque vous ne passez pas par cette boîte -, une nouvelle icône apparaît dans la zone de notification à droite de la barre des tâches. Tant que cette icône est présente, c'est que vous êtes connecté et que vous pouvez utiliser vos logiciels pour l'Internet.

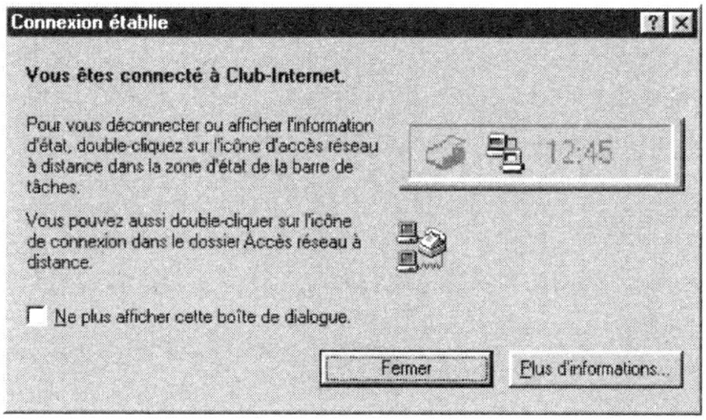

Figure 24.3 : La boîte de dialogue Connexion Etablie.

L'aventure continue dans la section suivante.

- N'oubliez pas d'allumer votre modem.
- Windows 95 et Windows 98 opèrent différemment. De même les versions 4 et 5 d'Internet Explorer sont légèrement différentes, tout comme les boîtes de dialogue qui peuvent s'afficher.
- Vous cliquez sur le bouton Travailler hors connexion quand vous utilisez votre navigateur pour consulter des documents enregistrés sur votre PC ou encore pour lire ou taper votre courrier électronique sans vous connecter à l'Internet.
- Gardez un œil sur la barre des tâches pour voir si l'icône de connexion est là ou pas. Votre facture de téléphone en dépend.

Vous voilà sur l'Internet !

Une fois la connexion établie avec votre fournisseur, vous êtes prêt à lancer vos logiciels Internet. Démarrez votre navigateur, votre gestionnaire de courrier électronique, votre logiciel de communication, Telnet ou toute autre application faites pour vous faire goûter les délices de l'Internet.

- Tant que vous êtes connecté, vous pouvez lancer n'importe quel programme qui permet d'accéder aux informations de l'Internet.
- Les programmes Internet fonctionnent comme tous les autres programmes de votre PC ; la seule différence est que vous devez être connecté à Internet avant de les lancer. (Néanmoins, le navigateur et le gestionnaire de courrier peuvent s'utiliser hors connexion.)

- Oui, vous pouvez lancer plusieurs programmes Internet en même temps. J'en lance toujours trois ou quatre. (Comme Internet est lent, je peux lire une fenêtre en attendant que quelque chose apparaisse dans une autre.)
- Lancer des logiciels Internet ne vous coûtera rien de plus que la connexion à Internet. Une fois en ligne, vous lancez, utilisez et fermez les applications Internet comme toutes les autres applications de votre PC.
- Rien ne vous empêche de vous servir d'autres programmes tels que Word ou Excel lors de votre connexion. Simplement, n'oubliez pas que votre compteur est en train de tourner.
- Fermez vos programmes Internet lorsque vous avez terminé.

Goodbye, Internet !

Pour quitter l'Internet, suivez ces recommandations :

1. **Fermez tous les logiciels Internet.**

   Il n'est pas indispensable de le faire. Vous pouvez garder le navigateur ouvert pour lire une page Web hors connexion. Dans ce cas, ne fermez pas cette fenêtre et passez à l'étape suivante.

2. **Demandez à Windows de raccrocher.**

   Il se peut que Windows veuille raccrocher automatiquement quand vous quittez un programme Internet. Une boîte de dialogue apparaît comme celle de la Figure 24.4. Cliquez sur le bouton Se déconnecter maintenant. Vous êtes déconnecté.

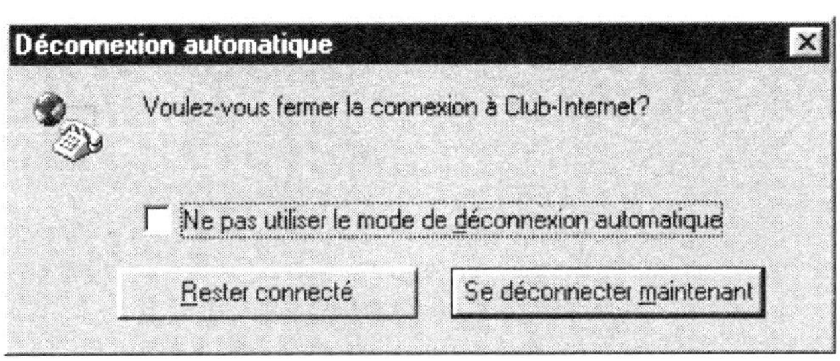

Figure 24.4 : Une boîte de dialogue Déconnexion automatique.

Si la boîte de dialogue Déconnexion automatique n'apparaît pas, ce peut être le cas lorsque vous gardez des fenêtres ouvertes, vous devez vous déconnecter manuellement. Pour cela, double-cliquez sur l'icône de connexion, à droite de la barre des tâches. Une fenêtre apparaît comme celle de la Figure 24.5. Cliquez sur Déconnecter.

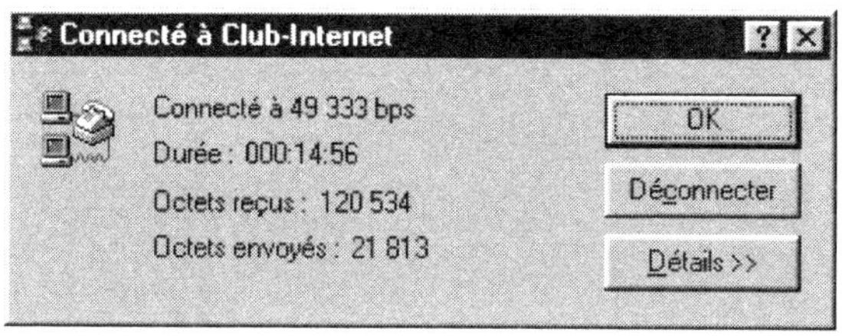

Figure 24.5 : Cliquez sur le bouton Déconnecter pour quitter l'Internet.

- Pour les plus vieilles versions de Windows, appelez la boîte de dialogue Connexion. La fenêtre est peut-être minimisée, dans ce cas cliquez sur son bouton dans la barre des tâches pour la ramener au milieu. Cliquez sur le bouton Déconnecter. Vous êtes parti.
- N'oubliez pas de vous déconnecter d'Internet. Parfois, vous pensez être déconnecté après avoir fermé le navigateur, mais ce n'est pas toujours le cas. Vous devez aussi dire à Windows de raccrocher le modem et de terminer la connexion avec Internet.
- Vous pouvez voir combien de temps vous passez en ligne dans la boîte de dialogue Connecté à Quivouvoulez. C'est très utile, car vous passerez certainement plus de temps que vous ne pensez sur l'Internet.
- Certains systèmes peuvent vous déconnecter d'Internet si vous ne tapez rien pendant un moment.
- Si votre fournisseur vous fait payer la connexion à l'heure, il vaut mieux ne pas oublier de vous déconnecter, sinon vous aurez une facture astronomique.
- C'est une des raisons pour lesquelles je préfère les modems externes : un voyant lumineux vous indique toujours si vous êtes connecté ou non.

TRUC

Avantages et inconvénients de la Déconnexion automatique

Windows est prévu pour se déconnecter automatiquement de l'Internet si vous ne vous manifestez pas pendant un certain temps.

C'est pratique si vous abandonnez momentanément le PC pour vous faire un sandwich ou pour vous dégourdir les jambes dans le jardin en oubliant de raccrocher ; ça ne l'est pas si vous voyez surgir tout d'un coup une boîte de dialogue qui vous menace de vous bouter hors de l'Internet si vous ne réagissez pas sur-le-champ.

Lorsqu'elle apparaît, pour vous en défaire, cochez la case Ne pas utiliser le mode de déconnexion automatique. Cliquez sur le bouton Rester connecté ; vous ne serez plus jamais ennuyé.

Pour préciser le temps d'inactivité qui déclenchera la déconnexion, allez dans le Panneau de configuration et cliquez sur l'icône Options Internet. Dans la boîte de dialogue Propriétés de l'Internet, ouvrez l'onglet Connexions et cliquez sur Paramètres. Dans le cadre Options de numérotation, cliquez sur Avancés. Vous accédez à la boîte de dialogue Connexion avancée. Deux cases sont cochées, Déconnecter si la connexion n'est plus requise et Déconnecter si inactif pendant xx minutes.

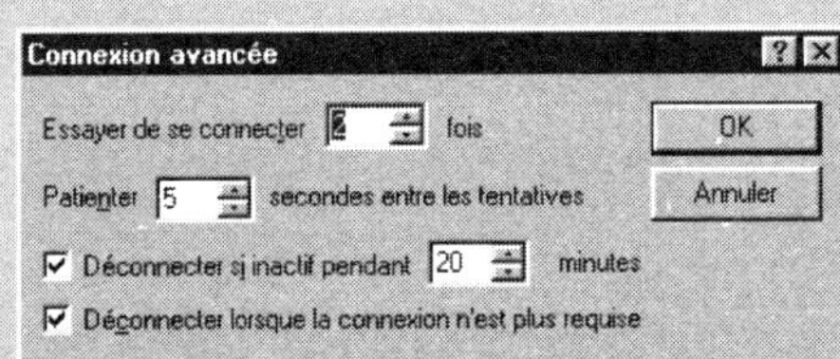

Si vous le souhaitez, modifiez la durée indiquée dans cette case. Laissez l'autre case cochée. Cliquez sur OK et fermez les diverses boîtes que vous venez d'ouvrir.

Chapitre 25

Promenade sur le Web

Dans ce chapitre :

Introduction au Navigateur.

Aller quelque part sur le Web.

Entrer une adresse de page Web.

Cliquer sur un lien hypertexte.

Actualiser.

Utiliser les boutons de navigation.

Visiter votre page Web.

L'Internet a pris sa véritable physionomie en devenant le Web au début des années 90. Auparavant, il recelait déjà des millions d'informations, mais n'était pas facile d'accès. La plupart des logiciels permettant cet accès fonctionnaient sous UNIX, un système ésotérique et rebutant. Puis vint le Web.

En utilisant un logiciel spécial, le *navigateur*, consulter le Web est devenu aussi simple que consulter un magazine. Le *Web*, diminutif de *World Wide Web* (toile d'araignée mondiale), est le meilleur moyen d'accéder à toutes les informations de l'Internet. Tous les moyens plus anciens sont en voie de disparition. Le Web, avec ses textes, ses images, ses sons et ses liens, est devenu la principale motivation pour s'adonner à l'ordinateur.

Dites bonjour à votre navigateur

Le programme utilisé pour accéder aux informations de l'Internet s'appelle *navigateur*. Heureusement pour l'humanité, Microsoft a décidé que Windows serait investi du rôle de navigateur. Ce qui signifie qu'il est inutile d'acheter un logiciel supplémentaire pour visiter l'Internet. Elle est pas belle, la vie ?

- Ce chapitre (et suivant), suppose que Microsoft Internet Explorer est le navigateur par défaut.
- Vous pouvez arpenter le Web avec AOL, je vous donnerai quelques précisions le moment venu.

La guerre des navigateurs : Microsoft Internet Explorer contre Netscape Navigator

Le premier navigateur (Noé ?) a été développé par les mêmes professeurs et étudiants qui sont à l'origine du Web. Il s'appelait Mosaic. Certains de ces universitaires ont choisi de quitter leurs études pour créer la société Netscape. Des années durant, Netscape a produit le meilleur des navigateurs, utilisé par plus de 80 % des usagers d'Internet. Cela n'a pas manqué d'exciter la curiosité et la convoitise de Bill Gates et de Microsoft.

Il y a quelques années, Microsoft a lancé Internet Explorer. Je n'ai pas l'intention de commenter la bataille juridique qui a opposé les sociétés Microsoft et Netscape ; sachez simplement qu'aujourd'hui Internet Explorer est aussi connu et utilisé que Netscape Navigator.

Quel est le meilleur ? Comme moi, tous les utilisateurs d'Internet vous diraient que c'est Netscape. Cependant, si vous utilisez Windows 98, vous êtes amené à utiliser Internet Explorer. Windows 98 et Internet Explorer sont imbriqués l'un dans l'autre, et, si vous vous servez de Netscape Navigator, les performances s'en ressentent.

Lancer Internet Explorer

Internet Explorer

Vous pouvez lancer Internet Explorer en double-cliquant sur son icône dans le bureau de Windows. La fenêtre de la Figure 25.1 apparaît.

La page que l'on découvre s'appelle la *page d'accueil* (le terme anglais *home page* est aussi employé chez nous). Vous pouvez changer de page d'accueil si celle-ci ne vous convient pas ; reportez-vous à la section "Ramène-moi à la maison !" plus loin dans ce chapitre.

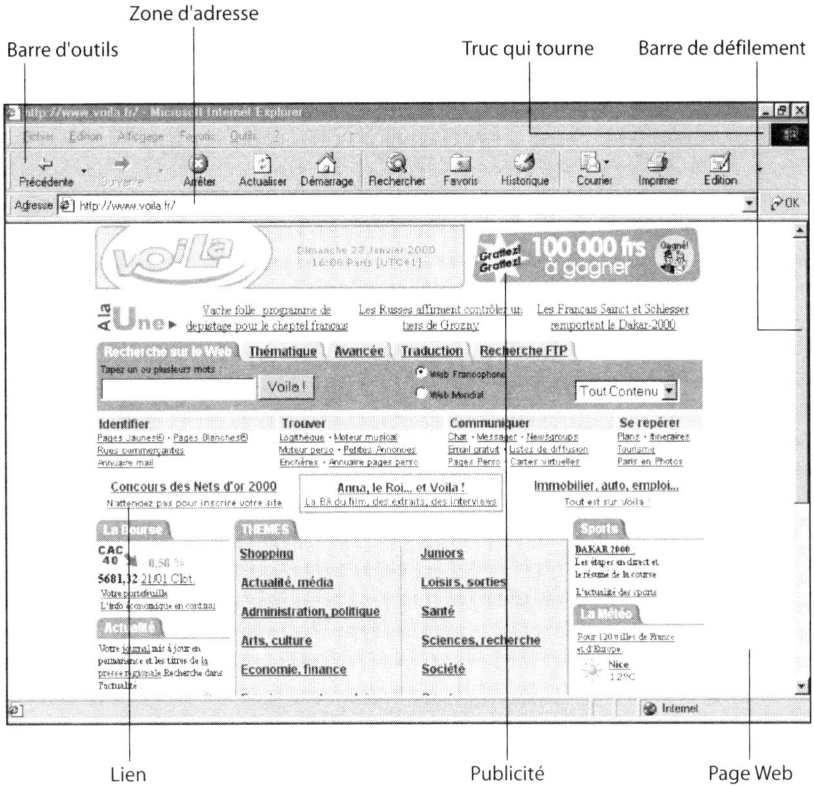

Figure 25.1 : Le programme navigateur d'Internet Explorer.

A moins que vous n'ayez déjà farfouillé dans le Web, la page d'accueil que vous voyez est celle de Microsoft.

Vous remarquerez quelques petites choses :

Barre d'outils. Sous la barre de menus, vous trouverez une série de boutons. Ils servent à visiter différents coins du Web et à effectuer des opérations de base avec le navigateur.

Truc qui tourne. Ce que j'appelle *truc qui tourne* se trouve dans le coin droit de la barre de menus. Il se met à tourner quand le navigateur est actif, ce qui veut généralement dire qu'il attend des informations de l'autre bout d'Internet. Dans ce cas, attendez et soyez patient ; le Web travaille.

Zone d'adresse. Comme du temps du DOS, vous pouvez entrer diverses commandes pour demander au navigateur d'aller visiter certains coins du Web. Officiellement, on les appelle *URL* ; moi, je les appelle *adresses de pages Web*. Dans tous les cas, vous devez taper des lignes bizarres, mais on s'y fait.

Page Web. Le contenu du navigateur (ce qu'il affiche) est une page d'informations sur le Web. Dans la Figure 25.1, vous voyez la page d'accueil du site portail Voilà.

Barres de défilement. Ce que vous voyez sur le Web est souvent plus grand que votre fenêtre. Des barres de défilement vous permettent de vous promener dans la page Web. La souris à roulette, c'est bien mieux (voir Chapitre 13).

Liens hypertexte. Des mots soulignés, des icônes ou des graphismes. Cliquez dessus, ils vous emmèneront quelque part ailleurs.

Messages publicitaires. Inévitables, ils sont partout.

Le navigateur vous montre qu'il est très facile de voir des informations sur Internet. Vous voyez des images et du texte, presque comme dans un magazine. En plus, certaines pages Web ont des images animées. De nombreuses pages jouent aussi de la musique quand vous les parcourez (ce qui peut être très agaçant). Et la plupart des actions se font à l'aide de la souris. Il est rare que vous ayez à taper quelque chose.

- Le truc qui tourne sera souvent en train de tourner. Vous passerez beaucoup de temps à attendre sur le Web.

- URL veut dire Uniform Resource Locator. C'est une commande que vous donnez au navigateur pour qu'il aille chercher des trucs sur Internet.

- La plupart des URL que vous taperez commenceront par `http://`. Ce signe sibyllin est une commande Internet. Le texte qui suit ce `http://` est l'adresse de l'information que vous cherchez, c'est-à-dire sa localisation sur un ordinateur quelque part dans le monde.

- Vous devrez rarement taper l'adresse d'une page Web. La navigation sur le Web se fait normalement en cliquant sur des *liens* que vous trouverez dans les pages Web ou en choisissant une page Web dans une liste de références ou liens favoris. J'y reviens dans un instant.

- Dans AOL, tapez l'adresse d'une page Web dans la barre de navigation, puis cliquez sur le bouton Aller à.

- Les pages Web sont souvent plus larges et surtout plus longues que ce que vous voyez dans la fenêtre de votre navigateur. Pensez à utiliser les barres de défilement ou la roulette de votre souris ! Pensez également à agrandir au maximum la page du navigateur.

Visiter le Web

On estime qu'il y a 100 000 000 de pages d'informations sur le World Wide Web. Pourquoi ne pas toutes les visiter ?

Pour visiter une page Web, vous avez le choix entre deux méthodes. D'abord, vous pouvez entrer manuellement l'adresse d'une page quelque part sur la planète - vous savez, les trucs du genre `http://www-barre-oblique-point-com-point-barre-oblique-tiret` que vous voyez partout. Ensuite, beaucoup plus facilement, vous pouvez cliquer avec la souris sur un lien, qui est une partie de texte ou une image sur une page Web qui vous envoie à une autre page Web.

Entrer une adresse manuellement (méthode douloureuse)

Pour visiter n'importe quelle page Web, vous pouvez entrer son adresse. C'est souvent nécessaire lorsque vous visitez un nouveau site. Prenez patience, et suivez les étapes ci-dessous :

1. **Cliquez avec la souris dans la zone adresse de la fenêtre du navigateur.**

   Cela devrait sélectionner le texte qui s'y trouve éventuellement déjà. Sinon, sélectionnez-le manuellement en glissant la souris dessus.

   Si vous ne trouvez pas l'endroit de l'adresse dans la fenêtre du navigateur, cliquez sur Affichage/Barre d'outils dans le menu.

2. **Appuyez sur la touche Retour arrière ou sur Supprimer pour effacer le texte de cette boîte.**

3. **Entrez une nouvelle adresse.**

   Par exemple :

```
http://www.cnn.com
```

Tapez **http**, un deux-points, deux barres obliques, **www**, un point, **cnn**, un autre point, **com.** Il n'est pas nécessaire de taper un point final à la fin de cette adresse. Tapez juste ce que je vous ai dit, même si ça vous paraît bizarre.

4. **Appuyez sur Entrée.**

   Le navigateur recherche immédiatement la page Web de CNN sur Internet. Elle devrait être chargée, affichant du texte, des images et les dernières nouvelles du monde entier.

DIS-NOUS DAN

Comment supprimer ce satané site X ?

Question : Euh ! j'ai récemment visité un site classé X, et je voudrais supprimer l'adresse qui apparaît toujours dans l'historique d'Explorer. Comment faire ?

Réponse : Choisissez Outils Options Internet. Dans l'onglet Général de la boîte de dialogue Options Internet, cliquez sur le bouton Effacer l'Historique.

Si la page Web n'apparaît pas, vous verrez peut-être un message d'erreur. En premier lieu, recommencez ! Le Web est peut-être saturé, et si c'est le cas, vous aurez de nouveau un message d'erreur.

Si ce message dit *404 error*, c'est que vous avez probablement tapé une adresse erronée. Recommencez !

TRUC

- Le raccourci clavier pour accéder à la boîte d'adresse est Ctrl+L. Lorsque vous appuyez sur cette combinaison de touches, une boîte de dialogue apparaît, dans laquelle vous pouvez entrer l'adresse d'une page Web.

NOTE TECHNIQUE

- Je sais, j'aurais pu vous le dire avant, mais il n'est pas trop tard : la partie `http://` de l'adresse d'une page Web est facultative. Internet Explorer et Netscape supposent tous les deux que l'adresse commence par `http://` si vous ne tapez pas ce code. La partie `www` est nécessaire sur la plupart des sites Web. En fait, vous devriez toujours taper l'adresse entière de la page Web.
- D'un autre côté, si l'adresse d'une page Web commence par `ftp://` ou `gopher://`, vous devez obligatoirement taper ces commandes.

Cliquer sur un lien (méthode simple)

Le Web s'appelle *web* (toile d'araignée) parce que presque chaque page a un lien vers d'autres pages. Par exemple, une page Web de discussion sur les films de science-fiction peut avoir des liens vers des pages sur *La Guerre des étoiles* ou *Star Trek*. Cliquez sur le lien pour en savoir plus.

La plupart des liens sont du texte. Ce texte est souligné et généralement d'une couleur différente du reste du texte.

Les liens peuvent également être graphiques ; certaines images sont des liens. La seule manière de le vérifier est de placer la souris sur le lien. Si le curseur se change en petite main, c'est qu'il s'agit d'un lien et vous pouvez cliquer dessus.

- Les liens vous emmènent à une autre page Web, comme si vous tapiez une autre adresse.
- Les liens affichent des informations en relation avec la page Web courante.
- De nombreuses pages Web ne sont que des listes de liens.
- Une bonne page Web aura des liens vers des sujets apparentés. Les liens se trouvent généralement en bas de la page, mais certains peuvent être au milieu du texte.

- Le mot *lien* est la version courte de *lien hypertexte*.

En arrière, encore, en avant, stop !

Suivre des liens est une activité très amusante. C'est de cette manière que la plupart des gens perdent un temps fou sur le Web. Vous pouvez vous retrouver sur une page intéressante après avoir cliqué sur deux douzaines de liens, et vous ne savez plus comment vous êtes arrivé là. Heureusement, le navigateur garde une trace de tous vos parcours.

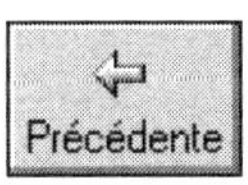

Pour retourner à votre page Web d'origine, utilisez les boutons de navigation de votre navigateur : cliquez sur le bouton Précédente. Vous pouvez continuer à cliquer pour revisiter toutes les pages que vous venez de voir, jusqu'à la page d'origine où vous étiez 18 heures plus tôt.

Si vous voulez vraiment tout revoir, utilisez l'Historique. Cliquez sur la flèche descendante à droite de la boîte d'adresse. Cela affiche la liste des dernières pages Web que vous avez visitées. Dans Netscape, vous pouvez aussi utiliser le menu Go pour voir les quelques dernières pages.

Internet Explorer vous permet d'aller directement jusqu'à dix pages en arrière en procédant par clics successifs sur le bouton Précédente.

Si, après votre marche en arrière, vous devez repartir en sens inverse, cliquez sur le bouton Suivante. C'est comme apprendre à conduire, mais sans les démarrages en côte.

Enfin, si vous activez un lien par erreur, cliquez sur le bouton Arrêter. Le navigateur arrête ses recherches. (Vous devrez peut-être cliquer sur Précédente pour repartir.)

Tous ces boutons existent aussi dans la barre de navigation d'AOL.

Actualiser

Le bouton Actualiser a une grande utilité dans un monde où l'information change sans arrêt. Actualiser demande simplement à l'Internet de mettre à jour l'information affichée par la page Web.

Les raisons pour cliquer sur Actualiser :

Mise à jour des informations. De nombreuses pages Web contiennent des informations qui varient en permanence. En cliquant sur Actualiser, vous voyez la toute dernière version de la page.

Images manquantes. De temps à autre, une image ne s'affiche pas. Dans ce cas, elle est remplacée par une icône particulière. Le plus souvent un clic sur le bouton Actualiser fait apparaître l'image manquante.

Clic par erreur sur le bouton Arrêter. Un clic sur Actualiser, et ça repart.

Ramène-moi à la maison !

Vous pouvez toujours retourner à la page d'accueil en cliquant sur le bouton Démarrage dans la barre d'outils. La page d'accueil est la première page que vous voyez quand vous utilisez le Web.

Rien ne vous empêche de choisir une page d'accueil différente. Par exemple, celle de Yahoo. (Yahoo est un site portail, décrit au Chapitre 26.) Le choix est vaste.

1. **Choisissez Outils/Options Internet.**
2. **Cliquez sur l'onglet Général dans la boîte de dialogue Options.**

   L'onglet Général est le premier onglet ; il apparaît tel que dans la Figure 25.2. C'est dans la zone de texte en haut de la boîte que vous inscrivez l'adresse de votre page d'accueil.

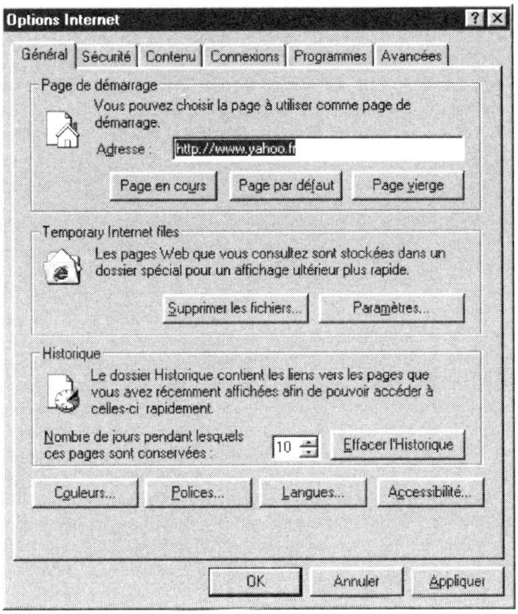

Figure 25.2 : La boîte de dialogue Options Internet.

3. **Choisissez Page de démarrage dans la liste déroulante Page, puis tapez l'adresse de la page d'accueil que vous souhaitez dans la boîte Adresse.**

   Par exemple, tapez `www.yahoo.fr`.

4. **Cliquez sur OK.**

La nouvelle page d'accueil est prête à s'afficher au prochain démarrage d'Internet Explorer.

Chouchoutez vos favoris

Il arrive fréquemment que l'on découvre une page présentant un intérêt particulier, que l'on aura envie ou besoin de visiter de nouveau. Il suffit de marquer cette page, comme on marque une page de livre avec un signet. Plus tard, on sélectionnera ce signet dans une liste pour revoir la page. Dans Internet Explorer, les signets sont appelés *Favoris*.

Quand vous trouvez une page qui vous plaît, choisissez, dans la barre d'outils Favoris, Ajouter aux Favoris. Cette page est ajoutée à la liste du menu Favoris d'Explorer. Ce menu est accessible aussi à partir du menu Démarrer de Windows.

Pour visiter de nouveau cette page, ouvrez le menu Favoris, cliquez, vous y êtes.

- Vous pouvez classer les Favoris comme bon vous semble en allant dans le menu Favoris/Organiser les Favoris.
- Prenez le temps de classer les Favoris dans des dossiers et des sous-dossiers.
- N'hésitez pas à supprimer les Favoris que Microsoft a placés dans ce menu. Ce sont des Favoris commerciaux, libre à vous de les garder ou de les jeter.
- Dans Netscape, les favoris s'appellent *signets*. Dans AOL, ils s'appellent *coups de cœur*.

Adieu, beau navigateur !

Vous surfez sur Internet, il est 4 heures du matin, et dans deux heures vous devez être prêt à démarrer une journée de travail ; il faut vous résigner à quitter Internet Explorer. C'est facile : choisissez Fichier/Fermer dans le menu.

Une boîte de dialogue, comme celle de la Figure 25.3, peut s'afficher pour vous demander si vous avez bien l'intention d'interrompre la connexion. Cliquez sur Oui. Allez vous coucher et faites de beaux rêves !

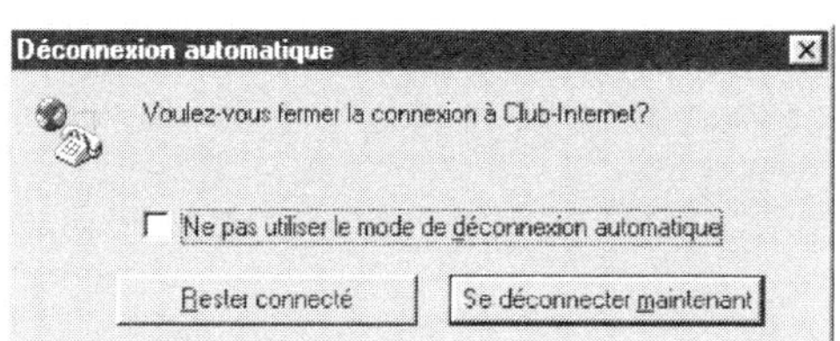

Figure 25.3 : La boîte de dialogue Déconnexion Automatique.

Chapitre 26

Promenade sur le Web (suite)

Dans ce chapitre :

Chercher et trouver sur le Web.

Moteurs de recherche.

Sites portails.

Les ventes aux enchères.

La Bourse sur le Web.

Réservez votre voyage sur l'Internet.

Les jeux et les joueurs.

Le Web est une mine inépuisable d'informations, mais aussi un lieu (virtuel) où vous pouvez acheter, investir, réserver vos places d'avion, jouer et découvrir une multitude de choses à voir et à faire.

Chercher et trouver sur le Web

Le Web est comme une bibliothèque sans bibliothécaire. Et il n'y a pas de catalogue non plus. Le Web est donc parfaitement désorganisé, et les informations qui s'y trouvent ne sont pas forcément complètes ou exactes. Puisque tout le monde peut mettre ce qu'il veut sur le Web, eh bien, personne ne s'en prive !

Le meilleur moyen de trouver une information, c'est d'utiliser un moteur de recherche. Il s'agit d'une page Web qui dresse un catalogue des autres pages Web. Le catalogue peut contenir une information qui vous intéresse, quel que soit le thème de votre recherche. Les résultats sont affichés sous forme de liens, il ne vous reste plus qu'à cliquer.

Chercher avec Yahoo!

Sans doute le plus ancien et le plus traditionnel des moteurs de recherche (Figure 26.1). En réalité, on peut considérer que Yahoo! est un formidable annuaire plutôt qu'un moteur de recherche.

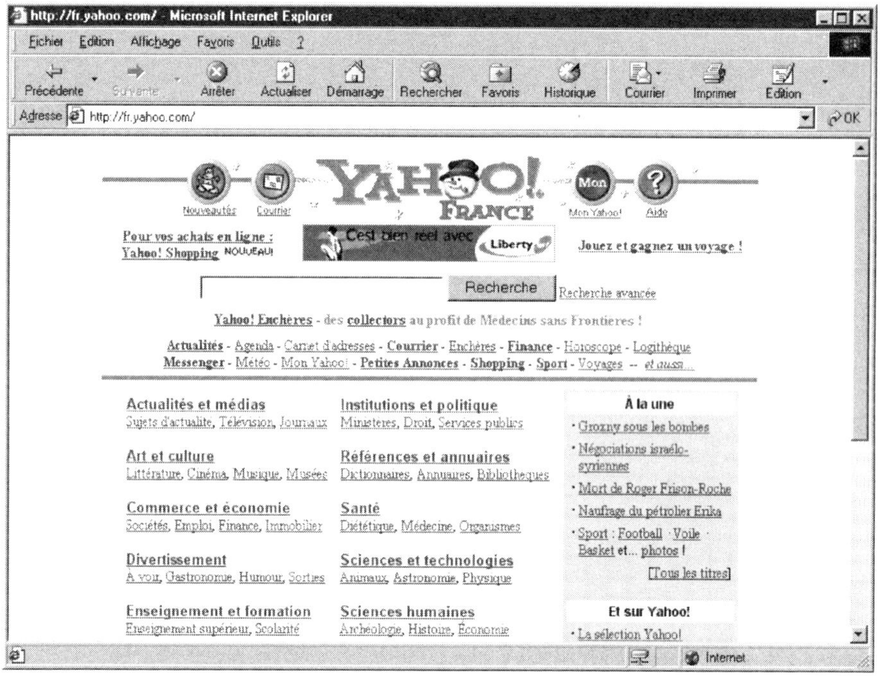

Figure 26.1 : J'ai trouvé la page de Yahoo!.

Visitez Yahoo! à :

```
www.yahoo.fr
```

Yahoo! propose deux systèmes de recherche : soit taper un ou plusieurs mots dans la zone de texte et cliquer sur Recherche, soit parcourir les rubriques proposées en cliquant de lien en lien.

Par exemple, vous cherchez tout ce qui concerne Mozart. Tapez **Mozart** dans la zone de texte et cliquez sur Recherche.

En quelques instants, Yahoo! affiche le résultat de ses recherches, soit sous la forme de catégories thématiques (un classement analogue à celui d'une bibliothèque), soit sous celle de pages Web.

- La plupart des moteurs de recherche adoptent une méthode analogue à celle de Yahoo!.
- Les résultats peuvent occuper plus d'une page d'écran, dans ce cas vous pouvez voir un lien qui dit `les 20 résultats suivants`, ou quelque chose de similaire.
- Plus vous entrez d'informations dans la zone de recherche, plus vous avez de chances d'obtenir un résultat précis.

Trouver des tas d'informations

Il existe des moteurs qui permettent d'effectuer des recherches plus approfondies encore que Yahoo!.

Ces moteurs possèdent une sorte d'éclaireur informatique qui parcourt le Web et visite régulièrement chaque site. Il analyse les textes et les images, récolte des mots clés, et va au bout de chaque lien pour découvrir tous les jours de nouvelles pages. Les informations sont réunies dans de gigantesques bases de données que le moteur interroge lorsque vous lui posez une question.

Quel que soit le pays d'origine du moteur de recherche (Etats-Unis, le plus souvent), si votre requête comporte des mots français, les résultats vous conduiront vraisemblablement vers des sites francophones. Mais si vous cherchez un site en français consacré à Elvis Presley, il est préférable d'interroger un moteur francophone.

La liste de ces moteurs est assez longue, aussi ne les citerai-je pas tous ici ; voici une liste des plus connus :

Go To : `http://www.goto.com`.

Hotbot : `http//www.lycos.fr`.

Altavista : `http://www.altavista.com`. Si vous cherchez exclusivement des sites francophones ou hispanophones, ou nimportequoiphone, il suffit de le lui préciser.

Excite : `http://www.excite.fr`. Donne la possibilité d'affiner les recherches. Lorsqu'il trouve un site répondant à vos critères il vous propose de cliquer sur le lien `sites similaires` pour afficher d'autres pages Web.

Nomade : `http://www.nomade.fr`. Vous propose exclusivement des sites en français.

Ecila : `http://www.ecila.fr`. Vous donne un aperçu du contenu des sites trouvés.

Figure 26.2 : Go To, une interface simple mais efficace.

Encore plus

Certains moteurs de recherche interrogent les autres moteurs de recherche. Vous l'avez compris, il est difficile de ne pas y trouver ce que l'on cherche. Essayez les adresses suivantes :

Search.com : `http://www.search.com`.

Lycos : `http://www.lycos.fr`.

Beaucoup : `http://www.dogpile.com`.

Trouver une adresse personnelle

Si vous cherchez l'adresse d'une personne ou d'un commerce sur l'Internet, vous disposez d'annuaires d'adresses e-mail et des traditionnelles Pages blanches et Pages jaunes de France Télécom ou l'équivalent à l'étranger. Le Tableau 26.1 vous donne quelques sites utiles :

Tableau 26.1 : Les sites pour trouver des adresses personnelles.

Site	Adresse Internet
Les Pages blanches	`www.pagesblanches.fr`
Les Pages jaunes	`www.pagesjaunes.fr`
Yahoo	`fr.people.yahoo.com`
Excite	`www.excite.fr/people`
Voilà	`www.annuairemail.voila.fr`
Bigfoot	`fr.bigfoot.com`
411 Locate	`www.411locate.com`

- Les recherches d'adresses personnelles sur le Web sont souvent infructueuses. La plupart du temps, il faut fournir un maximum de précisions sur la personne recherchée, et malgré cela la recherche n'aboutit pas.

- Ne vous inquiétez pas si vous trouvez vos nom, adresse et téléphone sur le Web. La plupart du temps, vous pourrez aisément supprimer ces informations.

Les sites portails

Pour faire une promenade sur le Web, par où faut il entrer ? Vers quoi se diriger ? Par quoi commencer ?

La réponse est proposée par les sites portails. Un *site portail* est une page Web conçue pour être le point central de vos visites sur l'Internet, votre port d'attache sur le Web.

Un site portail comme Yahoo! (voir Figure 26.1) contient des liens, un moteur de recherche, l'actualité, des jeux en direct, des pages personnelles, un guide du shopping, la météo, l'horoscope, une sélection de logiciels, enfin tout ce vous souhaiteriez trouver sur le Web.

Vous trouverez dans le Tableau 26.2 une liste des portails les plus connus :

Tableau 26.2 : Quelques sites portails.

Site	Adresse
Altavista	`www.altavista.com`
AOL	`www.aol.com`
Club-Internet	`www.club-internet.fr`
Ecila	`www.ecila.fr`
Excite	`www.excite.fr`
MSN France	`www.fr.msn.com`
Netscape	`www.netscape.com`
Voilà	`www.voilà.fr`
Wanadoo	`www.wanadoo.fr`
Yahoo	`www.yahoo.fr`
ZDNet	`www.zdnet.com`

Cette liste est loin d'être exhaustive. Il existe des sites portails spécialisés sur des thèmes comme la finance, l'informatique, le commerce, la santé, les jeux, etc.

- Oui, la plupart des sites portails sont aussi des moteurs de recherche.
- Vous pouvez désigner un site portail comme page de Démarrage de votre navigateur.
- Toute première visite sur le Web devrait commencer par un site portail.
- Les sites portails ne sont pas obligatoirement votre page de démarrage. Mais ce n'est pas une mauvaise idée, car vous pouvez y revenir d'un simple clic sur l'icône Démarrage.

- Il n'est pas indispensable d'être abonné à AOL pour accéder à son site, `www.aol.com`. Mais si vous êtes abonné à AOL, c'est obligatoirement votre page de démarrage.
- Les sites portails sont financés par les recettes publicitaires. Etre connus et visités est pour eux un enjeu commercial.
- Les enquêtes économiques montrent que l'internaute moyen n'a pas de préférence marquée pour un portail ou pour un autre.

Comment dépenser vos sous sur le Web

Acheter sur l'Internet, l'expression consacrée est *acheter en ligne*, devient une des activités principales du Web. On y trouve tout, informatique, livres, vêtements, voitures, meubles, voyages, etc. Quelques clics de souris, votre numéro de carte bancaire, et l'affaire est dans le sac !

Questions/Réponses sur l'achat en ligne

N'ayez crainte, faire du shopping sur le Web est rapide, simple et sûr. Tout ce que vous risquez, c'est de faire quelques accros à votre budget.

Q : Qu'est-ce que je peux acheter sur l'Internet ?

R : Tout, absolument tout : alimentation, œuvres d'art, fleurs, livres, disques, matériel informatique, produits de beauté, enfin tout ce qui vous passe par la tête.

Q : Comment dois-je faire pour réaliser un achat ?

R : Allez visiter un site où tout est expliqué. Par exemple, le site BOL (voir la Figure 26.3), qui est au départ une librairie en ligne. Aujourd'hui, BOL vend aussi des disques et des cadeaux.

- Certains sites d'achats sont conçus comme des galeries marchandes où vous pouvez visiter chaque boutique.
- Les sites d'achat ont des moteurs de recherche qui vous permettent de trouver rapidement ce dont vous avez besoin.
- Quand vous avez trouvé, vérifiez que c'est bien ce que vous vouliez (comme dans la Figure 26.3). Contrôlez le prix, les conditions de vente et les conditions de livraison.

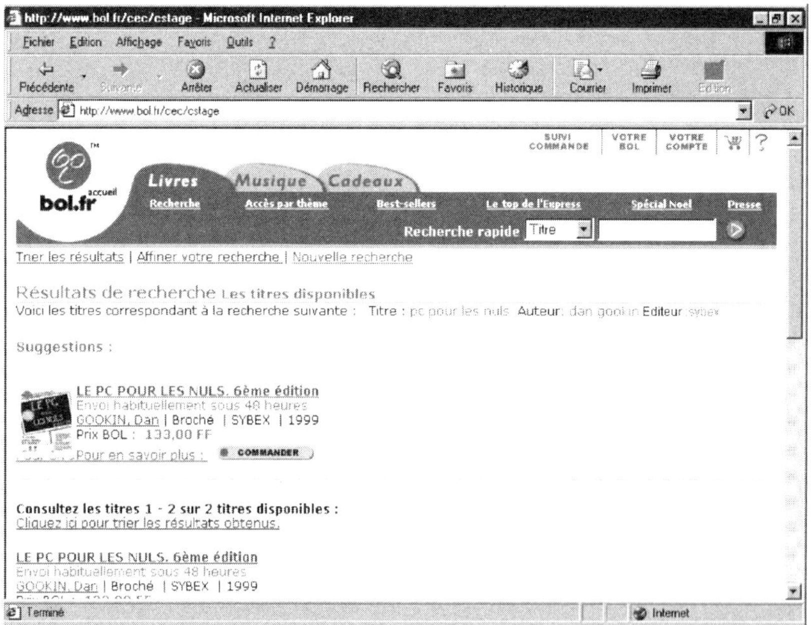

Figure 26.3 : Acheter un bon bouquin sur le site BOL.

TRUC

- Beaucoup de sites d'achat ont une liste des meilleures ventes. Consultez-la, consultez également les commentaires et critiques des acheteurs sur les différents produits.

Q : Comment puis-je sélectionner un produit ?

A : Vous choisissez un produit et vous l'ajoutez au contenu de votre *panier virtuel*. A la fin de votre sélection, vous pouvez ajouter ou retirer des produits.

Q : Comment dois-je faire pour payer ?

R : Comme dans un magasin traditionnel, on fait la liste de ce que contient votre panier (en général, en cliquant sur le lien du panier). Remplissez la demande d'informations qui apparaît à l'écran. Elle concerne vos coordonnées, les détails de la livraison et votre carte bancaire.

Q : A propos, puis-je communiquer sans risque mon numéro de carte ?

R : Tout à fait. Les sites d'achat pratiquent le paiement sécurisé. Votre numéro de carte bancaire est crypté et ne peut pas être intercepté. En réalité, les risques éventuels sont les mêmes que pour le commerce traditionnel.

Ne payez que par carte bancaire. En cas de litige, c'est le moyen le plus simple pour annuler un débit. C'est dans tous les cas votre meilleure garantie.

Q : J'ai entendu parler des *cookies,* qu'est-ce que c'est ?

R : Un *cookie* est un fichier créé par un site Web lors de votre visite. Il contient des informations qui ne peuvent être lues que par ce site précis. Le cookie contient des informations sur vos habitudes d'internaute, il essaie de dresser votre profil d'acheteur. Rien ne vous empêche de le supprimer de votre disque dur.

Q : Où trouver des sites d'achat ?

R : Faites un tour sur les sites portails, ils ont tous une rubrique shopping.

Voici quelques conseils concernant l'achat en ligne :

- Vérifiez le numéro de téléphone et l'adresse postale de votre fournisseur en ligne. Si ces informations ne figurent pas, méfiez-vous.
- Certains fournisseurs vous proposent de régler vos achats par d'autres moyens que la carte bancaire. La transaction se fait alors par fax ou par courrier.
- Vérifiez toujours les conditions concernant le remboursement des produits achetés.

Où est passé le commissaire-priseur ?

Il existe deux sortes de commissaires-priseurs. Le premier est celui qui débite des chiffres à la cadence d'un fusil-mitrailleur. Le second (on le trouve chez Christie's ou chez Sotheby) est extrêmement courtois : "Avant d'adjuger ce Van Gogh à 15 millions de francs, quelqu'un veut-il enchérir à 16 ? Monsieur Gates, peut-être ?"

Sur le Web, les enchères se font sans commissaire-priseur. Ou plutôt le site Web fait office de commissaire-priseur. Un site de vente aux enchères fonctionne à la fois comme un moteur de recherche et une boutique en ligne.

Le moteur de recherche vous permet de trouver ce que vous désirez achcter. Par exemple, cette figurine de Dark Vador de 1977 encore dans sa boîte d'origine. Le vendeur propose une mise à prix, et vous faites une offre en direct sur le site. D'autres candidats acheteurs renchérissent, et ce, jusqu'à ce que l'objet soit vendu au plus offrant.

Le site mondialement connu est eBay. En France, un site parmi d'autres est iBazar (voir Figure 26.4). Après vous être inscrit vous pouvez vous lancer dans la bataille, pour acheter ou vendre.

L'adresse de eBay est `www.ebay.com` et celle de iBazar `www.ibazar.com`.

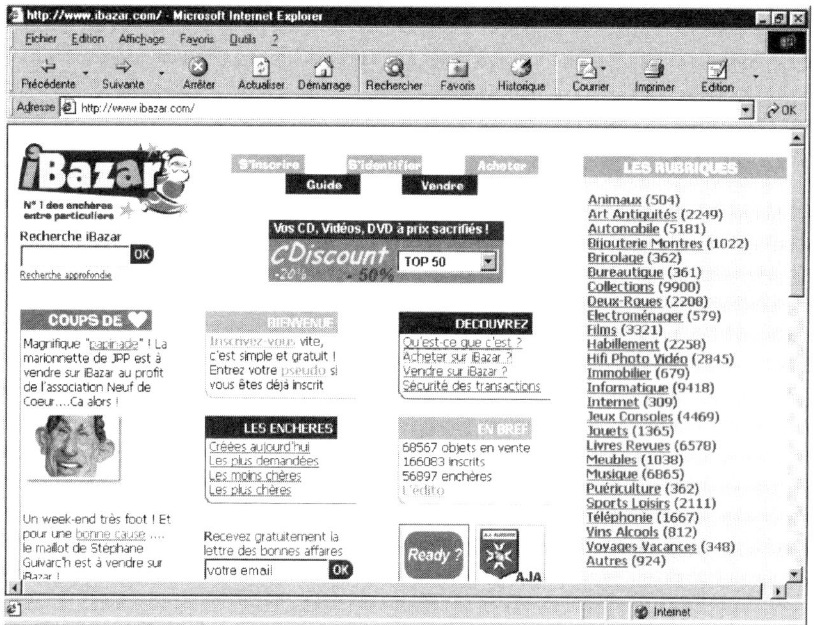

Figure 26.4 : La page d'accueil de iBazar.

- Les sites de vente aux enchères sont financés par les commissions laissées par le vendeur.
- Si vous remportez la vente, vous décidez avec le vendeur des conditions de paiement, à moins qu'elles ne soient déjà fixées par le site.
- Les vendeurs sont des particuliers comme vous et moi.

La Bourse en ligne

Les activités boursières sont florissantes sur le Web. La plupart des banques et sociétés de courtage vous proposent de traiter vos achats et ventes via l'Internet. Si vous aimez spéculer, n'hésitez pas ! si vous n'êtes pas ruiné vous passerez votre retraite sur une île du Pacifique.

En tout cas, vous pouvez connaître le cours des actions et la valeur de votre portefeuille à tout moment. Il suffit de vous connecter sur le site de votre banque ou bien sur le site portail de votre choix, ou encore sur le site du quotidien *Les Echos* (`www.lesechos.fr`).

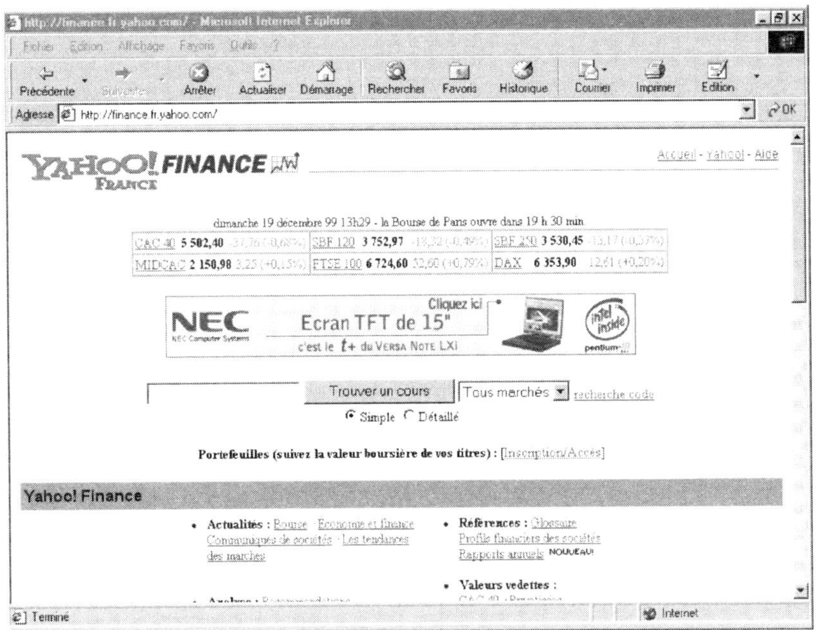

Figure 26.5 : La page finance de Yahoo!.

Partir en voyage

Si vous n'avez pas tout dépensé sur les sites d'achat en ligne, si vous n'avez pas tout perdu en Bourse, pourquoi ne pas vous offrir un petit voyage ? L'Internet est la plus grande agence de voyages dont vous puissiez rêver.

L'achat d'un voyage se déroule comme pour les autres produits. Lorsque vous avez trouvé le billet d'avion ou le séjour qui vous convient, vous vérifiez les détails et les conditions de vente.

Entre généralistes et compagnies aériennes, les sites de voyages sont nombreux en France. Certains de ces sites comme Nouvelles Frontières proposent des voyages ou des billets d'avion aux enchères. En voici une courte liste :

Dégriftour : `www.degiftour.fr`.

Réductour : `www.reductour.fr`.

Nouvelles Frontières : `www.nouvelles-frontieres.fr`.

Travelprice : `www.nouvelles-frontieres.fr` (voir Figure 26.6).

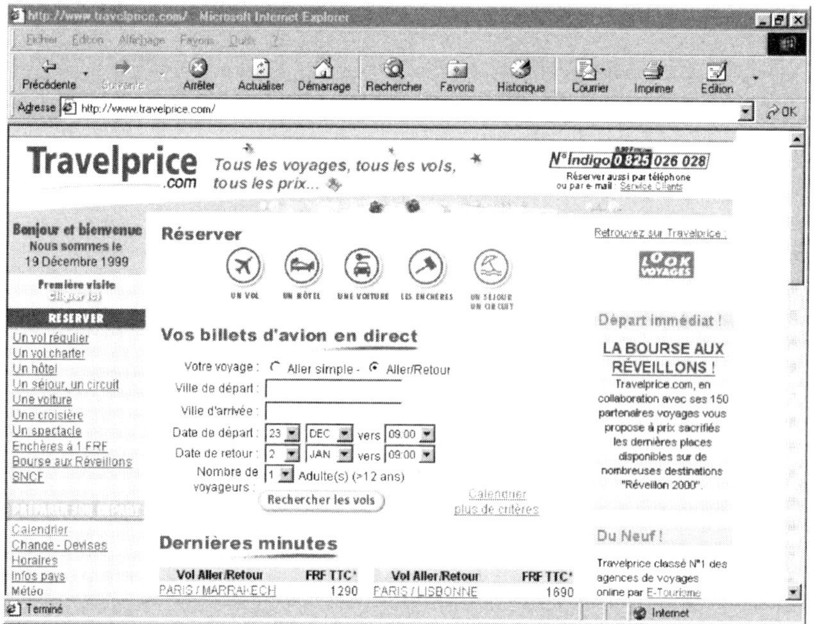

Figure 26.6 : Le site de TravelPrice.

Jouez ou jouez

Il existe deux sortes de jeux sur l'Internet : ceux auxquels vous pouvez jouer en direct sur un site Web (vous vous inscrivez et vous arrivez dans une salle de jeu virtuelle avec d'autres joueurs en provenance du monde entier) et les jeux en réseau : jeux de stratégie ou autres Quake-like. Si vous battez régulièrement l'ordinateur, il est temps d'aller défier des adversaires à votre mesure. Il suffit d'installer un logiciel spécial et de vous connecter.

Les sections suivantes vous donnent quelques détails sur ces deux types de jeux.

Les sites de jeux en direct

La possibilité de jouer en ligne ne date pas d'hier. J'ai connu un abonné à CompuServe, au début des années 80, qui dépensait des centaines de francs par mois pour participer à une sorte de guerre des étoiles avec d'autres joueurs en ligne.

Il existe des sites de jeux sur tout le Web. Jouer ne coûte souvent rien d'autre que votre temps et le prix de la communication téléphonique. En général, il faut télécharger un petit logiciel. (Le site vous le propose.) Après quoi vous pouvez jouer jusqu'au bout de la nuit.

Yahoo! propose des jeux de cartes, des jeux de société ou des jeux de hasard (visitez le site `http://games.yahoo.com`). Après l'inscription, vous cliquez sur un lien pour choisir un jeu.

Sur Yahoo!, vous téléchargez un petit logiciel qui vous permet de jouer au jeu que vous avez choisi. Une boîte de dialogue concernant la sécurité s'affiche, semblable à celle de la Figure 26.7. Cliquez sur Yes pour télécharger le logiciel.

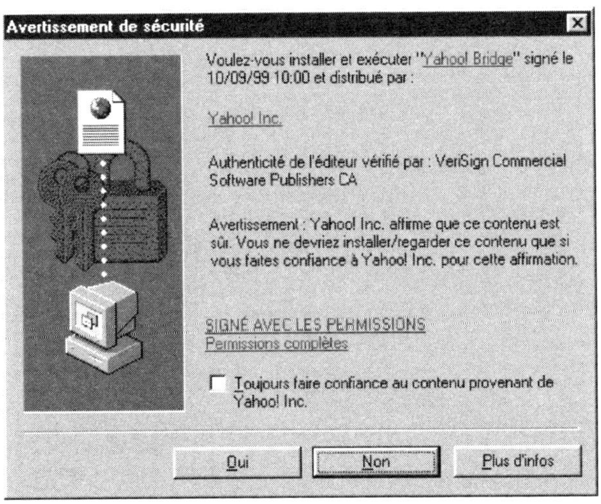

Figure 26.7 : Vous devez télécharger un logiciel pour jouer au blackjack sur Yahoo!.

Une fois le logiciel installé, vous rejoignez une table de jeu virtuelle. La Figure 26.8 vous montre l'auteur en train de jouer au blackjack avec des inconnus.

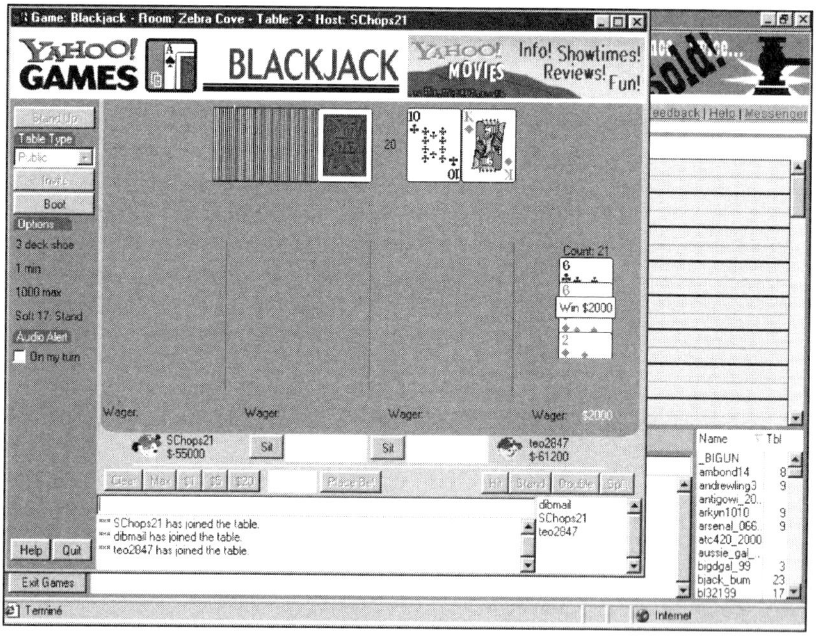

Figure 26.8 : Jeu de blackjack sur Yahoo!.

- Lorsque vous jouez au poker ou au blackjack sur Yahoo!, vous pariez de l'argent purement virtuel, ce que j'appelle des *Yahoo! dollars*. Vous démarrez avec 1 000 dollars.
- Sur Yahoo!, vous pouvez bavarder avec les autres joueurs. Le bavardage peut être aussi amusant que le jeu. Allez au Chapitre 29 pour en savoir plus sur le bavardage en ligne.
- D'autres sites proposent toutes sortes de jeux en direct. Interrogez les moteurs de recherche pour les trouver !

Les jeux en réseau

Les favoris des joueurs en réseau sont les jeux de stratégie, tel *Starcraft*, et les Doom-like de type *Quake*. Certains joueurs délaissent le jeu contre l'ordinateur pour ne jouer qu'en réseau.

Chaque jeu a son propre mode d'accès. Généralement, vous êtes connecté à un site serveur. Le serveur vous relie aux autres joueurs qui sont en ligne en même temps que vous sur le Web.

Vous pouvez également passer par un réseau local comme certaines salles de jeu. Bien sûr, si au bureau vous êtes connecté en réseau, vous pouvez jouer avec vos collègues pendant vos heures de travail. Je ne vous ai rien dit...

Après la connexion, le jeu peut s'effectuer de plusieurs façons. Vous pouvez jouer en équipe contre d'autres équipes, ou bien participer à un *death match*. Le *death match* est très apprécié des joueurs. Dans ce mode de jeu ou tout le monde s'affronte dans une mêlée générale, le vainqueur est le dernier survivant.

- Pour chaque jeu, les conditions de connexion sont différentes ; c'est pourquoi elles ne sont pas décrites ici. Certains logiciels spécifiques sont nécessaires pour assurer la connexion.

- Pour jouer en réseau, commencez par vous connecter à l'Internet. Puis lancez le jeu. En sélectionnant l'option Réseau de votre programme de jeu, vous serez dirigé vers le serveur adéquat.

- Il peut être utile de désactiver la Déconnexion automatique (voir le Chapitre 25), si vous ne voulez pas abandonner la partie malgré vous.

Chapitre 27

Oh ! Du courrier !

Dans ce chapitre :

Utiliser Outlook Express.

Envoyer un e-mail.

Copies et copies cachées.

Lire un e-mail.

Répondre à un message.

Transférer un message.

Gérer votre courrier.

Le Carnet d'adresses.

Rien de tel qu'un petit message dans votre boîte aux lettres électronique pour bien commencer une journée sur l'Internet ! Eh oui, quelqu'un pense à vous !

Ce chapitre est consacré à la messagerie électronique, plus communément appelée *e-mail*. La communication par courrier électronique est l'activité la plus pratiquée sur l'Internet. L'e-mail remplace parfois le fax, parfois le téléphone, et curieusement l'art quelque peu suranné de l'échange épistolaire retrouve une nouvelle jeunesse.

- Ce chapitre est centré sur l'utilisation d'Outlook Express (Version 5), le gestionnaire de messagerie inclus dans Windows.

- Outlook Express et Outlook sont deux programmes différents. Outlook est inclus dans Microsoft Office.

- Rendez-vous également au Chapitre 28 pour en savoir plus sur les pièces jointes, et au Chapitre 29 pour gérer un compte courrier.

Lancer Outlook Express

Ouvrez Outlook Express en double-cliquant sur son icône dans le bureau (dessin en marge). Cette icône se trouve probablement insérée dans votre barre des tâches.

Le lancement d'Outlook Express ouvre la connexion à l'Internet, si vous ne l'aviez pas effectuée auparavant. Sinon, reportez-vous au Chapitre 24 sur la connexion à l'Internet.

N'OUBLIEZ PAS

Vous ne pouvez pas envoyer ou recevoir un e-mail tant que vous n'êtes pas connecté à l'Internet.

La première chose que fait Outlook Express, c'est de vérifier si vous avez du courrier. Allez directement à la section "Lire votre courrier", plus loin dans ce chapitre, si vous êtes vraiment pressé d'utiliser votre messagerie.

La Figure 27.1 montre la fenêtre d'Outlook Express. Elle se divise en trois parties.

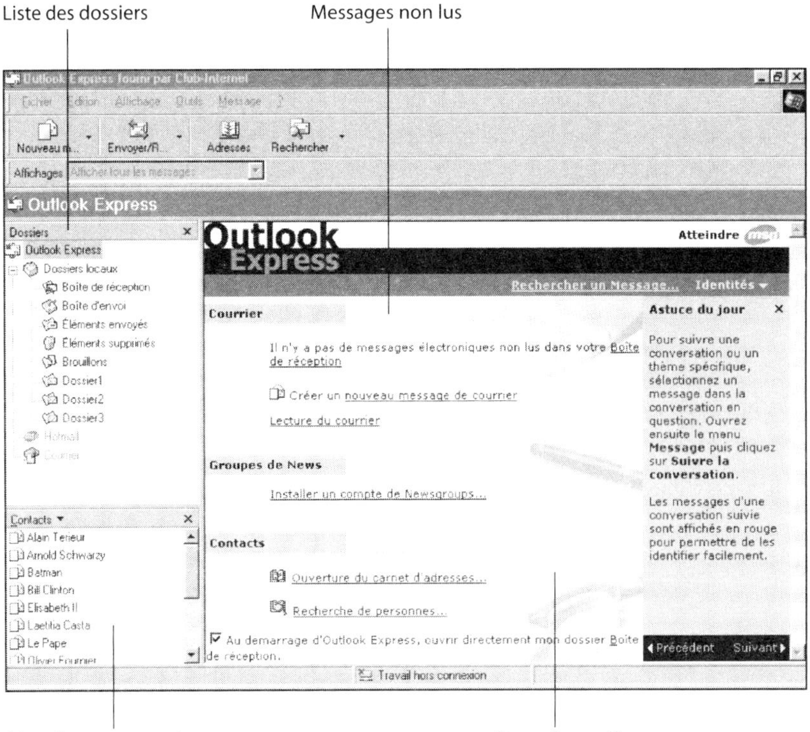

Figure 27.1 : Outlook Express en action.

Les dossiers. En haut à gauche, la liste des dossiers où vont se déposer les messages envoyés, reçus et supprimés.

Les contacts. En bas à gauche, la liste de vos correspondants habituels. Lisez la section "Le précieux Carnet d'adresses" pour en savoir plus.

Page d'accueil. A droite, la page d'accueil comporte différentes rubriques concernant le courrier, les forums, les adresses, etc. Vous pouvez configurer Outlook Express de façon à voir directement la boîte de réception plutôt que cette page d'accueil.

Cochez la case Au démarrage d'Outlook Express, ouvrir directement mon dossier Boîte de réception. La prochaine fois que vous lancerez Outlook Express, vous verrez tout de suite votre boîte de réception, comme dans la Figure 27.2.

Le côté droit de l'écran montre la boîte de réception. La partie supérieure contient la liste des e-mails. Le texte en gras indique les e-mails non lus, le texte normal indique les e-mails ouverts (idem pour l'enveloppe fermée ou ouverte).

La partie inférieure montre un aperçu du message, comme dans la Figure 27.2.

Une barre sépare les côtés gauche et droit de la fenêtre. Vous pouvez déplacer cette barre comme bon vous semble de gauche à droite. Je vous conseille de la déplacer de façon à augmenter l'espace de lecture de l'aperçu.

Voilà pour l'introduction. Si vous avez reçu du courrier, allez directement à la section "Lire votre courrier". Sinon, voyez la section suivante pour savoir comment écrire un message.

Pour quitter Outlook Express, il suffit de fermer sa fenêtre ou de cliquer sur Fichier/Quitter dans le menu.

- Les principaux gestionnaires de messagerie électronique se ressemblent. Vous retrouverez souvent une boîte de réception avec des messages non lus en gras et une liste de dossiers et de sous-dossiers.

- AOL est fourni avec son propre gestionnaire de courrier.

- Vous n'avez probablement pas de courrier en attente en ce moment, mis à part le message d'accueil de Microsoft Outlook Express.

- Le nom de fichier programme d'Outlook Express est MSIMN. Si vous ne voyez pas l'icône d'Outlook Express sur le bureau, utilisez la commande Rechercher (voir Chapitre 7) pour localiser le fichier MSIMN.EXE.

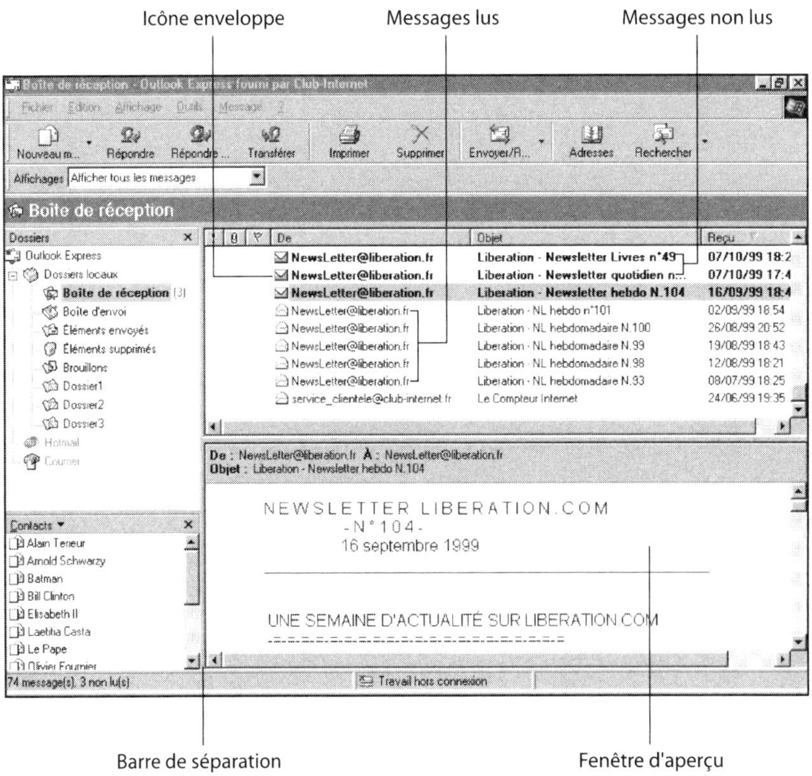

Figure 27.2 : La boîte de réception d'Outlook Express.

Envoyer du courrier

Si vous voulez recevoir du courrier, commencez par en envoyer.

Vous avez donné votre adresse e-mail à tout le monde, et vous êtes persuadé que tout le monde brûle de vous envoyer un message. C'est bien naturel, mais si vous désirez recevoir des e-mails, il suffit d'en envoyer et la communication sera ainsi établie.

- Pour correspondre par e-mail, vous devez avoir l'adresse d'une autre personne sur l'Internet. Vos amis et collègues peuvent vous donner la leur ; c'est vraiment très à la mode d'avoir une adresse e-mail sur sa carte de visite et sur son C.V.

- Reportez-vous à la section "Le précieux Carnet d'adresses" plus loin dans ce chapitre pour savoir où conserver les adresses e-mail.

Composer un nouveau message

Pour écrire un message avec Outlook Express, cliquez sur l'icône Nouveau message. La fenêtre Nouveau message apparaît, comme dans la Figure 27.3. A vous de remplir la page blanche.

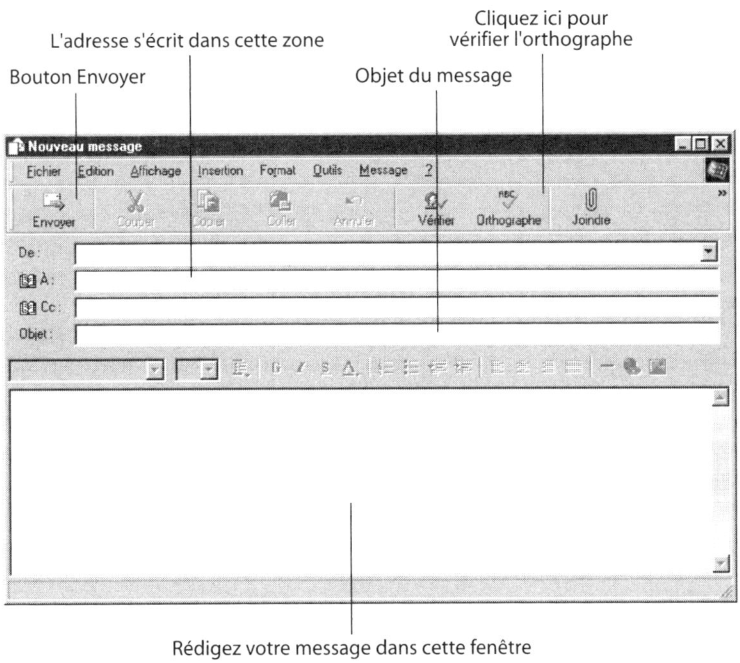

Figure 27.3 : La fenêtre Nouveau message.

A : Ici figure l'emplacement de l'adresse e-mail de votre correspondant.

- Les adresses e-mail sont toujours rédigées sans espaces.
- Vous devez écrire l'adresse e-mail en entier : `www.blah@wambooli.com`. Une seule exception à cette règle : si vous avez accolé un surnom à cette adresse, vous pouvez taper ce surnom à la place de l'adresse.
- Vous pouvez taper plusieurs adresses à la suite, séparées par un point-virgule ; par exemple :

```
president@whitehouse.gov ;first.lady@whitehouse.gov
```

- Vous pouvez également vous servir du Carnet d'adresses. Reportez-vous à la section "Le précieux Carnet d'adresses" plus loin dans ce chapitre.

- Si vous avez tapé une adresse incorrecte, le message vous sera retourné. Il suffit de le réexpédier en corrigeant l'adresse.

Cc. Le champ Cc permet d'envoyer une copie du message à d'autres destinataires. Voyez la section "Tout sur Cc et Cci".

Objet. Donnez une description du message dans le champ Objet. C'est très utile pour repérer un courrier dans la boîte de réception.

Le texte du message. Il ne reste plus qu'à rédiger le message.

Quand vous avez tapé votre texte, cliquez sur l'icône ABC/Orthographe. Votre message est rapidement analysé, et les éventuelles erreurs sont signalées. C'est la même procédure que dans votre traitement de texte.

Relisez bien votre message ! Les fautes d'orthographe sont corrigées, mais pas les fautes grammaticales, ni les maladresses éventuelles. Souvenez-vous que vous ne pouvez pas annuler un message expédié.

Enfin, vous envoyez le message. Cliquez sur le bouton Envoyer et c'est parti ! C'est plus rapide et moins cher que notre bonne vieille poste.

Si vous ne souhaitez pas envoyer le message, fermez la fenêtre Nouveau message. Outlook Express vous demande si vous voulez enregistrer le message. Cliquez sur Oui pour le sauvegarder dans le dossier Brouillons. Si vous cliquez sur Non, le message est détruit.

- Vous pouvez démarrer un nouveau message en appuyant sur la combinaison de touches Ctrl+N ou en choisissant Fichier/Nouveau/Message de courrier dans le menu.

- Un message électronique est transmis instantanément. Vous pouvez envoyer du courrier à Sydney et recevoir une réponse au bout de quelques minutes.

- N'écrivez pas en LETTRES CAPITALES. On pourrait croire que VOUS HURLEZ VOTRE TEXTE !

- Attention ! certaines tournures humoristiques ou sarcastiques employées oralement peuvent être mal interprétées lorsqu'elles sont mises par écrit.

- Pour expédier un message qui se trouve dans le dossier Brouillons, double-cliquez sur le dossier pour l'ouvrir. Puis double-cliquez sur le message. La fenêtre Nouveau message est alors de nouveau ouverte. Vous pouvez maintenant modifier votre message et l'expédier.

Tout sur Cc et Cci

Tout courrier est adressé à un destinataire. Il s'agit normalement d'une seule personne, mais si votre courrier est destiné à plusieurs personnes, plusieurs options sont possibles.

Le champ A. Vous pouvez rédiger l'adresse de chaque destinataire à la suite dans ce champ. Le courrier est expédié à chacun d'eux.

Le champ Cc. Vous écrivez à un destinataire principal (champ A), et mettez en copie un ou plusieurs destinataires dont les adresses sont écrites dans le champ Cc.

Le champ Cci. Le champ Cci est un tantinet sournois ou, disons, discret. Pour afficher ce champ, choisissez Affichage/Tous les en-têtes dans le menu. Les destinataires dont les adresses figurent dans le champ Cci reçoivent une copie de votre message. Les destinataires dont les adresses figurent dans les champs A ou Cc n'ont pas connaissance de ces destinataires du champ Cci. Ce sont des destinataires invisibles.

Changer de papier à lettres

Outlook Express vous permet de personnaliser votre courrier, de lui donner, si vous le désirez, un petit air de fantaisie.

Commencez un nouveau message en cliquant sur la petite flèche à droite de l'icône Nouveau message. Une liste de styles de papiers à lettres apparaît, comme dans la Figure 27.4. Selectionnez un nom dans la liste, et Outlook composera votre nouveau message sur un fond particulier ou avec une bordure ou une image.

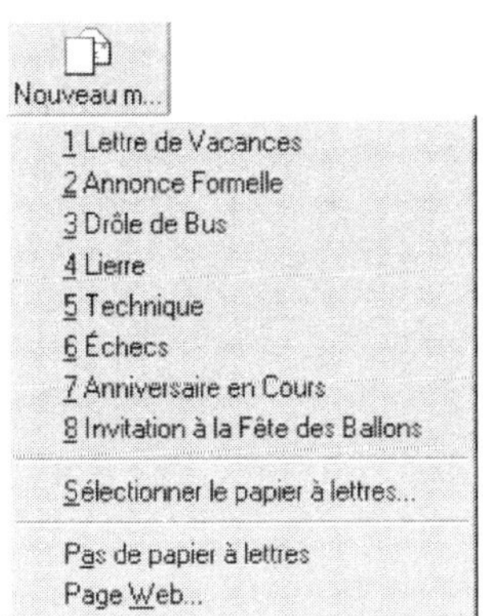

Figure 27.4 : Sélectionner le papier à lettres pour un nouveau message.

Dans la fenêtre Nouveau message, vous pouvez utiliser des outils pour modifier la présentation de votre courrier. La Figure 27.5 vous montre un brillant exemple de l'usage de ces outils.

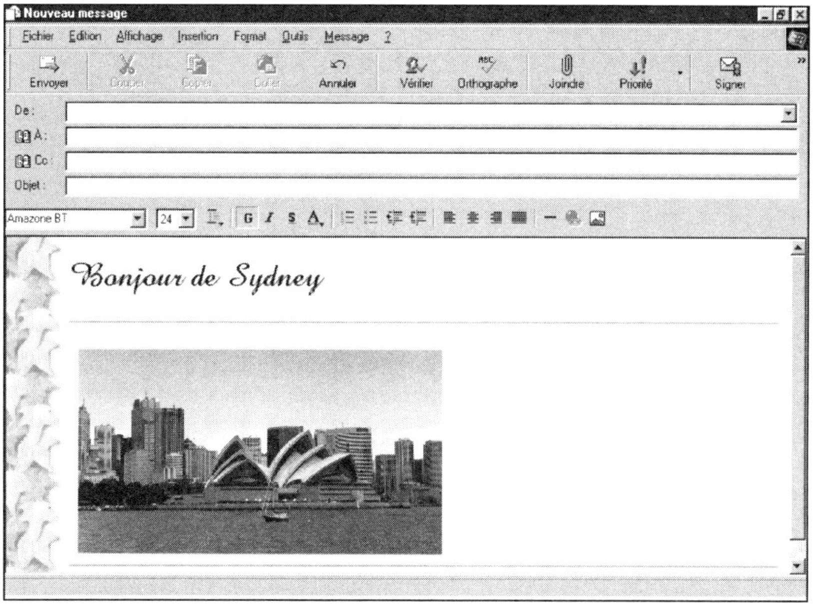

Figure 27.5 : Un message à la présentation élaborée.

Pour réaliser la présentation que vous désirez, utilisez la barre d'outils de mise en forme. Elle contient des outils analogues à ceux de votre traitement de texte.

- Vous trouverez des options supplémentaires dans le menu Format.
- Pour créer votre papier à lettres personnel, choisissez la commande Sélectionner le papier à lettres dans le menu Nouveau message (voir la Figure 27.4). Dans la boîte de dialogue qui s'ouvre, cliquez sur le bouton Créer pour démarrer l'Assistant Installation du papier à lettres.

- Il est possible que votre message ne soit pas reçu tel que vous l'avez présenté si votre destinataire utilise un gestionnaire de messagerie autre qu'Outlook. Si le message vous est retourné parce qu'il est illisible, il faut le réexpédier en supprimant les formats de papier à lettres.

Lire votre courrier

Dès que vous ouvrez Outlook Express, vous pouvez savoir si vous avez reçu du courrier. Normalement, un petit carillon retentit : *ding-dong*. Après quoi, vous vous précipitez sur votre boîte de réception, impatient de voir qui vous a écrit.

Lire un message

Pour lire un message, selectionnez-le dans la liste. (Non, vous n'êtes pas obligé de lire les messages dans l'ordre.) En selectionnant un message, vous affichez son contenu dans la partie inférieure de la fenêtre.

NOTE TECHNIQUE

Des indications supplémentaires

La fenêtre de la boîte de réception comporte plusieurs colonnes qui vous donnent des informations détaillées sur le message que vous êtes en train de lire.

Priorité. Le point d'exclamation vous indique que le message a été marqué comme prioritaire par son expéditeur. C'est-à-dire à lire d'urgence.

Fichier joint. Un petit trombone indique que le message est accompagné d'un fichier joint. Reportez-vous au Chapitre 28 pour en savoir plus.

Drapeau. Ce petit drapeau est un pense-bête. En cliquant dans cette colonne, vous marquez le message pour vous souvenir, par exemple, d'y répondre ultérieurement.

De. L'adresse de l'expéditeur.

Objet. L'objet du message.

Reçu. La date et l'heure de réception du message.

En cliquant sur l'en-tête de l'une de ces colonnes, les messages seront classés par ordre alphabétique (De) ou par date (Reçu). En cliquant de nouveau, l'ordre est inversé. (Vous pouvez également passer par le menu en sélectionnant Affichage/Trier par.)

Vous pouvez montrer ou cacher certaines colonnes en sélectionnant Affichage/Colonnes. Cochez ou décochez les colonnes que vous souhaitez montrer ou occulter.

Après la lecture du courrier, vous pouvez l'imprimer, y répondre, le faire suivre, le supprimer ou le classer. Ces différentes options sont détaillées dans les sections suivantes.

- En fait, vous pouvez parfaitement ne rien faire du message que vous venez de lire et le laisser dans votre boîte de réception. Il ne se passera rien de particulier.

- Les messages qui n'ont pas encore été lus apparaissent en caractères gras dans la liste.

- Vous pouvez lire les messages dans n'importe quel ordre. La plupart des gens jettent un bref coup d'œil à la liste, et commencent par lire le message qu'ils attendaient.

- Utilisez la barre d'ascenseur ou, encore mieux, la roulette de votre souris.

Ouvrir un message

- Pour ouvrir un message, lu ou non lu, il suffit de cliquer dessus dans la boîte de réception. Le message s'ouvre dans une fenêtre particulière comme celle de la Figure 27.6.

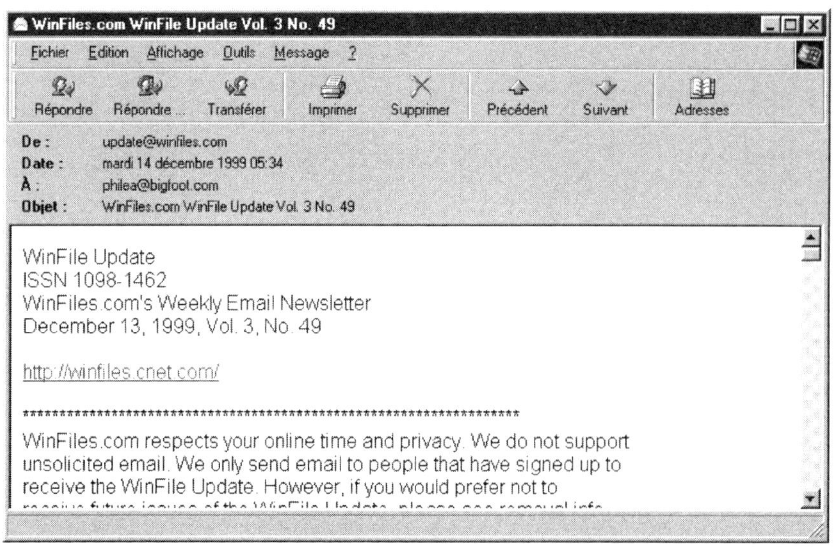

Figure 27.6 : La fenêtre de lecture d'Outlook Express.

Vous pouvez redimensionner et déplacer cette fenêtre à votre guise. Vous pouvez aussi ouvrir plusieurs messages à la fois, ce qui peut être utile, par exemple lorsqu'il s'agit de suivre le fil d'une série de questions/réponses.

La fenêtre de lecture comporte deux icônes très pratiques : Précédent et Suivant.

Cliquez sur le bouton Précédent pour lire dans la liste de la boîte de réception le message qui précède le message en cours.

Gare au SPAM !

Quand votre boîte aux lettres électronique est inondée de messages indésirables, vous êtes victime du phénomène *SPAM*. L'origine de ce terme est obscure. Les messages SPAM sont de toute nature : publicités, courriers en chaîne, questionnaires, etc. Le remède consiste à les supprimer systématiquement. Ne les lisez pas, n'y répondez surtout pas. Souvent la réponse provoque l'arrivée d'autres messages. (Les "spamers" sont malins, ils vous demandent de répondre si vous voulez que votre adresse soit effacée de la liste !)

Cliquez sur le bouton Suivant pour accéder au message suivant dans l'ordre de la liste. Si vous êtes en train de lire le dernier message, en cliquant sur Suivant vous entendrez un *ding* sonore.

Fermez la fenêtre de lecture lorsque vous avez terminé.

Imprimer un message

C'est facile ! Pour imprimer le message, sélectionnez Fichier/Imprimer dans le menu : la boîte de dialogue de l'imprimante apparaît. Cliquez sur OK.

Vous pouvez aussi cliquer sur l'icône Imprimer de la barre d'outils.

Répondre à un message

Pour répondre à un message, cliquez sur l'icône Répondre. Une fenêtre de rédaction analogue à celle de Nouveau message apparaît, comme dans la Figure 27.7.

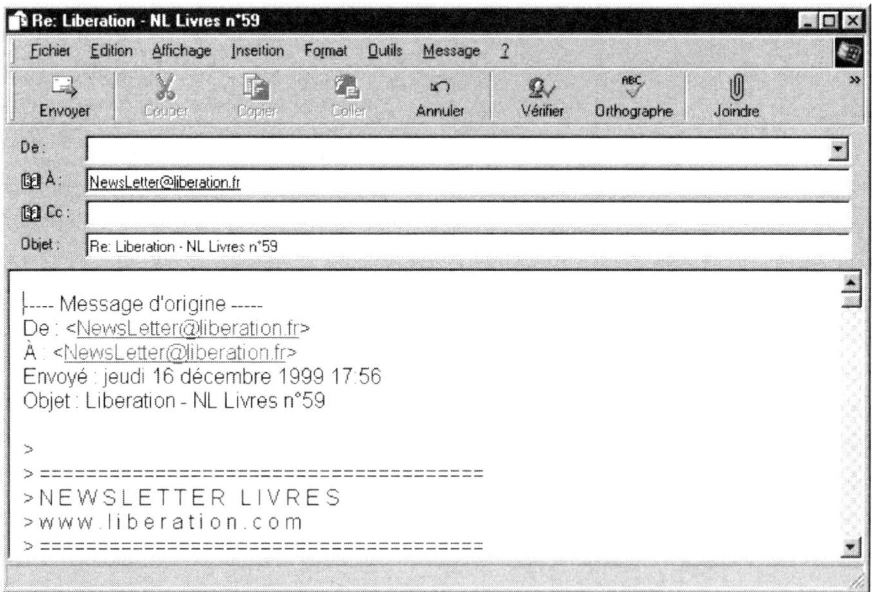

Figure 27.7 : Répondre à un message.

Remarquez qu'Outlook Express fait automatiquement plusieurs choses :

- Le nom de l'expéditeur est automatiquement placé dans le champ A (destinataire). Votre réponse est automatiquement adressée à l'expéditeur sans que vous ayez à saisir l'adresse.
- L'objet original est précédé de Re (Référence) dans le champ Objet.
- Le message original est différencié de votre réponse. Cela permet de suivre le fil de la correspondance au sein d'un même e-mail.

Rédigez votre texte.

Cliquez sur l'icône Envoyer pour réexpédier le message contenant votre réponse.

- Si vous le souhaitez, vous pouvez modifier le texte original, le découper, et envoyer une réponse séparée pour chaque partie de texte.
- Vous pouvez également supprimer certaines parties du texte original.

Pourquoi mon nom figure-t-il dans l'en-tête de mes messages ?

Question : Comment se fait-il que mon nom apparaisse systématiquement dans l'en-tête des e-mails que j'envoie ? J'ai reçu un e-mail qui, au contraire, montrait un pseudonyme et pas le nom réel de l'expéditeur. Y a-t-il une explication ?

Réponse : Vous avez vous-même configuré votre gestionnaire de messagerie afin de faire apparaître votre nom dans chaque message que vous envoyez. Cette opération a été effectuée au moment de l'installation du programme.

Comment réexpédier les messages qui me sont renvoyés ?

Question : J'ai tapé une adresse erronée en envoyant un e-mail et il m'a été retourné avec la mention "destinataire inconnu". Puis-je corriger l'adresse et réexpédier le message ?

Réponse : Vous pouvez transférer le message à la bonne adresse. La commande de transfert est Ctrl+F. Tapez l'adresse correcte et éventuellement une courte explication de votre erreur. Ou alors copiez le texte et collez-le dans un Nouveau message, sans vous tromper dans l'adresse cette fois.

- Utilisez l'icône Répondre à tous lorsque votre réponse s'adresse à l'expéditeur et à tous les destinataires en copie.

- Lorsque vous avez répondu à un message, la petite icône dans la boîte de réception change d'aspect (voir en marge). Utilisez cette indication pour savoir si vous avez répondu ou non à un message.

Transférer un message

Transférer un message revient à le réexpédier à un autre destinataire. Vous venez par exemple de recevoir une excellente histoire drôle et vous voulez en faire profiter votre ami Robert. Transférez le message et Robert pourra lire cette excellente histoire.

Cliquez sur l'icône Transférer. Tapez l'adresse du nouveau destinataire. Contrairement à l'envoi d'une réponse, le transfert nécessite la rédaction de l'adresse du destinataire.

Le message transféré apparaît différencié au sein du nouveau messsage. Vous pouvez rédiger du texte supplémentaire si vous le désirez. Cliquez sur l'icône Envoyer pour l'expédier.

Supprimer un message

Pour supprimer le message en cours, cliquez sur l'icône Supprimer. Et voilà !

En réalité, le message est déplacé vers le dossier Eléments supprimés dans la partie gauche de la fenêtre d'Outlook Express.

Les messages supprimés restent dans le dossier Eléments supprimés jusqu'à ce que vous décidiez de les jeter. Pour vider le dossier de tous ses messages supprimés, choisissez Edition/Vider le dossier Eléments supprimés dans le menu.

Gérer votre courrier

Vinton Cerf - père de l'Internet et créateur du signe @ utilisé dans tous les e-mails - a dit de façon imagée que les e-mails s'accumulaient comme des immondices dans un dépotoir, si l'on n'y prenait pas garde.

Pour vous aider à organiser vos messages, Outlook Express dispose de la fenêtre des dossiers (voir la Figure 27.1). Vous y trouverez les dossiers suivants :

Boîte de réception. Ce dossier contient tous les messages non lus, et ceux que vous n'avez ni supprimés ni déplacés.

Boîte d'envoi. Ce dossier contient les messages en attente d'expédition. Si vous êtes connecté en permanence, ce dossier est probablement vide la plupart du temps.

Eléments envoyés. Ce dossier contient une copie des messages nouveaux ou des réponses que vous avez envoyés.

Eléments supprimés. Les messages supprimés sont ici tant que vous ne les jetez pas.

Brouillons. Tout message que vous décidez de ne pas envoyer est placé dans ce dossier (voyez la section "Composer un nouveau message", plus haut dans ce chapitre).

En plus de ces dossiers standard, vous pouvez créer vos dossiers personnels pour organiser votre courrier. La section qui suit traite de cette opération en détail.

- Le nombre bleu entre parenthèses qui peut figurer à côté d'un dossier indique combien de messages non lus sont contenus dans ce dossier.

Créer un dossier de courrier

Pour créer un dossier personnel pour classer vos messages, suivez les étapes ci-dessous :

1. **Choisissez Fichier/ Nouveau /Dossier dans le menu.**

   La boîte de dialogue Créer un dossier apparaît, comme dans la Figure 27.8.

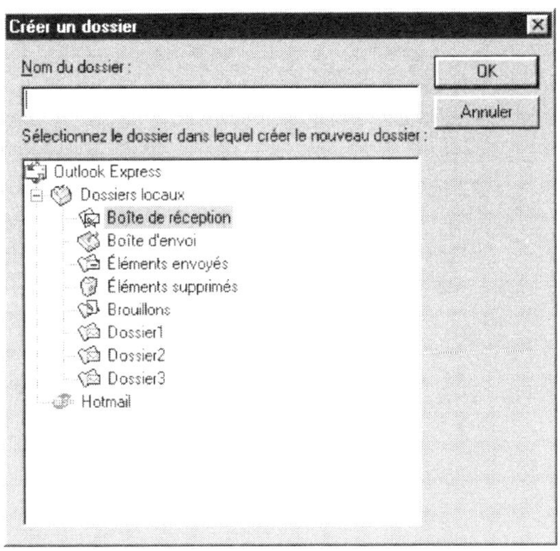

Figure 27.8 : La boîte de dialogue Créer un dossier.

2. **Choisissez un nom pour le nouveau dossier.**

   Tapez le nom que vous avez choisi dans la zone Nom du dossier.

3. **Sélectionnez le dossier dans lequel vous créerez le nouveau dossier.**

Cliquez sur le dossier qui contiendra votre nouveau dossier. Si vous choisissez Dossiers locaux, Outlook place le nouveau dossier au premier niveau de l'arborescence, sinon il crée un sous-dossier.

4. **Cliquez sur OK.**

   Le nouveau dossier est créé ; il apparaît dans la liste des dossiers dans la partie gauche de la fenêtre.

Déplacer un message vers un dossier

Vous pouvez déplacer les messages vers les dossiers d'Outlook Express à l'aide de la souris, comme vous le faites avec les dossiers et les fichiers dans Windows.

Vous pouvez ainsi facilement classer vos messages dans les différents dossiers que vous avez créés.

Il est possible de supprimer un dossier en le déplaçant vers le dossier Eléments supprimés.

Le précieux Carnet d'adresses

Lorsque vous recevez un e-mail d'un nouveau correspondant ou lorsqu'un ami vous donne son adresse e-mail, n'oubliez pas d'en prendre note dans le Carnet d'adresses d'Outlook Express. Le Carnet d'adresses vous permet bien sûr de répertorier les adresses, mais en plus de les retrouver en un clin d'œil au moment d'expédier un message.

Ajouter un nom dans le Carnet d'adresses

Vous pouvez ajouter un nom dans votre Carnet d'adresses ou manuellement ou automatiquement.

Pour le faire manuellement, sélectionnez Fichier/Nouveau/Contact dans le menu. Remplissez la fiche qui apparaît, comme dans la Figure 27.9.

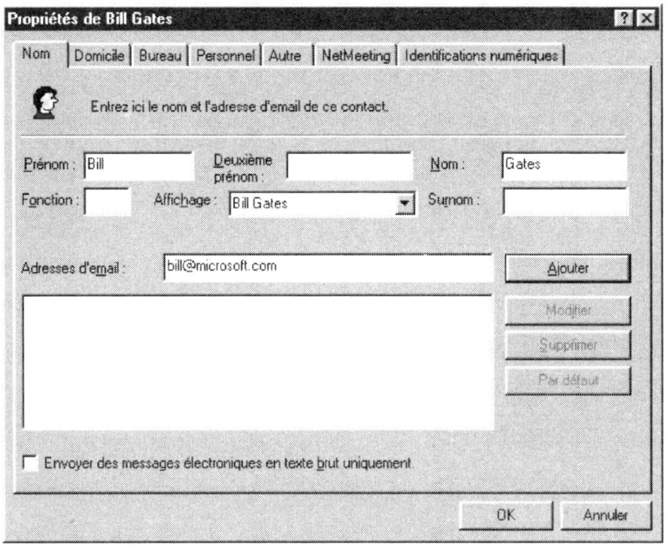

Figure 27.9 : Remplir une fiche dans le Carnet d'adresses.

La boîte de dialogue comporte beaucoup d'onglets et de nombreuses cases. Il n'est pas utile de tout remplir, vous pouvez vous contenter de mentionner les noms, prénoms, surnoms et adresses de vos correspondants.

Le surnom est optionnel, mais très pratique à utiliser à la place du nom entier. Par exemple, il vous suffit de taper **toto** dans la zone d'adresse (le champ A), au lieu de l'adresse complète de votre beau-frère.

Quand vous avez entré les éléments nécessaires, cliquez sur OK.

Pour ajouter un nom de façon automatique, affichez un message envoyé par le correspondant dont vous voulez noter l'adresse. Sélectionnez Outils/ Ajouter l'expéditeur au carnet d'adresses dans le menu. Outlook Express ajoute instantanément cette adresse dans le Carnet.

Cliquez sur l'icône Adresses dans la barre d'outils pour afficher le Carnet d'adresses. A partir de là, vous pouvez le modifier ou le compléter.

Utiliser le Carnet d'adresses lors d'un envoi de message

Le Carnet d'adresses se révèle vraiment pratique au moment où vous écrivez un nouveau message. Lorsque vous êtes dans la fenêtre Nouveau message (voir la section "Composer un nouveau message" plus haut dans ce chapitre), cliquez sur le bouton A. Une fenêtre particulière du Carnet d'adresses apparaît, comme dans la Figure 27.10.

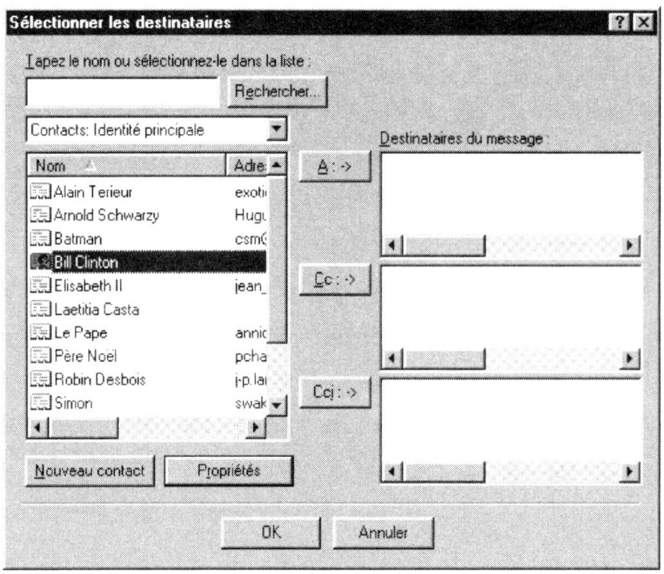

Figure 27.10 : Sélectionnez un nom pour envoyer votre message.

Pour insérer l'adresse d'un correspondant dans le champ A, sélectionnez son nom et cliquez. Faites de même pour les champs Cc et Cci. Pour sélectionner plusieurs adresses à la fois, appuyez sur la touche Ctrl en même temps que vous cliquez pour sélectionner les noms.

Lorsque vous avez terminé, cliquez sur OK, les champs A, Cc et Cci sont automatiquement remplis.

Chapitre 28

Quand les fichiers voyagent

Dans ce chapitre :

Enregistrer le Web.

Trouver des fichiers et des programmes sur l'Internet.

Télécharger un fichier MP3.

Recevoir un document par e-mail.

Envoyer un document par e-mail.

Parcourir un serveur FTP.

La possibilité de recevoir et d'envoyer des fichiers via l'Internet existait déjà au temps d'UNIX (qui n'était pas un Gaulois). Un programme appelé UUCP (UNIX-to-UNIX copy) servait à l'échange de fichiers entre deux ordinateurs UNIX. En ce temps-là, celui qui savait l'utiliser était considéré comme un petit génie.

Aujourd'hui, échanger des fichiers se fait avant tout sur le Web, où vous pouvez récupérer ou "télécharger" un fichier à l'aide d'un simple clic et d'une boîte de dialogue. Les fichiers peuvent aussi être transmis par courrier électronique. On les appelle alors *pièces jointes*. Ce qui concerne les pièces jointes et la manière d'aller pêcher des fichiers sur le Web se trouve dans ce petit chapitre pratique.

Récupérer des logiciels sur l'Internet

L'Internet est un pays de cocagne rempli de joujoux et de friandises, il suffit de vous y rendre et de vous servir. On y trouve des logiciels, des images, des jeux, des animations et toutes sortes de fichiers, de quoi remplir votre PC en quelques clics de souris.

- *Télécharger* signifie le plus souvent recevoir un fichier de l'Internet.
- *Télécharger* signifie également envoyer un fichier vers l'Internet.
- La langue anglaise utilise deux termes distincts que vous trouverez souvent : *download* pour recevoir et *upload* pour envoyer.

Enregistrer une page Web

Pour enregistrer et sauvegarder une page Web, sélectionnez Fichier/ Enregistrer sous dans le menu d'Internet Explorer. La boîte de dialogue Enregistrer la page Web qui apparaît est de type Enregistrer sous.

- Lorsque vous enregistrez une page Web, vous enregistrez en réalité un fichier de type HTML contenant les instructions de mise en forme de cette page Web.
- Avec Internet Explorer, vous pouvez consulter une page Web hors connexion. Vous pouvez également la modifier avec un éditeur de pages Web tel que FrontPage ou avec un traitement de texte.
- Le format HTML est un format de texte, vous pouvez donc voir une page Web avec un simple éditeur comme le Bloc-notes de Windows. Surprise, la page Web a une drôle d'allure dans le Bloc-notes !
- En enregistrant une page Web, vous perdez la plupart des images et photographies qu'elle contient. Si vous souhaitez enregistrer les images, retournez au Chapitre 22.

Enregistrer un extrait de page Web

La plupart des pages Web contiennent du texte. Vous pouvez copier ce texte et le coller dans vos applications.

1. **Sélectionnez le texte à copier.**

   A l'aide de la souris, surlignez la portion de texte qui vous intéresse.

2. **Choisissez Edition/Copier.**

   Ou appuyez sur la combinaison de touches Ctrl+C.

   Le texte est maintenant copié et prêt à être collé.

3. **Démarrez un traitement de texte.**

   Vous pouvez démarrer le Bloc-notes, Wordpad, Word ou tout autre programme de traitement de texte.

4. **Copiez le texte.**

   Choisissez la commande Edition/Coller ou la combinaison de touches Ctrl+V.

5. **Sauvegardez, Imprimez, etc.**

   Le texte en provenance de l'Internet est maintenant dans votre ordinateur. Vous pouvez le modifier, l'imprimer et l'utiliser dans vos programmes.

Récupérer des logiciels sur Internet

Sur l'Internet, vous pouvez également trouver des logiciels. Il y a des programmes à tous les coins du Web, il suffit de les trouver.

Ma méthode préférée pour trouver des logiciels est d'aller sur le site Web Shareware.com. Vous pouvez y rechercher des logiciels de catégories spécifiques pour des systèmes d'exploitation spécifiques. Et ça ne coûte rien ! (Si vous téléchargez des logiciels en shareware, vous êtes censé les payer, mais ça ne coûte rien de les télécharger.) Si vous ne connaissez pas le nom d'un site particulier, effectuez une recherche avec un moteur de recherche ou consultez un site portail (voir Chapitre 26).

Par exemple, supposez que vous vouliez trouver un nouveau jeu de cartes pour Windows. Voici comment le chercher :

1. **Allez voir Shareware.com.**

   Entrez l'adresse suivante dans votre navigateur :

```
http://shareware.com
```

Au bout de quelques instants, la page Web de Shareware.com apparaîtra à l'écran. La Figure 28.1 vous la présente telle qu'elle était quand j'ai écrit ce livre ; elle a peut-être changé depuis.

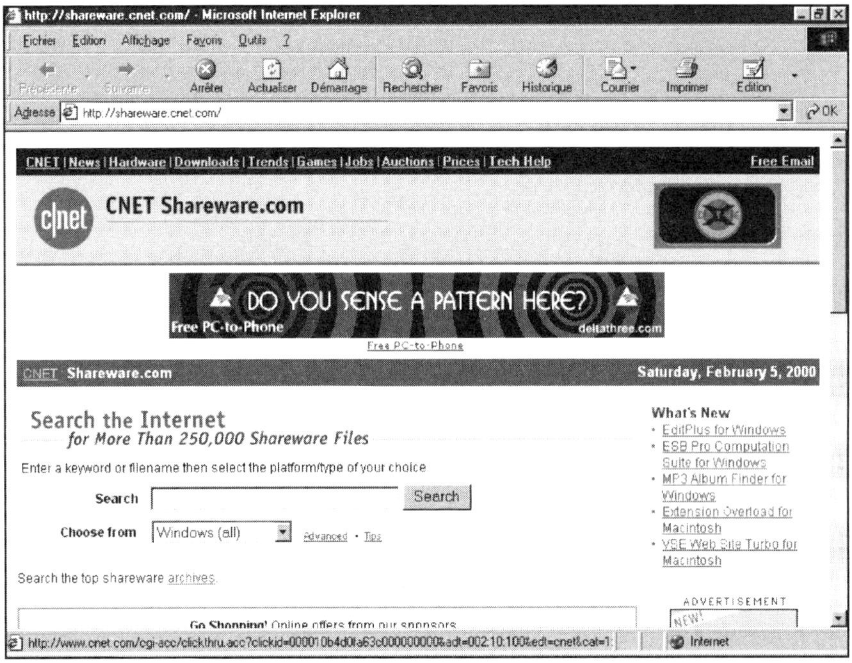

Figure 28.1 : Un coup d'œil sur Shareware.com.

2. **Localisez la zone Quick Search sur l'écran.**

   Utilisez cette zone comme un moteur de recherche. Plus votre requête est précise, plus elle a de chances d'aboutir.

   Dans cet exemple, les mots à inscrire dans cette zone sont *card games* (jeu de cartes).

3. **Choisissez votre système d'exploitation dans la liste déroulante.**

   Choisissez MS-Windows (All) pour rechercher des programmes sous Windows 95 ou Windows 98.

4. **Cliquez sur Search.**

   La recherche peut prendre quelques secondes.

Finalement, vous verrez la page de résultats de la recherche (Search Results). Vous trouverez une liste de programmes que vous pouvez télécharger, ainsi qu'une brève description de chacun d'eux, comme dans la Figure 28.2. Lisez-les toutes !

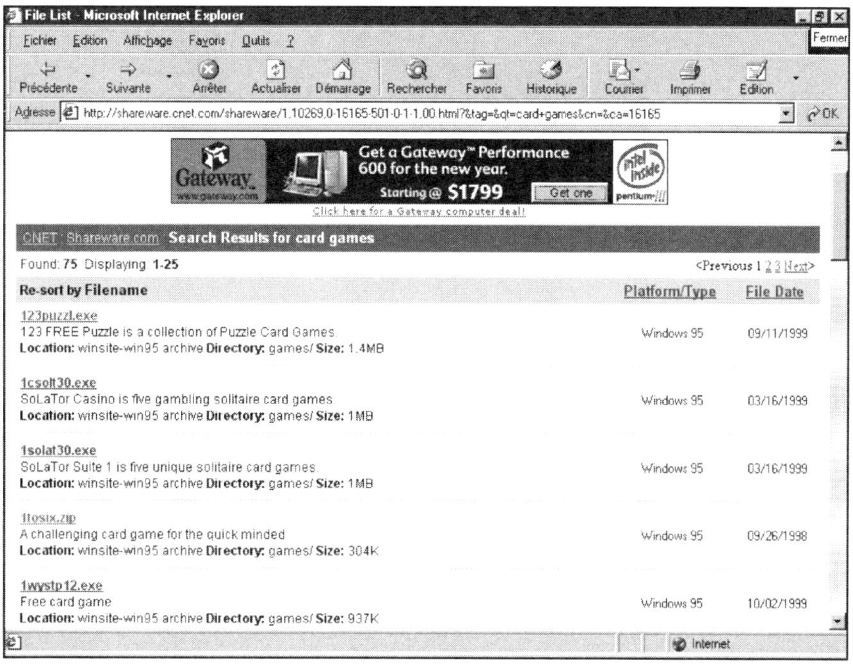

Figure 28.2 : Le résultat de vos recherches sur Shareware.com.

TRUC

Soyez attentif à la taille des fichiers, cela vous donnera une indication sur le temps de téléchargement. A une vitesse de 28 800 bps, le transfert d'un fichier de 500 Ko prend environ 5 minutes.

Si la liste des résultats prend plus d'une page, vous verrez, par exemple, un lien intitulé `NEXT>` en haut de la page. Cliquez dessus pour voir la suite.

5. **Cliquez sur le fichier que vous voulez télécharger.**

   Par exemple, c'est le jeu de whist que vous avez toujours rêvé d'avoir.

   Cliquez sur le lien hypertexte qui désigne le fichier. La page Download (télécharger) apparaît.

Vous pouvez voir des listes de fichiers sur différents ordinateurs d'Internet. Choisissez un lien dans la section Try these sites first (essayez ces sites en premier). Ce sont des sites sûrs ou proches de vous. Il existe aussi un indice de fiabilité (une ou plusieurs étoiles), qui vous indique s'il vaut mieux vous connecter à tel ou tel site.

Si vous avez une erreur FTP ou si le site est occupé, essayez-en un autre.

6. **Téléchargez le fichier.**

Le navigateur peut vous demander ce qu'il doit faire avec le fichier que l'autre ordinateur est en train d'envoyer. Dites-lui de le sauvegarder sur disque.

A partir de là, vous sauvegardez le fichier comme vous le feriez dans n'importe quelle application.

Ne vous déconnectez pas de l'Internet avant que le fichier ne soit complètement envoyé ! Si vous vous déconnectez, vous n'aurez pas le fichier en entier !

Vous pouvez contempler l'écran si vous le souhaitez, mais vous pouvez aussi visiter d'autres sites Web et faire d'autres choses sur l'Internet pendant que le transfert du fichier s'effectue.

7. **Lancez le fichier.**

Après avoir récupéré le fichier, lancez-le : ouvrez son icône. La plupart des fichiers sont des fichiers EXE, c'est-à-dire des programmes. Généralement, en lançant le programme vous démarrez la procédure d'installation.

- Télécharger un programme ne coûte rien. Cependant, si ce programme est un shareware, vous devez le payer si vous l'utilisez.

- *Shareware* : logiciel que vous essayez avant d'acheter. Si vous utilisez ce logiciel, vous devez rémunérer son programmeur. Faites-le. Vous serez récompensé dans une autre vie.

- La plupart des logiciels en shareware que vous téléchargez sont compactés sous format ZIP. Pour les décompacter, il vous faut le programme WinZip. Visitez la page Web de WinZip pour télécharger une version d'évaluation :

```
http://www.winzip.com/
```

Télécharger un fichier MP3

Vous n'avez jamais entendu parler de fichier MP3 ? Il est temps d'amorcer votre retour vers la planète Terre !

Un fichier MP3 est un fichier qui contient du son. La qualité musicale d'un fichier MP3 est proche des standards hi-fi. La taille de ce type de fichier est relativement réduite : environ 1 Mo pour 1 minute de musique enregistrée, c'est-à-dire vingt fois moins qu'un fichier de type .wav par exemple.

Vous pouvez aller chercher des fichiers MP3 à l'adresse suivante :

```
http://www.mp3.com
```

Quand vous avez choisi le fichier que vous souhaitez écouter, cliquez sur le lien pour le télécharger.

Le clic peut provoquer le démarrage de Windows Media Player. Si c'est le cas, fermez Windows Media Player et cliquez sur le lien avec le bouton droit. Un menu apparaît comme celui de la Figure 28.3.

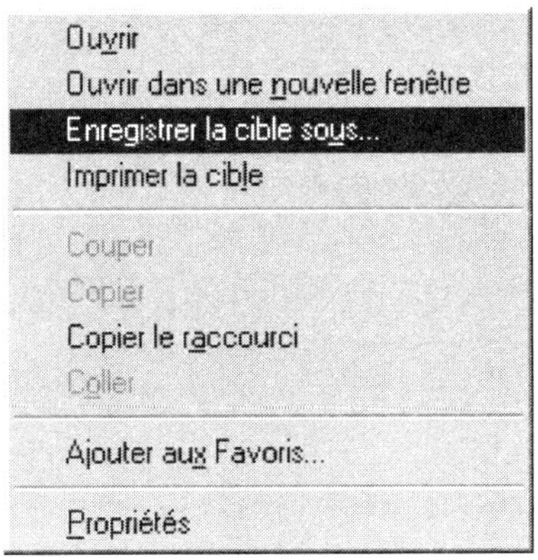

Figure 28.3 : Téléchargement d'un fichier MP 3.

Dans ce menu, sélectionnez Enregistrer la cible sous pour enregistrer le fichier MP3 où vous voulez. C'est le moment de créer un dossier MP3 dans votre dossier Mes Documents par exemple.

Une fois enregistré, vous pouvez l'écouter en faisant un double clic, à condition d'avoir un logiciel qui joue les MP3. La dernière version de Windows Media Player convient tout à fait. Sinon, vous pouvez télécharger un logiciel spécifique sur le site Web MP3.

- Le site Web MP3 (`www.mp3.com`) est un site incontournable pour les amateurs de fichiers MP3.
- Les fichiers MP3 ne sont pas compactés, vous pouvez les lire dès qu'ils sont enregistrés sur votre PC.
- Vous pouvez aussi télécharger des logiciels lecteurs de MP3 sur le site Web MP3.

Puis-je imprimer une image plus grande que l'écran ?

Question : J'ai essayé sans succès d'imprimer un plan de ville trouvé sur une page Web. Le plan est trop grand pour s'afficher en une seule fois sur l'écran. Comment puis-je faire pour imprimer la totalité du plan ?

Réponse : Double-cliquez sur le plan pour le sauvegarder sur disque. Ensuite, utilisez un logiciel de graphisme comme Imaging fourni avec Windows. Le logiciel vous permet soit d'imprimer le plan en utilisant plusieurs feuilles, soit de réduire la taille de l'image pour l'imprimer en une seule fois.

Mais oui, c'est une pièce jointe !

Envoyer et recevoir des fichiers joints est utile et amusant. C'est un bon moyen pour échanger des documents. Utilisez par exemple votre scanner pour numériser la dernière photo de vos enfants, sauvegardez-la sous forme de fichier JPEG, et envoyez-la par e-mail à grand-mère. Quelques minutes plus tard, grand-mère pourra s'extasier sur les frimousses de ses petits-enfants, à condition qu'elle ait lu ce livre.

- Reportez-vous au Chapitre 27 pour les informations essentielles sur l'utilisation du courrier électronique.
- Il arrivera que quelqu'un vous envoie un fichier que votre PC ne pourra pas traiter, un fichier dont le format lui est inconnu. Dans ce cas, si vous connaissez l'expéditeur, demandez-lui d'envoyer le fichier dans un format différent.

- Méfiez-vous des fichiers de programme d'origine inconnue. Contrairement à un simple e-mail, un programme peut contenir un virus et infecter votre PC. N'ouvrez pas les pièces jointes envoyées par des inconnus. Supprimez simplement les courriers qui les contiennent, et tout ira bien.
- Pour ma part, je refuse tout programme joint à un e-mail de provenance inconnue.
- Vous pouvez joindre plusieurs fichiers à un même e-mail.
- Plutôt que d'envoyer plusieurs petits fichiers joints, réunissez-les sous forme d'archives ZIP avec le programme WinZip.
- Attendez que votre message soit parti avant de déplacer ou de supprimer un fichier joint, en particulier si vous avez l'habitude de déposer vos e-mails dans la boîte d'envoi avant de les expédier.

Récupérer une pièce jointe avec Outlook Express

Dans Outlook Express, suivez le trombone (dessin en marge). Le trombone dans la fenêtre supérieure vous indique que le courrier contient une ou plusieurs pièces jointes.

Quand vous lisez le message dans la fenêtre inférieure, un autre trombone apparaît en haut à droite de la fenêtre. Cliquez dessus pour afficher la liste des documents joints, comme ci-dessous :

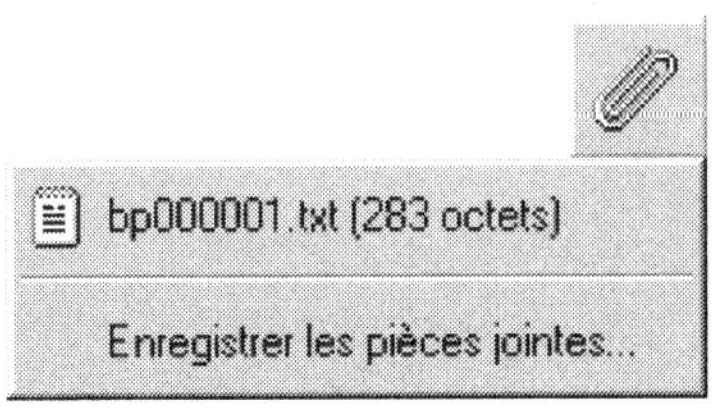

Un fichier texte est joint au message. En le sélectionnant dans ce petit menu, il est possible de le lire ou de choisir un emplacement pour le sauvegarder.

Pour sauvegarder un fichier joint, sélectionnez Enregistrer les pièces jointes dans ce même menu. La boîte de dialogue de la Figure 28.4 apparaît.

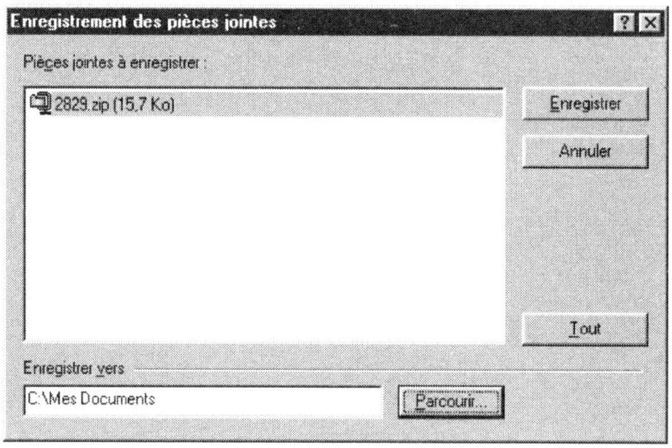

Figure 28.4 : Sauvegarder une pièce jointe avec Outlook Express.

Remarquez la zone Enregistrer vers en bas de la boîte de dialogue. Utilisez le bouton Parcourir pour choisir votre emplacement préféré.

Cliquez sur le bouton Enregistrer.

Souvenez-vous de l'emplacement où vous avez enregistré le fichier !

Et voilà ! le document joint est sauvegardé. Vous pouvez maintenant répondre au message ou le supprimer.

Envoyer un fichier joint avec Outlook Express

Vous l'aviez deviné, on clique sur le trombone.

Commencez par composer un nouveau message ou bien répondez à un correspondant (allez au Chapitre 27 si vous avez besoin d'en savoir plus). Une fois le message rédigé, cliquez sur l'icône du trombone ou choisissez Insertion/Pièce jointe dans le menu.

Recherchez le fichier en parcourant les dossiers dans la boîte de dialogue Insérer une pièce jointe. Sélectionnez le fichier et cliquez sur Joindre.

Le fichier joint apparaît sous la forme d'une icône au bas du message. Pour envoyer le message et son fichier joint, cliquez sur le bouton Envoi. Voilà, c'est parti !

- Vérifiez que les destinataires disposent des applications leur permettant de lire le type de fichiers que vous leur envoyez.

- Envoyez des images au format JPEG ou GIF. Sous un autre format (voyez au Chapitre 22), le fichier image est si grand qu'il faut un temps infini pour l'envoyer *et* le recevoir.

Le monde FTP

L'échange de fichiers sur l'Internet se fait depuis longtemps grâce à un programme appelé FTP, *File Tranfer Protocol.*

Le programme FTP est simple. Pour recevoir des fichiers, vous utilisez FTP via votre navigateur, et la façon de procéder vous est familière.

En revanche, l'envoi des fichiers est une opération plus complexe. Un petit paragraphe y fait allusion à la fin du chapitre.

FTP sert surtout à récupérer des fichiers qui sont stockés dans de grandes bibliothèques virtuelles, ou serveurs FTP, quelque part sur l'Internet.

Parcourir un site FTP

Lorsque votre navigateur arrive sur un site FTP, il se comporte comme l'Explorateur de votre disque dur. La seule différence c'est que les dossiers et les fichiers se trouvent sur l'Internet et non sur votre disque.

Pour visiter le serveur Simtel, suivez ces quelques étapes :

1. **Entrez l'adresse :** `ftp://ftp.simtel.net/`.

   Entrez cette adresse dans la barre d'adresse d'Internet Explorer. Tapez exactement ceci : **ftp**, deux-points, deux barres obliques, **ftp**, point, **simtel**, point, **net**, une barre oblique.

   La commande `ftp://` est analogue à la commande `http://`, elle désigne un site Internet de type serveur FTP. Dans ce cas, il s'agit du serveur Simtel.

   Le site FTP s'affiche dans Internet Explorer comme vous le montre la Figure 28.5. Cela vous rappelle l'Explorateur de Windows, n'est-ce pas ?

   Si vous possédez une version antérieure à la version 5 d'Internet Explorer ou si vous utilisez un autre navigateur, vous verrez plutôt une liste de fichiers.

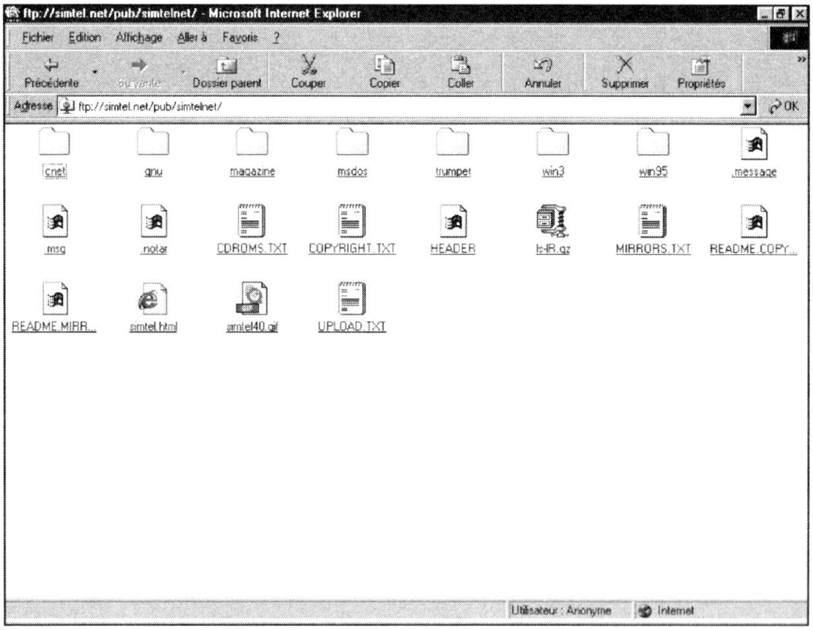

Figure 28.5 : Un serveur FTP vu avec Internet Explorer (version 5).

2. **Ouvrez le dossier pub.**

   Double-cliquez dessus pour afficher son contenu.

3. **Ouvrez le dossier simtelnet.**

4. **Ouvrez le dossier win95.**

   Vous êtes maintenant sur la partie Windows 95/98 du serveur Simtel. Vous y voyez une liste de dossiers qui contiennent chacun une certaine catégorie de fichiers.

5. **Ouvrez le dossier cursors.**

   Dans le dossier cursors, se trouvent des fichiers pour modifier et égayer le pointeur de votre souris.

00_index.txt

   La plupart des serveurs FTP contiennent sous forme d'index une description de tous les fichiers. Cherchez le fichier index, ici en marge, il s'appelle 00_index.txt.

   Remarquez aussi les autres types de fichiers. La plupart sont des archives ZIP, d'autres sont des fichiers sonores, des polices d'impression ou bien des programmes.

6. **Ouvrez le fichier index.**

   Double-cliquez pour l'ouvrir et lire les informations qu'il contient.

   Consultez la liste pour savoir si l'un des fichiers vous intéresse.

   Soyez attentif à la taille du fichier pour éviter des temps de téléchargement trop importants.

7. **Téléchargez un fichier.**

   Lorsque vous avez trouvé un fichier qui vous intéresse, ouvrez-le en double-cliquant. La boîte de dialogue Téléchargement de fichier apparaît comme dans la Figure 28.6.

   Sélectionnez l'option Enregistrer ce fichier sur le disque (comme sur la Figure 28.6) et cliquez sur OK. Ensuite, utilisez la boîte de dialogue Enregistrer sous pour choisir la destination du fichier téléchargé.

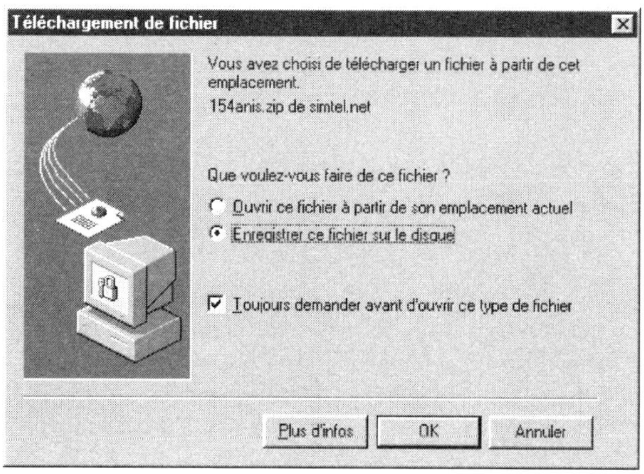

Figure 28.6 : Télécharger un fichier.

Vous pouvez continuer à consulter la liste des fichiers du serveur FTP pendant que le téléchargement s'effectue. Vous pouvez également visiter des sites Web ou lire votre courrier électronique.

Les serveurs FTP sont nombreux. Vous en trouverez une liste sur le site Web suivant :

```
http://hoohoo.ncsa.edu/ftp/
```

- N'oubliez pas de consulter l'index des fichiers disponibles sur le serveur FTP. Certains sites serveurs n'ont pas de fichier index.
- Sur Simtel, le dossier compress (/pub/simtelnet/win95/compress) contient la dernière version du programme WinZip.

Quelques mots sur les programmes FTP

Avec votre navigateur, vous pouvez recevoir des fichiers en provenance d'un serveur FTP, mais vous ne pouvez pas effectuer l'opération inverse. Si vous voulez envoyer un fichier au serveur, il vous faut un programme spécialement dédié au téléchargement vers le FTP.

Le mode FTP vous permet de télécharger des fichiers à destination d'un site Internet.

Windows est fourni avec un programme FTP appelé… FTP. C'est en réalité une commande DOS héritière du programme UNIX original. En aucune façon je ne conseillerai l'utilisation de ce programme, même à mon pire ennemi.

Je recommanderai plutôt l'utilisation d'un programme appelé CuteFTP. C'est un shareware que vous pouvez vous procurer sur le site `http://www.cuteftp.com`. J'utilise personnellement ce programme pour télécharger des documents vers mes pages Web.

Chapitre 29

Encore un peu d'Internet

Dans ce chapitre :

Parcourir les groupes de discussion.

Utiliser les comptes courrier du Web.

Bavarder en ligne.

Créer votre site Web personnel.

Encore un tout petit peu d'Internet.

Ce chapitre aussi est consacré à l'Internet, car, pour compléter notre tour d'horizon de ce vaste sujet, il nous reste à découvrir quelques activités supplémentaires qui font le bonheur de beaucoup d'internautes.

Les groupes de discussion (Usenet)

Les groupes de discussion sont des forums publics. Pour désigner ces groupes, vous trouverez souvent les termes *forums de discussion* ou *newsgroups*. Aux premiers jours de l'Internet, les groupes de discussion servaient de centre d'échange à la communauté scientifique internationale. Aujourd'hui, il existe des forums sur n'importe quel sujet, du plus grave au plus futile, et chacun peut s'y informer ou y mettre son grain de sel.

Les sections suivantes vous donnent un bref aperçu de l'univers des groupes de discussion.

- De nombreux programmes permettent de parcourir les forums. Dans ce chapitre, nous verrons comment procéder avec Outlook Express.

- Les habitués utilisent simplement le mot "news" pour parler des forums.
- Un groupe de discussion ressemble à un échange public de courrier électronique. Vous pouvez lire les messages de chaque participant et en envoyer si vous le désirez.

Parcourir les forums avec Outlook Express

Les groupes de discussion sont accessibles par l'intermédiaire de serveurs spécialisés. Ces serveurs sont des ordinateurs ou des programmes qui distribuent les messages qui composent les divers forums.

Si votre fournisseur d'accès à l'Internet dispose d'un serveur de news, il figure probablement déjà dans la liste des groupes de discussion d'Outlook Express.

La Figure 29.1 montre le serveur `news.club-internet.fr` qui est le serveur du fournisseur d'accès Club Internet.

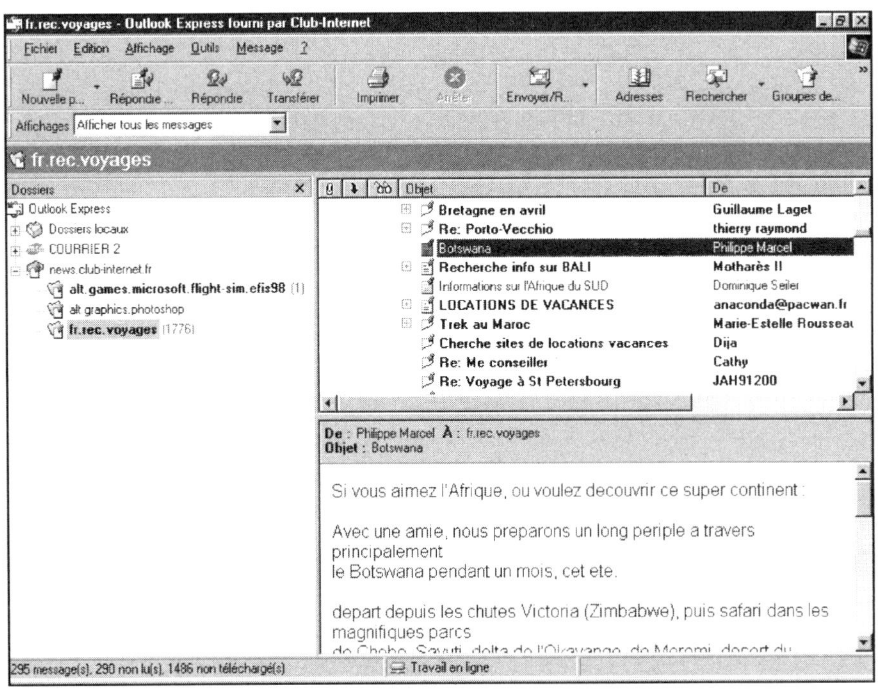

Figure 29.1 : Outlook Express lit les messages d'un groupe de discussion.

Sous le nom du serveur, se trouve la liste des groupes de discussion auxquels je suis abonné. Ici, il y en a trois, mais les forums disponibles se comptent par milliers.

En haut à droite de la fenêtre, Outlook Express affiche la liste des messages, ou *articles*, en provenance du groupe. Pour lire un article, il suffit de cliquer dessus et le texte apparaît en bas à droite de la fenêtre.

Avant de pouvoir lire les messages d'un forum, il faut s'y abonner, c'est une simple formalité. Cliquez sur le nom du serveur de news dans la liste des dossiers. La fenêtre de synchronisation s'ouvre dans la partie droite d'Outlook Express. Cliquez sur le bouton Groupes de discussion. Dans la fenêtre qui apparaît, vous pouvez choisir un forum et vous y abonner.

- Pour envoyer un message à un groupe de discussion, on dit aussi *poster*, cliquez sur le bouton Nouveau message. La procédure est indentique à celle de l'envoi d'un e-mail, mais le message est envoyé dans un forum où tout le monde peut le lire.

- Pour répondre à un message, cliquez sur le bouton Répondre au groupe.

- Pour répondre à l'auteur du message, cliquez sur le bouton Répondre à l'expéditeur.
- Vous pouvez lire les messages, mais n'êtes pas obligé d'y répondre.

- Vous pouvez faire suivre un message en utilisant le bouton Transférer.
- Poster un article peut provoquer un afflux de *spam* (courrier publicitaire, chaînes, propositions diverses, etc.).

- Parents, attention ! certains groupes de discussion sont à réserver à un public averti. Langage et images obscènes peuvent heurter vos enfants.
- Vous pouvez envoyer et recevoir des pièces jointes, comme vous le faites avec vos e-mails.

- Parmi les pièces jointes, méfiez-vous des programmes, ils peuvent contenir des virus. Pas de problème en ce qui concerne les images, les sons, la musique.

Trouver des groupes de discussion sur le Web

Si votre fournisseur d'accès ne propose pas de serveur de news ou si vous n'y trouvez pas le groupe de discussion qui vous intéresse, ne vous inquiétez pas, des milliers de forums sont disponibles sur le Web. Pour vous aider à chercher, deux sites s'imposent :

```
http://www.deja.com
http://news.voila.fr
```

Ces deux sites Web vous permettent de rechercher des groupes de discussion consacrés à des thèmes particuliers, et à l'intérieur des groupes de parcourir la liste des articles.

La Figure 29.2 montre le site Voilà News où vous pouvez explorer l'ensemble des forums francophones. Déjà.com vous donne accès aux groupes de news du monde entier.

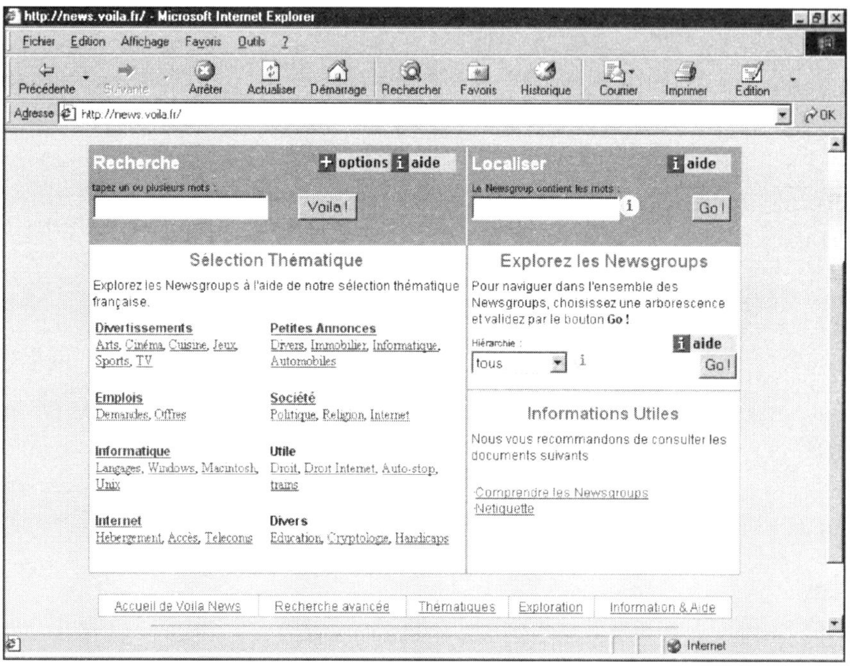

Figure 29.2 : A la recherche de forums dans Voilà News.

La Figure 29.3 montre le résultat d'une recherche dans Voilà News. En cliquant de lien en lien, vous affichez le message qui vous intéresse.

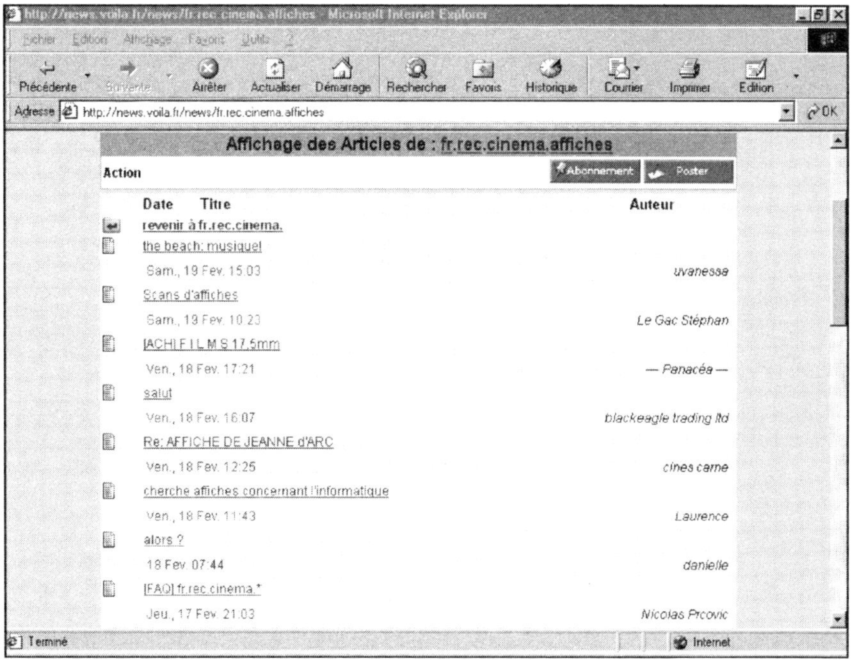

Figure 29.3 : Lire les articles sur Voilà News.

- La plupart des moteurs de recherche et des sites portails proposent également des listes de groupes de discussion.

- Vous pouvez poster des articles ou répondre aux messages via le Web comme vous le faites avec Outlook Express.

Les comptes courrier du Web

Vous pouvez avoir une ou plusieurs boîtes aux lettres et les consulter en vous connectant au Web. Vous pouvez faire toutes les opérations habituelles d'une messagerie électronique. Vous ne pouvez pas utiliser un programme tel qu'Outlook Express, vous devez être en ligne pour pouvoir lire et écrire vos messages. La Figure 29.4 montre un compte courrier ouvert chez Yahoo!.

- Les fournisseurs de comptes courrier sont nombreux, en voici quelques-uns :

  Voilà : `http://mail.voila.fr`.

  Yahoo : `http://fr.yahoo.com`.

Hotmail : `http://msn.com`.

Caramail : `http://www.caramail.com`.

Vous trouverez d'autres fournisseurs en consultant les divers sites portails et les moteurs de recherche du Web.

- Vous pouvez accéder à votre boîte aux lettres partout où il est possible de se connecter au Web. N'importe où et sur n'importe quel ordinateur.

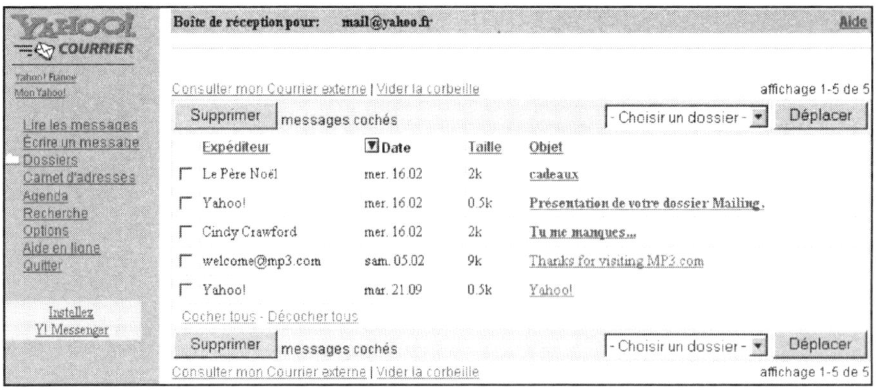

Figure 29.4 : Une boîte aux lettres chez Yahoo!.

Bavarder en ligne

Un des aspects les plus fascinants de l'Internet concerne la communication en ligne, dans des points de rencontre virtuels où vous pouvez bavarder en direct avec plusieurs interlocuteurs à la fois.

Il existe différents sites de dialogue interactif sur des sujets ou événements variés, des plus sérieux aux plus futiles en passant par l'inévitable "drague" en ligne.

Dans Windows 95/98, il n'y a pas de programme de conversation en ligne. Vous pouvez en télécharger sur l'Internet. Vous pouvez également accéder sans programme particulier aux salons de rencontre de votre fournisseur d'accès ou de votre portail préféré comme la rubrique "Tchatche" de Yahoo!.

- La conversation en ligne est aussi appelée `IRC` (`Internet Relay Chat`).

- Un IRC est un salon virtuel dans lequel des personnes dialoguent en direct. Lorsque vous visitez un site IRC, vous pouvez voir la liste et les thèmes de ces salons et rejoindre les participants si vous le souhaitez.

- L'un des programmes de conversation les plus répandus est ICQ (prononcer *I seek you*, je te cherche). Vous pouvez le télécharger à l'adresse `www.icq.com`.

- Les groupes de dialogue vous prouveront très rapidement que la plupart des internautes sont nuls en orthographe.

Créer votre site personnel

Il existe beaucoup d'ouvrages entièrement consacrés à la création de sites Web - ici je serai bref et un peu technique :

Il vous faut un hébergement. Avant tout votre site doit résider dans un espace plus ou moins grand au sein du Web. Cet espace, ou hébergement, vous est généralement proposé par votre fournisseur d'accès, mais aussi, et gratuitement, par des fournisseurs spécialisés comme Multimania, Geocities ou Tripod.

Concrètement, l'hébergement est un sous-répertoire (un dossier) du répertoire qui vous est réservé dans le serveur de votre fournisseur d'accès. Tous les utilisateurs de l'Internet peuvent accéder à ce dossier.

Créer le site Web. Pour réaliser les pages qui constituent votre site il vous faut un logiciel spécialisé. Windows est livré avec une version limitée de Front Page de Microsoft.

Transférer votre site. Lorsque votre site Web est terminé, il faut le transférer chez votre hébergeur. Il faut pour cela utiliser un outil spécifique appelé *client FTP*. Parmi ces clients FTP, je vous conseille le programme CuteFTP ou FTP Expert qui fonctionnent de manière assez conviviale. Si vous êtes assez téméraire pour essayer l'outil FTP de Windows, suivez les instructions dans l'encadré ci-dessous.

Référencer votre site. Si vous désirez que votre site soit vu par un grand nombre de visiteurs, il faut le faire connaître. Pour cela, vous pouvez l'inscrire dans les annuaires et les moteurs de recherche du Web en remplissant leurs formulaires.

Lisez ces instructions sur FTP si vous osez !

Le programme FTP livré avec Windows est loin d'être convivial. Voici quelles sont les commandes pour transférer les pages de votre site vers votre fournisseur d'accès :

1. **Depuis le menu Démarrer, choisissez Exécuter.**
2. **Entrez FTP et cliquez sur OK.**

   Une fenêtre DOS apparaît avec la ligne de commande `ftp>`.
3. **Entrez la commande open suivie du nom de domaine de votre fournisseur d'accès.**

   Par exemple :

   ```
   ftp>open ftp.club-internet.fr
   ```
4. **Cette commande ouvre la connexion à votre fournisseur d'accès.**
5. **Tapez** `cd public_html`.

   Cette commande vous place dans l'espace réservé à votre site Web.
6. **Entrez** `put` **suivi du chemin d'accès complet du fichier que vous souhaitez transférer.**

   Par exemple, si INDEX.HTML réside sur votre disque dur dans le dossier c:\mes documents\Pages Web, il faut taper :

   ```
   put "c:\mes documents\Pages Web\index.html"
   ```

   Cela place votre fichier chez votre fournisseur d'accès dans le dossier accessible aux internautes.
7. **Pour quitter FTP, tapez la commande quit.**

Encore un tout petit peu d'Internet

Gopher. Gopher est un ancien système de recherche sur l'Internet, permettant de naviguer sur un réseau de serveurs qui présentent leurs informations sous forme de menus. Bien que balayé par le Web, Gopher contient encore une foule d'informations utiles sous forme de textes. Vous pouvez y accéder avec votre navigateur. Les adresses des sites Gopher commencent par `gopher://`. Les moteurs de recherche vous permettent de trouver ces sites.

Les listes de diffusion. En vous abonnant à une liste de diffusion, vous pouvez échanger des messages avec des correspondants qui partagent le même intérêt que vous sur un thème particulier. La liste de diffusion diffère du forum de discussion par le fait qu'un exemplaire de chaque article est systématiquement expédié à chacun des abonnés. Vous pouvez trouver des listes de diffusion francophones à l'adresse suivante : `http://www.cru.fr/listes` ou encore sur les sites portails.

Telnet. Il me faut évoquer Telnet parce que Windows met un programme Telnet à votre disposition. En gros, Telnet permet la connexion avec un ordinateur UNIX, lui-même connecté à Internet. Connaissez-vous UNIX ? Si oui, vous utilisez probablement Telnet, et savez déjà comment ça marche. Sinon, il vaut mieux en rester là, croyez-moi.

Sixième partie

Rien ne va plus !

"Ouais, avant de faire de l'informatique, j'installais des frigos et des machines à laver. Comment vous le savez ?"

Dans cette partie...

"J'étais là, assis tranquillement à m'occuper de mes propres affaires, quand soudain - sans aucune raison apparente - l'ordinateur s'est bloqué. Qu'est-ce que j'ai bien pu faire ?"

Les propriétaires d'ordinateur ont toujours tendance à culpabiliser lorsque leur PC tombe en panne. Ils pensent que c'est leur faute, qu'ils ont fait quelque chose de mal, que d'une certaine façon ils ont heurté la sensibilité de leur capricieuse machine. Faux ! Les ordinateurs se détraquent toujours pour un rien. Ne prenez pas leurs insuffisances pour des erreurs de votre part. Reportez-vous plutôt aux chapitres de cette partie pour quelques remèdes à appliquer lorsque votre ordinateur "se bloque" et ne veut plus rien entendre.

Chapitre 30

Quelques problèmes courants (et leurs remèdes)

Dans ce chapitre :

Vérifier votre système.

Se débarrasser d'un programme moribond.

Relancer la machine pour rétablir le bon fonctionnement.

Utiliser le Mode sans échec.

Contrôler le Gestionnaire de périphériques.

Créer une disquette de démarrage.

"Heureux les innocents" n'est pas un adage qui s'applique aux utilisateurs d'un ordinateur. Plus vous en saurez, mieux vous arriverez à résoudre ces problèmes qui surgissent tout à coup, sans aucune raison apparente, et qui hantent même les pros de l'informatique. En un mot comme en cent : quand votre ordinateur vous laisse en plan.

Quelles que soient les causes de la panne, vous devez mobiliser toute votre énergie pour y faire face.

Ce chapitre n'apporte pas toutes les réponses à toutes les questions. Ce livre n'y suffirait pas. En revanche, il décrit diverses situations de crise, les plus courantes, et vous explique la bonne marche à suivre pour récupérer le contrôle de la machine.

Alerte, stoppez les machines !

Si le comportement de votre ordinateur vous semble anormal, ARRETEZ TOUT !

- Chaque fois qu'un programme cesse de fonctionner ou fonctionne de manière anormale, essayez de sauvegarder le travail en cours et arrêtez l'ordinateur. Redémarrez. La plupart du temps, cela suffit à remettre les choses en ordre.
- N'essayez pas de continuer à travailler ou à jouer malgré tout. Ce serait insensé.
- Si c'est votre disque dur qui sème le trouble, essayez de sauvegarder vos fichiers sur ce disque, mais faites également un Enregistrer sous vers un autre disque dur, une disquette ou un disque externe.
- Les programmes qui ne répondent plus n'ont pas disparu. Ils sont toujours en mémoire. Il faut redémarrer le PC pour les récupérer.

Ce qu'il faut vérifier

Dès qu'un ordinateur semble se détraquer, quelques vérifications élémentaires s'imposent.

Vérifiez le matériel

Vérifiez que les câbles sont bien branchés. Le moniteur, l'imprimante ou le modem, sont-ils correctement connectés ?

Les câbles d'imprimante et de moniteur ont la fâcheuse habitude de sortir de leur connexion. A vérifier en priorité.

Idem pour les câbles du clavier et de la souris.

Pour le modem, vérifiez que le câble allant à la prise de courant est connecté à la bonne broche (il y en a deux), côté modem.

De quoi avez-vous le contrôle ?

Lorsqu'un programme ne fonctionne pas correctement, vous pouvez recevoir un message d'erreur ou bien vous constatez que l'ordinateur ne répond plus. Dans ce cas, savez-vous ce que vous pouvez encore maîtriser dans votre PC ?

Le pointeur de la souris bouge encore ? Bien. Sinon, essayez le clavier. Pour être sûr que le clavier fonctionne, essayez d'afficher le menu Démarrer de Windows : appuyez sur Ctrl+Echap. Après, appuyez sur la touche Echap pour fermer le menu.

Il se peut que Windows mette longtemps à répondre. La vitesse d'exécution du processeur peut être affectée par le dysfonctionnement du programme.

La souris et le clavier ne répondent plus. Dans ce cas, il ne vous reste plus qu'à éteindre le PC et à le relancer. Reportez-vous au Chapitre 2.

Se débarrasser du programme défaillant

Bonne nouvelle, Windows peut continuer à fonctionner même quand un programme ne répond plus. La souris est toujours là, et vous pouvez continuer à travailler sur d'autres programmes. Quant au programme défaillant, vous pouvez facilement vous en débarrasser. Voici comment :

1. **Appuyez sur la combinaison de touches Ctrl+Alt+Suppr.**

   La fenêtre Fermer le programme apparaît (voir Figure 30.1).

Figure 30.1 : La fenêtre Fermer le programme.

2. **Repérez le programme défaillant.**

   Le programme défaillant est repérable grâce à la mention *pas de réponse* qui apparaît entre parenthèses.

   Cliquez sur le nom de ce programme.

   S'il y a plus d'un seul programme à fermer, répétez l'opération.

3. **Cliquez sur le bouton Fin de tâche.**

   Le programme est fermé.

Ne vous trompez pas. Cliquez bien sur le bouton Fin de tâche, et pas sur le bouton Arrêter. En cliquant sur Arrêter vous fermeriez Windows, alors que votre intention est de fermer un programme, pas tous les programmes.

Maintenant que le programme est fermé, il devrait avoir disparu de votre écran.

Il se pourrait bien que vous ayez à sauvegarder votre travail et à fermer tous les programmes, puis à relancer le PC. Mais ce n'est pas toujours nécessaire.

Réinitialiser pour régler le problème

Relancer la machine est parfois la meilleure solution pour réparer une anomalie de programme. Si la souris ne répond plus, relancez. Si le programme est figé, relancez, même si vous avez réussi à le fermer.

Reportez-vous au Chapitre 2 pour savoir comment bien relancer l'ordinateur. Lorsque le PC aura redémarré, le problème aura probablement été "automagiquement" réglé.

- Vous pouvez relancer l'ordinateur proprement en utilisant la boîte de dialogue Arrêt de Windows. Sinon, utilisez le bouton Reset ou le bouton marche/arrêt (voir le Chapitre 2).

- Pourquoi le redémarrage règle-t-il le problème ? Je n'en sais fichtre rien. J'imagine que l'ordinateur est fatigué et qu'il a besoin d'un coup de fouet pour se réveiller.

Contrôler le disque dur

Après un redémarrage, lancez le programme Scandisk. Ce programme recherche d'éventuelles erreurs sur votre disque dur, et s'assure que le lecteur fonctionne correctement.

Pour lancer Scandisk, suivez les étapes suivantes :

1. **Démarrez Scandisk.**

   Depuis le menu Démarrer, sélectionnez Programmes/ Accessoires/ Outils système/Scandisk. La fenêtre de Scandisk apparaît comme dans la Figure 30.2.

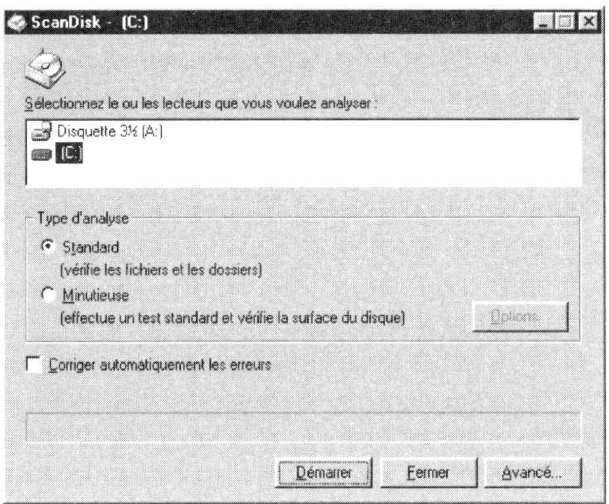

Figure 30.2 : Scandisk scrute le disque dur.

2. **Sélectionnez le lecteur à vérifier.**

   Vous pouvez sélectionner tous les lecteurs de disque dur de votre système - D, E, F etc. - C'est une excellente idée. (Il est inutile de vérifier le lecteur de disquettes ou les lecteurs amovibles.)

3. **Choisissez l'option Standard.**

   Si vous avez de réelles raisons de douter de votre disque dur, alors choisissez l'option Minutieuse.

4. **Cliquez sur le bouton Démarrer.**

   Si Scandisk détecte des erreurs, suivez ses instructions pour les corriger.

Lorsque le disque a été vérifié et les erreurs corrigées, fermez Scandisk.

- Si vous ne savez pas que choisir lorsque Scandisk vous propose plusieurs solutions pour corriger une erreur, contentez-vous d'accepter celle sélectionnée par défaut. (Vous pouvez éviter de choisir en cochant la case Corriger automatiquement les erreurs, comme dans la Figure 30.2.)

- Scandisk n'est pas la panacée. Si votre disque dur est défectueux, il est possible que Scandisk ne puisse même pas démarrer. Votre PC a besoin d'une visite chez un spécialiste, reportez-vous au Chapitre 31.

- Lancez Scandisk au moins une fois par semaine. Vous trouverez dans Windows 98 un planificateur de tâches qui le lancera automatiquement. Tous les manuels consacrés à Windows 98 vous expliqueront comment faire.

Le Mode sans échec

Vous pouvez démarrer Windows en cas de problème grâce au mode sans échec. Doit-on en déduire que le mode normal est systématiquement voué à l'échec ? Voilà une question que je me garderai bien de poser. L'essentiel est que ce mode, vous sort de bien des situations périlleuses.

Démarrer en toute sécurité

Parfois Windows refuse de démarrer. Cela arrive souvent lorsque, par exemple, vous avez malencontreusement modifié les paramètres d'affichage. La seule solution pour rétablir les bons paramètres est de démarrer en Mode sans échec.

Démarrez ou redémarrez votre ordinateur de façon habituelle. Au cours du démarrage de Windows, maintenez la touche Ctrl enfoncée (sur certains PC, il s'agit de la touche F8) pour afficher un menu particulier :

Mettez l'option Mode sans échec en surbrillance et appuyez sur la touche Entrée.

Windows démarre en ne chargeant que les fichiers nécessaires à un fonctionnement minimal. Windows s'affiche en mode basse résolution (écran 600 x 480 en 16 couleurs) avec les mots *Mode sans échec* écrits aux quatre coins de l'écran.

```
Menu de démarrage de Microsoft Windows 98
       1.   Normal
       2.   Journal (\BOOTLOG.TXT)
       3.   Mode sans échec
       4.   Confirmation pas-à-pas
       5.   Invite MS-DOS seulement
       6.   Invite MS-DOS en mode sans échec seulement
       7.   Version précédente de MS-DOS
Entrez un choix :
```

Maintenant, vous devriez pouvoir corriger le problème. Lisez la boîte de dialogue A propos du mode diagnostic et du Panneau de configuration afin de rétablir les paramètres corrects.

NOTE TECHNIQUE

Redémarrer normalement

Si votre ordinateur semble être bloqué en mode *diagnostic*, vous devez revenir au mode normal de façon manuelle. Voici comment :

1. **Sélectionnez la commande Exécuter dans le menu Démarrer.**

2. **Dans la boîte de dialogue Exécuter, tapez MSCONFIG et appuyez sur la touche Entrée.**

   La boîte de dialogue Utilitaire de configuration système apparaît.

3. **Cliquez sur l'onglet Général et assurez-vous que l'option Démarrage normal est cochée.**

   Cette option assure le démarrage normal de Windows avec tous les pilotes disponibles. Si l'option Démarrage diagnostic était cochée, là se trouve peut-être l'origine du problème.

4. **Cliquez sur OK. Votre ordinateur devrait démarrer normalement, ou alors le problème est ailleurs.**

Notez que vous pouvez vous servir de l'Utilitaire de configuration système pour désactiver le lancement systématique d'un programme lors du démarrage de l'ordinateur. Je vous conseille d'utiliser cette option avec précaution.

Quand Windows démarre automatiquement en Mode sans échec

En cas de problème, Windows peut démarrer automatiquement en Mode sans échec. Pas de panique ! Windows a détecté une anomalie du système et a démarré en Mode sans échec afin de vous aider à réparer.

- Windows peut démarrer en Mode sans échec après l'installation d'un nouveau matériel. Cela signifie probablement que le logiciel (pilote) qui gère ce matériel ne fonctionne pas correctement. Désinstallez-le et relancez l'ordinateur. Contactez le revendeur ou le fabricant pour obtenir le bon pilote.

- Reportez-vous à la section ci-dessous pour connaître certaines causes du démarrage en Mode sans échec.

Repérer les conflits matériels

Ce que vous pouvez vérifier quand Windows démarre en Mode sans échec, c'est le Gestionnaire de périphériques.

Le Gestionnaire de périphériques

Pour accéder au Gestionnaire de périphériques, cliquez avec le bouton droit sur l'icône Poste de Travail. Sélectionnez Propriétés dans le menu qui apparaît. Dans la boîte de dialogue Propriétés Système, cliquez sur l'onglet Gestionnaire de périphériques. Ce qui s'affiche ressemble à la Figure 30.3.

S'il existe des conflits matériels, ils sont signalés par un petit point d'exclamation dans un rond jaune :

Cliquez sur le matériel désigné par le point d'exclamation pour le sélectionner, puis sur le bouton Propriétés. Au centre, dans le cadre Etat du périphérique, apparaît une explication du problème.

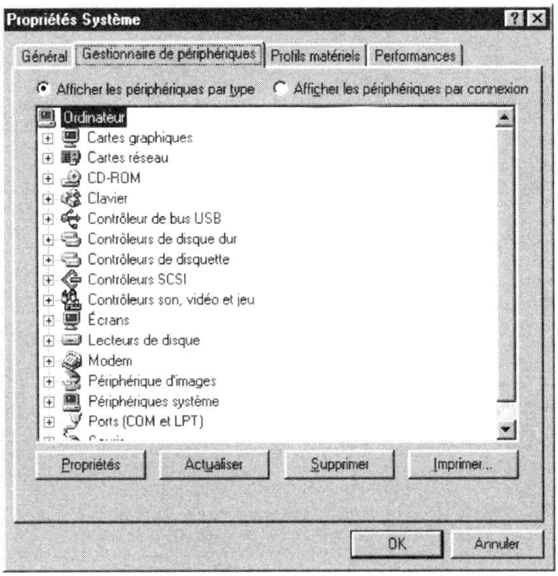

Figure 30.3 : La fenêtre du Gestionnaire de périphériques.

Parfois, la recommandation est précise ; parfois, c'est un simple renvoi au manuel du périphérique, ou bien il vous est demandé de lancer l'Assistant de résolution des problèmes. Découvrez-le à la section suivante.

- Fermez la fenêtre Propriétés Système lorsque vous n'en avez plus besoin.

NOTE TECHNIQUE

- Vous pouvez consulter un autre programme de résolution de conflits appelé *Informations système Microsoft*. Depuis le menu Démarrer, sélectionnez Programmes/Accessoires/ Outils système/ Informations système. La page Ressources matérielles/Conflits/Partage peut vous donner des renseignements que vous ne trouverez peut-être pas dans le Gestionnaire de périphériques.

Recourir à l'Assistant de résolution des problèmes

La résolution des problèmes est un programme sous forme de question/réponse inclus dans l'aide de Windows. Voici comment l'utiliser :

1. **Choisissez Aide depuis le menu Démarrer.**

   La fenêtre Aide de Windows apparaît.

2. **Cliquez sur l'onglet Index.**

3. **Tapez le mot** Problème **dans la zone de texte.**

   Une liste de problèmes possibles apparaît.

4. **Double-cliquez sur le type de problème que vous rencontrez.**

   Une autre liste comportant une description plus précise des problèmes apparaît, ou bien il vous est demandé de cliquer pour démarrer la Résolution des problèmes. Une liste de problèmes précis apparaît, comme celle de la Figure 30.4.

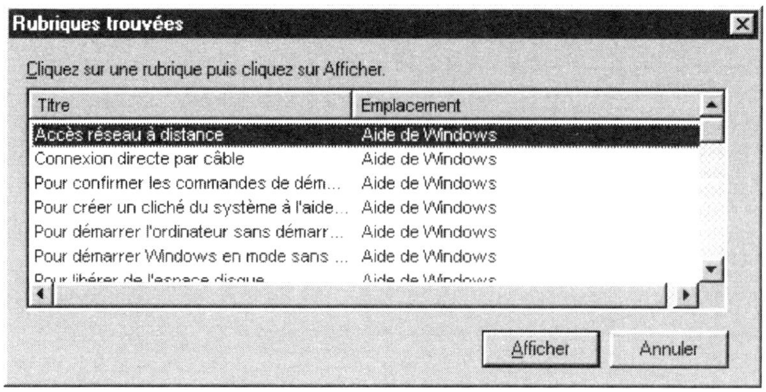

Figure 30.4 : Problèmes divers et variés.

5. **Sélectionnez la description du problème qui semble appropriée à votre cas.**

   Cochez les cercles pour répondre aux questions jusqu'à ce que Windows trouve la solution à votre problème.

6. **Fermez les fenêtres de Résolution des problèmes et de l'Aide de Windows.**

Ne comptez pas sur l'Assistant pour résoudre tous vos problèmes avec Windows et les différents matériels. Cependant, si je me fie à mon expérience personnelle, les chances de trouver une solution avec cette méthode sont de l'ordre de cinquante pour cent.

Le syndrome CMPH ("ça marchait pourtant hier")

Les ordinateurs devraient se manifester par quelques bruits étranges avant de tomber en panne. Les voitures ? Elles font du bruit. Le petit cliquetis devient un grincement, puis un gémissement prolongé et strident, et enfin un vacarme assourdissant. Ensuite, quelque chose de métallique, avec de l'huile dégoulinant de partout, surgit hors du capot dans un épais nuage de fumée noire. C'est ainsi que les voitures vous font savoir qu'elles ont un petit problème.

Avec les ordinateurs, rien de tel. Ils s'arrêtent simplement de tourner. Vous répétez exactement les mêmes opérations que la veille, que toute la semaine, le mois, l'année, et soudain - peut-être est-ce à cause du nouveau cycle lunaire ? - l'ordinateur refuse de coopérer et devient complètement incontrôlable.

Parfois, le syndrome CMPH a une origine décelable, à condition de réfléchir un peu. Posez-vous les questions suivantes :

- Ai-je ajouté récemment un accessoire à mon PC ?
- Ai-je installé un nouveau logiciel ?
- Ai-je changé un logiciel ?
- Ai-je modifié une des options Windows ?
- Ai-je utilisé la fonction de désinstallation pour supprimer quelque chose ?

Si vous faites une rétrospective de tout ce qui s'est passé avant l'incident, vous finirez généralement par trouver la cause de votre souci. "Bon Dieu, mais c'est bien sûr ! J'ai modifié les options de mon imprimante hier pour imprimer dans le sens de la largeur. Pas étonnant que toute ma correspondance soit sortie aussi bizarrement."

"Est-ce que mon PC a un virus ?"

Une question qui hante souvent l'esprit des utilisateurs angoissés face à leur PC détraqué est : "Peut-il s'agir d'un virus ?" J'ai le regret de vous dire *oui*, et plus particulièrement si vous êtes dans l'une des situations suivantes :

- J'ai téléchargé des fichiers trouvés sur Internet.

- J'ai exécuté un jeu sur mon PC à partir d'une disquette de lancement du lecteur A.
- J'ai lancé un programme attaché à un e-mail de provenance incertaine.
- J'utilise des logiciels piratés que mes amis et collègues me donnent.
- Je partage mon PC avec d'autres utilisateurs.

Vous avez peut-être répondu *oui* à toutes ces situations sans pour autant avoir de virus. Mais vous avez de grandes chances de contaminer votre PC si vous gardez ces mauvaises habitudes.

Tout ce qui est exempt de virus

Toutes les sources listées ci-dessous sont exemptes de virus :

E-mail. Le texte d'un courrier électronique ne peut pas contenir de virus. Des rumeurs alarmistes font régulièrement état de messages porteurs de virus. Ce sont de purs canulars. Vous ne pouvez pas infecter votre PC en ouvrant un e-mail. C'est tout simplement impossible.

Image. Les images ne peuvent pas contenir de virus. Les fichiers JPEG, GIF ou autres fichiers graphiques peuvent être ouverts sans crainte, quelle que soit leur provenance, Internet ou fichier attaché à un e-mail.

Téléchargement. Le simple fait de télécharger un programme contenant un virus ne peut pas infecter votre PC. Par contre, en lançant ce programme vous activerez le virus.

Logiciels du commerce. Les logiciels commerciaux sont exempts de tout virus connu.

Sites Web. Les sites Web réputés tels que Shareware.com exercent un contrôle permanent sur les programmes qu'ils diffusent. Si vous avez un doute, analysez le programme que vous venez de télécharger avec votre propre logiciel antivirus. (Voir la section suivante.)

N'OUBLIEZ PAS

Souvenez-vous de ceci : la seule façon de contracter un virus, c'est d'exécuter un programme infecté. Il n'y en a aucune autre !

Les programmes antivirus

Même si vous n'avez aucune des mauvaises habitudes évoquées plus haut, vous dormirez d'un sommeil plus serein si un logiciel antivirus monte la garde dans votre PC.

Malheureusement, Windows n'est pas livré avec un programme antivirus. Vous devrez vous en procurer un vous-même.

- Les logiciels antivirus suppriment les virus de votre PC. Ils servent aussi de barrière contre les virus qui tentent de pénétrer votre système via les programmes infectés.
- Les antivirus en alerte ont tendance à ralentir votre PC. Je vous conseille de configurer votre programme pour qu'il analyse votre système au démarrage. Lancez-le lorsque vous chargez des programmes à risque, mais désactivez la protection permanente.
- Si votre antivirus vous dit qu'aucun virus n'infecte votre PC, croyez-le.
- Windows n'inclut aucun logiciel antivirus au départ. Vous pouvez en acheter dans tous les magasins spécialisés, mais vous pouvez aussi les télécharger depuis le Web. Une des meilleures adresses est McAfee :

```
http://www.mcafee.com
```

- Le pack Windows 98 Plus inclut un logiciel antivirus. Mais le contenu de ce pack n'est pas traité dans ce livre. Désolé.
- Non, votre PC ne peut pas attraper de virus si vous éternuez devant votre écran. Mon conseil : ayez une boîte de mouchoirs en papier sous la main si vous êtes enrhumé.

Créer une disquette de démarrage

La meilleure protection que vous puissiez avoir, c'est la disquette de démarrage. Peut-être n'aurez vous jamais à l'utiliser, en tout cas pas vous-même, mais le technicien de l'entreprise ou votre gourou. N'ayez pas peur de créer cette disquette dès maintenant :

1. **Ouvrez le Panneau de configuration.**

   Depuis le menu Démarrer, sélectionnez Paramètres/Panneau de configuration.

2. **Double-cliquez sur l'icône Ajout/Suppression de programmes.**

   La boîte de dialogue Propriétés de Ajout/Suppression de programmes apparaît.

3. **Cliquez sur l'onglet Disquette de démarrage.**

4. **Cliquez sur le bouton Créer une disquette.**

   Suivez les instructions à l'écran.

   Insérez une disquette dans le lecteur A, puis cliquez sur OK.

   Vous aurez peut-être besoin du CD-ROM original de Windows pour cette opération. Si c'est le cas, une boîte de dialogue vous le fera savoir.

   Lorsque le programme a terminé la création de la disquette, retirez celle-ci du lecteur. Collez une étiquette pour bien l'identifier comme disquette de démarrage. Rangez-la en lieu sûr… et priez pour que vous n'ayez pas à vous en servir.

Chapitre 31

Comment obtenir de l'aide (et à qui s'adresser)

Dans ce chapitre :

Qui est votre gourou ?

Qui appeler.

Comment savoir ce qui ne va pas.

Comment formuler votre demande.

Vous avez beau être un cadre, un professeur, un scientifique, en tout cas un individu doué, talentueux et perspicace, cette boîte à malice que l'on appelle *ordinateur* vous en fait voir de toutes les couleurs. Et vous vous sentez tout simplement *nul*. Pas de problème ! C'est pour cela que ce livre a été écrit. Mais, est-il nécessaire de tout retenir par cœur ? Nooon ! De nombreuses personnes ont déjà tout mémorisé pour vous. Votre tâche consiste à utiliser les compétences de ces individus, à les remercier avec éloges et friandises, puis à reprendre votre travail.

Ce chapitre vous explique comment obtenir l'aide d'amis experts en informatique et de collègues de travail. Quelle que soit la personne vers qui vous vous tournez pour obtenir de l'aide, appelez-la *gourou de l'informatique* ou simplement *gourou*. Ce chapitre traite également des différences entre les problèmes majeurs qui nécessitent une assistance technique et les petits "bobos" que vous pouvez soigner vous-même.

Qui est votre gourou ? (de secours)

Votre gourou informatique personnel est quelqu'un qui adore les ordinateurs et qui les connaît suffisamment bien pour vous aider lorsque le vôtre vous pose des problèmes. C'est une personne importante qu'il faut connaître et respecter. Tout le monde en a un - même les gourous ! Si vous n'en avez pas, il est grand temps de vous en préoccuper.

Au bureau. Sur votre lieu de travail, le gourou est probablement l'administrateur du système, mais demandez également autour de vous, quelqu'un d'autre peut être en mesure de vous aider. Des "fous de PC" sont souvent en liberté. Essayez d'en attraper un au passage. Il se fera un plaisir de vous aider, de vous donner son avis et des conseils plus rapidement que le responsable informatique (avec qui il faut souvent prendre rendez-vous). Lorsque vous rencontrez un problème sur un logiciel précis par exemple, adressez-vous plutôt à quelqu'un qui l'utilise régulièrement.

A la maison. Chez soi, trouver un gourou peut être plus compliqué. Le plus souvent, un voisin, un ami ou une connaissance en saura suffisamment sur les ordinateurs pour vous aider à installer le matériel ou les logiciels, ou au moins pour vous conseiller sur certains programmes.

Quel que soit votre choix, ne l'oubliez jamais, et faites appel à lui ou à elle lorsque vos nerfs sont prêts à lâcher ou lorsque vous avez besoin d'un conseil. Avoir dans son entourage un expert en informatique, c'est comme avoir un ami mécanicien ou médecin ; vous n'utiliserez pas ses services tous les jours, mais savoir qu'il est là vous facilitera la vie.

- N'oubliez pas qu'une certaine dose de finesse et d'astuce est requise ; il existe une limite entre obtenir de l'aide occasionnelle et abuser de la patience de votre gourou.

- Les gourous de la micro connaissent tout et peuvent être remarquables s'ils comprennent ce que vous dites. Si vous leur demandez "quand faut-il faire *risette* ?" ils passeront leur chemin et vous resterez avec votre problème sur les bras. Apprenez d'ores et déjà la bonne prononciation. Par exemple, *reset* ne se prononce pas *risette* mais *ricette*. Lorsque vous n'êtes pas sûr de vous, écrivez le terme qui vous pose problème sur un bout de papier et agitez-le respectueusement au-dessus de votre tête.

Quelques autres endroits utiles

Les gourous de l'informatique ne sont pas toujours disponibles. Si vous avez besoin d'aide ou d'un conseil de toute urgence alors que votre gourou est en vacances, ne perdez pas espoir. Il vous reste d'autres solutions :

- Certaines associations, mairies ou universités proposent des cours d'introduction à l'informatique, vous permettant de vous familiariser avec un ordinateur et de connaître l'essentiel des programmes les plus courants. Allez-y avec votre valise remplie de questions.

- N'oubliez pas les magazines et ouvrages spécialisés. Bien que ce livre et quelques autres de la collection ... *Pour les Nuls* soient peut-être tout ce dont vous avez besoin, d'autres textes d'aide existent. Certains magazines informatiques contiennent des rubriques d'apprentissage, fiches pratiques et autres pages remplies d'astuces pour les nouveaux propriétaires de PC. Toutefois, gardez à l'esprit que la plupart de ces magazines sont assez techniques.

- N'oubliez pas le gourou dont les services ont déjà été payés : l'assistant technique du magasin qui vous a vendu votre matériel ou l'assistance téléphonique dont vous disposez avec chaque logiciel acheté.

- Si ces voies traditionnelles ne vous satisfont pas, faites un tour sur l'Internet. Vous trouverez certainement un site commercial, une page personnelle ou un forum où votre problème particulier est évoqué.

Ça vous gratouille ou ça vous chatouille ?

Pouvez-vous déterminer si votre problème a pour origine une défaillance matérielle ou si une erreur est survenue dans un programme ?

Un problème matériel peut être réglé par votre gourou ou par vous-même : vérifiez les fils, inspectez les connexions, écoutez les bruits, etc.

Très souvent, un problème qui survient dans un logiciel peut être réglé au téléphone soit par votre gourou, soit par le service d'assistance de l'éditeur du logiciel. Mais saurez-vous dire où se situe précisément le problème ? Il vaut mieux, car les docteurs des services d'urgence informatiques sont très agacés quand vous leur soumettez un problème de logiciel. Voici quelques indications :

1. **Est-ce que le problème se produit systématiquement, quel que soit le programme en cours ?**

Par exemple, est-ce que Word, Excel et le logiciel de comptabilité refusent d'envoyer des documents à l'imprimante ? Si oui, c'est probablement un problème lié à l'imprimante.

2. **Le problème ne s'était jamais produit auparavant ?**

   Par exemple, est-ce que la veille l'Aperçu avant impression fonctionnait encore ? Si oui, il y a soit un problème de matériel, soit un problème de pilote. A moins que vous n'ayez installé un nouveau logiciel ou modifié la configuration de votre PC.

3. **Est-ce que le problème survient dans une application particulière ?**

   Par exemple, est ce que votre ordinateur se réinitialise chaque fois que vous lancez votre logiciel de retouche photo ? Si oui, appelez l'assistance technique de l'éditeur du logiciel.

En règle générale, si le problème survient dans un programme particulier, c'est un problème de logiciel. Si le problème se produit systématiquement, quel que soit le programme, ou s'il se produit de façon aléatoire, c'est un problème de matériel.

Appeler l'assistance téléphonique

Les services d'assistance téléphonique ou *hot-lines* sont parfois excellents, parfois médiocres, parfois les deux en même temps. Autrefois, c'était souvent des services gratuits, dotés d'un numéro vert, et vous aviez au bout du fil des jeunes gens enthousiastes qui ne demandaient qu'à vous aider.

Aujourd'hui, ces services sont payants ou bien inexistants. Avant d'appeler la hot-line, renseignez-vous sur le coût et l'efficacité de cette démarche.

Visitez d'abord le site Web de la société. Cherchez les informations relatives au dépannage, regardez s'il y a une rubrique FAQ (*Foire Aux Questions* ou *Frequently Asked Questions*). J'ai personnellement découvert comment configurer mon PC pour deux moniteurs en visitant une page Web. J'ai économisé le coût de l'intervention de la hot-line.

Si au bout du compte vous finissez par téléphoner à l'assistance, armez-vous de ces quelques conseils :

- S'il s'agit d'un problème de matériel, notez les caractéristiques matérielles : quantité de mémoire, type de microprocesseur, nom et numéro de série de l'appareil.

- Pour un logiciel, vous aurez besoin du numéro de série, du numéro de version et, peut-être, du numéro de licence.
- Vous devez être capable de reproduire le problème.
- Soyez poli, restez calme.
- Ayez de quoi prendre des notes.

Le technicien vous donnera probablement la solution à votre problème. (Vous ne me voyez pas, mais je croise les doigts.)

- Prenez des notes précises si possible, cela vous évitera d'avoir à rappeler la hot-line.
- Les services de maintenance sont prévus pour la plupart des matériels et des logiciels. N'en abusez pas. Tournez-vous vers d'autres moyens, le manuel ou les sites Web, avant de recourir à l'appel au secours.

- Ne vous servez jamais de la hot-line à la place du manuel. Au début des années 90, de nombreux utilisateurs avaient pris cette habitude. C'est une des causes probables de la disparition des assistances gratuites.
- Et n'oubliez pas votre revendeur ! Vous avez payé aussi pour du service et de l'assistance. Si vous êtes dans le pétrin, c'est probablement vers lui que vous devez vous tourner en premier lieu.

Septième partie

Trois fois dix

"Attends un peu. J'ai bien un fichier Antidote quelque part, mais où est-ce que j'ai bien pu le mettre ?"

Dans cette partie...

Vous l'avez certainement remarqué, lorsque vous essayez d'établir mentalement une liste de choses, le plus souvent vous comptez sur vos doigts. Vous avez dix doigts (je ne parle pas des habitants de la planète Bromaxom ou du Capitaine Crochet), l'idéal est donc d'avoir des listes qui ne dépassent pas le nombre dix.

Ainsi, dans les trois chapitres qui suivent, j'ai dressé trois listes de dix choses qui sont importantes pour votre PC.

Chapitre 32
Dix erreurs de débutant

Dans ce chapitre :

Ne pas quitter Windows correctement.

Acheter trop de logiciels.

Acheter des accessoires incompatibles.

Ne pas acheter assez de consommables.

Ne pas enregistrer votre travail.

Ne pas sauvegarder les fichiers.

Ouvrir ou supprimer des fichiers inconnus.

Démarrer depuis un disquette suspecte.

Répondre à du courrier électronique importun.

Ouvrir un programme joint à un e-mail.

On peut faire des millions d'erreurs avec un ordinateur, depuis la sup pression inopinée d'un fichier jusqu'au moniteur qui vous tombe sur les pieds. Rassurez-vous, seulement dix d'entre elles ont été sélectionnées pour ce chapitre. Ce sont des erreurs de tous les jours, celles que les gens font régulièrement jusqu'à ce qu'on leur dise de ne plus recommencer.

Ne pas quitter Windows correctement

Quand vous avez terminé votre travail sous Windows, arrêtez. Choisissez Arrêter depuis le menu Démarrer. Sélectionner l'option Arrêter dans la boîte de dialogue Arrêt de Windows. C'est le seul moyen pour quitter Windows en toute sécurité.

- Ne vous contentez pas d'éteindre le PC.

- Evitez d'utiliser le bouton Reset, sauf si vous ne pouvez absolument pas faire autrement. Reportez-vous au Chapitre 30 pour ce genre de situations.

- Référez-vous au Chapitre 2 pour savoir comment éteindre l'ordinateur dans les règles de l'art.

Acheter trop de logiciels

Votre PC est probablement livré avec des dizaines de logiciels préinstallés. (Vous n'êtes pas obligé de les utiliser. Voyez au Chapitre 19 comment les désinstaller.) Ne vous laissez pas submerger par l'abondance de logiciels.

L'erreur à ne pas faire ici n'est pas tant d'acheter trop de logiciels (je serais hypocrite si je vous le déconseillais, puisque j'en ai moi-même des centaines - mais je suis un accro de la micro, alors c'est normal), mais d'en acheter trop *en même temps*.

L'apprentissage d'un logiciel peut vous prendre plusieurs mois. Un an après avoir acheté un logiciel, vous découvrirez encore de nouvelles fonctions. Même si vous avez lu toute la documentation, vous ne connaîtrez jamais votre logiciel à fond. Les logiciels possèdent toujours des fonctions cachées, non documentées, que les éditeurs ont oublié de mettre dans les manuels ou ne connaissent pas.

Epargnez-vous les maux de tête et les insomnies, achetez les logiciels avec modération. Achetez un programme et apprenez à vous en servir. Puis achetez-en un autre. Vous apprendrez plus vite de cette façon.

Acheter des accessoires incompatibles

Vous n'aviez pas remarqué que le clavier que vous venez d'acheter est un clavier pour Macintosh . Vous avez cru faire une affaire en prenant ce modem USB, mais votre PC n'a pas de port USB. Vous déballez votre carte graphique AGP, et votre PC n'a que des emplacements PCI.

Vérifiez toujours que le matériel que vous voulez acheter est compatible avec le vôtre. Surtout si vous faites vos achats par l'Internet. Si vous n'êtes pas sûr, n'hésitez pas à appeler le service de vente.

Ne pas acheter suffisamment de consommables

Achetez du papier pour imprimante par paquets de 500 feuilles. De toute façon, vous en arriverez à bout. Ne soyez jamais à court de disquettes, de CD-R ou de n'importe quel type de disque ou de cartouche utilisé par votre PC.

Ne pas enregistrer votre travail

Chaque fois que vous créez un document, utilisez la commande d'enregistrement et copiez votre œuvre sur disque dur. L'objectif que vous devez poursuivre est d'utiliser cette commande dès que vous y pensez et d'y penser le plus souvent possible. La bonne mesure se situe toutes les quatre minutes environ.

Vous ne pouvez pas prévoir le moment où votre ordinateur décidera de vous lâcher, mais c'est généralement au moment où vous approchez de cette conclusion si laborieuse que la mémoire lui fait soudain défaut. Sauvegardez votre travail fréquemment quand vous travaillez et systématiquement quand vous quittez votre siège, même si c'est simplement pour aller chercher une barre chocolatée dans la pièce voisine.

Ne pas sauvegarder les fichiers

Les trois principes de base d'une sauvegarde dans les règles de l'art sont : tout d'abord, enregistrez votre fichier sur votre disque dur en cours de travail ; en fin de journée, sauvegardez les fichiers créés sur disquette ou disquette Zip (si une catastrophe se produisait sur votre disque dur, vous n'auriez perdu, au pire, qu'une journée de travail), et enfin, par sécurité, dupliquez la disquette.

La sauvegarde sur bande peut être une solution simple et pratique. Au bureau, par exemple, tous mes ordinateurs sont configurés pour enregistrer automatiquement leurs fichiers sur bande tous les jours à 2 heures du matin.

Ouvrir ou supprimer des fichiers inconnus

Pour le logiciel et le matériel, il y a des règles concernant l'ouverture et la suppression de certains fichiers ou composants. Pour le logiciel, il y a même une règle d'or :

Si tu n'as pas créé le fichier, ne le supprime pas.

Windows est plein à craquer de fichiers bizarres. Ne vous en occupez pas. Ne les supprimez pas. Ne les déplacez pas. Ne les renommez pas. Et surtout, ne les ouvrez pas pour voir à quoi ils servent. Vous allez peut-être au-devant d'ennuis.

Quant au matériel, n'ouvrez l'unité centrale que si vous savez exactement ce que vous voulez faire. N'oubliez pas de la débrancher ! Vous pouvez ouvrir l'imprimante pour déloger une feuille bloquée ou pour changer les cartouches d'encre. N'ouvrez pas les cartouches d'encre ou de toner. Vous pouvez ouvrir la souris pour la nettoyer.

Certains composants matériels ne doivent jamais être ouverts : le moniteur, le modem et le clavier.

Démarrer avec une disquette inconnue

La meilleure façon de contracter un virus, c'est d'introduire dans le lecteur une disquette non vérifiée. Je ne parle pas de la disquette de démarrage que vous avez créée, ni de celle qui sort tout droit de son emballage. Je fais allusion, suivez mon regard, à cette disquette de jeu que Thierry vous a passée la semaine dernière. Vous savez laquelle.

Répondre aux e-mails importuns

Ne répondez pas aux e-mails de toute sorte qui vous sont envoyés, messages publicitaires et sollicitations diverses. Les expéditeurs utilisent souvent le truc suivant : ils joignent à leur envoi un message "faites nous savoir si vous ne voulez plus recevoir ce type de message ultérieurement" . N'y répondez pas, ce serait signaler votre adresse e-mail comme destinataire privilégié.

Ouvrir un programme joint à un e-mail

Par courrier électronique, vous pouvez recevoir des photographies. Vous pouvez recevoir des sons. Vous pouvez recevoir des archives ZIP. Jusqu'ici, tout va bien. Mais si vous recevez un fichier programme (.EXE) de provenance inconnue, ne l'ouvrez pas.

La seule façon de contracter un virus par l'Internet, c'est de lancer un programme infecté. Vous pouvez recevoir le programme, pas de problème ; mais si vous l'ouvrez, vous êtes contaminé.

- Vous pouvez ouvrir une archive ZIP. Regardez ce qu'elle contient. Si elle recèle un ou plusieurs programmes dont vous n'êtes pas sûr, supprimez le tout.
- Si vous devez envoyer un programme par e-mail, prévenez le destinataire.
- Au moindre doute, lancez votre logiciel antivirus.
- Certains types de virus sont véhiculés par les documents de type Microsoft Word. Pas de panique, ces virus sont reconnus par les logiciels antivirus.

Chapitre 33

Dix idées cadeaux pour votre PC

Dans ce chapitre :

Des logiciels.
Un tapis de souris et un repose-poignets.
Un filtre antireflet pour écran.
Un protège-clavier.
Plus de mémoire.
Un disque dur plus rapide et plus grand.
Un clavier ergonomique.
Un moniteur plus grand.
Une carte d'extension USB.
Un scanner ou un appareil photo numérique.

Nous n'avons aucune intention mercantile en vous suggérant de vous équiper d'un certain nombre de gadgets, mais ils amélioreront votre confort et étendront les possibilités de votre ordinateur.

Des logiciels

Le cerveau de votre ordinateur, c'est le logiciel. Son choix doit être entouré d'une attention toute particulière. Il en existe des quantités phénoménales, chacun répondant à un besoin bien spécifique. Lorsque l'utilisation d'un de vos logiciels n'est plus aussi satisfaisante, il est peut-être temps de le remplacer par un autre plus performant.

Un tapis de souris et un repose-poignets

La souris peut être utilisée sur n'importe quelle surface non encombrée de votre bureau, mais un tapis de souris vous apportera un plus grand confort et assurera une meilleure précision dans le déplacement du curseur. Choisissez-le avec un revêtement rugueux ; les revêtements doux sont peut-être plus agréables au toucher, mais ne permettent pas un déplacement fiable de la souris. En ce qui concerne son graphisme, les imaginations sont fertiles...

Le repose-poignets se positionne sous le clavier et permet d'avoir la position parfaite du dactylo qui maintient ses poignets au-dessus du clavier pour que les doigts percutent les touches avec plus de force. Aucun besoin de force avec le clavier d'un ordinateur, mais le repose-poignets apporte un confort d'utilisation indéniable.

Un filtre antireflet pour écran

Il s'agit d'un simple carré découpé dans une matière synthétique, monté sur un cadre adhésif qui doit s'adapter à la taille de votre écran. Certains fabricants de moniteurs ont la bonne idée d'inclure un filtre antireflet sur leur matériel.

Les réflexions sont la cause principale de la fatigue oculaire. Elles proviennent de différentes sources : les éclairages, les fenêtres, etc. Les filtres réduisent ces réflexions parasites, améliorent la lisibilité de l'écran et diminuent la fatigue oculaire.

Il existe des filtres antireflets encore plus sophistiqués qui possèdent une protection contre les radiations électromagnétiques nocives. Ne vous laissez pas influencer par le ton alarmiste de certaines publicités. Des millions de gens restent devant leur écran huit heures par jour et n'ont pas l'air d'en souffrir. Quoique, en y réfléchissant bien...

Un protège-clavier

L'utilisation d'un protège-clavier est recommandée lorsque vous travaillez dans un milieu où liquides, miettes et cendres de cigarettes peuvent s'infiltrer dans le délicat mécanisme du clavier. Vous avez certainement déjà vu, aux caisses des grands magasins, ces protège-claviers qui enveloppent les touches. Ils vous permettent d'utiliser le clavier tout en le protégeant.

Ne pas confondre *protège-clavier* et *housse*. Avec une housse, on ne peut plus utiliser le clavier. Dans le même ordre d'idées, ne mettez pas de housse sur l'ordinateur, cela n'a d'intérêt que pour protéger son aspect extérieur. Ne mettez jamais de housse sur un ordinateur allumé, il pourrait rapidement succomber à la chaleur.

Plus de mémoire

N'importe quel ordinateur se portera mieux avec plus de mémoire. Inutile d'aller à des extrêmes de 512 Mo, mais installer 32, 64 ou 128 Mo de mémoire RAM (en fonction de votre budget) est une excellente idée. Vous verrez immédiatement une nette différence dans la vitesse d'exécution de programmes graphiques comme Windows. Achetez la mémoire et faites-la installer par un initié.

Un disque dur plus rapide et plus grand

Les disques durs ont une fâcheuse tendance à se remplir trop vite. N'hésitez pas à faire du ménage et à effacer tout ce qui peut l'être. Transférez des dossiers sur disquette Zip ou sur CD-RW. Mais arrive le jour où tout ce qui est sur votre disque dur doit y rester.

Vous avez deux solutions : installer un second disque dur si vous le pouvez, ou remplacer votre disque actuel par un autre plus rapide et d'une capacité plus grande. Un disque plus rapide améliorera sensiblement les performances de votre vieux PC et repoussera sa date d'expiration.

Un clavier ergonomique

Pour travailler de façon plus confortable, utilisez un clavier ergonomique comme le clavier Natural Keyboard de Microsoft. Les touches de ce clavier sont disposées de telle sorte que vos bras adoptent une position plus reposante.

Ma femme est absolument emballée par son Natural Keyboard. Quant à moi, je continue à utiliser mon vieux clavier IBM, j'adore le bruit qu'il fait.

Un moniteur plus grand

Avez-vous déjà vu un moniteur de 19 pouces ? Et un modèle 21 pouces ? Ils sont fantastiques. Le moniteur de 17 pouces était certainement un bon choix quand vous avez acheté votre PC, mais ayez la curiosité de le comparer aux moniteurs de grande taille.

Considérez également que, si vous achetez un nouveau moniteur, vous pouvez garder l'ancien et utiliser les deux écrans en duo. Il vous faut une seconde carte graphique pour le second moniteur, mais cela en vaut la peine.

Le Chapitre 12 traite de l'utilisation de moniteurs en duo.

Une carte d'extension USB

Si votre PC n'est pas équipé de ports USB, vous pouvez y remédier en achetant une carte d'extension USB.

Il existe des cartes comportant 2 ou 4 ports. C'est un bon moyen pour étendre les possibilités de votre PC. Reportez-vous au Chapitre 9 pour en savoir plus sur les ports USB.

Un scanner ou un appareil photo numérique

Les scanners sont indispensables si vous aimez le graphisme et la photographie. Les appareils photo numériques sont des jouets merveilleux, mais ils sont chers, et il faut un peu de pratique avant d'en tirer parti.

Mon conseil : si vous avez déjà un bon appareil photo et de bonnes photographies, achetez un scanner. Pour les appareils photo numériques, attendez que les prix baissent. (Voyez le Chapitre 18 pour les détails sur les scanners et les appareils photo numériques.)

Chapitre 34
Dix conseils de gourou

Dans ce chapitre :

Qui commande ?

Les accros de la micro sont gentils.

Protéger l'alimentation électrique.

Mettre à jour les logiciels n'est pas une nécessité absolue.

Sauvegarder, sauvegarder, sauvegarder.

Régler le moniteur.

Débrancher.

Lire des magazines d'informatique.

Attendre que le futur soit là.

Il n'y a pas que l'ordinateur dans la vie.

Je ne me considère ni comme un expert en informatique ni comme un gourou, bien que certains m'attribuent ces qualités (merci). J'ai simplement l'habitude de fréquenter les ordinateurs et les informaticiens. Les informaticiens sont parfois de drôles de personnages qui ont du mal à se faire comprendre. J'essaie d'être leur interprète. Dans ce chapitre, vous trouverez dix conseils que les informaticiens vous donnent.

Vous contrôlez l'ordinateur

Vous avez acheté l'ordinateur. Vous réparez ses bêtises. Vous lui donnez sa ration de disquettes chaque fois qu'il la réclame. Bref, l'ordinateur est soumis à votre volonté. Ne le laissez pas vous impressionner avec son étrange langage et ses comportements bizarres. Ce n'est qu'une machine, une vulgaire machine.

Vous devez veiller sur cette machine sans cervelle tout comme vous devez veiller sur un nourrisson. Vous devez la traiter avec attention, sans vous laisser déborder, et sans oublier que le bon fonctionnement du PC dépend de vous.

La plupart des accros de la micro adorent aider les débutants

C'est triste à dire, mais la plupart des experts en micro passent le plus clair de leur temps devant leur écran d'ordinateur. Ils savent qu'il y a probablement mieux à faire, mais ils ne peuvent s'en empêcher.

C'est leur mauvaise conscience qui les incite généralement à aider les débutants. En transmettant un peu de leur savoir, ils peuvent justifier le temps passé loin de leur ordinateur chéri. De plus, cela leur donne l'opportunité de pratiquer une activité sociale en voie de disparition : parler à des êtres humains.

- N'oubliez pas de les remercier pour leur aide.

- Méfiez-vous des faux accros, ces personnes qui connaissent quelques astuces apprises par cœur, mais n'ont pas la qualité essentielle des accros véritables : l'enthousiasme.

Utilisez un onduleur

Un onduleur est un élément non négligeable pour la protection de vos données. Un onduleur est indispensable si votre PC est placé dans un lieu où des coupures de courant peuvent se produire inopinément. Vous n'avez peut-être pas besoin d'un onduleur si vous estimez que votre environnement électrique est suffisamment fiable. Même dans ce cas, je vous conseille l'achat d'un boîtier multiprise régulateur de tension.

- Reportez-vous au Chapitre 2 pour plus de détails sur l'utilisation d'un onduleur ou d'un boîtier multiprise.

- L'utilisation d'un onduleur n'affecte pas les performances de votre PC.

Mettre à jour vos logiciels n'est pas une nécessité absolue

Les modes passent, les versions de logiciels également. Est-il utile de suivre la mode ?

Pas du tout. Si vous vous sentez à l'aise avec votre logiciel, pourquoi l'abandonner pour une nouvelle version ?

La mise à jour possède sans doute quelques nouvelles fonctions, mais êtes-vous sûr que vous utilisez toutes les fonctions de la version actuelle ? Etes-vous sûr que cette nouvelle version s'accorde avec votre matériel ? Alors lisez bien les indications de l'emballage, renseignez-vous, et ne vous croyez pas obligé d'acheter ce dont vous n'avez pas besoin.

Sauvegardez !

Sauvegarder des fichiers sur des disquettes est à peu près aussi distrayant que de passer l'aspirateur sous le canapé. Vous savez qu'il faut le faire, mais cela ne vous emballe pas. Et, en plus, vous savez qu'il faudra recommencer.

Mais les accidents sont si vite arrivés. Votre chien a décidé de récupérer son vieil os sous le canapé le jour où votre belle-mère est à la maison. Et votre logiciel préféré, fidèle jusqu'à ce jour, peut décider soudainement de vous jouer un mauvais tour.

Faites des sauvegardes à la fin de chaque session de travail. Si vous effectuez des sauvegardes quotidiennes, vous ne perdrez au pire qu'une journée de travail. N'essayez pas d'expliquer à votre chien qui est votre belle-mère, vérifiez plutôt sous le canapé s'il n'y a pas un vieil os.

Réglez votre moniteur

Cela va de soi, un moniteur mal réglé entraîne une fatigue oculaire, encore faut-il savoir qu'il est possible d'effectuer des réglages du moniteur.

TRUC

Pour ajuster le moniteur à votre vue, réglez d'abord la luminosité au maximum, et faites varier le contraste pour obtenir une image qui vous paraît bonne. Ensuite, diminuez la luminosité jusqu'à ce que le halo qui entoure l'image disparaisse.

Débranchez tout !

La sécurité la plus élémentaire commande de débrancher le PC lorsqu'on doit ouvrir l'unité centrale. Pourtant, il arrive qu'on se contente d'utiliser le bouton marche/arrêt : attention, danger !

Vous n'avez pas besoin de débrancher votre PC, ni même de l'éteindre, si vous connectez un nouveau périphérique à une prise USB.

Lisez des magazines d'informatique !

Vous avez le choix. En dehors de la presse réservée aux professionnels de l'informatique, il existe une bonne vingtaine de magazines destinés aux gens comme vous et moi. Certains sont de véritables mines de conseils et d'astuces pratiques sur l'utilisation des matériels et des logiciels. Vous trouverez aussi des comparatifs et des adresses si vous envisagez l'achat d'un nouveau matériel.

La plupart de ces magazines incluent un CD-ROM contenant des logiciels gratuits, des sharewares (voir Chapitre 23), des mises à jour de programmes. Ces CD-ROM sont une source inépuisable qui vous éviteront le plus souvent de passer de longues minutes à télécharger les programmes indispensables.

Il est urgent d'attendre

Une nouvelle technologie est apparue, un nouveau matériel est sorti, et tout le monde en parle ? Alors surtout ne vous précipitez pas. Attendez que cette technologie ait fait ses preuves, que ce nouveau matériel ait pris sa place sur le marché informatique.

- Dans ce livre, vous ne trouverez pas d'informations sur une technologie hypothétique. Il faudra attendre qu'elle soit devenue une réalité.

- Quelques exemples de prévisions qui sont devenues des réalités : USB, CD-R, DVD, ADSL, e-commerce, photographie numérique.

On n'est pas sérieux quand on a un ordinateur

Du calme ! Les ordinateurs ne font pas partie de la vie réelle. Ils ne sont rien de plus qu'un assemblage de métal et de matière plastique. Fermez les yeux et respirez profondément. Ecoutez le bruit des vagues sur la plage. Ecoutez le gazouillis des oiseaux dans votre jardin.

Imaginez-vous au volant d'une voiture décapotable, la route traverse la pinède qui embaume, le soleil brille. Le vent chaud caresse votre visage et fait danser vos cheveux. Vous roulez vers la plage, vers le sable blond et chaud, vers la mer vert et bleu.

Vous êtes allongé sur le sable. Vous prenez masque et tuba et allez nager dans l'eau transparente. Vous survolez des fleurs de corail et des poissons bigarrés. Dans le ciel, le soleil au zénith est toujours plus chaud.

Maintenant, ouvrez les yeux doucement. Ce que vous voyez devant vous n'est qu'un simple ordinateur. Vous croyez vraiment qu'il faut le prendre au sérieux ?

Index

D

J

K – L

M

N – O

T

U

V

W

Y – Z

Achevé d'imprimer par Corlet, Imprimeur, S.A.
14110 Condé-sur-Noireau (France)
N° d'Imprimeur : 51617 - Dépôt légal : janvier 2001

Imprimé en U.E.